21世纪经济管理精品教材

财政与税务系列

Public Finance

公共财政学

（第2版）

郝凤霞◎主编　阮青松◎副主编

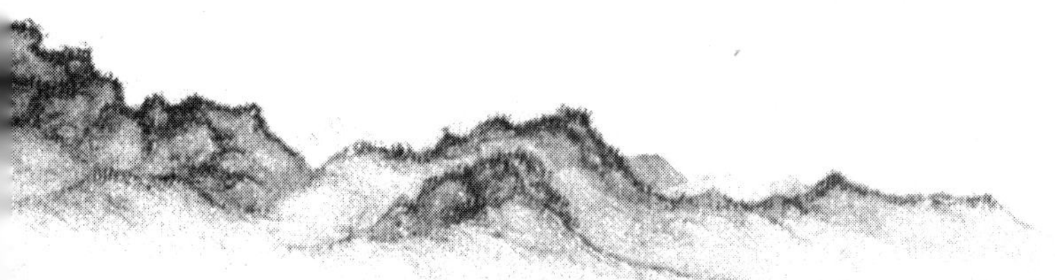

清華大學出版社

北京

内 容 简 介

本书共十五章，兼顾理论研究与案例分析，从当今理论发展前沿与中国财政学实践出发，突出内容的系统性与现实性，并通过最新案例、数据分析引导学生对课程体系的把握与理解。

本书适合经济管理类专业师生作为教材使用，也可供对财政学感兴趣的广大读者参考。

图书在版编目(CIP)数据

公共财政学/郝凤霞主编. —2版. —北京：清华大学出版社，2018(2022.5重印)
(21世纪经济管理精品教材·财政与税务系列)
ISBN 978-7-302-47827-0

Ⅰ.①公… Ⅱ.①郝… Ⅲ.①公共财政—高等学校—教材 Ⅳ.①F810

中国版本图书馆CIP数据核字(2017)第168957号

责任编辑：张　伟
封面设计：李召霞
责任校对：王荣静
责任印制：沈　露

出版发行：清华大学出版社
网　　址：http://www.tup.com.cn，http://www.wqbook.com
地　　址：清华大学学研大厦A座　　邮　　编：100084
社 总 机：010-83470000　　邮　　购：010-62786544
投稿与读者服务：010-62776969，c-service@tup.tsinghua.edu.cn
质量反馈：010-62772015，zhiliang@tup.tsinghua.edu.cn
课件下载：http://www.tup.com.cn，010-62770175-4506
印 装 者：三河市少明印务有限公司
经　　销：全国新华书店
开　　本：185mm×260mm　　印　　张：16.5　　字　　数：380千字
版　　次：2012年9月第1版　　2018年1月第2版　　印　　次：2022年5月第4次印刷
定　　价：49.00元

产品编号：068292-02

第2版前言

财政学是一门研究政府如何取财、理财、用财及其相关规律的学问。财政学作为相对独立的学科已有数百年的历史。在现代市场经济体制下，市场和政府都是资源配置方式，两者相互交融，但运行机制又有所不同。财政作为政府实现其资源配置功能并借以提供公共产品的主要手段，有了越来越大的规模和越来越复杂的结构，同时也就有了更大的经济和社会影响力。财政学就是基于市场经济体制框架内财政的基本现象和基本任务，来探讨财政运行规律的。

近些年来，与财政有关的问题受到公众的高度关注，政府进行了一些很有价值的改革试验，推动着我国的财政改革逐步向纵深领域发展。例如，预算改革大步推进，税收制度掀起新一轮改革热潮，财政政策实践进一步丰富，财政支出绩效评价迈出新步伐，等等。财政理论也随着实践的深入不断丰富和发展，取得了新的研究成果。新形势、新情况和新问题为财政理论研究提供了广阔的空间。高等院校财政学教材急需适应这种新变化，并从理论上加以总结和更新。

本书坚持立足中国国情，较全面地阐述财政学的基本理论和基本知识。同时，充分吸收近年来我国财政实践及其学术研究的新成果，借鉴现代市场经济国家公共财政学的理论和科学方法，具有较强的前瞻性。

本书的编写意图和主要特点如下。

(1) 以求实、创新、发展、服务为原则，体现改革开放后我国经济建设方针和市场经济体制的特点。

(2) 本书按财政的运行过程和财政范畴之间的逻辑关系安排课程体系，系统而全面，循序渐进，贴近实际生活，容易为读者所接受。基本体系是：基本理论—财政收入—财政支出—预算管理体制—财政政策；根据我国税收改革与发展的实践，调整部分税收理论与税收制度的相关内容；适应公共财政支出管理改革，详细介绍社会保障、国家预算与国库制度；结合财政体制的最新改革，更新财政管理体制的相关内容；根据形势的发展加入最新的数据资料。

（3）本书突出案例教学，部分章节后附有案例，并有简要提示供读者参考。案例的选用努力做到结合财政学最新研究成果与财税改革实践，反映当前财政学界和政府部门对相关问题的最新研究成果与改革动向，提供最新的相关资料和数据。案例的相关问题和提示使读者能够理论联系实际，更深层次地理解每章的内容。

（4）在编写内容上，兼顾通用性和专业性，兼容“财政学”和“税收学”两门相关专业课的核心内容。

（5）本书在借鉴、吸收西方经济学和财政学中对我国有实际应用价值的某些原理与方法，广泛吸收和反映当今中外最新的研究成果的基础上，力求贴近中国实际，全面反映当代财政学一般原理、制度与政策，在理论上有一定的深度和前瞻性。

本书在编写过程中参考了国内外专家、学者的著作和文献，一些专家、教授对本书的编写提出了宝贵意见，在此一并致谢。

本书编写分工如下：郝凤霞负责第一、三、六、八～十二章，阮青松负责第二、四、五、七、十三～十五章。

由于编者能力所限，不当之处敬请读者批评指正。

编　者

2017年8月

目
录

第一章 导 论

第一节 财政的概念

财政的概念是研究财政学的首要问题，从人类发展史来看，财政是伴随国家的产生而产生的，所以财政活动是一种历史悠久的经济现象。“财政”是古老的经济范畴，财政活动和财政思想在奴隶社会时期就已广泛存在。但作为一门学科和一种系统的理论，财政学却属于起步较晚的领域。财政学的诞生，只能是资本主义生产方式确立以后的事情。因而，财政学理论的研究，开始主要是散落于古典经济学家的各类经济学著述中，并未形成独立研究财政学理论的专门性著述。现代主流经济学是伴随资本主义的发展而发展起来的。从经济学的源流发展来看，把经济学转为“科学”的第一人是亚当·斯密（Adam Smith，1723—1790）。1776年，亚当·斯密发表了其代表作《国民财富的性质和原因的研究》，被认为是财政学的开山之作。

财政从实际意义来讲，是指国家（或政府）的一个经济部门，即财政部门，它是国家（或政府）的一个综合性部门，通过其收支活动筹集和供给经费和资金，保证实现国家（或政府）的职能。从经济学的意义来理解，财政是一个经济范畴。财政作为一个经济范畴，是一种以国家为主体的经济行为，是政府集中一部分国民收入用于满足公共需要的收支活动，以达到优化资源配置、公平分配及经济稳定和发展的目标。

严格地说，财政是财政现象和财政本质的统一体。因而，财政现象和财政本质是财政的两个方面。财政与国家或政府的关系、财政与经济的关系就属于财政本质方面的问题，这些问题也就是财政理论研究的核心问题，是研究所有财政问题的出发点。通俗地说，财政学关乎人民的“生老病死”“从摇篮到坟墓”的一切经济问题，政府从中承担政治职能和社会职能，涉及国计民生和战略性重大工程领域，从而达到财政收入取之于民、用之于民。

在市场经济条件下，私人需求和公共需求之间的独立性得到明确，政府的职能也随之发生变化。市场经济要求市场在资源配置中占基础的、主导的地位，而政府的职能是弥补市场的缺陷，作为政府经济行为的财政主要致力于提供公共物品和准公共物品以满足社会的需要。财政具有四个方面的特征。第一，弥补市场失效。在市场经济条件下，公共需要和私人需要之间的独立性决定了政府与市场的分工，市场在资源配置中占主导地位，当市场机制不能完全发挥作用时，政府借助公共权力强制实行相关的财政政策弥补市场损失，弥补的方式是政府直接从事某一领域的活动，或通过相关财政手段间接地引导和调整。第二，财政政策必须体现其公平性。一方面，自由市场自发的经济活动往往造成分配不均的结果，如果任其发展则会引发严重的社会问题，因此需要政府正确地引导，通过财政手段对社会资源进行再分配，从而实现比较公平的分配；另一方面，财政政策要奉行一视同仁的原则，包括对一个国家范围内所有的国民提供一视同仁的服务以及一视同仁地对待所有市场经济活动的主体。第三，政府作为国家的服务机构，应体现其非营利性的特点，而且由于政府活动要耗费一定的经济资源，所以政府的活动也要讲求效率，在某些领域的活动也要求遵循投入产出、成本效益对称的原则。第四，财政职能应法制化。市场经济是法制经济，国家的公共性在市场条件下表现为通过一定的民主政治秩序和法律体系对国家的公共权力进行约束。

第二节 财政学的研究范围和方法

财政学是研究以国家为主体的财政分配关系的形成和发展规律的学科。它主要研究国家如何从社会生产成果中分得一定份额，并用以实现国家职能的需要，包括财政资金的取得、使用、管理及由此而反映的经济关系。财政学的研究对象是公共部门，即政府及其附属机构，具体包括以下三个方面。

(1) 政府部门。所谓政府是国民经济中唯一通过政治程序建立的，在特定区域内行使立法权、司法权和行政权的实体。包括两个层次，第一个层次是狭义政府。这是涵盖范围最狭窄的公共部门。一国中央政府的各部、委、办及其内部各厅局、附属机构是公共部门的核心层次。第二个层次是广义政府。这个层次的公共部门不仅包括中央政府，而且还包括各级地方政府及其附属机构。

(2) 公共企事业单位。中央和地方政府出资兴办的各种企事业单位，如医疗卫生机构、教育机构及电信业等。不少国家把中央政府出资兴办的企事业称为国有(国营)企事业，把地方政府出资兴办的企事业称为公营企事业。

(3) 政府性金融机构。这些金融机构是为了实现特定的目标而由中央或地方政府出资兴办的。一般以进出口银行、开发银行等形式出现。这些金融机构作为政策性银行，对于整个社会的资源配置直接起作用，对国民经济有着极大的影响。

财政学最基本的研究领域包括财政的基本理论、财政收支、财政政策和财政制度。第一，财政学是什么，财政存在的必要性在哪里，财政与经济、国家的关系如何，财政有哪些职能，财政范围多大，财政机制是什么样的。第二，财政学研究如何收支、支出到哪些领域或个体，通过什么方式取得，收支的规律有哪些，收支对经济运行会产生怎样的影响。第三，财政政策和货币政策是国家宏观经济的两大支柱，财政政策的选择和实施、财政政策与货币政策之间的关系已经成为现代财政领域的重要组成部分。第四，市场经济是法治经济，财政进行收支活动时，必然要在一定的法律规范和制度框架下进行。所以，研究财政收支活动离不开财政制度的研究。

财政学的研究方法分为规范分析和实证分析。规范分析是指根据一定的价值判断为基础，提出某些分析处理经济问题的标准，树立经济理论的前提，并以此作为制定经济政策的依据，同时研究如何做才能符合这些标准。它要回答的是“财政政策应该是怎样”的问题。实证分析侧重研究经济体系如何运行，分析经济活动的过程、后果及向什么方向发展，而不考虑运行的结果是否可取。简言之，就是分析经济问题“是什么”。规范分析与实证分析相结合是经济学的一贯原则，而财政学作为一门应用理论学科，它既需要对财政基础进行抽象的规范研究，也需要对经济和财政的运行机制进行具体的实证研究。

第二章 财政学的福利经济学基础

第一节 福利经济学概述

福利经济学主要研究人们的经济福利，也就是社会福利与哪些经济因素具有密切的关系。对于福利概念，人们都有一定的理解。主观上人们认为，如果一个国家存在极度的贫富差距，收入分配极度不均匀，这个国家的社会整体福利就处于较低的水平；与此相反，如果一个国家对国民收入实行的是完全的平均主义分配原则，比如我国历史上曾经存在过的吃“大锅饭”时代，通常也认为该国的社会整体福利水平不高。那么，怎样进行收入的分配才能获得较高的福利水平呢？本章将讨论如何有效地配置经济资源才能有助于社会整体福利水平的提升。

福利经济学按其发展分为旧福利经济学和新福利经济学。

旧福利经济学是英国经济学家庇古(A. C. Pigou)创立的，他提出的社会福利的三个基本命题是：①国民收入越大，社会福利也就越大；②国民收入中归于穷人的份额越大，社会福利也就越大；③国民收入变动的减少意味着社会福利的增大。因此，庇古主张把国民收入最大化、分配的平等化和国民收入增长的稳定化作为现代经济政策的基本目标。

新福利经济学是由意大利经济学家帕累托(V. Pateto)创立的。新福利经济学家在国民收入公平分配问题上不同意庇古的观点，认为公平会妨碍效率。他们分析说，如果收入不平等是剥削造成的，那么由政府进行调节是可以增加社会福利的；如果不是剥削造成的，那么由政府强制财富转移是不公正的，会使人们生产积极性下降，并最终导致社会福利下降。

帕累托效率成为现代经济学中衡量效率的重要指标。但是，帕累托似乎小心翼翼地避开了公平分配问题来谈社会福利，认为效率是分析社会福利的唯一尺度，提出了帕累托最优(Pareto Optimality)和帕累托改进等概念。几乎所有的人认为自由竞争能保证资源配置达到帕累托最优。事实上，自由竞争需要公平的环境，所有人应该有同等机会支配社会资源，游戏规则应该不偏不倚地公正执行，所有生产要素应自由流动。只有具备这些条件，自由竞争才能真正实现资源的最优配置。没有公平就没有效率，效率是公平的基础，公平是效率的保障。

第二节 效率的标准

福利经济学研究的主要范畴之一是经济活动的效率问题。在介绍福利经济学的两大基本定理之前，首先需要了解福利经济学范畴中举足轻重的分析模型——帕累托最优模型。帕累托最优是资源分配的一种理想状态，它是指在不使其他任何人境况变差的情况下，不能再改善某些人的处境。

一、帕累托最优

（一）纯交换经济下的帕累托最优

纯交换经济建立在流通领域的商品既定的假设下，是指不考虑商品生产，只考虑既定商品在消费者中进行交换的经济活动。为了进一步简化问题，假设整个市场的参与主体只有张三和李四两个人，交换商品为牛奶和面包，用埃奇沃思(Edgeworth)盒状图来分析如何将既定的牛奶和面包在张三和李四两人之间分配，才能达到市场最优效率。

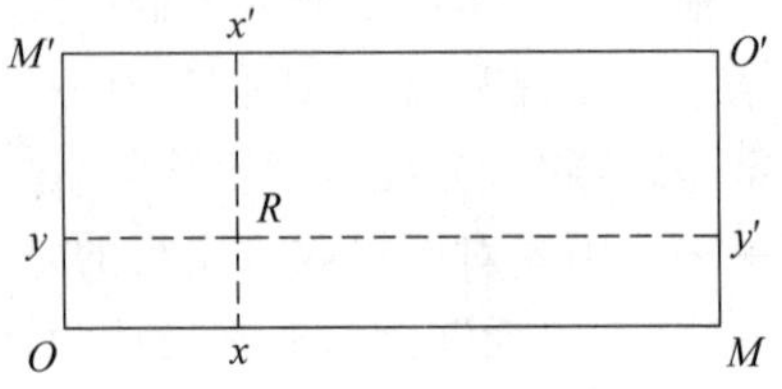

图 2-1 埃奇沃思盒状图

图2-1为埃奇沃思盒状图，要明白在埃奇沃思盒状图中的任意点 R 所代表的是牛奶和面包在张三和李四之间是如何分配的。张三用左下角的 O 表示，李四用右上角的 O' 表示；埃奇沃思盒状图的横轴代表的是每年张三和李四共同可以消耗的牛奶总数，其个人消耗量分别用 OM 和 $O'M'$ 表示；面包的总数则分别用 OM' 和 $O'M$ 表示。不难发现，OM 和 $O'M'$ 等值，OM' 和 $O'M$ 等值。假定张三和李四对于牛奶和面包的分配已经完成，资源的分配如盒状图中的 R 点所示，那么该点表示张三分配到的牛奶数为 Ox，面包数为 Oy，李四分配到的牛奶数为 $O'x'$，面包数为 $O'y'$。

假定张三对于牛奶和面包的偏好都满足传统的无差异曲线，即离 O 点越远的无差异曲线给张三带来的效用越高，离 O' 点越远的无差异曲线给李四带来的效用越高。在埃奇沃思盒状图中作出一组无差异曲线。

假定牛奶和面包在张三和李四间的初始分配在 g 点，即两种商品资源的初始配置为 g 点。此时张三位于无差异曲线 I_1 上，李四位于无差异曲线 E_2 上。如果李四和张三进行交换——张三得到更多的牛奶，李四得到更多的面包，那么资源重新配置后达到无差异曲线 E_2 和 I_2 的切点 e 点处。不考虑资源配置点的移动轨迹，即不考虑从 g 点是如何移至 e 点的，只考虑重新配置前后的状态来分析张三和李四的效用变化。从图2-2中可以看到，资源的重新配置并没有改变李四的效用水平，因为李四一直处在无差异曲线 E_2 上；而张三的无差异曲线从 I_1 转移到 I_2 处，其效用增加，从而使得整体的效用上升。因此，交换使得张三的效用在李四的效用未发生变化的情况下得到了改善。这种在不损害其他人效用的前提下，通过资源的重新配置可以产生的效用改善被称为帕累托改进。

假定市场的初始资源配置在 e 点，那么纯粹的交换能否在不损害一方效用的前提下改善另一方的效用？可以发现，如果资源配置向埃奇沃思盒状图的右上方移动，即张三被分配到更多的面包或者牛奶，那么张三移动到了更高的无差异曲线的同时，李四移动到了较低的无差异曲线上，因而这个方向资源配置的调整使得张三的效用改善而李四的效用

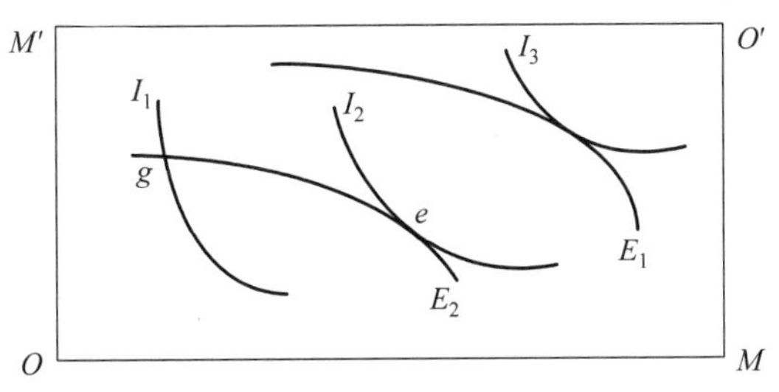

图 2-2　交换经济下的帕累托最优

恶化。类似地，如果市场的资源配置点向埃奇沃思盒状图的左下角移动，那么在李四的效用得到改善的同时，张三的效用也会发生恶化。也就是说，e 点处的资源配置不可能使得在一方效用不变的情况下，同时使另一方的效用得到改善，即 e 点处所代表的资源配置达到了帕累托最优。

纯交换经济下实现帕累托最优的条件

如果具备良好的微观经济学基础，可以轻松地得到市场处于帕累托最优配置的条件。无差异曲线的斜率代表了这一点上一个人愿意用一种商品换取另一种商品的比例，即边际替代率。回想前文我们所说的两种情况——市场初始配置在 g 点以及在 e 点的不同情况，可以发现，如果在市场资源的某个配置点上，张三和李四的边际替代率是不同的，体现在埃奇沃思盒状图中就是资源配置点处于张三和李四相交的两条无差异曲线上，那么此时存在帕累托改进。但是，如果市场已经处于张三和李四的边际替代率相等的资源配置点，即资源配置点处在张三和李四各自的无差异曲线切点处，那么此时的资源配置就达到了帕累托最优。也就是说，纯交换经济下市场达到帕累托最优的条件是

$$\mathrm{MRS}_{\mathrm{mb}}^{\mathrm{zhang}} = \mathrm{MRS}_{\mathrm{mb}}^{\mathrm{li}} \tag{2-1}$$

式中：MRS 为边际替代率；m 为牛奶；b 为面包；zhang 为张三；li 为李四。

（二）生产经济下的帕累托最优

在纯交换经济中，假定可供消费的牛奶和面包的数量都是既定的。但现实生活中，牛奶和面包的供应商可以通过改变不同的生产投入来改变可供消费的商品数量。借助生产可能性曲线可以进行生产经济下的帕累托最优分析。

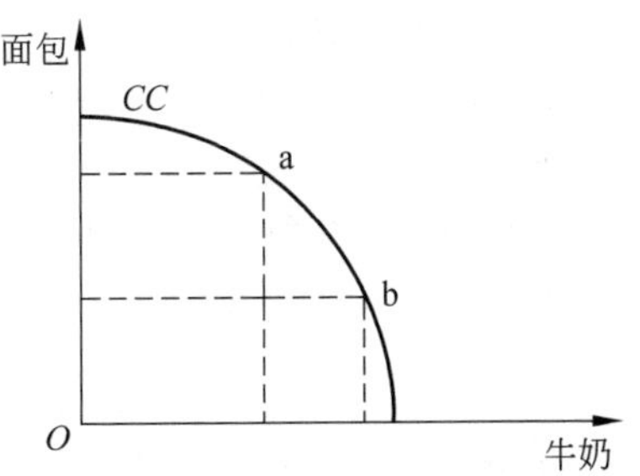

图 2-3　生产可能性曲线

CC 生产可能性曲线，代表面包和牛奶两种产品的各种不同组合。a、b 代表两种产品的两种组合。

生产可能性曲线(见图 2-3)描述的是在要素既定的情况下，同时在现有的技术水平下，所有实现了帕累托最优的生产商品组合。生产可能性曲线上的任一点的切线斜率代表的是为生产另一种商

品所必须放弃的该商品数量，即生产的边际成本。在考虑生产的边际成本情况下，市场如何达到帕累托最优呢？通过下面的例子进行分析。假设在纯交换经济中，张三和李四达到帕累托最优时的边际替代率为 1/3，即张三愿意用 3 瓶牛奶去换取李四的 1 份面包。如果此时边际成本为 1/2，即厂商增加 1 份面包的产出就必须放弃 2 瓶牛奶的产出。厂商的边际成本大于消费者的边际替代率，厂商通过减少牛奶的产出、增加面包的产出可以使消费者的效用得到提升。所以，只要生产的边际成本与边际替代率不相等，这种帕累托改进就一直存在。至此，我们已经推导出在添加了生产因素的考虑后市场达到帕累托最优的条件

$$\frac{MC_m}{MC_b} = MRS_{mb}^{zhang} = MRS_{mb}^{li} \tag{2-2}$$

式中：MC 为边际成本；MRS 为边际替代率；m 为牛奶；b 为面包；zhang 为张三；li 为李四。

如果生产组合是在生产可能性曲线的内部，只要厂商将剩余的生产能力随意地投入任一商品的生产，并将增产的商品投入市场，那么无论张三还是李四，都将获得效用的改善，所以生产可能性曲线一定是所有帕累托最优配置的集合。

二、福利经济学基本定理

（一）福利经济学第一定理

经过上一节的介绍，相信读者已经对资源配置的帕累托最优状态有所了解。那么在现实生活中有没有这么一种经济，其资源配置自发性地向帕累托最优状态进行调整呢？回想一下在完全竞争市场中资源配置遵循了怎样的规则。

首先只考虑消费者的情况，假定前文所提到的张三和李四恰好处于牛奶和面包的完全竞争市场中，运用已经学习过的微观经济学原理可以知道，在完全竞争市场中，张三和李四只能接受既定的牛奶和面包的销售价格，即张三和李四是价格接受者。在纯交换经济下，已经得出市场达到帕累托最优的条件是

$$MRS_{mb}^{zhang} = MRS_{mb}^{li} \tag{2-3}$$

在完全竞争市场中，通过商品之间的边际替代率与商品价格之间的关系，可以得出市场达到帕累托最优时应满足

$$MRS_{mb}^{zhang} = MRS_{mb}^{li} = \frac{P_m}{P_b} \tag{2-4}$$

式中：P_m 和 P_b 分别代表牛奶的价格和面包的价格。

在考虑上文提到的引入生产经济后，市场达到帕累托最优的条件是

$$\frac{MC_m}{MC_b} = MRS_{mb}^{zhang} = MRS_{mb}^{li} \tag{2-5}$$

在完全竞争市场中，当厂商生产的边际成本满足

$$\frac{MC_m}{MC_b} = \frac{P_m}{P_b} \tag{2-6}$$

此时正好满足

$$\frac{MC_m}{MC_b} = MRS_{mb}^{zhang} = MRS_{mb}^{li} = \frac{P_m}{P_b} \tag{2-7}$$

通过上述推导发现,在完全竞争的市场经济中,资源配置自动向帕累托最优的资源配置点靠拢。也就是说,在完全竞争的市场经济中,不需要外界的干涉,市场资源配置就能够自动实现帕累托有效。这就是通常所说的福利经济学第一定理。

(二) 福利经济学第二定理

福利经济学第一定理揭示了完全竞争的市场经济能够自发地实现帕累托效率。那么这种最优的状态是不是能够为社会大众所接受呢? 接下来通过下例来分析这个问题。

图 2-4 中横轴表示张三的效用,纵轴表示李四的效用。为了简化问题的研究,假定社会中只存在张三和李四两个消费者,用社会整体福利函数来衡量整体社会福利:

W = F (张三的效用,李四的效用) (2-8)

图 2-4 给出了社会福利的一组无差异曲线,离原点越远的无差异曲线代表了越高的社会整体福利水平。图 2-4 中的 *UU* 曲线称为效用可能性曲线,代表了在满足张三和李四均为凸的效用函数,以及生产可能性曲线为凸的情况下,一系列满足帕累托最优的市场配置点所带来的社会整体效用。

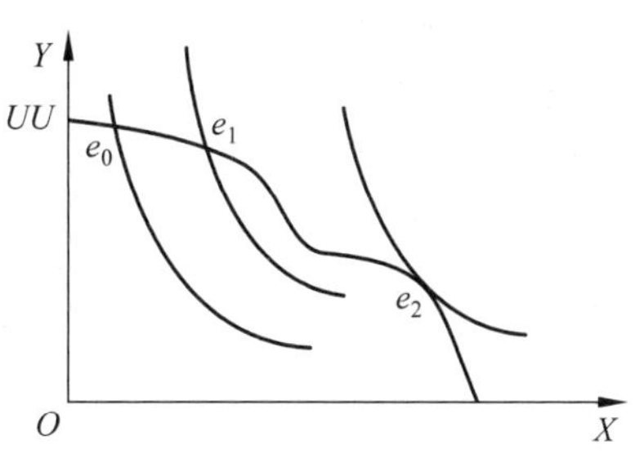

图 2-4 社会福利最大化

假定社会初始的资源配置为效用可能性曲线上的点 e_0,此时市场的资源配置处在帕累托最优的状态。可是 e_0 点处在较低的社会福利无差异曲线上,说明社会整体福利水平不高,这可能是由于在 e_0 点处张三和李四间效用的巨大差异造成的。如果将资源配置调整至点 e_1 处,调整后的 e_1 比 e_0 处在更高的社会福利无差异曲线上,社会整体福利得到了改善。而 e_1 处于效用可能性曲线的内部,这说明了资源配置中存在帕累托改进。继续调整资源配置至 e_2 点,这时社会整体福利水平上升到了更高的水平,同时处在效用可能性曲线上的 e_2 也说明了资源配置已处于帕累托最优的状态。这就是福利经济学第二定理所描述的基本内容,在消费者个人效用为凸函数、生产函数也为凸函数的情况下,任何帕累托最优状态都可以通过对初始资源配置的调整来完成。

第三节 公平的标准

公平作为一种个人价值观,很难找到一个放之四海而皆准的衡量准则。那么如何来对社会的公平程度进行评价呢? 在福利经济学的第一、第二基本定理中,都提到了这样的观点:在完全竞争的市场经济下,资源配置会自发地向着社会福利水平较高的帕累托最优状态调整。这种配置资源的调整在任何情况下都会自发地向着帕累托最优改进吗? 这些都是本节将要讨论的问题。

一、与公平有关的因素

由于个人对公平的理解不同,影响社会公平的因素也因人而异。下面主要介绍三种为公众普遍认可的影响公平的因素。

1. 效率

一个公平的社会首先应当是资源配置达到帕累托最优的社会。如果某个社会的资源配置不是帕累托最优，那么运用福利经济学基本原理就可以知道，通过资源的重新配置一定能使得资源配置达到帕累托最优的状态，使得社会福利的整体水平在帕累托改进的过程中得到改善。反之，如果市场向着帕累托最优调节资源配置的机制被阻断了，这个社会一定是不公平的，因为它阻断了社会效用的改善。

2. 社会福利

这里所指的社会福利，是从收入的角度对社会福利的衡量。通常情况下，如果收入增加，福利水平也会相应增加，社会整体收入水平的提高改善了社会整体福利。

3. 分配

通常情况下，社会整体收入的增加导致社会福利的增加。但如果增加的收入在分配过程中流向了少数人，那么随着这种不均匀的收入分配的逐渐积累，大部分的社会财富将被小部分人控制，从而造成社会的贫富差距悬殊。通常认为，存在巨大贫富差异的社会是不公平的。

二、公平的衡量标准

有两个常用的衡量社会公平程度的工具：洛伦兹曲线（Lorenz curve）和基尼系数（Gini coefficient）。洛伦兹曲线以图的形式较为直观地展示了一国收入分配差异的状况，而基尼系数是建立在洛伦兹曲线对收入公平的定义上、通过计算得出的比例数值，是国际上用以综合考察国民收入分配差异状况的一个重要分析指标。

（一）洛伦兹曲线

美国统计学家洛伦兹（Max Otto Lorenz）于1907年①提出洛伦兹曲线的概念，它是指通过各类收入家庭占国民收入的比例来衡量一国的收入分配情况。将一国的家庭按照年收入从低到高分为五类，每类家庭的数目相同的，各占全国家庭总数的20%。再统计每类家庭的总收入占国民收入的百分比，得出如表2-1所示的统计列表。

表2-1 家庭收入分配比例表

家庭累计/%	每类家庭占国民收入比/%	收入累计/%
20	3	3
40	7	10
60	17	27
80	27	54
100	46	100

将表2-1的统计情况转换成图2-5，横轴表示每类家庭总数占全国家庭总数的累计百分比，纵轴表示每类家庭的总收入占国民收入的累计百分比。

---

① 也有观点认为是1905年。

图 2-5 中对角线 OE 表示收入在家庭间完全平均分配的情况下，家庭累计百分比与国民收入累计百分比的关系。曲线 OE 就是洛伦兹曲线，它是连接了五类家庭的收入占国民收入的累计百分比点的平滑曲线。在图 2-5 中，曲线 OE 离对角线 OE 越远，社会收入的分配在家庭中就越不平均，社会就越不公平。

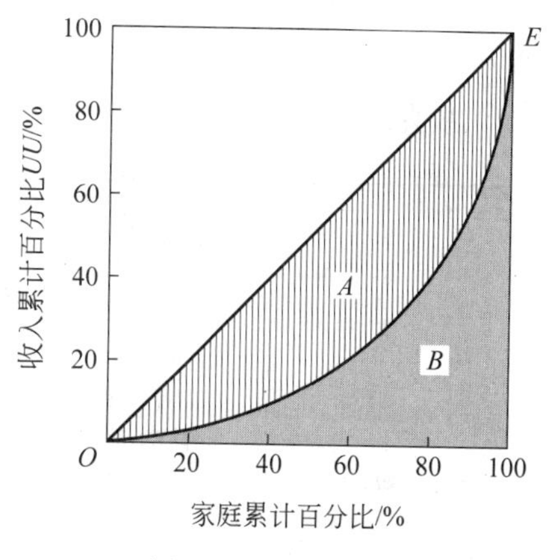

图 2-5　洛伦兹曲线

（二）基尼系数

在洛伦兹曲线的基础上，为了更好地量化社会的不公平程度，意大利经济学家基尼（Corrado Gini）引入基尼系数来定量测定收入的差异程度。将对角线 OE 和洛伦兹曲线 OE 间围起来的面积计作 A，将对角线 OE 右侧三角形区域扣除 A 后剩余的面积计作 B，定义基尼系数：

$$G=\frac{A}{A+B} \tag{2-9}$$

在收入完全平均分配情况下，洛伦兹曲线 OE 将与对角线 OE 重合，基尼系数为 0；在极端情况下，如果所有的国民收入都分配给了一个家庭，基尼系数为 1，社会收入的分配完全不平等；在通常情况下，基尼系数处于 0 和 1 之间，越靠近 0 说明收入分配越均匀，社会越公平，越靠近 1 则相反。使用基尼系数的绝对水平判定社会的公平程度，国际上有一个被普遍接受的标准：基尼系数为 0.4 被定为收入分配不均的警戒线。如果基尼系数低于 0.4，社会收入的分配较为合理；如果基尼系数超过了 0.4，收入分配的不平等超出了合理的范围。

（三）贫困指数

贫困指数（poverty index，PI）是一种常用的衡量社会公平程度的指标。是处于贫困线以下的人口占总人口的比例。贫困指数的关键是首先要确定某一个收入水平为贫困线，通常以满足基本生活水平所需要的收入作为贫困线的标准。但实际操作中评价同一种收入分配状态时，若把贫困线定得高一些，贫困指数所反映的收入分配均等程度就会低一些，若将贫困线降低一些就会使人感到收入分配状况变好了。

长期以来，贫困被理解成为一个一维概念，仅指经济上贫困，依据一个人维持生计所需的最低收入或消费水平即贫困线（阈值）作为是否贫困的标准。如世界银行曾根据 33 个发展中国家贫困状况的研究结果，规定一天一美元作为极端贫困（extreme poverty）的标准和一天二美元作为贫困（poverty）的标准。后来，理论界有人提出贫困应该表现为福利的缺乏。一些福利的获得决定于其收入水平，而另一些福利的享用，如一些公共产品的享用、在存在配给制的社会里的住房供给等，都与货币变量无关。足见，福利是个多维概念，除由收入水平决定外，还可能包含公共产品的提供、住房供给、扫盲和平均寿命等。

但是，贫困指数作为衡量公平的指标具有一定的缺陷，主要表现在以下两个方面：一是贫困线的标准没有一个客观的标准；二是无法衡量收入差距的变化。

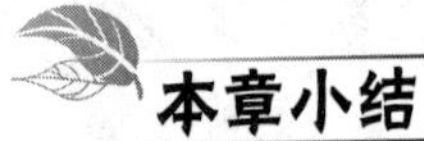

本章小结

<table>
<tr><td rowspan="3">财政学的福利经济学基础</td><td>福利经济学概述</td><td>福利经济学主要研究人们的经济福利，也就是社会福利与哪些经济因素具有密切的关系。社会福利从效率和公平两方面进行衡量，公平和效率是密不可分的，没有公平就没有效率，效率是公平的基础，公平是效率的保障</td></tr>
<tr><td>效率的标准</td><td>(1) 福利经济学研究经济活动的效率问题。在纯交换经济中，当消费者的边际替换率相等时，市场资源配置达到帕累托最优；在生产经济中，当消费者的边际替代率等于生产商的边际成本时，市场资源配置达到帕累托最优。
(2) 福利经济学第一基本定理认为，在完全竞争的市场经济中，市场资源配置能自发地达到帕累托最优；福利经济学第二基本定理在消费者个人效用为凸函数、生产函数也为凸函数的假设下，推导出任何帕累托最优都可以通过对初始资源配置的调整来完成的结论</td></tr>
<tr><td>公平的标准</td><td>(1) 效率、收入及收入的分配都会对社会整体的公平产生影响；借助洛伦兹曲线和基尼系数我们可以对社会的公平程度进行衡量。
(2) 市场失灵描述的是现实经济中，资源的配置无法通过自动调整而达到帕累托最优和社会福利最大化的现象；垄断、公共产品以及外部性的存在都是市场失灵的表现</td></tr>
</table>

核心概念

帕累托最优　洛伦兹曲线　基尼系数　公平

思考题

1. 简述福利经济学第一基本定理和第二基本定理的内涵。
2. 举例说明市场失灵的具体表现有哪些。
3. 简述如何用洛伦兹曲线以及基尼系数判断社会公平程度。

第三章

市场失灵与财政职能

第一节　市场失灵

市场失灵是相对于有效市场的经济效率存在的。竞争性市场机制是高效的资源配置机制，但其运行需要严格的环境——完全竞争市场，而在现实经济中又很难具备完全竞争市场的所有条件和环境，因此帕累托最优无法实现。此外，在市场机制下收入和财富分配的不公和宏观经济失衡也不可避免，这就是市场失灵。市场失灵在20世纪20年代末30年代初的经济危机中得到了最充分的暴露，也正因为市场机制在许多领域缺乏效率，经济学家对此有了深刻认识，意识到公共部门介入经济运行已不可缺少。市场有效是指在自由放任的基础上，市场经济在其自身的运行中自发产生的高效率。

一、市场机制的有效市场

有效市场又称为完全竞争市场，有效市场不受任何因素阻碍和干扰市场结构，自由的经济个体能在市场的作用下自发地对资源进行调节，使资源达到最优配置，即帕累托最优效率。

市场之所以能够产生经济上的高效率，主要有两个因素。一是竞争产生效率。优胜劣汰是市场竞争的基本法则。在市场竞争中，低效的、成本高的、技术落后的、经营不善的企业和个人将被淘汰，而通过竞争筛选下来的必定是高效率的。市场中的竞争机制不仅是一个“吐故纳新”的经济制度，而且是一个自动的资源“最优配置”制度。二是价格引导配置。价格是市场最关键的信息，它对资源配置具有引导作用。价格信号会有效地引导资源从低利润率行业向高利润率行业流动，从而优化整个社会的资源配置，带来整个经济效率的提高。市场中的价格机制既是一种信息体系，又是一种激励制度。

市场如何产生效率的命题是在20世纪中叶得到解决的。美国数理经济学家德布罗(Debreu)因为用严谨的数学方法证明了市场产生效率的命题，在1983年获得了诺贝尔经济学奖。他证明市场只有在完全竞争的环境下才可能是高效的，而完全竞争只是在一系列的假设条件下才能成立，这些假设实际上是一种理想状态近乎完美的假设。其中包含六个基本假设。

(1) 市场上存在大量的买者和卖者。市场上有大量的买卖双方，他们不会采取相互勾结与合谋的团体行为，经济权利充分分散，每个买者的需求数量与厂商供给数量相比可以忽略不计，以至于任何个体都无法单独影响价格。现实中的某些行业，由于资源或市场的限制，只存在较少的企业；相应地，每个买者面临的竞争者相对较少。但是仅有少数企业存在本身并不意味着企业是非竞争性的，只要存在大量潜在竞争者，即进入该行业的壁垒并不能阻止大量资本流入，该行业的任何企业就不能扮演垄断者的角色。

（2）卖方提供的产品是同质无差异的。所有厂商提供的是标准化的产品，任何提高（或降低）市场价格的做法，都会丧失市场（或形成巨亏）。现代商业理论对产品的无差异已经延伸到产品的售前、售中和售后三个领域，产品无差异是指产品的质量与规格、售前信息获取、售中服务和售后服务完全无差异。

（3）要素和信息的完全流动。买卖双方市场上不存在壁垒，生产要素能够自由地流动；所有的信息自由流通且充分完备，不存在信息不对称。生产要素不能充分移动，可能意味着厂商面临着陡峭上升的生产要素供给曲线，使生产成本高于完全竞争下的长期平均成本。

所谓的生产要素的充分移动，就是每一种生产要素都必须能在竞争的要素市场中因价格变化而迅速做出反应；在任何市场中，厂商的进出必须没有任何的阻碍。而信息的完全流动指的是市场交易过程中存在完全的确定性，交易双方可以确切地了解从事交易所必需的信息。

（4）经济物品完全可分，产权界定清晰，无外部性。所有物品均可以细化成微小经济单位，并且产权完全界定，不存在所有权纠纷。任何个体的行为不会给他人带来利益或产生损失。换言之，竞争市场产品的经济利益与成本能以价格加以计量，是由于产品可以被分割成许多能够买卖的单位。可分性使物品的所有权具有确定性，这类物品还有一个特点，就是效用的排他性。它的利益虽可分割，但不是每一个人都可以享受到，而仅仅是使用人的特权，对于具有以上性质的产品，市场机制可以使其配置达到最优。

在市场经济中，市场价格取决于边际成本与边际收益的均衡，由边际成本和边际收益决定的价格和产量能真实地反映资源和生产要素的稀缺程度。生产者按市场价格调整生产，直到边际成本与价格相等，就可获得最大收益；消费者按市场价格调整消费，直到边际收益与价格相等，就可以获得最大效用。此时市场上不存在外部性。

（5）不存在公共物品。没有供社会成员共同享用的物品，所有物品都有竞争性和排他性。所有的产品都分别归属某个经济主体。所谓非竞争性，是指某人对公共物品的消费并不会影响别人同时消费该产品及其从中获得的效用，即在给定的生产水平下，为另一个消费者提供这一物品所带来的边际成本为零。所谓非排他性，是指某人在消费一种公共物品时，不能排除其他人消费这一物品（不论他们是否付费），或者排除的成本很高。

（6）个人行为的一致性。经济决策的主体都是充满理智的，既不会感情用事，也不会盲从，而是精于判断和计算，其行为是理性的。在经济活动中，主体所追求的唯一目标是自身经济利益的最优化。如消费者追求的是满足程度的最大化，生产者追求的是利润最大化。

个人行为的一致性指的是作为消费者或生产要素使用者的个人，都一致地使用等边际法则，使其购买物品或销售物品与劳务所得的效用最大化；同样地，生产者也一致追求利润最大化，使生产要素的组合效率最大化。公式为

$$\frac{MU_1}{P_1}=\frac{MU_2}{P_2}=\cdots=\frac{MU_M}{P_M}=\lambda_1 \quad \text{（消费者均衡）}$$

$$\frac{MP_1}{P_1}=\frac{MP_2}{P_2}=\cdots=\frac{MP_N}{P_N}=\lambda_2 \quad \text{（生产者均衡）}$$

式中：MU 为边际效用；MP 为边际产量；P 为价格；$M=1,2,\cdots,m$；$N=1,2,\cdots,n$。

实际上这种一致性会由于个体目标的多元化而很难实现，甚至无法衡量。消费者不一定就是效用最大化的追求者，生产者也不一定追求利润最大化。

二、市场失灵的原因及其主要表现

有效市场的六大条件都过于苛刻，在现实中很难完全满足，因此市场失灵不可避免。市场失灵是指市场无法有效率地分配商品和劳务的情况，可分为资源配置领域的市场失灵、收入分配领域的市场失灵和宏观经济稳定层面的市场失灵。

（一）资源配置领域的市场失灵

经济体系中存在公共产品、外部效应、规模收益递增（自然垄断等）和信息不对称等情况，市场机制难以引导资源配置达到最优状态，这为政府部门的干预提供了依据。

1. 公共物品

现实中，一些产品或服务同时为多人提供利益，它们被联合消费，如国防、道路、法律制度保障等，称这类物品为公共产品。萨缪尔森认为，公共物品是指这样一种物品，当一个人对该物品消费时，并不会妨碍其他人对该物品的消费。它与私人物品的区别是：私人物品的所有权具有确定性、效用的排他性和竞争性，而公共物品则具有非竞争性和非排他性。从这个定义可以看出，纯粹的公共物品具有两个显著特征：第一是没有消费的排他性，公共物品必须是向集体而不是个人提供的，在效用上不可分割，且任何人不能阻止其他人享用公共物品；第二是非竞争性，该产品被提供出来以后，增加一个消费者不会减少任何一个人对该产品的消费数量和质量，其他人消费该产品的额外成本为零。换句话说，增加消费者的边际成本为零。同一单位的公共产品可以被许多人消费，它对某一个人的供给并不减少对其他人的供给；某人享用该公共产品得到的收益并不减少其他人享用该产品所得到的收益，也就是说根本不会带来“拥挤成本”；公共产品一旦被提供，消费者的增多并不导致该公共产品生产成本的增加，也就是说，生产方面无须追加资源的投入来增加供给。

这些性质给市场定价机制带来困难，公共物品的非排他性给了那些不愿意支付现行价格的人以消费这些物品的机会，卖方无法向买方索取价格，因为后者在没有支付的情况下也能享受到相同的消费，这就是“免费搭车”问题。因此，对私人生产者来说，生产公共物品将无利可图，即市场价格无法将资源引入公共物品生产领域，造成公共物品供给的市场失灵。这时，需要国家部门通过财政手段解决公共物品或服务供给失灵的问题。

2. 外部效应

外部效应是指生产者或消费者的行为波及他人或外界环境却没有得到相应的补偿或给予支付的情况。也可简单定义为未在价格中得以反映的经济交易成本或效益，即私人边际成本和社会边际成本之间或私人边际效益和社会边际效益之间的非一致性。完全竞争市场要求所有产品的成本和效益都内在化，产品的生产者或消费者需要承担自身行为带给社会的全部成本，同时享有这些行为给他们带来的全部好处。

现实经济中，经常会出现成本收益不对称的情况，导致外部效应的产生。这种不对称如果得不到有效的调配，那么人们会过多地从事成本外溢的活动而过少地从事收益外溢的活动，从而损害资源配置的效率。面对这种问题时，市场机制难以统一私人利益与社会利益，使得个人与社会间发生冲突。当存在外部性时，市场价格就不能准确地反映交易产品的所有边际社会收益或边际成本。外部性可以分为正外部性和负外部性。正外部性是某个经济行为个体的活动使他人或社会受益，而受益者无须花费代价；负外部性是某个经济行为个体的活动使他人或社会受损，而造成外部不经济的人却没有为此承担成本。个人或厂商是从私人边际收益等于私人边际成本的角度选定活动水平的，没有考虑外溢到其他各方的边际收益或边际成本，因此，当出现正的外部效应时生产者的成本大于收益，利益外溢，得不到应有的效益补偿；当出现负的外部效应时，生产者的成本小于收益，受损者得不到补偿。因此，由于外部效应的存在，使得成本收益不对称，人们会过多地从事成本外溢的活动，而过少地从事收益外溢的活动，无论是正的外部效应导致的某些活动不足还是负的外部效应导致的某些活动过度，都会造成资源配置的低效率。

图3-1中，D表示对化工产品的需求曲线，MC表示私人生产边际成本。假设市场是完全竞争的，则边际成本曲线就是厂商的供给曲线。因而在市场机制作用下依据私人成本，MC确定的最优产量是Q'。然而，依据社会边际成本MC′决定的最优产量应当是Q。由于私人成本MC线在社会成本MC′以下，所以私人最优产量Q'高于社会最优产量Q。因而，存在负外部效应时，市场竞争结果导致生产和消费过多，导致市场失灵。

图3-2中，当企业的生产活动存在正外部性时，即边际社会成本MR′大于私人边际成本MR时，社会的最优产量Q'与私人最优产量Q具有不一致性，由图可知，企业按照私人边际效益等于边际成本生产的产量低于社会最优产量，使得社会总效益没有实现最大化。

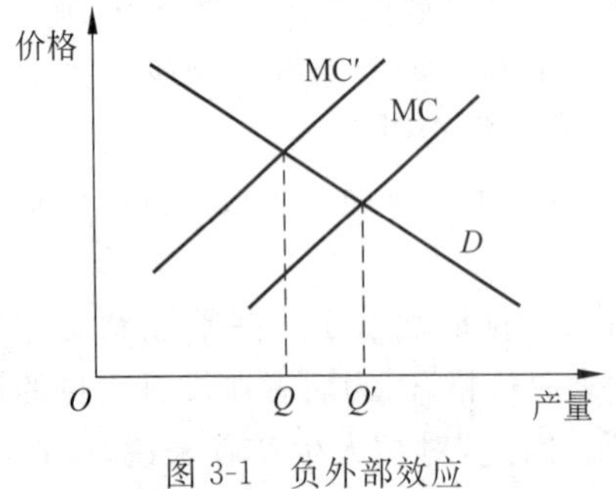

图3-1 负外部效应

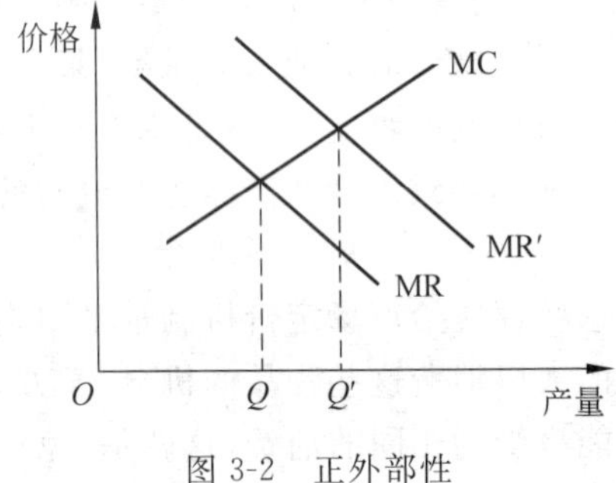

图3-2 正外部性

3. 规模收益递增

有效市场假设市场上生产者和消费者都是价格接受者，资源配置才能达到最优。如果某个厂商能够单独影响市场价格，或者说是操纵价格，资源配置就是低效率的。产生垄断的原因有二：一是某些行业具有规模效益递增的特征，厂商只有不断扩大再生产才能实现利益最大化，经营绩效好的厂商逐渐淘汰绩效差的厂商，从而产生垄断；二是某些行业因自然、技术、市场等方面的原因而天然具有垄断的特性。

垄断市场是指少数企业控制整个行业的生产与销售，在追逐利益最大化的前提下操纵市场价格。下面介绍垄断市场相对完全竞争市场条件下的福利损失。

如图3-3所示，对垄断性物品的需求曲线代表着其社会边际效益。假定垄断性物品的私人边际成本代表着生产最后一个单位物品所使用的所有生产要素的价值，即代表着社会边际成本，那么该垄断企业的产量将为 Q_m。图中，三角形的阴影面积 ABE 代表因垄断所造成的净效益损失。不难看出，如果政府能够通过干预垄断者的生产量，将 Q_m 提升至 Q，从而使得 MSC=MSB，便可因此而获得 ABE 所代表的净效益。

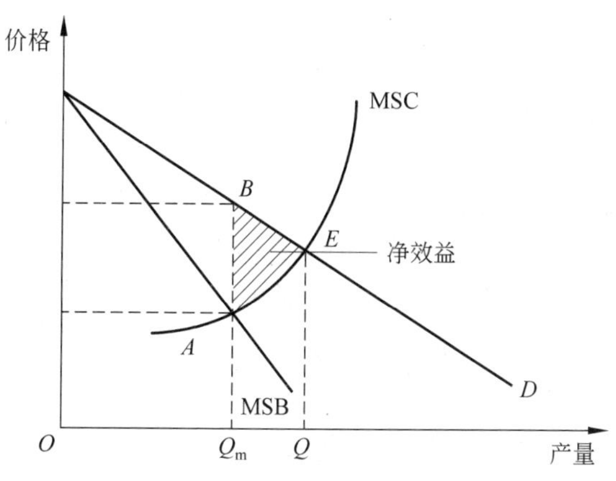

图 3-3　垄断所造成的净效益损失

4. 信息不对称

竞争市场的帕累托效率假定信息是完备的，即市场交易过程中存在完全的确定性，交易双方可以了解到从事交易所需要的完全信息。然而现实中信息往往是不完全的，而且不同的交易主体缺乏信息的程度往往也不同。有可能是卖方掌握的信息多，如旧车销售商、劳务提供者、医生等，也有可能是买方掌握的信息多，如投保者、信用卡购买者。当市场上存在信息不对称时，拥有信息较多的一方就会利用手中的信息优势做出不利于对方的交易行为，导致市场失灵，主要表现为逆向选择和道德风险。

逆向选择是指市场交易中一方无法观察到另一方的重要的外生特征时所发生的劣质品驱逐优质品的情形。如在医疗市场中，并不是所有的医院都会提供高质量的医疗服务，在医院的医疗服务质量之间存在很大差别。有的医院的医疗服务质量很高，有的则比较低，那些质量比较低的医院会将医疗服务质量特征的真实信息掩盖起来。这个时候整个医疗服务市场上的医院都向患者宣传，说自己的医疗服务质量一流。由于医患信息不对称，患者缺乏医疗服务质量的真实信息，因此无法判定哪个医院进行了真实的宣传，哪个医院的信息是虚假的。在这种情况下，患者只能根据自己对医疗市场中医疗质量的主观判断进行决策，按照平均质量支付价格，当不同质量的医疗服务被患者以同样的态度对待时，低质量的医疗服务由于成本优势，可能会占据上风；当患者发现实际的医疗服务并没有预期的好时，就会进一步降低对整个市场中医疗质量的估计水平，降低愿意支付的价格水平。如此循环往复，就有可能将成本比较高但质量也比较好的医院淘汰出局，留下的只是质量较次的医疗服务。

道德风险指的是市场交易的一方无法观察到另一方控制和采取的行动时所发生的知情方故意不采取谨慎行为的情形，由于知情方故意不采取谨慎行为也许会导致对交易的另一方的损害，典型的例子是保险市场。投保人投保之前总是小心地提防风险，随时随地准备规避风险的发生，尽量减少风险带来的损失，当投保后，投保人的风险转移到保险公司，投保人对风险不再承担责任，因此他们将不会像原来那么谨小慎微。而且，在很多情况下，如果相关利益者共同达成协议且彼此遵守，则人人受益；反之人人受损。但是现实中一旦需要大规模的合作时，市场机制就不能充分发挥作用。比如“囚徒困境”中的纳什均衡并非社会最优解。公共产品供给，这就是个人理性与集体理性之间的冲突，公共部门的责任是促成那些有利于社会利益的合作顺利进行，摆脱个人与集体的矛盾。

经典的“囚徒困境”描述如图 3-4 所示。

	甲沉默	甲背叛
乙沉默	二人同服刑1年	乙服刑10年，甲即时获释
乙背叛	甲服刑10年，乙即时获释	二人同服刑8年

图 3-4　囚徒困境

警方逮捕甲、乙两名嫌疑犯，但没有足够证据指控二人入罪。于是警方分开囚禁嫌疑犯，分别和二人见面，并向双方提供以下相同的选择：若一人认罪并做证检控对方（相关术语称“背叛”对方），而对方保持沉默，此人将即时获释，沉默者将判监 10 年；若二人都保持沉默（相关术语称互相“合作”），则二人同样判监 1 年；若二人都互相检举（相关术语称互相“背叛”），则二人同样判监 8 年。

如同博弈论的其他例证，“囚徒困境”假定每个参与者（“囚徒”）都是利己的，即都寻求最大自身利益，而不关心另一参与者的利益。参与者某一策略所得利益，如果在任何情况下都比其他策略要低的话，此策略称为“严格劣势”，理性的参与者绝不会选择。另外，没有任何其他力量干预个人决策，参与者可完全按照自己的意愿选择策略。囚徒到底应该选择哪一项策略，才能将自己个人的刑期缩至最短？两名囚徒由于隔绝监禁，并不知道对方的选择；而即使他们能交谈，也未必能够尽信对方不会反口。就个人的理性选择而言，检举背叛对方所得刑期，总比沉默要来得低。试设想困境中两名理性囚徒会如何做出选择：若对方沉默、背叛会让我获释，所以会选择背叛；若对方背叛指控我，我也要指控对方才能得到较低的刑期，所以也是会选择背叛。二人面对的情况一样，所以二人的理性思考都会得出相同的结论——选择背叛。背叛是两种策略之中的支配性策略。因此，这场博弈中唯一可能达到的纳什均衡，就是双方参与者都背叛对方，结果二人同样服刑 8 年。这场博弈的纳什均衡，显然不是顾及团体利益的帕累托最优解决方案。以全体利益而言，如果两个参与者都合作保持沉默，两人都只会被判刑 1 年，总体利益更高，结果比两人背叛对方、判刑 8 年的情况要好。但根据以上假设，二人均为理性的个人，且只追求自己的个人利益。均衡状况会是两个囚徒都选择背叛，结果二人判决均比合作为高，总体利益较合作为低。这就是“困境”所在。例子证明了：非零和博弈中，帕累托最优和纳什均衡是相冲突的。

（二）收入分配领域的市场失灵

在市场经济中，人们主要通过市场提供产品生产所需的各种要素来获取收入。比如劳动者提供劳动可以获得工资，资本提供者可以获得利息，土地及其他自然资源提供者可以获得租金等。然而，社会成员之间由于先天禀赋和后天教育、培训等方面的原因，难免在劳动能力和生产技能方面存在差异。加上劳动强度、努力程度、职业状况等方面的影响，直接导致社会成员之间在劳动收入方面的差异。不仅如此，财产继承、机遇等因素的存在，使得成员在包括资本、土地及其他自然资源在内的各种资产的占有量上，也存在客观区别。而因劳动收入和资产占有量的不同而直接带来的财富差异，借助市场经济所固有的要素投入回报机制，必然加大社会成员之间在收入分配上的差距。实践表明，在市场经济中，如果缺乏外来力量的介入和干预，社会成员之间在收入分配方面的差距，将随时间的推移和环境的变化而呈现不断扩大的趋势，并最终出现两极分化、贫富悬殊的局面。

市场经济机制是一种自由竞争机制，它所遵循的价值规律和按效益分配的原则，只承认效率，不同情弱者，不顾及个人天赋、家庭背景和文化素质的差异，从而必然造成竞争优胜者与失败者之间的贫富分化。对于公平，市场从不会像是有着七情六欲、丰富情感的人，做出任何可能略微带有感情色彩的以求得公平的事情来。公平仅仅是人类社会群体对事物进行评判的一种道德情感标准。

但是社会收入分配的公平并不如经济领域的公平那样有严格的评判标准，经济意义上收入分配差距的合理与否，取决于收入是否按效益分配原则进行分配。在市场经济条件下，只要收入分配是以机会均等为前提的生产要素供给者参与市场经济活动的结果，并且各个生产要素供给者都按照效益分配原则取得了收入，那么不管收入分配差距的大小，就收入的第一次分配而言，都属于收入的合理分配，从而都可以被看成收入分配协调的表现。而社会意义上的收入分配差距合理还是不合理的界定，要比经济意义上的收入分配差距合理还是不合理困难得多。这是因为：一是判断社会意义上的收入分配差距合理与否时，找不到像判断经济意义上收入分配差距合理与否那样严格的标准；二是由于社会意义上收入差距偏大而引起的社会不安定等问题，不一定是近期内就可以被观察到的，往往需要经过一段时间，等到问题越积越多、矛盾越来越尖锐时，才会爆发出来。

虽然社会收入公平没有公允标准，但实际经济生活中普遍存在的贫富差距问题已经反映出自由经济长期发展的结果必然产生市场失灵，从而使个人收入出现马太效应。

（三）宏观经济稳定层面的市场失灵

衡量宏观经济效率和稳定的指标有就业率、通货膨胀率、经济增长率等。宏观经济失衡指的是市场经济在自发运行过程中必然产生的失业、通货膨胀、经济危机等。从世界角度来看，自由的市场经济体制运行几个世纪以来，经济总是处于周期性的波动之中，经济增长也呈现出繁荣与萧条相互更迭的状态。例如，20 世纪 20 年代末 30 年代初波及整个西方世界的经济大危机、90 年代后期的东南亚金融危机、2007 年始于美国的次贷危机蔓延至全球的金融危机（尤其是自由经济体所遭受的创伤更为严重，而相对保守的经济体如中国、印度等则躲过一劫）。以上这些是说明市场机制失灵最显著、最有说服力的证据，因此政府在市场机制失灵的领域实施适当的宏观调控受到大多数国家的青睐。

1. 失业

任何市场条件下，企业雇用劳动力都取决于两个因素：一是所雇用的劳动力创造的所有收益，二是应支付的工资及其他费用。当增加的雇佣劳动力所带来的利润大于为此支付的费用时，企业对劳动力的需求将增加，直到增加的单个劳动者的收益等于成本为止。如果劳动的供给超过需求，就会产生失业。即使在均衡价格下，也会有失业的产生，因为还有部分劳动者不满意均衡工资，这类失业者又称为自然失业者。此外，完全竞争的劳动市场假定价格是有弹性的，它会随着供求关系的变动而变动，直到形成新的均衡点。如果按市场规律，当出现失业时，工资水平可以下降到这样一种水平为止——雇主愿意雇用失业前的就业总量，并且假定降低工资不会发生任何成本。但是实际上，工资在向下调整的过程中是有刚性的，当劳动者面临降薪时，会产生强烈的抵触情绪，工会也会组织职工罢工，由此便会产生因停工产生的效益损失和因谈判产生的费用，使得雇主的成本上升、效益下降，严重者会面临倒闭的危险。劳动力需求会进一步下降，使得失业长期存在，经济出现萧条。

总之，失业是由需求不足和工资刚性造成的，市场机制不可能自动地使经济趋于充分就业的均衡。当经济运行中出现大量失业、陷入经济衰退时，政府需要采取适当的反失业政策，以增加就业、降低失业水平。

非自愿失业的存在表明效率的损失。从静态来看，这意味着改善失业者的状况而不会使其他人的状况恶化是可能的。而且，人力资源的长期失业会使得这些资源退化。从产量减少这个角度来看，失业代表了整个社会的经济成本。失业不但导致效率损失，常常还会加剧收入分配的不公平。除了经济成本以外，失业还存在非经济成本，非经济成本一般以失望、封闭自我、有可能导致社会的动荡和更恶劣的犯罪这些形式表现出来。因此，尽管各种理论对失业的解释各不相同，但他们都一致认为现实中的市场会对就业水平产生不利影响，因而政府有必要采取校正性行动。

2. 通货膨胀

通货膨胀是指价格水平在一定时期内持续上涨的现象。宏观经济学分析产生通货膨胀的原因时，分为需求拉动的通货膨胀和成本推动的通货膨胀。当消费者对产品或服务需求超过供给时，厂商在短时期内无法调整产量，价格水平就会升高，此为需求拉动的通货膨胀。当作为生产要素的工资、原材料、资本价格上涨时，生产同样产品的成本上升必然导致最终产品价格上涨，此为成本推动的通货膨胀。

一般价格水平的变化总是伴随着相对价格的变化。人们的相对收入发生变化，一些人只能保持其价格不变或只能使其价格上涨幅度低于平均水平，而其他人能够使其价格上涨幅度超过平均水平。通货膨胀不仅会使收入也会使财富发生再分配。在通货膨胀背景下，名义价值固定的债券其实际价值会下降，从而对债务人（一般是企业，通常也包括政府）有利，对债权人（一般是家庭）不利。从再分配方面来看，通货膨胀不会给整个经济体系带来净成本。但是对整个社会来说，价格波动的净成本为正，因为它会产生一些特定成本：菜单成本以及皮鞋成本①。进一步讲，在开放经济中，通货膨胀会导致失去竞争力，

---

① 菜单成本指零售商对价格调整时所产生的成本负担。厂商改变价格，需要重新印刷它的产品价格表，向客户通报改变价格的信息和理由。所有这一切都会引起一笔开支和费用。虽然菜单成本的数值并不大，但是如果菜单价目表变动的次数很多，也会给厂商带来一些不利之处，如使客户感觉不快和麻烦等。菜单成本包括印刷新清单和目录的成本、把这些新价格表和目录送给中间商和客户的成本、为新价格做广告的成本、决定新价格的成本，甚至还包括处理客户对价格变动怨言的成本。

皮鞋成本指的是在通货膨胀时，货币的购买力在下降，为了减少损失，人们会更倾向于持有更少的现金而将更多的钱存入银行，更多的是被迫兑换为其他国家货币。如此当要使用现金时，就需要去银行取款，或者兑换时就要付出一定的时间和精力，持有现金少了就意味着需要增加跑银行的次数，这种多去几次银行所花费的时间和精力被经济学家形象地称为皮鞋成本——多磨点鞋底。就是说人们为了减少货币持有量时所浪费的各种资源。

会产生国际收支不平衡问题。恶性通货膨胀的社会成本更高，会使人们的预期恶化，引起恐慌、经济秩序混乱，而且存在着一种风险，即既有恶性通货膨胀的经济甚至可能不得不废除货币，因为这时货币不能履行其职能。

如图 3-5 所示，从 1981 年至今，世界各主要经济体 GDP（国内生产总值）增长率呈现周期性波动规律，这是市场经济发展的必然结果。同时，在市场机制下，经济行为的主体高度分散，从而决策权也高度分散。小的决策者往往只关心自己的眼前利益和局部利益，加上信息失效导致许多非理性的决策，于是不可避免地造成经济失衡，国内经济剧烈波动，物价水平上升、国家经济增长停滞或国际收支失衡。按照亚当·斯密的观点，市场可以自发地对此进行调节，但市场的调节机制是一种事后调节，是采用经济危机的手段。20 世纪 30 年代大萧条的经验表明，这种调节代价太大，不能为社会所接受。这就为政府部门干预经济，实现宏观经济稳定提供了依据。

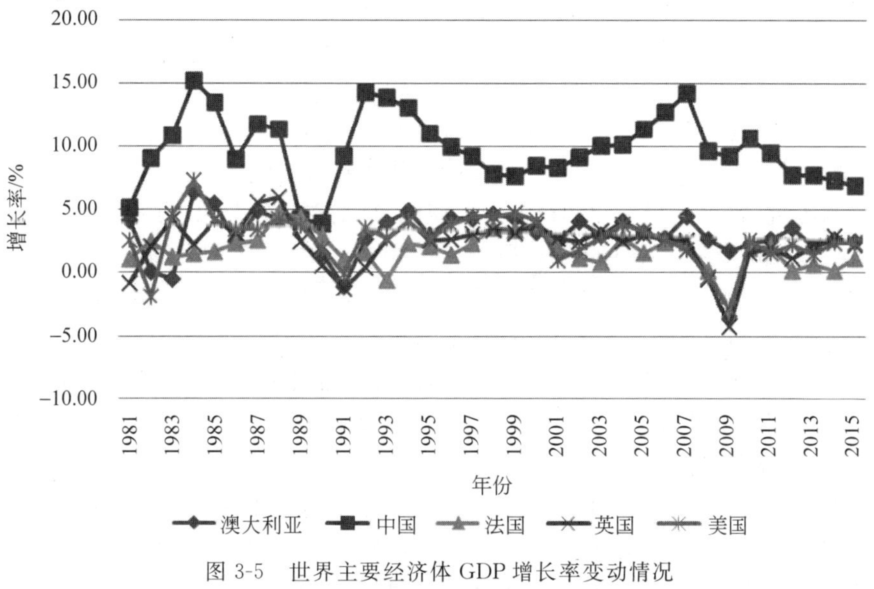

图 3-5　世界主要经济体 GDP 增长率变动情况

第二节　财 政 职 能

财政职能是指政府的财政活动在经济和社会生活中所具有的职责和功能，是政府活动对经济的各个方面所产生的影响的高度概括。财政职能是财政这一经济范畴本质属性的反映，它表现为财政在社会再生产过程及实现政府职能中的内在功能。随着我国社会主义市场经济建设的进行，西方财政学关于财政职能的研究，特别是三项职能的观点在我国产生了很大的影响。其主要观点为：混合经济中的公共财政的作用主要表现在资源配置、收入分配和稳定经济三个方面。与此相应的财政职能为：①配置职能，指政府通过自身的活动和经济政策手段，有效配置公有资源，并促进稀缺资源的有效配置，从而解决市场失效产生的问题；②分配职能，指政府通过自身的收支活动进行社会范围的再分配，以纠正市场自发运行而产生的收入、财富和社会福利的不公平状态，实现社会分配的相对公平；③稳定职能，指政府通过经济政策手段，解决市场自发运行中必然产生的经济周期问题，实现宏观经济的相对稳定。也有学者将稳定职能改为经济稳定和增长职能，即指"财政通过调整税率、改变预算支出与税种来影响物价水平、就业水平和经济增长"。随着国际金融、国际贸易的迅速发展，还有的学者主张将维持国际收支平衡增加到财政职能中。

财政职能问题反映了政府介入经济的范围、程度、方式问题，涉及社会和经济的运行、发展的体制和模式问题，从一个侧面反映着经济学说和国家学说的观点，财政职能是一个历史范畴，它的具体内容随着社会经济条件的变化而不断演化。20世纪30年代初的世界性经济危机使"自由放任经济学"让位于极力主张政府大范围干预经济的凯恩斯学派。作为现代宏观经济理论与宏观政策的创始人，凯恩斯提出经济需要公共活动的介入，通过政府的积极财政政策，扩大政府支出，减少税收，可以提高有效需求，增加充分就业水平，从而解决"看不见的手"失灵的问题。60年代以后，西方发达国家出现了经济增长缓慢、通货膨胀和高失业率并存的滞胀现象，凯恩斯主义解决不了这样的现实经济问题。货币学派、供给学派、公共选择学派、理性预期学派以及后凯恩斯学派等在提出自己的经济学主张的同时，也对现代公共财政学说的发展起到了一定的作用。近年来主要学派基本都赞成政府"有限干预"经济，但在范围、程度和方式上各有不同主张。相应地财政职能仍基本具有资源配置、收入分配和经济稳定三项职能，只是在具体对象、方式方面有所调整。

财政分配职能行使的结果将明显影响生产要素分配（资源配置）和收入分配，从而起到调控的作用。财政在行使其分配职能的过程中，易于反映和监督国民经济与社会经济生活有关方面的运行状况，从而起到反映、监督的作用。财政稳定职能的行使，就是要在保障国家行政、国防、公益等事业需要的同时，针对供需失衡的具体情况，采用适宜的财政政策手段，如税收、财政支出、公债等，直接或间接影响总供求关系，实现总量平衡，熨平经济周期的波动，抵御经济衰退，维护经济秩序和经济环境，为社会成员提供基本生活保障，维持社会稳定和国家安全。财政推进职能的行使就是要借助适宜的财政政策手段，按照国家经济发展战略，直接或间接改变资源配置，激励投资与创新，促进经济结构优化升级、经济总量持续快速增长、科技水平提升、社会福利和人民生活水平提高、综合国力增强。我国工业化进程尚未完成，农业经济的生产水平较为低下，地区经济发展不平衡，产业经济发展不协调，环境和人口问题日益严重。在经济全球化冲击日益加剧的今天，我们在经济结构调整与升级、实现经济体制顺利转轨、保持经济持续增长、加速科技进步、参与知识经济时代的国际竞争等方面有着十分艰巨的任务。我国财政仍应发挥经济稳定器和推进器的作用，这也是我国财政职能的客观要求。

现代财政理论认为，在市场经济不能完全满足有效市场条件的情况下，政府干预经济活动弥补市场经济的缺陷是财政政策的主要目的。财政的经济职能主要体现在三个方面：资源配置职能、收入分配职能和经济稳定职能。

一、资源配置职能

资源配置职能是指资源的组合，即运用有限的资源形成一定的资产结构、产业结构、技术经济结构和地区结构，达到优化资源结构的目标。它是经济学中的核心问题。财政的配置职能是由政府介入或干预产生的，它的特点和作用是通过本身的收支活动为政府提供公共物品、提供财力，引导资源的流向，弥补市场的失灵和缺陷，最终实现全社会资源配置的最优状态。市场经济中存在资源配置失灵就需要政府进行干预，也就产生了政府的资源配置职能，即政府应克服市场在资源配置方面的缺陷，使整个社会的资源得到最有效的配置。针对资源配置领域市场失灵，政府的财政职能应矫正如下几个方面：公共产品、外部效应、竞争失灵和信息不对称。

（一）提供公共产品

由于公共产品具有非排他性和非竞争性，市场上存在大量“搭便车”心理的消费者，因此完全由市场提供公共产品会使产量低于有效水平。公共产品是社会正常运转和增进社会福利不可或缺的产品在市场无法自动提供公共产品的前提下，只能由政府部门介入提供公共产品。主张“自由放任”的亚当·斯密也认为政府应提供最低限度的公共产品。为了使资源得到有效的配置，政府需要确定整个社会对公共产品的需求量和不同类型的公共产品的数量。

公共产品最有效的提供方式是成本分摊，即人们自觉地按照自己从公共产品中获得的边际收益相应地承担成本，那么自然就实现了公共产品的有效供给。但是要实现这种合作方式的均衡结果需要有以下两个条件：一是每个社会成员都能够衡量自己从公共产品消费中获得的边际效益且愿意准确地披露，而不存在低估和隐瞒边际收益从而逃避自己应分担的成本费用的动机；二是每个社会成员都了解其他社会成员的偏好和收入状况，甚至掌握任何一种公共产品给彼此带来的真实边际收益，从而使隐瞒个人边际收益的可能降为零。但是实际上很少有群体能够达到这样的条件，其苛刻程度和完全竞争市场无异。因此政府不能从这方面入手解决“搭便车”问题，需要借助政治上的强制力，通过强制融资或强制收费的方式提供公共产品。如基础设施建设的强制融资方式是政府筹资建设(资金来源于税收)；强制收费方式有政府与民间共同投资、BOT(建设—经营—转让)投资方式、投资证券化等，这是一种通过对公共物品使用者强制收费激励投资的方式。

在实践中，政府在公共产品的供给中也不是万能的，政府也存在失灵。政府只能代表中位选民的需求，难以满足普遍需求。一部分人对公共产品的超额需求得不到满足，另一部分人的特殊需求也无法得到满足，没有组织化的公民的需求往往得不到重视，个别公民的公共服务需求很少能得到政府的回应，即使组织化的公民在规模和影响力没有达到一定程度时依然是弱势群体也无法影响政府决策。即使政府准确反映了居民的需求偏好，由于政府决策能力(智力)和财力的有限性，以及公共产品供给与生产合一的体制所导致的弊端，政府也难以满足所有居民的公共服务需求。“公共选择的盲区”加上政府在公共物品生产上自利动机所导致的“寻租”行为、面子工程、不计成本以及长期包揽过多的公共产品提供所导致的公共福利危机，政府资源的有限性等导致政府不能有效供给公民所需的全部的公共物品，它只能供给其他组织无法供给的公共物品(如国防、法律、外交等)。即使政府在福利方面的政策非常完备，像北欧福利国家那样对社会成员“从摇篮到坟墓”的关怀备至，也迟早会暴露出自己财政负担过重、效率低下、长官意志、缺乏回应，甚至压抑人们生产积极性等弊端。

（二）矫正外部效应

外部效应导致效率损失，是另一项重要的资源配置失灵的原因。政府矫正外部效应方面，影响最大的是庇古主张的税收和补贴，主要思想是通过征税或补贴的方式使其边际私人成本加上税收正好等于边际社会成本，使资源的配置达到效率水平。但是，现实经济中采用税收或补贴的方式会遇到一系列的麻烦，其中最根本、最严重的困难是如何确切地了解外部不经济的大小并确定一个理想的税率和补贴率，这使该方法很难有效地实施。同时，补贴的方法也存在问题，它有可能导致资源配置的扭曲，因为补贴作为政府的一项支出，归根到底是要靠税收维持的。从长期看，人们将更多地转向被补贴部门的生产，从而外部不经济的总量反而有可能增大，至少被征税部门的生产会受到抑制。

此外，政府出面解决外部效应的方法还有管制措施和拍卖许可证。管制措施是指政府直接规定所允许的外部不经济的活动水平，对超过规定者予以重罚。拍卖许可证是政府在确定了所允许的外部不经济问题的活动水平之后，向出价最高的厂商发售许可证，只允许拥有许可证的厂商在购买的有限数量范围内从事外部不经济的活动，否则将会受到严厉的惩罚，以此确保社会最优解的实现。

（三）减少竞争失灵

对于一般性垄断，政府可以通过直接干预和间接激励，如通过反垄断法来加强市场竞争，从而提高资源的配置效率。对于自然垄断，由于平均成本是下降的，反垄断不是最好的办法，政府可以采用公共定价的方式来改进资源配置效率，即政府可以根据垄断企业的边际成本或平均成本规定产品价格，垄断企业只能按这一价格出售产品，超过这个价格即会受到惩罚。如果这一规定能够得到有效实施，可以有效消除垄断造成的效率损失。但是政府很难获得垄断企业的成本信息，这种信息不对称会给政府监管带来困难。另外一种办法是政府接管自然垄断行业的经营权，建立起相关的公共企业，这种企业的唯一目的是通过生产适量的产品，提供合理的价格达到社会效率和福利最大化。但是实际中存在两个问题：一是按照边际成本定价导致企业亏损则仍需政府通过征税来弥补，从而在维护一种效率的同时牺牲另一种效率；二是公共企业如何确保有效运营，既然设立的初衷就不在于财务营利性，那么又如何使公共企业仍有动力按竞争原则行事？

（四）克服信息不对称

理论和实践均已证明，市场机制是最节省信息传递费用的机制，然而对于有些信息，市场并不能进行有效传递，有时甚至会出现歪曲和误导的现象，这主要归咎于信息不对称。解决生产者与消费者信息不对称问题不能通过税收方式，只能通过公共管制的办法来解决。政府可以采用资格管制、信息管制以及质量管制等措施，最大限度地解决生产者和消费者之间的信息不对称问题。如对于食品行业，政府可以规定只有企业规模、技术、卫生状况达到某一标准的才能进入这一行业，生产者必须及时地披露他所销售的产品的有关信息，要求产品包装写明生产者、生产日期、生产地、产品所含成分、有效期以及技术标准，产品必须符合既定的质量标准才可以上市销售。

二、收入分配职能

财政的收入分配职能或者说财政的再分配职能是指政府对市场活动产生的收入分配进行调整，通过收入转移或减税，增加某些人的收入，通过征税减少其他人的收入。通常情况下，衡量社会效率程度的方式有社会福利函数和洛伦兹曲线。

（一）社会福利函数

社会福利函数是社会福利水平与所有社会成员的效用水平之间的关系，它表明一个社会对效率与公平双重目标的爱好。功利主义社会福利函数表达式为

$$W = F(U_1, U_2, \cdots, U_n) \tag{3-1}$$

假定在其他条件相同的情况下，任何一个人的效用 U_i 增加，W 就会增加。任何变化，只要使某人的情况变好，而又不使其他人情况变坏，就会增加社会福利。最极端的例子是

$$W = U_1 + U_2 + \cdots + U_n \tag{3-2}$$

这里，社会福利就是个人效用之和，称为可加社会福利函数。政府的目标是使总效用最大。另加几个条件：人们具有相同的效用函数，只取决于各自的收入；这些效用函数都表现出收入的边际效用递减；社会财富总额是固定的。就可以认为，政府在收入分配方面可以有所作为。为了证明这一点，假定社会只有两个人 A 和 B。如图 3-6 所示，社会总财富用 OO' 的水平距离衡量，赋予 A 和 B 一个初始财富量 OA 和 BO'。问题就是找到一个最优点使社会福利最大化。

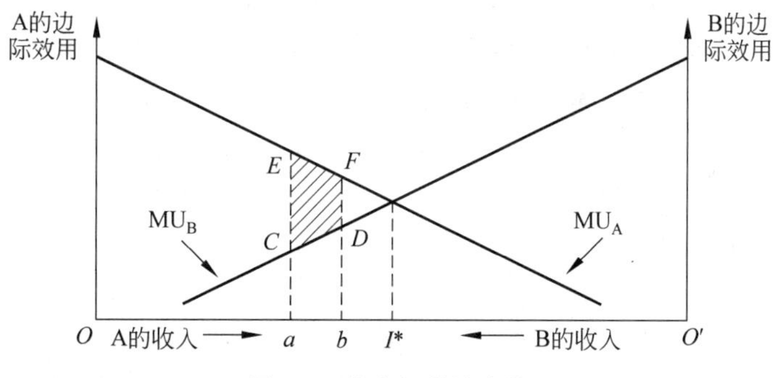

图 3-6　社会福利最大化

显然，假定把 ab 数量的财富从 B 那里转给 A，由于 B 比 A 富有，B 的效用损失会小于 A 的效用增加，因而社会总效用增加。从图形上看，这种再分配过程带来的效用总增量为 $CDFE$ 阴影的面积。而且很容易看出，社会效用最大的点在 I^* 处，可以认为，只要社会存在收入分配不公，政府总是可以通过再分配手段增加社会福利。

（二）洛伦兹曲线

为了进行国家之间和跨时期的比较，经济学家使用更全面综合地显示收入分配信息的洛伦兹曲线和基尼系数来衡量分配不公的程度。它被广泛地运用于测量一个社会分配不平等的程度。如图 3-7 所示横轴表示依据收入高低排列的居民家庭数量累计百分比，纵轴表示社会财富的百分比。

图 3-7 中，OE 为 45°对角线，这条线表明收入分配绝对平等。将实际的每一个百分点

的居民拥有财富的百分比所形成的点连接起来，便得到洛伦兹曲线。该曲线显示了社会总财富分配的结构。如果洛伦兹曲线与对角线 OE 重叠，表明社会财富绝对平均地分给了所有家庭，而另一个极端是一个家庭拥有社会全部财富，洛伦兹曲线变成 ONE。居于二者之间的曲线 ODE 才真正反映了财富分配的实际情况。洛伦兹曲线与45°对角线之间的距离的远近，或者它们交合而成的面积的大小，显示了收入不平等的程度。洛伦兹曲线离对角线越近，显示社会成员之间分得财富的差异越小；相反，则社会成员之间分得财富的差异越大。

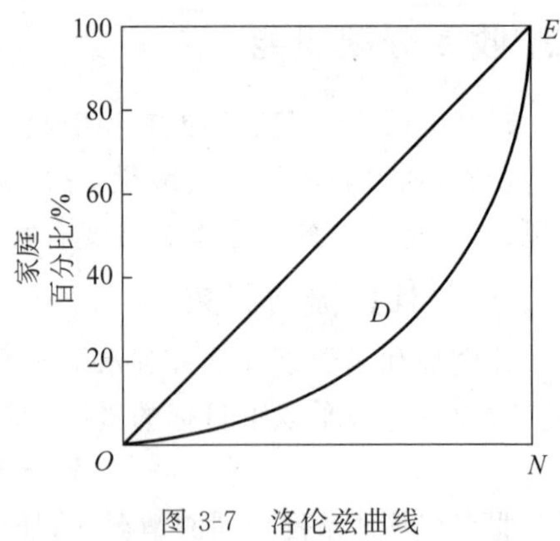

图 3-7　洛伦兹曲线

（三）纠正收入分配不公

市场机制并不保证收入分配的公平状态，客观上要求社会有一种有助于实现公平目标的再分配机制。税收政策和社会福利政策是政府手中纠正收入分配不公平的有力工具。一方面，税制的设计根据公平的需要而采取累进征收的所得税制度，能够自动削弱收入在社会成员之间的分配不公平状态；另一方面，支出的安排考虑对低收入阶层的转移性支出，通过增加社会保障支出以及政府间转移支付的数量，也可以调整收入在不同收入阶层和不同地区之间分配的结构。此外，地区间转移支付制度为调整地区间的收入分配失衡提供了可能。

政府在干预市场机制分配的时候需要考虑效率与公平的关系，恰当地权衡两者的利弊。因为国家的征税和进行再分配活动必然会在一定程度上妨碍市场机制的有效运行，在公平的名义下夺取生产经营者的利益或大大打击他们的生产积极性，影响投资决策。从我国目前情况来看，要把财政公平建立在竞争公平的基础上，把公平竞争、机会均等作为财政分配中公平与效率的结合点。

中国的收入分配不平等现象表现为以下两个方面：一是不同行业之间年收入两极分化现象严重。如行政性垄断行业收入高于非垄断行业，相差几倍，已久为社会所议论，但至今尚未从源头上，从初次分配环节解决垄断利润的产生和分配问题。二是先天禀赋或后天发展条件限制。有人通过市场竞争获得收入的能力较低，如农民工、下岗职工和残障人士等社会群体。因而解决中国收入分配问题，需要积极转变政府职能、规范政府行为，推进市场化取向的改革，为企业和个人提供具有公平机会的市场竞争平台，同时需要改革税收制度，解决税收的不公平问题。如个人所得税制度本来是一种调节过高收入、抽肥补瘦的税制，但是多年来中低收入工薪阶层却成了个人所得税纳税主体，税法不严使一些富豪逃避交纳个人所得税，个人所得税从抽肥补瘦变成了劫贫帮富的税制。

三、经济稳定职能

政府通过各种手段（主要是财政预算与政策手段）有意识地影响、调控经济，消除波动，以实现宏观经济稳定的目标，称为经济稳定职能。在市场经济中，实现充分就业、稳定物价水平和平衡国际收支是财政的经济稳定职能的三个方面。

在经济学家看来，市场机制本身具有很强的自我调节和自动均衡能力，在大多数情况下，市场能够实现自动稳定，但是在解决诸如失业、通货膨胀和经济稳定增长等方面往往是力不从心的。在市场经济中可以观察到的一个基本事实是：在严重的经济危机或经济萧条冲击下，市场自我调节的能力是失效的，它无法自动实现充分就业的均衡。因此，虽然现代许多经济学家仍然相信市场自身存在最终使经济恢复稳定的力量，但是，他们也不得不痛苦地承认，等待经济自动恢复的成本(代价)——从丧失掉的产出和人民遭受的痛苦的角度来看——是巨大的，有时甚至是危险的。这正如人的自我调节能力也是有限的一样。人虽然也具有很强的自我调节和自动免疫能力，在大多数情况下可以保持健康状态，一些小病还可以自我调节恢复，但是，一旦遇到大病就非找医生不可；否则可能性命不保。市场之需要政府正如人之需要医生。正是因为市场无法自动实现稳定，因此政府调节成为医治这一市场疾病的药方，于是就有了政府的经济稳定职能。政府的经济稳定职能主要是通过一整套宏观经济政策的调节来实现的。

要保证社会经济的正常运转，保持经济稳定发展，就必须采取相机抉择政策，即根据经济形势的变化，即时变动财政收入政策。如积极的财政政策、消极的财政政策、稳健的财政政策以及扩张的财政政策。同时采用“自动”稳定装置，以不变应万变，减缓经济的波动。在政府税收方面，主要体现在累进的所得税上。当经济处于高峰期时，可抑制需求；当经济处于低谷时，刺激需求，促使经济复苏。在政府支出方面，主要体现在社会保障支出上，用以控制在不同经济发展时期失业人口的数量。同时还有政府的农产品价格支持制度。这些都是促进经济发展，实现经济稳定发展的重要措施和手段。财政的经济稳定职能就是通过财政活动对生产、消费、储蓄和投资产生影响，以达到稳定经济的目的。它包括以下几个方面的含义：充分就业、物价稳定和国际收支平衡。在政府所拥有的宏观经济政策中，财政政策举足轻重，它可以通过相机抉择的财政政策维持总供给的大体平衡。在货币政策不能发挥作用的情况下，财政政策往往作为国家宏观调控的有力工具。例如当需求过度时，可以减少财政支出和增加税收抑制消费；当总需求萎缩时，可以增加支出和减少税收扩大总需求。

本章小结

市场失灵与财政职能	市场失灵的原因及其主要表现	经济体系中存在公共产品、外部效应、规模收益递增(自然垄断等)和信息不对称等情况，市场机制难以引导资源配置达到最优状态，这为政府部门的干预提供了依据。 在市场经济中，人们主要通过市场提供产品生产所需的各种要素来获取收入。如果缺乏外来力量的介入和干预，社会成员之间在收入分配方面的差距，将随时间的推移和环境的变化而呈现不断扩大的趋势，并最终出现两极分化、贫富悬殊的局面。 衡量宏观经济效率和稳定的指标有就业率、通货膨胀率、经济增长率等。宏观经济失衡指的是市场经济在自发运行过程中必然产生的失业、通货膨胀、经济危机等

续表

市场失灵与财政职能	财政职能的内容与作用	财政在行使其分配职能的过程中，易于反映和监督国民经济与社会经济生活有关方面的运行状况，从而起到反映、监督作用。财政稳定职能的行使，就是要在保障国家行政、国防、公益等事业需要的同时，针对供需失衡的具体情况，采用适宜的财政政策手段，如税收、财政支出、公债等，直接或间接影响总供求关系，实现总量平衡，熨平经济周期的波动，抵御经济衰退，维护经济秩序和经济环境，为社会成员提供基本生活保障，维持社会稳定和国家安全。 现代财政理论认为，在市场经济不能完全满足有效市场条件的情况下，政府干预经济活动弥补市场经济的缺陷是财政政策的主要目的。财政的经济职能主要体现在以下三个方面：资源配置职能、收入分配职能和经济稳定职能

核心概念

市场失灵　财政职能　公共产品　外部效应

思考题

一、名词解释

1. 市场失灵
2. 外部影响
3. 外部经济与外部不经济
4. 私人物品与公共物品
5. 准公共品
6. 信息不对称

二、简答题

1. 试述市场失灵的表现。
2. 市场经济条件下的财政职能有哪些？分别阐述如何发挥作用。

三、分析题

菜农卖菜要亏本，到手的菜依然贵

济南菜农韩进因无法承受菜价下跌自杀，引发人们对“菜贱伤农”的关注。在北京，一些菜农为少赔钱，把成片油菜铲掉。农业部紧急通知要求帮助菜农寻找销路，商务部要求拓宽流通渠道降低成本。商务部数据显示，4月11—17日，全国18种蔬菜平均批发价格比前一周下降9.8%，三周以来已累计下降16.2%。在蔬菜示范园内，还有其他几户菜农。园内的土沟边上，能看到成堆的被遗弃的油菜。一位农民说，铲菜的不止他一家。这些铲掉的油菜，要晒干后再烧掉。0.35元的进菜价，到市民手里成了1.5元。0.35元的进菜价，到市民手里，怎么成了1.5元呢？东花市乐家菜市场的一位菜商表示，菜价是由商户自己定的。他从批发商那里批发的价格为0.5～0.6元一斤。“为了保持菜看起来鲜亮，我要把外面的叶子剥掉，这也是我要考虑的，所以才加价1元。”就这样，菜价就变成1.5元一斤了。

（资料来源：搜狐新闻.[2011-04-27]. http：//news. sohu. com.）

上述菜贱伤农、菜贵伤民的情况同时存在是市场的问题还是管制的问题？政府应采取何种措施？

第四章 公共选择

第一节 公共选择理论概述

公共选择理论是当代经济学领域中一个相对较新的理论分支与学说，它主要从新政治经济学理论的视角介绍国家的起源、政府的权利和义务、公共所有权、公共资源、公共政策、宪法、宪政、共和、民主和自由、市场与国家等方面的基础理论与基本知识。

一、公共选择理论的基本含义

公共选择理论认为，人类社会由两个市场组成，一个是经济市场，另一个是政治市场。经济市场上的活动主体是消费者(需求者)和厂商(供给者)，政治市场上的活动主体是选民、利益集团(需求者)和政治家、官员(供给者)。在经济市场上，人们通过货币选票来选择能给其带来最大满足的私人物品；在政治市场上，人们通过政治选票来选择能给其带来最大利益的政治家、政策法案和法律制度。前一类行为是经济决策，后一类行为是政治决策，个人在社会活动中主要是做出这两类决策。公共选择理论试图把人的行为的两个方面重新纳入一个统一的分析框架或理论模式，用经济学的方法和基本假设来统一分析人的行为的这两个方面，从而拆除传统的西方经济学在经济学和政治学这两个学科之间竖起的隔墙，创立使二者融为一体的新政治经济学体系。该理论进一步认为，在经济市场和政治市场上活动的是同一个人，因而没有理由认为同一个人在两个不同的市场上会根据两种完全不同的行为动机进行活动，即在经济市场上追求自身利益的最大化，而在政治市场上则是利他主义的，自觉追求公共利益的最大化；同一个人在两种场合受不同的动机支配并追求不同的目标，是不可理解的，在逻辑上是自相矛盾的；这种政治、经济截然对立的"善恶二元论"是不能成立的。

二、公共选择理论的基本特征

公共选择理论的代表人物詹姆斯·M.布坎南(James McGill Buchanan)曾说过："公共选择是政治上的观点，它以经济学家的工具和方法大量应用于集体或非市场决策而产生。"丹尼斯·C.缪勒(Dennis C. Mueller)的定义常被西方学者引用："公共选择理论可以定义为非市场决策的经济研究，或者简单地定义为把经济学应用于政治科学。公共选择的主题与政治科学的主题是一样的：国家理论、投票规则、投票者行为、政党政治学、官员政治等。"保罗·萨缪尔森(Paul Samuelson)和威廉·诺德豪斯(William D. Nordhaus)在他们合著的流行教科书《经济学》中的定义是："这一理论是一种研究政府决策方式的经济学和政治学。公共选择理论考察了不同选举机制运作的方式，指出了没有一种理想的机制能够将所有的个人偏好综合为社会选择；研究了当国家干预不能提高经济效率或改善收入分配不公平时所产生的政府失灵；还研究了国会议员的短视、缺乏严格预算、为竞选提供资金所导致的政府失灵等问题。”通过这些定义，我们不难对公共选择理论及其研究的主题有一个概要的了解。

三、公共选择理论产生的时代背景

伟大的理论总是与特殊的时代背景密不可分，公共选择理论的产生也与其存在的背景有很大的关联。公共选择理论产生于20世纪40年代末，并于五六十年代形成了公共选择理论的基本原理和理论框架，60年代末以来，其学术影响迅速扩大。英国经济学家邓肯·布莱克(Duncan Black)于1948年发表的《论集体决策原理》一文(载《政治经济学杂志》1948年2月号)，为公共选择理论奠定了基础。他在1958年出版的《委员会和选举理论》被认为是公共选择理论的代表作。公共选择理论的领袖人物当推美国著名经济学家詹姆斯·布坎南。布坎南是从20世纪50年代开始从事公共选择理论研究的，他发表的第一篇专门研究公共选择的文章是《社会选择、民主政治与自由市场》(载《政治经济学杂志》第62期，1954年4月号)。布坎南与戈登·塔洛克(Gordon Tullock)合著的《同意的计算——立宪民主的逻辑基础》被认为是公共选择理论的经典著作。布坎南因在公共选择理论方面的建树，尤其是提出并论证了经济学和政治决策理论的契约与宪法基础，获得了1986年度诺贝尔经济学奖。此外，著名经济学家K. 阿罗(K. Arrow)和唐斯(Downs)对公共选择理论的建立和发展也做出了重要贡献。下面介绍公共选择理论的代表人物。

(一) 詹姆斯·M. 布坎南

詹姆斯·M. 布坎南于1919年10月2日生于美国田纳西州。布坎南突出的理论贡献是创立了公共选择理论。他认为，公共选择理论的理论基础是一个从根本上说十分简单但却很有争议的思想，即担任政府公职的是有理性的、自私的人，其行为可通过分析其任期内面临的各种诱因而得到解释。这一思想的主要推论是政府不一定能纠正问题，事实上反倒可能使之恶化。

尽管声名大振，公共选择学说仍受到许多学术界人士的抵制，因为它攻击了势力强大的两大学术集团所珍视的观念：一批经济学家认为政府采用“福利经济学”的处方即可实现公众利益，而另一批政治学家则认为各利益集团之间的多元化竞争将为公众谋得利益。

然而，公共选择学说是有争议的，因为推翻了几十年来盛行的经济学学说中的政治学思想，其中麻省理工学院的经济学家萨缪尔森是该思想的典型代表人物。萨缪尔森和其他经济学家把政府在试图弥补私营经济的缺陷时使情况恶化的可能性压至最低限度。他们认为民主政府通过利益集团之间的竞争而反映社会的意志，尽管这种反映并不完善。而布坎南认为，在民主社会中政府的许多决定并不能真正反映公民的意愿，而政府的缺陷至少和市场一样严重。

(二) 戈登·塔洛克

世界著名经济学家戈登·塔洛克是公共选择范式和寻租理论的创始人之一，在经济学、公共选择和寻租理论等领域做出了重要贡献，他与布坎南合著的《同意的计算——立宪民主的逻辑基础》是他理论研究上的最大成功。

（三）肯尼思·约瑟夫·阿罗

阿罗是美国著名数理经济学家，因在一般均衡理论方面的突出贡献与约翰·R.希克斯(John Richard Hicks)共同荣获1972年诺贝尔经济学奖。1951年，阿罗出版了他研究社会理论的重要著作《社会选择和个人价值》。他首次运用数理逻辑分析工具，对社会决策和社会民主程序设计之间的关系做了形式化的深入考察，所得出的"不可能性定理"在西方经济学界引起了轰动，被认为是数十年来数学应用于社会科学所取得的一项突出成果。

所谓社会选择，是与个人选择相对而言的，个人选择理论的中心是确定个人偏好，而社会选择理论的中心是确定社会偏好。社会选择理论中，最著名也是最受推崇的结论是阿罗的"不可能性定理"，阿罗不可能性定理不仅是一项数学成果，也是十分重要的经济成果，它是数学应用于社会科学的一个里程碑。

第二节 公共决策机制

一、公共决策机制的特点

在当前市场经济条件下，存在两种基本的决策类型，一种是市场决策，另一种是非市场决策(公共决策)。每种决策都有自身的特点，相比于市场决策，公共决策机制具有以下特点。

(1) 消费偏好的表达方式不同。市场决策依据个人偏好，公共决策则依据社会偏好。市场上的每一项决策都只取决于分散的生产者和消费者的个人偏好。而对公共决策来说，由于不同的人对公共产品的偏好是不同的，政府要按一定的政治程序和规则将不同的个人偏好集合并加总成社会偏好，进而做出关于公共产品供给的公共决策。但是，这种公共决策所依据的社会偏好可能并不反映或符合所有的个人偏好。

(2) 参与程度不同。选民总数和候选人数越多，单个选民是否投票对最终结果的影响就越小，哪个政治家当选对个人来说也变得越不重要；与此同时，选民充分了解选举信息的成本却会相应提高，这无疑会影响人们参加选举的积极性，以至不愿显示自己的偏好。

(3) 消费偏好的体系不同。市场产品的选择是每一个人按自己的偏好来进行的，个人的每项决策都能真实地显示自身偏好。公共选择中政府的每项决策会涉及众多不同的偏好，而且会受到各种条件的限制，许多人即使参与选择，也不一定能充分表达自己的真实意愿。

(4) 表达偏好的性质不同。市场决策具有自愿性，而公共决策具有一定的强制性。市场上，企业按供求关系决定生产什么、如何生产和为谁生产；消费者则根据自己的偏好和收入状况，按照市场程序，用货币作为选票来决定自己所需要的私人产品的数量。而公共决策则通过政治程序决定资源在不同公共产品之间的配置。因此，公共决策的结果往往是既有拥护者，也有反对者，政府总是不可避免地要牺牲一部分人的利益来满足另一部分人的利益。

二、直接民主决策机制下的公共选择

公共选择规则中最常见的规则就是投票规则。根据现有的公共选择理论，民主的集体选择的制度主要有以下三种：一是全体一致的选择制度，二是多数票制，三是否定个体平等的加权与需求显示法。投票是公共领域里从个人偏好导出公共偏好、从个人利益推导出公共利益的最好机制。自由的投票规则具有以下三个特点：一是投票服务于由个人偏好得出集体偏好，二是所有投票者具有关于做出投票对象的可选择方案的充分的信息，三是每个投票者有权自主地做出关于自己投票选择的决策。直接民主制，是指集体决策中所有具有相关利益的人都能直接参与投票决策的制度。在直接民主制下，公众是根据不同的投票规则直接参与公共预算方案的决定。

（一）一致同意规则

所谓一致同意规则即一票否决制，是指在民主政治活动中，所有集体行动方案只有在所有参与者都同意，或至少没有任何一个人反对的前提下，才能实施的一种公共选择规则。此时，每一个参与者都对将要达成的集体决策享有否决权。只有在一致同意的前提下，集体行动才能进行。

由于在公共选择过程中没有任何一个人反对，也就是没有任何一个人利益受损，因此，一致同意规则可以达到帕累托最优状态。因为在这一制度安排之下，理性的经济人在投票表决时，只有在对自己有利时才会投票赞成。如果与自己无关，就会投弃权票。只要有一方感到变化于己不利，他就会投反对票，从而阻止该变化的实施。所以，在全体一致制度安排下，不可能发生任何非帕累托改进的变化。由于帕累托改进型的变化有利于至少一个人，并且肯定不会不利于任何人，因此这种变化不会受到任何阻力，除非有人不符合阿罗所规定的五项条件。

（二）多数同意规则

在公共选择的规则中，一致同意规则只是一种较难达到的理想状态，适用范围较窄，通常适用于人数比较少、比较重要的表决，而多数同意规则虽然只是公共选择的次优状态，但适用范围广，是民主社会应用最为普遍的公共选择规则。因此，多数同意规则是民主社会公共选择的最基本规则。

多数同意规则是指在民主政治活动中，一项集体行动方案，必须由所有参与者中的超过半数的人支持或认可（多数认可），才可实施的一种公共选择规则。集体行动的多数人同意，可以是1/2以上同意，也可以是2/3以上或其他比例同意就可以通过。

多数同意规则又分为简单多数和绝对多数等，它们与一致同意的差别是把多数人的偏好当作社会的偏好，把多数人的利益当作公共利益。它的形式化表示是假定有 n 个可供选择的方案：A、B、C 等。简单多数法则就是对这些方案两两加以比较，或者在总体上进行排序。如比较 A、B，若多数人认为 A 比 B 好，则最终形成的集体偏好中也应当是 A 比 B 好；如比较 A、B、C，若多数人认为 $A>B>C$，则最终形成的集体偏好也是 A 优于 B，B 优于 C，并且 A 也优于 C。就一种方案表决而言，简单多数是指赞成和不反对的人数超过一半，绝对多数可以是2/3，也可以是3/4、4/5、9/10等；在对多个方案选择一个的表决中，简单多数可以是其中得到支持最多的方案，它甚至不一定得到超过一半的票数。

早在18世纪，法国思想家孔多赛（Condorcet）就提出了著名的"投票悖论"，也称作"孔多塞悖论"：假设甲、乙、丙三人，面对 X、Y、Z 三个备选方案，有如表4-1所示的偏好排序。由于甲、乙都认为 Y 好于 Z，根据少数服从多数原则，社会也应认为 Y 好于 Z；同样，乙、丙都认为 Y 好于 X，社会也应认为 Z 好于 X，所以社会认为 Y 好于 X。但是，甲、丙都认为 X 好于 Y，所以出现矛盾。其偏好轮廓图如图4-1所示，投票悖论反映了直观上良好的民主机制潜在的不协调。

表4-1 达成均衡的情形

甲	$X>Y>Z$
乙	$Y>Z>X$
丙	$Z>X>Y$

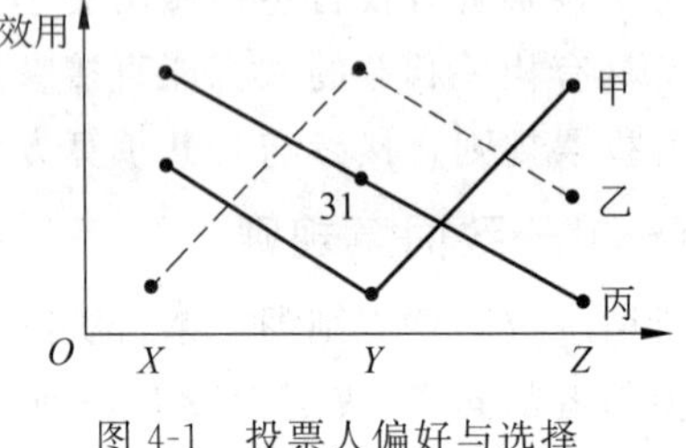

图4-1 投票人偏好与选择

投票悖论指的是在通过多数原则实现个人选择到集体选择的转换过程中所遇到的障碍或非传递性，这是阿罗的不可能定理衍生出的难题。公共选择理论对投票行为的研究假设投票是那些其福利受到投票结果影响的人进行的，投票行为的作用是将个人偏好转化为社会偏好。在多数投票原则下，可能没有稳定一致的结果。

在得多数票获胜的规则下，每个人均按照他的偏好来投票。大多数人是偏好 X 胜于 Y，同样大多数人也是偏好 Y 胜于 Z。按照逻辑上的一致性，这种偏好应当是可以传递的，即大多数人偏好 X 胜于 Z。但实际上，大多数人偏好 Z 胜于 X。因此，以投票的多数规则来确定社会或集体的选择会产生循环的结果，这就好像一只狗在追自己的尾巴，会没完没了地循环下去。结果，在这些选择方案中，没有一个能够获得多数票而通过，这被称作"投票悖论"，它对所有的公共选择问题都是一种固有的难题，所有的公共选择规则都难以避开这种两难境地。

1972年，阿罗在他的《社会选择与个人价值》(1951)中，证明了著名的阿罗不可能性定理。在该书中，他运用数学工具把孔多塞的观念严格化和一般化了。

那么，能不能设计出一个消除循环投票，做出合理决策的投票方案呢？阿罗的结论是：根本不存在一种能保证效率，尊重个人偏好，并且不依赖程序的多数规则的投票方案。

阿罗证明，不存在同时满足如下四个基本公理的社会选择函数：

(1) 个人偏好的无限制性，即对一个社会可能存在的所有状态，任何逻辑上可能的个人偏好都不应当先验地被排除；

(2) 弱帕累托原则；

(3) 非相关目标独立性；

(4) 社会偏好的非独裁性。

简单地说，阿罗的不可能定理意味着，在通常情况下，当社会所有成员的偏好为已知时，不可能通过一定的方法从个人偏好次序得出社会偏好次序，不可能通过一定的程序准确地表达社会全体成员的个人偏好或者达到合意的公共决策。投票悖论表明：根本不存在一种能满足阿罗五个假设条件的社会选择原理。解决投票悖论的方法是限制投票偏好，即将多峰偏好改为单峰偏好。

1998 年，诺贝尔经济学奖获得者阿马蒂亚（Amartya）在 20 世纪 70 年代提出了解决投票悖论、绕过"阿罗不可能定理"的方法：改变甲、乙、丙其中一个人的偏好次序，以解决投票悖论的问题。比如将甲的偏好次序从 $X>Y>Z$ 改变为 $X>Z>Y$，新的偏好次序排列如表 4-2 所示，其偏好轮廓图如图 4-2 所示。

表 4-2 投票悖论

甲	$X>Y>Z$ $X>Z>Y$
乙	$Y>Z>X$
丙	$Z>X>Y$

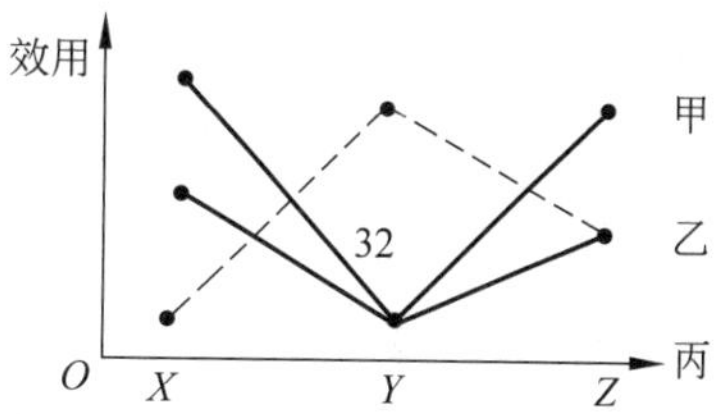

效用
甲
32
乙
丙
O X Y Z

图 4-2 改变后的投票人偏好与选择

于是我们得到三个社会偏好次序：$X>Y$，$Z>Y$，$Z>X$，这样就能避开投票悖论，当然它改变了甲的偏好次序。

阿马蒂亚把这个发现加以延伸和拓展，得出了解决投票悖论的三种选择模式：

(1) 所有人都同意其中一项选择方案并非最佳；

(2) 所有人都同意其中一项选择方案并非次佳；

(3) 所有人都同意其中一项选择方案并非最差。

阿马蒂亚表示在上述三种选择模式下，投票悖论不会再出现，取而代之的结果是得大多数票者获胜的规则总是能达到唯一的决定。但有一个问题是：为了追求一致性，改变、忽略、牺牲了个人偏好次序。

这个结果是令人震惊的，一个社会不可能有完全的每个个人的自由——否则将导致独裁；一个社会也不可能实现完全的自由经济——否则将导致垄断。因此，阿罗的不可能定理一经问世，便对当时的政治哲学和福利经济学产生了巨大的冲击，甚至招来了上百篇文章对他的定理的驳斥。李特尔（Ritter Carl）、萨缪尔森试图以与福利经济学不相干的论点来驳倒阿罗的不可能定理，但最终收效甚微，这也在一定程度上证明了阿罗不可能定理具有的科学性。

阿罗的不可能定理经受住了所有技术上的批评，其基本理论从来没有受到重大挑战，可以说是无懈可击的，于是阿罗不可能定理似乎成为规范经济学发展的一个不可逾越的障碍。怎样综合社会个体的偏好，怎样在理论上找到一个令人满意的评价不同社会形态的方法，成为一个世界性难题。直到 20 世纪 60 年代中期起，阿马蒂亚在工具性建设方面的贡献减少了这种悲观主义色彩，他在这方面的研究推动了规范经济学跨越这个障碍向前发展。他的研究工作不仅丰富了社会选择理论的原则，而且开辟了一个新的、重要的研究天地。阿马蒂亚 1970 年的著作《集体选择和社会福利》是其最重要的一部著作，这本书还具有哲学的风格，为规范问题的经济分析提供了一个新的视角，克服了阿罗不可能定理衍生出的难题，从而对福利经济学的基础理论做出了巨大的贡献。

（三）单峰偏好与多峰偏好

既然多数票规则不可能找出唯一的结果，那么究竟是什么原因阻止唯一均衡结果的产生呢？有人认为"投票悖论"和"票决循环"现象是由于选民的偏好状态或结构形成的。单峰偏好是指在可选择的方案中，人们最理想的结果只有一个，如果偏离了这一点，无论方向如何，其效用都是下降的。而多峰偏好是指人们理想的结果不止一个，如果在偏离了最理想的结果后其效用出现先降后升的现象，则具有双峰偏好。

（四）中间投票人定理

在多数裁定原则下，假定选民的偏好是单峰的，则选择的结果是由中位选民决定的。所谓中位选民，是指他的偏好落在所有选民偏好序列的中间。一半人偏好大于其偏好，另一半人偏好小于其偏好。

（五）投票交易

投票交易在与提案有关的效益和损失不对称的情况下才会发生。它是指选民在投票时相互做交易，使有关方案得以通过的情况。投票交易增加了某些提案在简单多数规则下获得通过的机会。它发生在分别代表不同利益集团的两个或更多的议题被组合在一起，让投票者就此投票时。

还有一种隐含的投票交易，隐含的投票交易是否发生，取决于每一特殊利益集团对这些议题的相对偏好强度。只有在该提案可给其带来正的净效益的条件下，才愿意以互投赞成票的方式进行隐含的投票交易。

多数票规则能够反映投票人的偏好次序，但无法反映投票人的偏好强度，弱偏好和强偏好可能最终排序一样，但事实上的偏好强度差异很大。互投赞同票的投票交易制度给人们提供了表达其偏好强度的机会，同时也照顾了少数人的利益。然而，对于这种投票交易制度，人们对其褒贬不一，支持者认为这种制度的存在能有效促进公共品的提供，也能通过投票交易建立一种稳定的均衡，因此隐藏于投票背后的妥协是民主社会中不可缺少的东西。反对者则认为，互投赞同票的投票交易制度可能会导致特殊利益集团集体获利，而且获利不足以抵消损失，同时还能催生一些无效项目。下面以数字例子详细说明。

假定一社区正在筹建三个项目：医院、停车场和游泳馆。该社区有三位选民：A、B、C。表4-3给出了各项目对每位选民所产生的效益。

表4-3 三项目对A、B、C三选民所产生的效益（正净收益情况）

项目	选民			净收益
	A	B	C	
医院	200	−50	−55	95
停车场	−40	150	−30	80
游泳馆	−120	−60	400	220

如果不存在投票交易制度，在初始的投票过程中，A会选择医院，但B、C反对，因为

给他们带来的是负效益；同理，B选择停车场、C选择游泳馆的情况下，其他两位选民都会投反对票。最后可能会没有结果。

现在针对上面的情况引入投票交易制度，假定A同意，如果B同意建医院，那么他也同意建停车场，结果两人的福利都改善了，A获利160(200－40)，B获利100(150－50)；同理，A与C、B与C之间也可以做交易，最终结果使三个项目都通过了，而这正是大家所期望的。"共赢"固然是好，但如果对表4-3的收益情况做一变动，其结果又会发生什么样的变化呢？变动结果见表4-4。

表4-4　三项目对A、B、C三选民所产生的效益(负净收益情况)

项　目	选　民			净收益
	A	B	C	
医院	200	－110	－105	－15
停车场	－40	150	－120	－10
游泳馆	－270	－140	400	－10

在初始不存在投票交易制度的情况下，三个项目都不可能会通过。现在假设引入互投赞同票的投票交易制度，与正净收益情况相同，A、B、C两两之间可做类似相同的投票交易，结果使得负净效益的项目全部获得通过。通过上述一个例子的两个方面可以知道，互投赞同票不仅能改进社会福利，同时也可能降低社会福利，其中项目的性质及其效益情况至关重要。

三、间接民主决策机制下的公共选择

对于选民来说，在公共选择的方式中，直接民主制是一种最能充分体现大多数人的偏好的一种公共选择决策方式，也是一种能够产生最优选举结果的选举制度。但它费时、费力，成本过高，事事都进行公民投票是不经济的，正如丹尼斯·C.缪勒所说，"即使政治组织小到足以使所有个人聚到一起来辩论和决定500个议案，对每个人来说，也不可能对每个议案都发表自己的哪怕是相当简单的观点。当政治组织大到无法集中在一起时，就必须利用某些手段选出代表"。所以直接民主制一般用于重大问题或若干重要公共选择方面。

（一）政党与选民行为

选民参加选举其直接的判断是计算成本和收益，因为在参与过程中，其必然要耗费收集信息等成本，只有将来收益大于目前的成本，他投票才是合算的。现实中会出现大量投票方面的"免费搭便车"，因为他们认为选举不会对自己产生任何影响，或者认为自己的投票不可能对选举产生任何影响，他们就没有足够动力去搜寻有关投票的信息并据此投票，从而拒绝参与此类政治活动。

在多数票规则下，政党的直接目标就是赢得选票，从而当选执政。西方的民主政治要求与西方国家的现实国情相结合，要求它必须对民主进行某种变通或限制，使它以间接为特征的代议制民主成为顺应这种要求的产物。它不仅解决了民主与人口之间的张力，而且还保证了民主的实施质量。科恩(Choen)在《论民主》一书中对代议制民主与人口数量之间的关系进行了论述。他指出："除开人数最少的社会，民主的有效范围不会没有某种局限性。在人数众多的社会中，局限性更大，因大量问题迫切需要间接的决策而使这种情况难以避免。的确，设立代表机构就是有意缩小民主的有效范围，这种机构常常是必不可少而且合乎需要。"约翰·密尔(John Mill)则对代议制在保证民主质量方面所具有的优越性进行了论述。他指出："一切旨在成为好政府的政府，都是由存在于社会各个成员中的一部分好的品质为管理集体事务而组成的。代议制政体就是这样一种手段，它使社会中现有的一般水平的智力和诚实，以及社会中最有智慧的成员的个人的才智和美德，更直接地对政府施加影响，并赋予他们以在政府中较之在任何其他组织形式下一般具有的更大的影响。"然而，代议制民主作为架通人民民主与治国精英的桥梁，是通过政党政治的方式来实现的。脱离了现代政党，代议制民主也就无法实现。

在政治生活中，利益驱使公民时刻从交易费用的角度做出各种政治选择，同时也驱使政治积极分子积极从事一些政治活动。公平竞争的市场和公平竞争的民主政治实际上通行同样的原则，即交易费用的最小化和收益的最大化。如果从公共选择的视角衡量，可以把民主看作一个国家的政治领域所建立起来的一套公平竞争机制，竞争的目标是该国的稀缺政治资源，如总统的职位、议会的议席等。竞争越完全，政治也就越民主。政党是为节约政治交易费用建立起来的政治组织，其目标是要实现人民主权，使主权者能够节省交易费用。同时，通过政党的过滤作用，把大众民主转换成精英民主，从而保证政治民主质量和效率。在代议民主的政治实践中，通常的做法是，公民通过其手中的选票来兑现其作为主权者的权利，通过竞争选民的选票，使政治家或政党脱颖而出，成为主权者的代理人，并转换为精英民主。但是，正如古典经济学所假定的没有交易费用的完备市场制度不可能存在一样，在政治生活领域，也不可能存在没有任何信息费用或交易费用的完全政治民主。不论在什么时候，政治活动都不会是免费的，交易费用的存在使民主变得不再完全。对于投票者来说，这些费用主要表现在如下两个方面。一是投票者在时间、精力和金钱等方面所付出的成本。任何投票者的时间、精力和金钱都是有限的，参加投票活动可能使投票者付出相当多的时间、精力和金钱，它们都必须由个人所承担，但他从事投票所能获得的预期收益却不那么确定，或者即使确定，也由整个社会所分享。二是投票者在收集信息方面所付出的费用。由于信息不对称的常态，投票者参与投票通常需要收集各方面的信息，而收集信息则要花费大量的时间、精力和金钱等。交易费用的存在使投票者不可能对政治问题或者政治候选人的情况有充分的了解，而且投票者也没有充分的积极性去获得更多的信息，甚至即使掌握了相当多的知识，也难以得到充分的利用。这些情况说明，民主不可能是完全的，不完全民主才是常态，不论在资本主义国家还是社会主义国家都是如此。

不完全民主的常态使政党组织的介入成为必需。在不完全民主的条件下，为了节省选民在选择议员或政治性行政官员时所付出的高昂交易费用，或为了节省后者在寻求选民支持时所形成的庞大交易费用，就必须具有一种专业性政治组织。它一方面可以代表选民来选择议员或政治性行政官员，另一方面又能够代表后者来寻求选民的支持，这种组织就是现代大众型政党。

在现实政治生活中，政党由具有共同利益的个人和集团所组成，它树立起鲜明的党纲和党章，提出明确的执政方案，郑重推出其候选人，并通过党的组织体系和各种宣传工具，向选民反复宣传其政纲和候选人，以便使自己的政纲为选民所接受，把自己的候选人输送到总统、首相或议员等岗位上去。政党的行为降低了选民的时间、精力和信息费用等成本，同时也降低了候选人在吸引选票方面所产生的通常是极其庞大的费用。这样不仅使问题得到了集中，而且还降低了选民在面对分散问题时所存在的无力感，使之从幻觉上感到自己对政治结果的投资影响力上升了，满足了选民作为理性经济人的偏好。

总之，政党的存在无不以政治家与选民之间的交易费用为基础。政党的功能就在于节约双方的交易费用，拉平成本与收益之间的差距，用较低的成本实现人民民主的主权原则和精英民主的治国方式。民主是政党政治的舞台，而政党则是实现民主的手段，两者缺一不可。

（二）利益集团

与某些选民对投票和公共决策漠不关心相反，另有一些选民会积极参与投票和公共决策过程。因为公共决策的内容是具体的，总有一些决策项目和某些人的利益有着更密切的联系，如农产品补贴决策与农场主、武器购买决策与军火商等，这种与某一公共项目有密切利益关系并在公共决策中发挥重要作用的群体就是利益集团。利益集团形成后，他们会组织起来，游说国会、总统，使其做出有利于自己的决策。

利益集团就是指任何一个力图影响公共政策的组织，它由共同经济利益的投票人所组成。作为政治中的重要力量，利益集团与政党的最大区别就在于其领袖不参与角逐政治职位，但他们通常进行政治游说活动，对政治家、官僚和选民施加适当的压力，力争通过对自己成员有利的政策。

利益集团的意义多体现于两个方面：其一在于利益集团对公共政策的影响，通过这种影响途径来理解现实；其二在于利益集团对政治民主化的影响，以及它对于政治民主化的重要意义。第二种意义对利益集团给予了正面评价，它甚至进入政治变革的路径认识中：这个社会产生越来越多的利益集团，利益集团围绕公共政策博弈，并形成博弈规则，宪政民主也就产生了。

（三）官僚

政府的建立也就意味着官僚的建立，在此，官僚是一个被人格化的机构，尽管它不是微观具体的个体官员，但它同个体一样具有动机和目标，其行为特征也会对社会经济运行产生重大影响。

官僚具体是指由政治家聘任来执行和实施决策的人。官僚的存在是政府能连续运作的必要条件，他们掌握着管理技能和专业知识，而且在政府中的任期比政治家要长，没有他们，政府的工作将无法保持连续性和稳定性，因此官僚在政治市场中起着十分重要的作用。根据公共选择理论，管理的行为同样是为了追求自身利益的最大化，具体表现为追求高薪、晋升、特权、社会名望和地位等。而这些都是与财政预算的规模呈正相关的。因此，美国经济学家威廉·尼斯卡宁（William Niskanen）得出结论：官僚们的目标是追求预算的最大化。

（四）寻租

“租”与“租金”是一个较为古老的概念，它是指超过资源所有者机会成本的那部分报酬，它既包括价格机制中自然产生的租，也包括人为创造的租。我们所指的租及寻租指的是后一种情况，即人为创造的租。

寻租理论是20世纪70年代以来，政府运用行政权力对企业和个人的经济活动进行干预和管制，妨碍了市场竞争的作用，从而创造了少数有特权者取得超额收入的机会。根据美国经济学家布坎南和克鲁格的论述，这种超额收入被称为“租金”，谋求这种权力以获得资金的活动，被称作“寻租活动”，俗称“寻租”。租金的根源来自对该种生产要素的需求提高而供给却因种种因素难以增加而产生的差价。在现代国际贸易和公共选择理论中，租金仍然指由于缺乏供给弹性产生的差价收入。这里是政府的干预和管制抑制了竞争，扩大了供求差额，从而形成的差价收入。比如某政府为了某个项目而预支大笔款项，实际上用于项目的钱少之又少，大部分被官员中饱私囊，政府官员的腐败大部分由此产生。有的政府部门通过设置一些收费项目，来为本部门谋求好处。有的官员利用手中的权力为个人捞取好处，有的企业贿赂官员为本企业得到项目、特许权或其他稀缺的经济资源。寻租是一些既得利益者对既得利益的维护和对既得利益进行再分配的活动。寻租往往使政府的决策或运作受利益集团或个人的摆布。这些行为有的是非法的，有的合法不合理。寻租往往会成为腐败、社会不公和社会动乱之源。

根据布坎南的定义，寻租是投票人，尤其是其中的利益集团，通过各种合法或非法的努力，如游说和行贿等，促使政府帮助自己建立垄断地位，以获取高额垄断利润。他认为，寻租产生的条件是存在限制市场进入或市场竞争的制度或政策，它往往与政府干预的特权相关。在政府干预的条件下，寻利的企业家发现寻利有困难，转而进行寻租活动，取得额外的利益。

由此可见，寻租者所得到的利润并非生产的结果，而是对现有生产成果（利润）的一种再分配。因此，寻租行为具有非生产性特征。同时，寻租的前提是政府权力对市场交易活动的介入，政府权力的介入导致资源的无效配置和分配格局的扭曲，产生大量的社会成本，这些成本包括寻租活动中浪费的资源、经济寻租引起的政治寻租浪费的资源、寻租成功后所损失的社会效率等。

第三节　公共决策的代价——政府失灵

公共决策主要就是政府决策，政府对经济生活干预的基本手段是制定和实施公共政策。公共选择理论认为，政府决策作为非市场决策有着不同于市场决策之处。政府决策中，虽然单个选择者也是进行决策的单位，但是做出最终决策的通常是集体，而不是个人。因此相对于市场决策而言，政府决策是一个十分复杂的过程，具有相当程度的不确定性，存在诸多困难、障碍或制约因素，使得政府难以制定并实施合理的公共政策，从而导致公共决策失误。

一、政府失灵的含义

根据“经济人”的分析模式，布坎南的政府理论研究了市场经济条件下政府干预行为的局限性或政府失灵问题。这是公共选择理论的核心问题。所谓政府失灵，是指用政府活动的最终结果判断的政府活动过程的低效率性和活动结果的非理想性。简言之，政府失灵就是政府行为的无效、低效或产生副作用。

在布坎南看来，政府作为公共利益的代理人，其作用是弥补市场经济的不足，并使各经济人所做决定的社会效应比政府干预以前更高；否则，政府的存在就无任何经济意义了。但是政府决策往往不能符合这一目标，有些政策的作用恰恰相反，它们削弱了国家干预社会的“正效应”。也就是说，政策的效果削弱而不是改善了社会福利。这就产生了一个问题：为什么政府干预会产生“负效应”及如何从制度上弥补这些缺陷。布坎南对这些问题的回答就构成了公共选择理论的政府失效说。此外，有许多经济学家对市场失灵进行了深入的研究。比如，萨缪尔森曾指出：“对看不见的手有所了解之后，我们一定不要过分迷恋于市场机制的美妙——以为它本身完美无缺、和谐一致，非人力所能望其项背。”在认识到市场缺陷的基础上，萨缪尔森对诸如自然垄断、信息偏差、不完全竞争、外在性等市场失灵给予了足够的关注。总体来说，政府失灵主要表现在以下几方面。

（1）政府政策的低效率，也即公共决策失误。公共决策失误表现在以下几个方面。

① 短缺或过剩。这就是通常所说的价格上限或价格下限，即如果政府的干预方式是把价格固定在非均衡水平上，将导致生产短缺或者生产过剩；当将价格固定在均衡水平之下时，就会产生短缺；反之，则产生过剩。

② 信息不足。政府往往难以知道其政策的全部成本和收益，也不十分清楚其政策的后果，难以进行政策评价。

③ 官僚主义。政府决策过程中也许高度僵化和官僚主义严重，可能存在大量的重复劳动和繁文缛节。

④ 缺乏市场激励。政府干预消除了市场的力量，或冲抵了它们的作用，干预就可能消除某些有益的激励。

⑤ 政府政策的频繁变化。如果政府干预的政策措施变化得太频繁，行业的经济效率就会蒙受损失，因为在这种情况下企业难以规划生产经营活动。

（2）政府工作机构的低效率。政府失灵理论认为政府机构低效率的原因在于以下几点。

① 缺乏竞争压力。由于官僚机构垄断了公共物品的供给，没有竞争对手，就有可能导致政府部门的过分投资，生产出多于社会需要的公共物品；另外，受终身雇佣条例的保护，没有足够的压力去努力提高其工作效率。

② 没有降低成本的激励机制，行政资源趋向于浪费。首先，官员花的是纳税人的钱，由于没有产权约束，他们的一切活动根本不必担心成本问题。其次，官员的权力是垄断的，有无穷透支的可能性。

③ 监督信息不完备。理论上讲，政治家或政府官员的权力来源于人民的权利让渡，

因此他们并不能为所欲为，而是必须服从公民代表的政治监督。然而，在现实社会中，这种监督作用将会由于监督信息不完全而失去效力。再加上前面所提到的政府垄断，监督者可能为被监督者所操纵。

（3）政府的寻租。公共选择理论认为寻租主要有三类：①通过政府管制的寻租；②通过关税和进出口配额的寻租；③在政府订货中的寻租。寻租是投票人，尤其是其中的利益集团，通过各种合法或非法的努力，如游说和行贿等，促使政府帮助自己建立垄断地位，以获取高额垄断利润。由此可见，寻租者所得到的利润并非生产的结果，而是对现有生产成果的一种再分配，因此，寻租具有非生产性的特征。同时，寻租的前提是政府权力对市场交易活动的介入，政府权力的介入导致资源的无效配置和分配格局的扭曲，产生大量的社会成本——寻租活动中浪费的资源，经济寻租引起的政治寻租浪费的资源，寻租成功后所损失的社会效率。另外，寻租也会导致不同政府部门官员争夺权力，影响政府的声誉和增加廉政成本。

（4）政府的扩张。政府的扩张包括政府组成人员的增加和政府支出水平的增长。对于政府机构为什么会出现自我膨胀，布坎南等人从五个方面加以解释：①政府作为公共物品的提供者和外在效应的消除者导致扩张；②政府作为收入和财富的再分配者导致扩张；③利益集团的存在导致扩张；④官僚机构的存在导致扩张；⑤财政幻觉导致扩张。

因此，诺贝尔经济学奖获得者詹姆斯·莫里斯(James Mirrlees)等公共选择学派对西方现行民主制度，对国家和政府深表怀疑，正如布坎南所说的那样，"公共选择理论以一套悲观色彩较重的观念取代了关于政府的那套浪漫、虚幻的观念。公共选择理论开辟了一条全新思路，在这里，有关政府及统治者的行为的浪漫的、虚幻的观点已经被有关政府能做什么、应该做什么的充满怀疑的观点所替代。而且，这一新的观点与我们所观察到的事实更为符合"。

案例点击

政府与市场的冲突

西方世界20世纪70年代遭遇"滞胀"之后，英国的撒切尔首相和美国的里根总统实行了解除管制和削弱政府经济作用的政策。一时间，新自由主义成为时尚。在苏东巨变后的一段时间里，许多人认为苏联和东欧国家政治经济体系的崩溃意味着"历史的终结"：政府与市场的边界问题已经按照全面向市场倾斜的方式一劳永逸地解决了。然而人们很快发现，历史并未终结，政府与市场的冲突只是改变了形式，它将在新的更高的层次上展开。早期处于经济学主流地位的凯恩斯主义或称"后凯恩斯综合"也并没有放弃他们的阵地。80年代以来，新凯恩斯主义对于新自由主义经济学的批评不绝于耳。2007年全球金融危机爆发以后，这两种学术派别的争论大大升温，各自提出了对于这一危机的成因完全不同的解读；同时，对于应对危机的政策也提出了不同的主张。

二、政府失灵的原因

公共选择理论认为，政府活动的结果未必能矫正市场失灵，政府活动本身也许就有问题，甚至造成更大的资源浪费。造成政府失灵的主要原因包括政府决策的无效率、政府机构运转的无效率和政府干预的无效率。

（一）政府决策的无效率

公共选择理论在用经济模型分析政治决策时指出，民主程序不一定能产生最优的政府效率。原因如下。

(1) 投票规则的缺陷导致政府决策无效率。投票规则有两种，一是一致同意规则，二是多数票规则。常用的投票规则是多数票规则。多数票规则也不一定是一种有效的集体决策方法。首先，在政策决策超过两个时，会出现循环投票，投票不可能有最终结果。其次，为了消除循环投票现象，使集体决策有最终的结果，可以规定投票程序。但是，确定投票程序的权力往往是决定投票结果的权力，谁能操纵投票程序，谁也就能够决定投票结果。最后，多数票规则不能反映个人的偏好程度，无论一个人对某种政治议案的偏好有多么强烈，他只能投一票，没有机会表达其偏好程度。

(2) 政治市场上行为主体动机导致政府决策无效率。公共选择理论认为，政府只是一个抽象的概念，在现实中，政府是由政治家和官员组成的，政治家的基本行为动机也是追求个人利益最大化。因此，政治家追求其个人目标时，未必符合公共利益或社会目标，而使广大选民的利益受损。

(3) 利益集团的存在导致政府决策无效率。在许多情况下，政府政策就是在许多强大的利益集团的相互作用下做出的。而这些利益集团，特别是还可能拥有权势的利益集团，通过竞选捐款、院外游说、直接贿赂等手段，对政治家产生影响，左右政府的议案和选民的投票行为，从而使政府做出不利于公众的决策。

（二）政府机构运转的无效率

公共选择理论认为，政府机构运转无效率的原因主要表现在缺乏竞争、缺乏激励两个方面。

(1) 缺乏竞争导致的无效率。首先是政府工作人员之间缺乏竞争。因为大部分官员和一般工作人员是逐级任命和招聘的，且“避免错误和失误”成为政府官员的行为准则，他们没有竞争的压力，也就不能高效率地工作。其次是在政府部门之间缺乏竞争。因为政府各部门提供的服务是特定的，无法直接评估政府各部门内部的行为效率，也不能评估各部门间的运行效率，更难以设计出促使各部门展开竞争、提高效率的机制。

(2) 缺乏降低成本的激励导致的无效率。从客观来看，由于政府部门的活动大多不计成本，即使计算成本，也很难做到准确，再加上政府部门具有内在的不断扩张的冲动，往往出现公共物品的过度提供，造成社会资源的浪费。从主观来看，政府各部门对其所提供的服务一般具有绝对的垄断性，正因为有这种垄断地位，也就没有提高服务质量的激励机制。此外，由于政府部门提供的服务比较复杂，它们可以利用所处的垄断地位隐瞒其活动的真实成本信息，因此无法评价其运行效率，也难以对它们进行充分的监督和制约。

（三）政府干预的无效率

为了确保正常而顺畅的社会经济秩序，政府必须制定和实施一些法律法规。但是，有些政府干预形式，如政府颁发法定许可证、配额、执照、授权书、批文、特许经营证等，可能同时为寻租行为创造了条件。因为在这种制度安排下，政府人为地制造出一种稀缺，这种稀缺就会产生潜在的租金，必然会导致寻租行为。寻租行为越多，社会资源浪费越大。

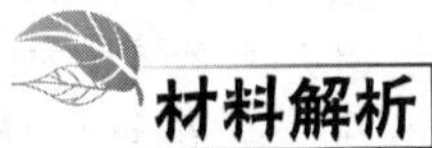

“政府失灵”与“市场失灵”

1776年，经济学家亚当·斯密出版了古典经济学经典之作《国富论》，抨击重商主义时代政府对微观经济活动的干预，弘扬市场机制在资源配置中的作用，推动了市场经济的确立。然而，从19世纪后期开始，潮流朝相反方向转变，发达国家政府规制经济的活动开始增加。整个20世纪上半叶，政府权力日益扩大。无论在东方还是在西方，无论是在社会主义的苏联、东欧和中国，还是在资本主义的西欧和美国，无论采取的方式是国家所有制和计划经济，还是凯恩斯主义的宏观调控，在强调政府代表公共利益组织和管理经济的职能这一点上，颇有异曲同工之处。于是我们不但看到社会主义国家一步步地实现了列宁“国家辛迪加”的理想，而且看到资本主义国家政府职能的强化。例如，随着罗斯福“新政”推行，美国逐步成为“管制资本主义”经济，西欧某些国家还在加强政府经济管制的同时发生了对所谓“制高点行业”的国有化运动。

我们还必须注意到另一个问题，在中国，人民常常把宏观经济管理（宏观调控）和政府对经济活动的微观干预混为一谈。假宏观调控之名行微观干预之实，实际上等于复辟命令经济。这不但会造成资源的误配置和损害经济的活动，还会带来强化寻租环境、使腐败活动泛滥等恶果。这是必须坚决制止的。

（资料来源：吴敬琏．“政府失灵”与“市场失灵”[N]．经济观察报，2009-02-28.）

三、政府失灵的对策

在现实生活中，政府有时会基于错误的或者不适当的理由干预经济。这种不当的经济干预结果往往不能令人满意，这不仅给经济本身的运行带来了负面影响，而且阻碍着政府作用的正常发挥，成为其限制因素之一。

政府这种过多过细的管制在经济发展的早期或许会对经济起到重要的推动作用，但是，随着经济的发展，政府的一些干预的管制反而可能成为经济社会发展的绊脚石，这些干预因而成为不当干预，于是，市场经济体制已经成为许多国家所采用的经济发展途径。现实生活中，政府不当干预的例子并不难找到。政府对“高峰期需求”产品与服务的价格管制——如禁止春运期间的火车票涨价，用电高峰季节限制电力涨价，交通高峰路段不收费，水资源使用费大大低于市场价格，或者某些自然资源产品免费供应，等等，都是政府不适当干预经济的例子。在这些例子中，政府干预要么无法达到目的，要么需要付出高昂的成本，实际上经常是两种后果的结合。

现行的选择机制是失灵的，那么出路何在？公共选择理论为此提出了两条思路：其一是市场化改革，其二是宪法制度改革。前一种思路主要由公共选择理论中的芝加哥学派提出，后一种思路主要由公共选择理论中的弗吉尼亚学派提出。

所谓市场化改革是试图通过把经济市场的竞争机制引入政治市场来提高后者的运行效率。市场化改革的思路主要包括三方面的内容。

(1) 明晰和界定公共物品——公有地、公海、公共资源的产权。

(2) 在公共部门之间引入竞争机制，重构政府官员的激励机制，按照市场经济原则来组织公共物品的生产。

(3) 重新设计公共物品的偏好显示机制，使投票人尽可能真实地显示其偏好。

所谓宪法改革，是试图通过建立一套经济和政治活动的宪法规则来对政府权力施加宪法约束，通过改革决策规则来改善政治。在公共选择理论家看来，要克服政府干预行为的局限性以及避免政府失灵，最关键的是要在宪制上做文章。布坎南等人着重从立宪的角度分析政府制定的规则和约束经济与政治活动的规则或限制条件，即他们并不直接提出具体的建议供政策制定者选择，而是为立宪改革提供一种指导或规范建议，为政策制定提出一系列所需的规则和程序，从而使政策方案更合理，减少或避免决策失误。

四、全面辩证看待公共选择理论的政府失灵论

虽然公共选择学派的政府失灵论指出了西方政治制度的弊端，其政策主张也具有很好的实践意义，但是公共选择理论本身就存在无法解决的矛盾，其自身有些理论体系比较混乱，有些理论也无法自圆其说。

对公共选择理论中政府失灵论的批判主要集中在以下两个方面。

(1) 关于人的行为动机。针对公共选择理论的经济人假设前提，笔者认为，个人的行为动机是复杂多样的，不能简单地划分为利己或利他。个人的动机中含有大量的对物质利益的自利的欲望，这种欲望渗透得既深又广，因而每个公共机构和私人机构都必须用某种方式对其加以约束和限制。但是，大多数人的动机中还包含着程度不同的慷慨因素、无私的品德因素、对他人义务的接受习惯和对金钱以外的回报的兴趣。因而，人的动机不能归结为单一的自利动机。公共选择理论作为一种对政治行为动机的描述在一定程度上是不真实的。不是基于对实际生活的观察，而主要是建立在形式化的假设前提基础上。公共选择理论家只从起作用的许多动机中选择了一种动机，然后通过这个唯一的动机想象出一个充满生机的理论世界。这显然是不合理的。

(2) 关于政治市场及政府的作用。公共选择理论建立在西方民主政治制度之上，而中国政党制度和政治选举制度不同于西方，有着自己特殊的国情。单纯地照搬起源并成熟于西方政党制度的公共选择理论是不可取的。

另一方面，中国的经济正处于转型期，在实现工业化，实现由传统经济体制到市场经济体制的转变的过程中，没有政府的积极有效的干预是不可能实现的。虽然不同的国家在不同的时候政府作用的形式不同。目前仍然贫穷的国家就不能指望仅仅通过被动地向世界经济开放，便如“亚洲四小龙”那样崛起。

因此，在借鉴公共选择理论的政府失灵论为我所用时，必须辩证地看待。政治制度的改革是一项艰巨的任务，不能急功近利地拿来做权宜之计，“看得见的手”的改革将是中国经济成功转型、实现工业化非常关键的一环，我们必须慎重对待。

本章小结

<table>
<tr><td rowspan="4">公共选择</td><td>公共选择理论概述</td><td>公共选择理论以经济人假定为基本前提研究民主制度中的政府行为。公共决策在偏好体系、偏好的表达方式等方面与私人决策有所不同。公共决策的主要内容是确定公共支出的项目、规模以及成本分担方式</td></tr>
<tr><td>直接民主决策机制下的公共选择</td><td>在直接民主制下集中决策中所有相关利益的人都能直接参与投票决策，公众根据不同的投票规则直接参与公共预算方案的决定</td></tr>
<tr><td>间接民主决策机制下的公共选择</td><td>在间接民主制度中，政党、选民、利益集团以及官僚都对决策结果有重要影响。他们之间的相互作用往往容易形成这样的倾向：公共支出过度增长，公共债务沉重，公共部门规模不断扩张</td></tr>
<tr><td>政府失灵</td><td>市场失灵的出现需要政府的干预，但政府的干预未必一定奏效，政府对经济的干预同时也阻碍和限制了市场功能的正常发挥，从而导致社会资源最优配置难以实现</td></tr>
</table>

核心概念

公共选择理论　直接民主决策　间接民主决策　一致同意规则　多数同意规则　阿罗不可能定理　官僚　寻租行为　利益集团　政府失灵

思考题

1. 什么是公共选择理论？公共决策与市场决策有什么不同？

2. 简述公共选择理论对中国制度改革的借鉴意义。

3. 假定表4-5为甲、乙、丙三人关于公共项目成本分担的三项提案，如采取多数票通过原则会产生什么结果？为了使结果对自己有利，甲、乙、丙应分别采取怎样的投票策略？

表4-5　三项提案

	提案一	提案二	提案三
甲	20	25	30
乙	30	35	25
丙	50	40	45

4. 在间接民主决策中，选民、政治家、管理者的行为目标及其行为表现是什么？他们各自如何对决策产生影响？

5. 公共选择理论对实践有何指导意义？根据这一理论应采取什么措施来防止或者减少公共决策可能产生的问题？

第五章

公共产品理论

公共产品理论是财政学的核心内容，是从经济学角度说明政府为什么要存在以及为何而存在的理论。弄清了公共产品理论，也就对政府的基本职能有了明确的认识。

公共产品理论要回答的问题很多。本章首先探讨公共产品的内涵以及社会产品的类型，其次介绍公共产品的提供方式，最后进行公共产品供求的均衡分析。

第一节　公共产品的内涵

虽然人们的日常需要五花八门，但根据人类社会需要分类(私人需要和社会需要)的特点，一般把社会产品划分为私人产品和公共产品两大类。私人产品(private goods)是指用来满足私人需要的商品或服务，主要由市场来供给；公共产品(public goods)是指用来满足社会公共需要的商品或服务，与私人产品相对应，主要由政府来供给。

"公共产品"也译为"公共物品""公共货物""公共财产"等。关于公共产品的定义，著名经济学家、诺贝尔经济学奖获得者萨缪尔森解释为：公共产品是指在消费上具有非排他性和非竞争性的那部分社会产品。

每个人消费公共物品这种商品或者服务不会导致别人对该商品或服务消费的减少，萨缪尔森的解释是对公共产品的技术分析，是从当时已有公共产品中总结出来的属性。因此，区分公共产品和私人产品通常采用两个基本标准：一是受益上的排他性与否，二是消费或使用上的竞争性与否。

不完全具有这两种特征的产品，一般称为"准公共产品""混合产品""俱乐部产品"等，主要用于满足半社会公共需要和公共投资需要等。

俱乐部物品

公共选择理论创始人、诺贝尔经济学奖获得者布坎南曾指出：有这样的物品和服务，它们的消费包含着某些"公共性"。在这里，适度的分享团体多于一个人或一家人，但小于一个无限的数目。"公共"的范围是有限的。因此，这种介于纯私人物品和纯公共物品之间的产品或服务就是俱乐部物品。显然，俱乐部物品既和私人产品相区别又不完全等同于公共物品。

其特征是，在一定限度内，消费上具有非竞争性，如纯公共物品那样，另一方面有排斥性，如同私人物品那样。城市间的高速公路、桥梁、公园，对特定人群开放的学校、游泳池、海滩、电影院等，都是俱乐部物品的典型例子。

一、公共产品的特征

由于公共产品是指在消费上具有非排他性和非竞争性的那部分社会产品，因此，我们把它与私人产品相区别，显然公共产品具有非排他性和非竞争性两个显著的基本特征。

1. 非排他性(non-excludability)

公共产品的非排他性是指公共产品在消费过程中所产生的效用不能为某个人或某些人所专有，从技术上无法将那些拒绝付款的人排斥在效用享用过程之外，或者虽然能够排斥但因成本太高而不可行。因此，政府所提供的公共产品，社会成员都可以无差别地享受，如减少汽车尾气排放、消除空气污染能为人们带来好处，使所有人能够享受更新鲜的空气，要把某些人排除在享受之外基本不可能。

同时，由于在公共产品的消费中不能排他使用，公共产品的供给者无法获得使用者的报酬，免费"搭车者"无偿消费公共产品的现象将不可避免。公共产品根据市场规律是不能够获得收益的，同时也表明仅仅依靠市场机制无法提供最优配置标准所要求的公共产品规模。

2. 非竞争性(non-rivalness)

公共产品的非竞争性是指在公共产品的消费过程中，一部分人对公共产品的消费不会影响另一部分人对该产品的消费，一些人从公共产品中受益也不会影响另一些人从该产品受益。公共产品的取得无须通过市场竞价的方式。增加公共产品消费的人数不会引起公共产品价格的上涨。即在非拥挤状态下，一部分人对公共产品的使用或消费不会排斥或妨碍另一部分人同时使用和消费，也不会减少消费的数量和质量。而人们消费私人物品时，则必须采取市场竞价的方式取得。

公共产品的非竞争性特征表明了社会对于公共产品的普遍需求性，公共产品在一经产出并补偿初始成本之后就不需要获得收益。在非拥挤状态下，不论多少个消费者消费该产品都没有问题。例如，居民使用公路、桥梁、广场，进公园、博物馆等，不需支付费用；即使支付费用，也不是按等价交换原则支付的，而只是少量的费用。

二、公共产品的分类

在现实生活中，同时具备非竞争性和非排他性的纯公共物品并不多见，路灯、灯塔、国防等可以归于这一类。较为普遍的是许多不同时具备这两个特征的，介于私人产品和公共物品之间、具有公共产品部分特征的产品，即准公共产品。较为常见的有两类：混合产品和公共资源。

混合产品指的是具有非竞争性但具有排他性的产品。例如不拥挤的收费桥梁，多通行些许车辆不会影响其他车辆的通行，表明其具有非竞争性；但是未缴费的车辆则不能通过，表明其具有排他性。类似的例子还有高等教育、收费公园、医院等。

在现实经济中，还存在一些具有竞争性但具有非排他性的产品。例如，海中的鱼，它是一种竞争性产品：当一个人捕鱼时，留给其他人的量就少了。但这些鱼并不是排他性产品，因为通常对渔民所捕到的鱼进行收费是十分困难的。经济学中通常把这类产品称为公共资源。常见的公共资源还有森林、草原、清洁的空气和水、公共公园等。社会产品的分类参见表5-1。

表5-1 产品的分类

	排他性	非排他性
竞争性	纯私人产品	准公共产品(公共资源类)
	排他成本较低 由私人公司生产 通过市场分配 通过销售收入融资(如食品、服装、家具)	产品由集体消费但受拥挤约束 由私人公司或直接由公共部门生产 由市场分配或直接由公共预算分配 通过销售收入融资或税收融资(如公共公园、公有资源、公共游泳池、拥挤的不收费道路)
非竞争性	准公共产品(混合产品类)	纯公共产品
	有外溢性的私人产品 私人企业生产 通过含补贴或矫正性税收的市场分配 通过销售收入融资(如高等教育、有线电视、私人游泳池、不拥挤的收费道路)	排他成本较高 由政府或与政府签约的私人部门生产 通过公共预算分配 通过强制性税收收入筹资(如国防、义务教育、公共卫生)

第二节 公共产品的提供方式

公共产品应该由市场还是政府来提供一直存在争议。在大多数经济学家眼里,公共产品消费所具有的非排他性和非竞争性的特性成为政府介入公共产品的理由。

政府为提供公共产品和服务,满足社会共同需要而进行的财政资金的支付,主要包括购买性支出与转移性支出。公共产品作为政府购买性支出的重要组成部分,对其进行详尽的分解具有重要的意义。

如何有效提供或者使用公益物品呢?管理学、经济学、社会学、心理学等多个学科领域都有比较完备、系统性的论述。但是,公共选择学者提供的备选方案在目前可能更加前沿和具有说服力。代表性的相关著作有:奥斯特罗姆夫妇在《多中心体制与地方公共经济》中提到的"公益物品与公共选择",阿特金森和斯蒂格利茨的《公共经济学》,斯蒂格利茨的《政府经济学》,科斯的《经济学中的灯塔》等。可能性的方案大致可归纳为以几种模式:个体自由选择、成本分摊、强制性融资、灵活的政企合作、基础设施证券化等。

一、成本分摊

由于每个人从公共产品获得边际效益不同,而且每个人无法知道其他消费者的边际效益。因此,需要生产公共产品就必须让每一个人都自愿按照自己从其中获得的边际收益相应地承担成本,才能实现公共产品的有效供给。

二、强制性融资——解决"搭便车"问题

通过成本分摊的合作方式实现公共产品的有效供给的条件是:第一,每个社会成员

不会隐瞒自己可以从公共物品消费中获取的边际效益，而不存在逃避自己应当分担的成本费用的问题；第二，其他成员也都知道各自的边际收益，每个消费者都知道整个社会总体的边际收益曲线，从而推出公共产品的最优数，确定应该支付的成本。然而大多数经济学家不认同这是一个有效的方法。王伯玲认为，上述假设条件只在人数非常少的群体中才有可能存在，但是在一个人口众多的社会中，没有任何人能够做到对其他所有成员的情况无所不知。既然不能准确掌握社会成员的偏好和经济情况，人们便有可能隐瞒从公共产品上所获得的边际收益，如果人们知道他们所必须分担的公共产品的成本份额取决于其因此而获得的边际收益的大小，从低呈报其真实的边际收益的动机肯定会产生。因此，每个成员都认为因为自己少支付费用而导致社会总支出的减少对社会公共品总产出影响不大，自身效益就不会减少，从而实现以最小的成本获取最大的效益，然而每个社会成员都按此行事导致公用品供给严重不足，降低社会效益。

综上，通过成本分摊的方式获得投资很难达到最优产量，因此需要政府部门的行政权力，实现强制融资，使得公共品供给达到最优化。例如通过税收获取资金投入公共设施的建设。

三、灵活的融资方式

以基础建设为例，由于项目总数的庞大、涉及面广、投资量大等特点，由政府单方面投资难度很大，因此必须实现政府与市场结合的投资方式提供建设资金。市场参与基础建设的理由有：第一，未来资金流入十分稳定；第二，政府为其信用担保；第三，项目风险低。

基础设施分为基础建设和社会性基础设施两种。基础设施是国民经济各项事业发展的基础，往往需要较长的时间和巨额的投资。所以说，选择一个合适的基础设施提供方式是十分重要的。基础设施的提供方式主要有：政府筹资建设、政府与民间共同投资、BOT投资方式与基础设施投资证券化。

（一）政府筹资建设

政府筹资建设，或免费提供，或收取使用费。由政府独资建设的项目主要出于以下三种考虑。

（1）关系国计民生的重大项目，如长江三峡工程、青藏铁路、南水北调之类的关系国家社会经济发展以及人民当前的和长远利益的重大项目，只能由政府采取多种渠道集资来提供。

（2）维护国家安全的需要，如宇航事业、核电站、战备公路。

（3）反垄断的需要，垄断利润可能是以损害社会福利为代价的，因此政府可以由通过公共定价对垄断行业严加管理，也可以由政府直接承担投资责任。

还有一些基础设施，如市区道路、上下水道、过街天桥等，具有明显的非排他性或很高的排他成本，单项投资不大，数量众多，也适于作为纯公共物品由政府投资提供。

（二）政府与民间共同投资

需要政府与民间共同投资的基础设施项目通常具有以下三个特点：具有一定的外部效应、盈利率较低或风险较大。政府在其中主要发挥资金诱导和政策支持作用。实例有高速公路、集装箱码头及高新技术产业等。在此类项目中，政府可以采用投资参股、优惠贷款、提供借款担保、低价提供土地使用权、部分补贴和减免税收等方式来发挥政府的作用。

（三）BOT投资方式

BOT是英文Build-Operate-Transfer的缩写，通常直译为“建设—经营—转让”。BOT实质上是基础设施投资、建设和经营的一种方式，以政府和私人机构之间达成协议为前提，由政府向私人机构颁布特许，允许其在一定时期内筹集资金建设某一基础设施并管理和经营该设施及其相应的产品与服务。政府对该机构提供的公共产品或服务的数量和价格可以有所限制，但保证私人资本具有获取利润的机会。整个过程中的风险由政府和私人机构分担。当特许期限结束时，私人机构按约定将该设施移交给政府部门，转由政府指定部门经营和管理。所以，BOT一词意译为“基础设施特许权”更为合适。BOT融资模式具有以下特点。

(1) 私营企业基于契约许可取得通常由政府部门承担的建设和经营特定基础设施的专营权。

(2) 在特许权期限内，该私营企业负责融资建设和经营管理该基础设施项目。

(3) 特许权期限届满时，项目公司须无偿将该基础设施移交给政府。

（四）基础设施投资证券化

长期以来，我国基础设施建设资金大部分来源于政府财政和银行贷款，政府财政的有限性和银行贷款的局限性同经济发展对基础设施的需求之间存在着很大的矛盾，这已经成为制约基础设施发展的障碍。

在这种情况下，资产证券化融资方式以其独有的特点自然就进入政府的视野。基础设施是一种非常重要的社会资产，其规模巨大，资金需求量也十分庞大。由于基础设施功能的特殊性，其未来资金流入十分稳定，而且其背后往往有着政府信用做支撑，所以推行基础设施未来收益证券化具有很强的可行性。

例如中国联通CDMA（码分多址）网络租赁费收益计划，中国联通的半年期融资成本名义上为2.55%，一年期融资成本为2.8%，显著低于同期限的银行贷款利率（商业银行贷款同期利率高达5.76%）。但事实上，融资方所付出的融资成本要高于名义上的成本，这主要是因为按照该计划的要求，中国联通必须在每个划款日将其收费收入划入专用账户，这相当于是提前还款，而支付的利息却是一定的，所以其实际成本要高出这个水平。但据测算，该融资成本的最大估计值仍然要低于同期银行贷款利率。

第三节　公共产品供求的均衡分析

一、公共产品供求的局部均衡分析

研究公共产品的最优供求问题，通常是从局部均衡分析着手，通过简化研究对象，学习公共产品供求局部均衡的一般原理。

首先假定公共产品的需求曲线已知，公共产品的价格（个人承担的费用）与需求数量成反比关系，这点与私人产品一样。但公共产品是可以满足社会成员同时消费的消费品，因此公共产品的成本是由社会成员共同承担的，这点是与私人产品最大的区别。下面从私人产品供求均衡分析一步一步导入公共产品供求的局部均衡分析。

（一）私人产品供求的局部均衡

假定一个社会中仅有A和B两个消费者，他们仅消费两种产品：私人产品和公共产品。如图5-1所示，不同的需求曲线形态反映出消费者之间不同的收入与偏好，D_A 和 D_B 两条斜线分别代表了A、B对私人产品的需求，消费者是私人产品的价格接受者，故市场对私人产品的总需求是每个消费者的需求量之和，即 $D=D_A+D_B$，用市场需求曲线 DD 表示。市场对私人产品的供给曲线为 SS。SS 和 DD 相交的点为私人产品供给的均衡点，其均衡价格为 P，均衡数量为 Q。在私人产品市场上，个人A和B都是市场价格的接受者，在价格为 P 的前提下，A消费的私人产品数量为 Q_A，B消费的私人产品数量为 Q_B，且 $Q=Q_A+Q_B$。对于价格而言，它等于边际成本，即 $P=\text{MC}$。

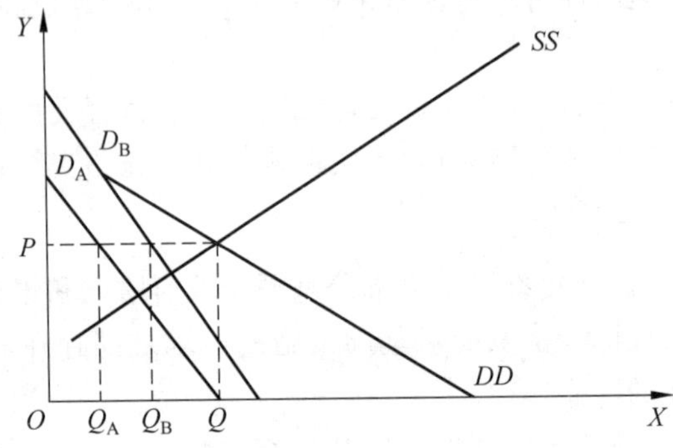

图5-1　私人产品供求的局部均衡

（二）公共产品供求的局部均衡

公共产品的数量对每个消费者都是相同的，但每个消费者对它支付的价格却不一样，不难理解，每个消费者支付公共产品的价格总和就是公共商品的成本，因此，公共产品的均衡价格和均衡产量的决定方式和私人产品是不一样的。

对于公共产品的需求和供给①，如图5-2所示，消费者A、B对公共产品的需求曲线分别为 D_A、D_B。根据公共产品的概念，A、B对公共产品的消费量相同，但每个人为公共产品支付的价格不同，根据支付价格之和等于公共产品成本，可得公共产品市场需求曲线 $DD=D_A+D_B$，即在横轴相同情况下（相同消费量），纵轴（每个人不同的支付价格）相加获得。公共产品的需求曲线 DD 与供给曲线 SS 的交点决定了市场均衡价格 P 和均衡数量 Q。

公共产品与私人产品的需求和供给是不同的：在私人产品市场上，消费者（A、B）是价格的接受者，以同样的价格来购买不同数量的商品；而在公共产品市场上，消费者是数

① 萨缪尔森称这种需求曲线为“虚假的需求线”，因为在现实生活中，个人并不会真实地表示他对一定数量的公共产品愿意支付什么价格。但是为了分析方便，我们需要使用这种“虚假的”需求曲线。

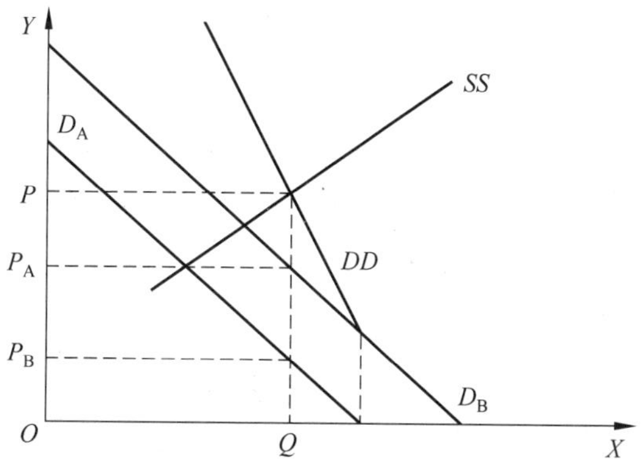

图 5-2　公共产品供求的局部均衡

量的接受者，两人消费同样的数量，但是，价格由他们分摊。在图中表现为，A 和 B 所消费的公共产品的数量都是 Q，公共产品均衡价格为 P，但 A 所支付的价格是 P_A，B 支付的是价格 P_B，且 $P=P_A+P_B$。与私人产品一样，公共产品的价格也等于边际成本，但这个边际成本是 A 和 B 所支付的价格之和，即 $P=P_A+P_B$。

要使公共产品的供给有效率，就要把公共产品的价格按比例分摊给每个消费者，并使每个消费者愿意支付的价格等于从公共产品消费中获得的边际效用。如果公共产品的成本是通过税收获得的，那么上述均衡分析假定了税收就是个人在消费公共产品时获得边际效益所愿意支付的价格。

私人产品和公共产品的市场需求曲线的差别主要表现在：私人产品的市场需求曲线是个人需求曲线的横向相加，而公共产品的市场需求曲线是个人需求曲线的纵向相加。这是由私人产品和公共产品的基本特征决定的，私人产品是个人消费的，公共产品是共同消费的。在私人产品市场上，消费者均为价格接受者，他们仅能够调整消费该私人产品的数量；在公共产品市场上，由于非竞争性与非排他性，A 和 B 所面临的公共产品数量是一样的，但他们为消费同样数量的公共产品却支付不同的价格。

二、公共产品供求的一般均衡分析

公共产品供求的局部均衡分析和一般均衡分析不同，局部均衡分析仅限于单个公共产品的情况；一般均衡分析则是对两个消费者、两种产品经济进行分析。有关这方面的研究，最早是由著名经济学家萨缪尔森做出的。

（一）公共产品供求的“萨缪尔森模型”

萨缪尔森对私人产品和公共产品的一般均衡进行了分析，得出了公共产品最优供给的一般均衡条件，即著名的萨缪尔森条件：消费者对私人产品和公共产品的边际替代率之和等于私人产品和公共产品生产的边际转换率。萨缪尔森提出以下假设前提来建立一般均衡模型，以便寻求公共产品的最优供应规模。

(1) 假定一个社会有两名消费者，A 和 B。

(2) 假定有两种产品，私人产品 X 和公共产品 G。

(3) 假定两种产品的生产可能性组合是既定的。

(4) 假定消费者偏好既定。

如图5-3所示，横轴代表公共产品的供给数量G，纵轴代表私人产品的供给数量X。图5-3(a)表示消费者A对公共产品和私人产品消费的无差异曲线；图5-3(b)表示消费者B的消费无差异曲线；图5-3(c)画出了该经济中的生产可能性曲线FF，代表整个社会所能生产的最大数量的可用于消费的私人产品和公共产品。

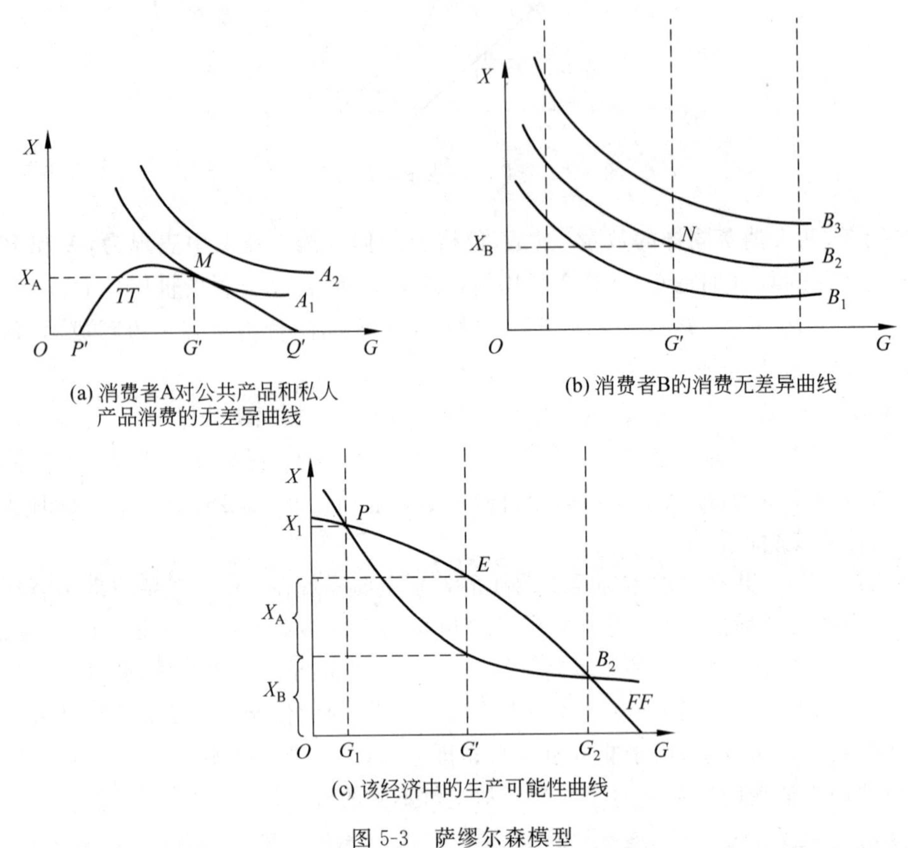

图5-3 萨缪尔森模型

首先研究图5-3(b)中，消费者B的无差异曲线由B_1、B_2、B_3表示，其消费组合可以有多种选择。假设消费者B所处的无差异曲线是B_2，那么，在图5-3(c)中，可以看出消费者B的私人产品和公共产品消费数量与生产可能性曲线之间的关系：消费者消费私人产品X_B、公共产品G'，同时由于整个社会私人产品X和公共产品G两种产品的生产可能性组合是既定的，G对应的社会生产私人产品X。消费者B消费剩余的私人产品则由消费者A消费，即为X_A。由此，可以得到图5-3(a)。

在图5-3(a)中，A_1、A_2表示消费者A的无差异曲线，消费可能性曲线TT表示可供消费者A消费的私人产品和公共产品的组合。TT和A_1相切于点M，M点表示消费者B的消费处于B_2上时，消费者A所消费的私人产品和公共产品的最优组合点。这时，消费者A所能消费的私人产品分别是X_A和公共产品G，消费者B所能消费的私人产品的最大数量是X_B，并且$X=X_A+X_B$。

在图 5-4 中，若消费者 B 所处的无差异曲线是 B_1、B_2、B_3，采取同样的方法可以找出消费者 A 的消费可能性曲线和无差异曲线的切点，这些切点的连线为 LL。在 LL 上的每一点都给出了消费者 A 的序数效用函数。

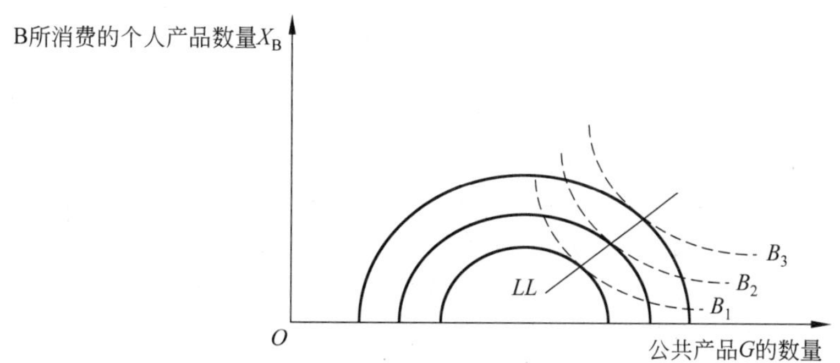

图 5-4 帕累托最优点的效用可能性轨迹

将消费者 A 和消费者 B 的序数效用函数相应的点转化为效用面，可以得出所有帕累托最优点的效用可能性轨迹。

在图 5-5 中，横轴表示消费者 A 的序数效用函数，纵轴表示消费者 B 的序数效用函数，UU 表示消费者 A 和消费者 B 的效用可能性曲线，W 为社会无差异曲线。假定 UU 和 W_1 相切于点 N，那么点 N 代表的是最佳社会状态或"极乐点"(bliss point)。在一般均衡条件下，公共产品最佳供应的条件与私人产品不同。它的条件是：消费上的边际替代率等于生产上的边际转换率之和，即 $MRT = MRS_A + MRS_B$。这个条件也可以与局部均衡分析中只考虑一种公共产品的情况进行比较。

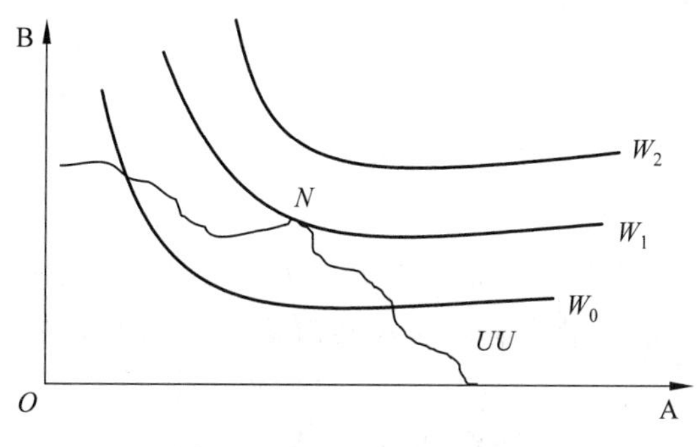

图 5-5 最佳社会状态曲线

（二）公共产品供求的"维克塞尔-林达尔模型"

"维克塞尔-林达尔模型"是一个局部均衡模型，它提出的时间比萨缪尔森模型要早。但是，它考虑了政治因素，且与上述关于公共产品供给的局部均衡模型不同。同时，维克塞尔-林达尔模型是规范性的，它试图找出民主社会中公共产品产出的合理水平及其在不同个人之间的成本分摊途径，即税收负担的原则和决策章程。

"维克塞尔-林达尔模型"描述的是公共产品提供的虚拟均衡过程，表示人们通过讨价还价决定成本如何在社会成员间进行分配。该模型基于税收的受益原则。假设有两个消费者 A 和消费者 B，也可以把他们视为代表具有共同偏好的两组选民的两个利益集团或两个政党。问题是要找出保证一组均衡税收和公共产品产出所需的条件，并考察该均衡状态的性质，即单一性和稳定性。“维克塞尔-林达尔模型”还假定消费者 A 和消费者 B 具有相同的政治权利，在选定一种预算（一定规模的公共支出、公共产品和税收的特定组合）时采用相同的决策原则，这就可以满足前一个假定，即每一个政党都同意这个预算。该模型还需要有一个拍卖者，假定这个拍卖者报出不同的税收份额和预算规模（支出），经过某一拍卖程序，就可得出一个均衡结果。该模型还假定每个人都是真实地报告了各自的偏好。

在图 5-6 中，横轴代表公共产品 G 的数量，纵轴 h 代表消费者 A 承担的提供公共产品总成本的份额。如果消费者 A 的税收份额为 h，消费者 B 的份额则为 $1-h$。为便于分析，我们把税收份额视为税收价格。横轴 G 代表所提供的公共产品数量或公共支出量。曲线 AA 和 BB 分别代表消费者 A 和消费者 B 对公共产品的需求。曲线 AA 的原点是 OA，BB 的原点是 OB。

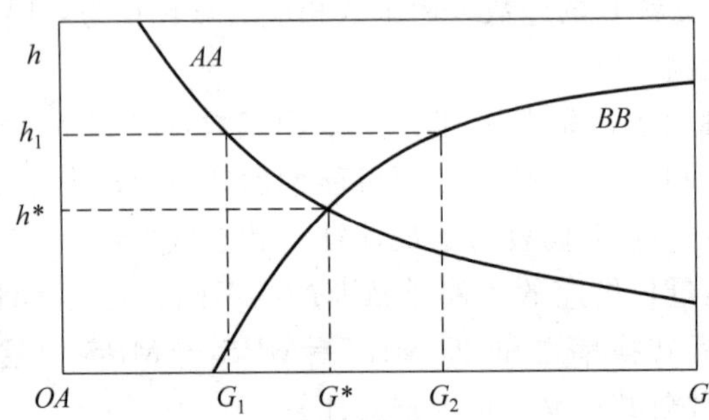

图 5-6 “维克塞尔-林达尔模型”下的帕累托最优结果

每个消费者所具有的对公共产品 $\boldsymbol{G}$ 和私人产品 X 的效用函数为

$$U_A = U_A(\boldsymbol{X}_A, \boldsymbol{G})$$
$$U_B = U_B(\boldsymbol{X}_B, \boldsymbol{G})$$

其中，$\boldsymbol{X}_A$ 和 $\boldsymbol{X}_B$ 分别为消费者 A 和消费者 B 所消费的私人产品向量，$\boldsymbol{G}$ 为消费者 A 和消费者 B 所消费的公共产品向量。消费者 A 和消费者 B 都力图在各自的预算约束下最大化自己的效用：

$$\boldsymbol{p}\boldsymbol{X}_A + h\boldsymbol{G} \leqslant Y_A$$
$$\boldsymbol{p}\boldsymbol{X}_B + (1-h)\boldsymbol{G} \leqslant Y_B$$

其中，Y_A 和 Y_B 分别为消费者 A 和消费者 B 的收入，$\boldsymbol{p}$ 是私人产品的价格向量。

现在改变 h 并保持其他变量不变，可得出消费者 A 的需求曲线；同理可得出消费者 B 的需求曲线。曲线 AA 和 BB 既定，接下来就可以建立起消费者 A 的均衡税收份额 h^* 和均衡产出水平 G^*。任选一个税收份额 h_1，消费者 A 愿意得到 G_1 水平的公共产品，消费者 B 愿意得到 G_2 水平的公共产品。这时，二者之间存在分歧。结果是权力更大的一方取胜，这是所有双边垄断状况下的正常结果。因此，最后结果是不确定的，它取决于双方的相对权力。要克服这种不确定性，维克塞尔和林达尔假定双方力量均衡，为此消费者

A 和消费者 B 提出了另一种税收份额，并通过重新比较确定 G 的产出。这种拍卖过程将持续下去，直到税收份额为 h^* 为止。在点 h^* 处，消费者 A 和消费者 B 一致同意公共产品的产出水平为 G^*，且消费者 A 支付税收份额 h^*，消费者 B 支付 $(1-h^*)$。h^* 和 G^* 的组合被称为林达尔均衡，相应的税收价格就是林达尔价格。

一致通过的这个结果是一种纳什均衡。它意味着任何个人或一组人，如果改变配置都将使处境变坏。因此，林达尔均衡实现时达到帕累托最优结果。

本章小结

公共产品理论	公共产品理论形成与发展	公共产品理论萌芽于亚当·斯密的《国富论》，经过奥意学派与瑞典学派的不断发展，渐成雏形。最后引入至英美财政学界，经过萨缪尔森与马斯格雷夫的进一步发展，最终促使公共产品选择理论开始出现在几乎所有的财政学著作中，促进了此后西方财政理论研究及财政学科的发展与繁荣
	公共产品的提供方式	① 成本分摊。 ② 强制性融资——解决“搭便车”问题。 ③ 灵活的融资方式
	公共产品供求局部均衡	公共产品供给的局部均衡模型表明：私人产品的市场需求曲线是个人需求横向相加的结果，而公共产品的社会需求曲线是个人需求曲线纵向相加的结果
	公共产品供求一般均衡	萨缪尔森给出的公共产品供给的一般均衡是：个人对公共产品消费的边际替代率之和等于公共产品生产的边际转换率。维克塞尔-林达尔均衡模型则研究了平等的个人(政党)之间共同分摊公共产品成本的问题

核心概念

公共产品　私人产品　非竞争性　非排他性　俱乐部产品　BOT 方式　强制性融资　公共产品供求局部均衡　公共产品供求“萨缪尔森模型”　公共产品供求“维克塞尔-林达尔模型”

思考题

1. 简述公共产品的概念与特征。
2. 财政投融资的资金来源有哪些？
3. 为什么说市场机制不适于提供纯公共产品？
4. 公共产品的社会需求曲线与个人需求曲线有什么联系，同私人产品的社会需求曲线与个人需求曲线的联系相比有何不同？为什么？

第六章 外部性与政府政策

在完全竞争市场中，当其他条件得到满足时，经济个体的理性决策足以带来长期的帕累托最优状态，这里的"其他条件"指的是市场所配置的稀缺性资源对于价格有足够的敏锐反应，而现实的情况则是，在外部性的影响下，某些稀缺性资源的配置过程中存在着市场失灵。此时，资源价格被扭曲，资源被过度地、低效或无效地利用，从而导致非帕累托最优状态，其中最为显著的例子就是环境资源的无效配置和破坏。然而政府部门在外部性问题上是可以有所作为的，如对负外部性征税，对正外部性补贴，对环境问题收取排污费和总量控制与交易制度建设。

创造美好环境是所有人的共同心愿，但是禁绝所有的污染是不可能的。对此需要考虑"外部性"对社会福利水平的影响。当企业从事有污染的生产活动影响到社会公众的福利，但却不必为此付费时，就产生负的"外部性"。这时，企业生产的社会成本大于企业成本，高出的部分称为外部成本，也就是由企业以外的其他社会公众承担的成本，如由于环境污染导致的健康支出、环境治理支出等。由于成本中不包含外部成本，供给曲线会向右移动，导致企业实际产量大于社会最适产量，从而对社会福利的损害超过了自己获取的增量利益。对此，经济学上的解决办法是通过制度设计将外部成本转由企业承担，即"外部成本内在化"。

第一节　外部效应的概念与分类

外部性问题是经济学中一个经久不衰的话题。外部性不仅是新古典经济学的重要范畴，也是新制度经济学的重点研究对象。外部性问题不仅不断引发经济理论的创新，而且在环境保护等诸多实践活动中得到广泛的应用。现实生活与生产过程中都会不可避免地产生不同类别的外部效应，或正或负，其产生不以人的意志为转移，反映到市场上就会使利益各方做出相应的调整，从而影响市场效率。

一、外部效应的概念

（一）外部性概念的演进

一般认为，外部性的概念是马歇尔首次提出的。马歇尔在 1890 年出版的《经济学原理》中，在分析个别厂商和行业经济运行时，首创了外部经济和内部经济这一对概念。马歇尔在论述作为生产要素之一的"工业组织"时指出，"我们可把因任何一种货物的生产规模之扩大而发生的经济分为两类：第一是有赖于这工业的一般发达的经济；第二是有赖于从事这工业的个别企业的资源、组织和效率的经济。我们可以称前者为外部经济，后者为内部经济"。他得出结论："第一，任何货物的总生产量之增加，一般会增大这样一个代表性企业的规模，因而就会增加它所有的内部经济；第二，总生产量的增加，常会增加它所获得的外部经济，因而使它能花费在比例上较以前为少的劳动和代价来制造货物。”实际上，马歇尔把企业内分工而带来的效率提高称作内部经济，而把企业间分工而导致的效率提高称作外部经济。马歇尔虽然没有提出内部不经济和外部不经济的概念，但从他对内部经济和外部经济的论述中，可以从逻辑上推出内部不经济和外部不经济的概念及其含义。

在西奇威克和马歇尔的开创性研究之后，作为马歇尔的得意门生、福利经济学创始人庇古提出了私人边际成本、社会边际成本、边际私人纯产值和边际社会纯产值等概念，并以此作为理论分析工具，基本形成了静态技术外部性的基本理论。庇古认为，由于边际私人纯产值和边际社会纯产值的差异，新古典经济学中认为完全依靠市场机制可以形成资源的最优配置从而实现帕累托最优是不可能的。在现实世界中，私人边际成本和私人边际收益并非任何时候都等于社会边际成本和社会边际收益。庇古用灯塔、交通、污染等例子来说明经济活动中经常存在的对第三者的经济影响，即外部性。因此，要依靠政府征税或补贴来解决经济活动中广泛存在的外部性问题。在庇古那里，“庇古税”成为政府干预经济、消除经济活动中外部性的有力措施。

当生产或消费对其他人产生附带的成本或效益时，外部经济效果便产生了，也就是说，成本或收益附加于他人身上，而产生这种影响的人并没有因此而付出代价或报酬，更为确切地说，外部经济效果是一个经济主体的行为对另一个经济主体的福利所产生的效果，而这种效果并没有从货币或市场交易中反映出来。简单地说，外部效应指在实际经济活动中，生产者或者消费者的活动对其他生产者或消费者带来的非市场性影响。这种影响可能是有益的，也可能是有害的，有益的影响被称为外部效益、外部经济性或正外部性；有害的影响被称为外部成本、外部不经济性或负的外部性。通常指厂商或个人在正常交易以外为其他厂商或个人提供的便利或施加的成本。外部效应产生的本质原因是个人成本与社会成本的差异以及个人收益与社会收益之间的差异所导致的个体从自身利益出发做出行为决策不满足社会最优化结果。因此，外部效应成为资源配置无效率的一个重要原因。

（二）外部性概念的定义

外部性概念的定义问题至今仍然是一个难题，经济学家总是企图明确界定这一定义。但不同的经济学家对外部性给出了不同的定义，归结起来不外乎两类：一类是从外部性的产生主体角度来定义，另一类是从外部性的接受主体角度来定义。前者如萨缪尔森和诺德豪斯的定义：“外部性是指那些生产或消费对其他团体强征了不可补偿的成本或给予了无须补偿的收益的情形。”后者如兰德尔的定义：外部性是用来表示“当一个行动的某些效益或成本不在决策者的考虑范围内的时候所产生的一些低效率现象。也就是某些效益被给予，或某些成本被强加给没有参加这一决策的人”。

用数学语言来表述，所谓外部效应就是某经济主体的福利函数的自变量中包含了他人的行为，而该经济主体又没有向他人提供报酬或索取补偿。即

$$F_j = F_j(X_{1j}, X_{2j}, \cdots, X_{nj}, X_{mk}) \quad j \neq k$$

这里，j 和 k 是指不同的个人或厂商，F_j 表示 j 的福利函数，X_i，$i=1,2,\cdots,n,m$ 是指经济活动。这函数表明，只要某个经济主体 j 的福利受到它自己所控制的经济活动 X_i 的影响外，同时也受到另一个人 k 所控制的某一经济活动 X_m 的影响，就存在外部效应。

外部性扭曲了市场主体成本与收益的关系，会导致市场无效率甚至失灵，而负外部性如果不能够得到遏制，经济发展所赖以存在的环境将持续恶化，最终将使经济失去发展的条件。

二、外部效应的分类

无论在自然科学还是在社会科学中，分类都是促使问题研究引向深入的基础。根据外部性表现形式的不同，外部性可以从下列六个不同的角度进行分类。

（一）外部性的影响效果：外部经济与外部不经济

绝大多数经济学教科书都讲到，外部性可以分为外部经济或称正外部经济效应、正外部性和外部不经济或称负外部经济效应、负外部性。外部经济就是一些人的生产或消费使另一些人获益而又无法向后者收费的现象；外部不经济就是一些人的生产或消费使另一些人受损而前者无法补偿后者的现象。例如，私人花园的美景给过路人带来美的享受，但他不必付费，这样，私人花园的主人就给过路人产生了外部经济效应。又如，隔壁邻居音响的音量开得太大影响了我的休眠，这时，隔壁邻居给我带来了外部不经济效应。

（二）外部性的产生领域：生产的外部性与消费的外部性

生产的外部性就是由生产活动所导致的外部性；消费的外部性就是由消费行为所带来的外部性。以往经济理论重视的是生产领域的外部性问题。20 世纪 70 年代以后，关于外部性理论的研究范围扩展至消费领域。从外部经济与外部不经济、生产的外部性与消费的外部性两种分类出发，可以把外部性进一步细分成生产的外部经济性、消费的外部经济性、生产的外部不经济性和消费的外部不经济性。进一步进行细分，外部效应又可以分成八种类型：生产者对生产者的外部经济，水果园园主与养蜂场场主的关系；生产者对消费者的外部经济，花园式厂房对周围居民区居民的影响；消费者对生产者的外部经济，居住环境的改善大大增加生产性投资；消费者对消费者的外部经济，私人花园对过路人的影响；生产者对生产者的外部不经济，上游的化工厂对下游渔场的污染；生产者对消费者的外部不经济，建筑施工对夜间休息的居民的影响；消费者对生产者的外部不经济，空调的噪声对隔壁牙医的看病带来的影响；消费者对消费者的外部不经济，隔壁邻居放声高歌影响自己的休息。

1. 生产的正外部性

企业或个人的生产活动给社会其他成员带来积极的影响，其自身的边际收益曲线低于社会边际收益曲线。例如我国长期实施优先发展工业的倾斜政策，农民在生活物资分配、家庭收入和社会福利等方面遭受一系列不平等的待遇，这是农业正外部性的典型表现。首先，农业作为一个特殊的行业，其发展在整个国民经济发展中起着基础和决定性的作用；其次，农业是生物与生物之间、农业与自然和社会经济环境之间的生产系统，农业生产是自然再生产与经济再生产交织在一起的生产过程；再次，农业的景观功能是一种公共物品，而农业则在对这类公共物品提供的过程中扮演了重要的角色，如草原、林地、森林、绿洲、湖泊、耕地等景观的无偿提供就是农业外部经济的典型表现；最后，农业具有生态环境价值，主要指对水资源的涵养和土壤的保护、蓄水防洪、净化水质和空气质量、防止噪声和臭味、植物和土壤有效固碳、有利于地域能源和资源的有效循环利用、保护生物多样性等。

2. 生产的负外部性

企业或个人的生产活动给社会其他成员带来消极的影响，其自身的边际成本曲线低于社会边际成本曲线。例如造纸、水泥和钢铁等行业的生产过多地消耗能源、严重破坏环境、危害周边居民的健康等。企业按照自身的边际成本等于边际收益生产产品，而不考虑其对社会其他成员造成的伤害，如果没有其他措施使这种危害内部化，负外部性会更加明显。

3. 消费的正外部性

企业或个人的消费活动给社会其他成员带来积极的影响，其自身的边际收益曲线低于社会边际收益曲线。如某个居民在其花园种植花草树木，种植的花费都由其自身承担，无须且无法由其他人共同支付，但是其他居民也能享受到花香和新鲜的空气。这种福利便是消费的正外部性溢出。

4. 消费的负外部性

企业或个人的消费活动给社会其他成员带来消极的影响，其自身的边际成本曲线低于社会边际成本曲线。如在公共场所吸烟，不仅危害吸烟者本人的健康，而且通过被动吸烟也影响到其他无辜者；驾驶尾气排放超标的机动车上街行驶，污染空气，危害行人及附近居民的健康；消费、使用或处置产品时损坏环境、耗费过多的资源；废旧电池的随意丢弃，不仅浪费资源，也极易造成重金属污染；白色污染、垃圾围城，都与消费不当有关；消费包装过度、产品标准过高或使用寿命过短的产品而造成资源的浪费。

（三）外部性产生的时空：代内外部性与代际外部性

讨论生产和消费的外部效应极其控制应当涉及这样一个事实——经济行为的发生和产生的影响在时间上是连续的。所以进行某一时期静态分析或完全抽掉时间概念的非代际分析是不够的，要引入经济活动外部效应的动态分析和代际之间的影响分析，不但要看现在生产和消费对当前的外部效应，而且要扩展到对将来的外部影响、对未来社会后代人的影响。外部效应的控制问题也必须相应地综合考虑，这样可持续发展层面上的外部效应及其控制就是一个不能回避的理论问题。外部效应的代际影响和可持续发展联系在一起。很显然当前的生产和消费不可避免地会对后代人产生资源利用、生态环境变化的外部影响。无论是私人产品还是公共产品，影响都是客观存在的。代际外部效应分为代内外部效应和代际外部效应，通常的外部性是一种空间概念，主要是从即期考虑资源是否合理配置，即代内的外部性问题；而代际外部效应问题主要是解决人类代际之间行为的相互影响，尤其是要消除前代对后代的不利影响。可以把这种外部性称为“当前向未来延伸的外部性”。这种分类源于可持续发展理念，代际外部性同样可以分为代际正外部性和代际负外部性。

现在的外部性问题已经不再局限于同一地区的企业与企业之间、企业与居民之间的纠纷，而是扩展到区际之间、国际之间的大问题了，即代内外部性的空间范围在扩大。同时，代际外部性问题日益突出，生态破坏、环境污染、资源枯竭、淡水短缺等，已经危及我们子孙后代的生存。

（四）产生外部性的前提条件：竞争条件下的外部性与垄断条件下的外部性

鲍莫尔不仅对竞争条件下的外部性作了分析，还对垄断条件下的外部性作了考察，他认为竞争条件下的外部经济问题与垄断条件下的外部经济问题是不一样的。他举例："当一个厂商扩大规模将会提高工业中一切厂商的运输效率时，这种扩大如果由一个厂商单独去做可能没有利益，但如果该工业为一个人所独占，就会获得利益。"这就是说，竞争性部门中一个厂商的外部经济或外部不经济，不一定就是垄断者的外部经济或外部不经济。米德在《竞争状态下的外部经济与不经济》一文中全面分析了在竞争条件下生产上的外部经济和外部不经济。绝大多数的外部性理论都是在完全竞争的假设下进行阐述的，因此，鲍莫尔对竞争条件下和垄断条件下的外部性问题作了系统分析，十年后米德仍然就竞争条件下的外部性问题进行深入的分析。

（五）外部性的稳定性：稳定的外部性与不稳定的外部性

关于外部性理论的文献绝大多数介绍的是稳定的外部性。所谓稳定的外部性是指可以掌握的外部性，人们可以通过各种协调方式，使这种外部性内部化。1978年，格林伍德与英吉纳发表了《不稳定的外部影响、责任规则与资源配置》一文，分析了不稳定的外部性。他们的分析方法是这样的：假定一个厂商对另一个厂商的影响是任意的，那么，在这种情况下，厂商就会遇到风险，厂商在考虑最大化问题时，就要把外部性的分担和对自己的风险态度都估计在内。于是，究竟采取协商方式来解决还是采取合并方式来解决，取决于厂商对于风险的预期。

不稳定的外部性的另一种情况是科技成果的不确定性。科学技术的不确定性及其副作用的暴露需要一个潜伏期，往往会导致严重的生态环境问题。也就是说，人类很有可能被科学技术所带来的巨大威力所蒙骗。例如，高效杀虫剂的发明与使用，1935年米勒发现了它的广谱高效杀虫能力，对农业虫害和居家杀虫能够发挥神奇的作用，1942年开始大量生产并实用化。因此，1948年的诺贝尔生理学和医学奖颁给了米勒。这时，它所带来的是极大的正外部性。但是，DDT（滴滴涕）是一种极难降解的有毒化合物，长期使用会在环境及生物体内积累，造成环境污染。研究表明，长期使用的地方，其农产品、水生动物、家畜、家禽体内都有残留，进入人体后会积累在肝脏及脂肪组织内，产生慢性中毒。这时，它所带来的却是巨大的外部不经济效应。正因为如此，各国都已经禁止这种农药的使用。

（六）外部性的方向性：单向的外部性与交互的外部性

在OECD（经济合作与发展组织）编写的《环境管理中的经济手段》一书中提出了这一分类。单向的外部性是指一方对另一方所带来的外部经济或外部不经济。例如化工厂从上游排放废水导致下游渔场鱼产量的减少，而下游的渔场既没有给上游的化工厂产生外部经济效果，也没有产生外部不经济效果，这时就称化工厂给渔场带来单向的外部性。大量外部性属于单向外部性。交互的外部性是指所有当事人都有权利接近某一资源并可以给彼此施加成本。交互的外部性通常发生在公有财产权下的资源上。例如，所有国家都对生态环境造成了损害，彼此之间都有外部不经济效应。这就属于交互的外部性。交互的外部性的一个特例就是双向外部性。双向外部性是指两个经济主体彼此都存在外部性，主要的形式有三种：一是甲方和乙方相互之间的外部经济；二是甲方和乙方相互之间的外部不经济；三是甲方对乙方有外部经济效应，而乙方对甲方有外部不经济效应，或者反之。例如，养蜂人与荔枝园园主之间的关系，蜜蜂要酿蜜，离不开花粉，也就是说荔枝园园主对养蜂人具有外部经济效果；相反，荔枝花开后要结果，离不开蜜蜂传授花粉，这时，养蜂人对荔枝园园主具有外部经济效果。当然，养蜂人与荔枝园园主之间给对方所带来的外部经济效果的大小不一定是相等的。如果两者正好相等，就说明外部经济效果相互抵消；如果两者不相等，说明有的经济主体从中占了便宜，有的经济主体从中吃了亏。

从外部性理论研究趋势来看，外部性理论逐渐与现代经济学的其他理论相结合并不断向其他学科渗透。现代经济学中的公共选择理论、博弈理论、委托—代理理论、边际分析、均衡分析、制度分析等理论和方法都在以外部性研究为基础与核心的环境经济学科的研究与发展中得到了广泛应用。20 世纪 90 年代以来，对外部性理论及环境经济学交叉性及跨学科研究的特征也越加明显，它与福利经济学、制度经济学、生态经济学、资源经济学、人口经济学、发展经济学等学科的相关性越来越强。例如，对生态税的研究就是将外部性理论研究和属于国家宏观经济调控范围的税收与税制政策设计结合在一起，探讨税收在资源与环境保护中的作用。

第二节　外部效应和资源配置效率

在没有外部效应的情况下，私人的边际收益和边际成本与社会的边际收益和边际成本相等，企业和个人根据边际收益等于边际成本进行生产消费活动，资源配置是有效率的。当存在外部效应时，个人与社会的成本和效益发生偏离，企业和个人在私人边际成本与边际效益相等的点进行经济活动，从而使整个社会的资源配置无效率。

一、负外部性和资源配置

只要存在外部效应，这种经济活动必然扭曲资源配置。某种产品的外部化与收益外部化相反，生产者忽视产品的外部成本将会造成产品的实际供给量或消费量大于帕累托最优数量，这会导致社会经济资源配置效率的损失。外部负效应最典型的例子就是公共环境和资源的污染与损害。人类经济活动本身就是以不断污染环境和消耗环境为代价的。随着人口增长，经济活动规模日益扩大，污染的规模超过了大自然的承受能力，环境问题就成了人类日益关注的问题。公共的生活环境和资源谁都可以利用，谁都可以损害而无须赔偿，正是这种外部负效应加剧了公共环境和资源的恶化趋势。对私人企业而言，有害的废水、废气在没有限制的条件下是不会处理就排放的，因为处理这些废水、废气要花费私人成本。而私人企业这样做实质上是把本该由私人承担的治污成本推给了社会。因为环境污染的日益严重会影响公众的生活质量，公众就会要求政府治理污染。政府治理污染的费用成为社会成本，这笔治污费用最终还是由纳税人即公众自己出。这显然有失公平，同时这也会对社会经济资源配置效率产生影响，会导致资源配置效率的无谓的损失。

根据定义我们知道，生产行为的外部不经济是指个体所得到的收益大于社会所得到的收益，或者个体付出的成本小于社会付出的成本。对生产厂商来说，当厂商个体边际成本等于个体边际收益时，就实现了生产者均衡，即厂商的利润实现了最大化。对社会来说，当社会边际成本等于社会边际收益时，就实现了社会均衡，即该产品的供给相对于需求达到了最佳点，有限的资源得到了最充分的利用，实现了社会福利的最大化。如果个体边际成本等于社会边际成本，或者个体边际收益等于社会边际收益，那么厂商与社会同时达到均衡，厂商利润最大化也就是社会福利的最大化。不过，在个体生产行为存在外部不经济的情况下，厂商个体边际成本小于社会边际成本，或者厂商个体边际收益大于社会边际收益，这时个体生产的最优量就会大于社会最优量，该产品的供给就存在着过度的现象。

如图6-1所示，横轴表示生产或消费的产品数量，纵轴表示价格或成本。假定厂商承诺会按某种协议消除其产生的外部效应，其总体成本函数为 $c(x)$，否则总成本为 $b(x)$[显然 $b(x)<c(x)$]，收益函数为 $p(x)$，这时当 $c'(x)=p'(x)$ 时，该厂就实现了厂商均衡。假定社会成本函数为 $c_1(x)$，社会收益函数为 $p(x)$，当 $c_1'(x)=p'(x)$ 时，社会也实现了福利最大化。如果该厂商能够如实消除该企业的外部不经济，这意味着在实现厂商均衡时，$c'(x)=p'(x)=c_1'(x)$，也就是厂商的边际收益等于社会边际收益，其边际成本等于社会边际成本，即不存在外部效应。如果该厂商不信守承诺，对其生产过程产生的外部效应置之不理，那么其总体成本就是 $b(x)$，这时实现厂商均衡的条件就是 $b'(x)=p'(x)$，社会福利最大化的条件依然是 $c_1'(x)=p'(x)$。这时要使 $b'(x)=p'(x)=c_1'(x)$，才能同时实现厂商均衡和社会福利最大化。由于 $b'(x)<c'(x)$，其最优总产量就会高于社会最优总产量。这说明，在存在外部不经济的情况下，厂商倾向于过度生产。如图6-1所示，当厂商不需为其负外部性承担费用时，总产量由最优产量 Q^* 提高至 Q，说明过多的资源被用于此产品生产，造成资源浪费。从微观经济学中，我们知道对边际成本积分得到总成本，对边际收益积分得到总收益，因此从图中可以看出，由于产量的增加，总收益增加的部分可以由 $adfe$ 组成的面积表示，总成本增加的部分可以由 $abfe$ 组成的面积表示，因此整个社会净损失为三角形 abd 的部分。

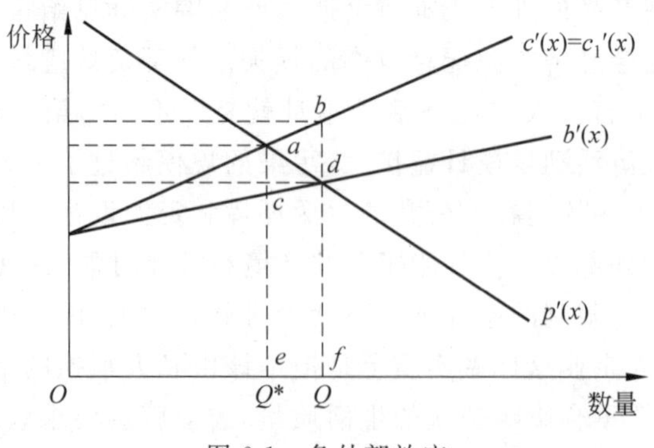

图6-1　负外部效应

二、正外部性和资源配置

某种产品收益的外部化将导致这种产品私人收益小于社会收益。私人企业的供给不足，从而导致社会经济资源配置效率的损失。外部正效应最典型的例子是技术发明。技术发明和公共品一样，是一种不可分割的资源。即技术一旦发明，人人都可以享用和受益，而不需支付该发明的成本。因为技术发明的成本很昂贵，但复制却很低廉，在这种情况下，如果不采取一些保护措施保护发明人的权益并使其成本得到补偿，就会损害技术创新的积极性和效率。目前，各国都极为重视的知识产权的保护就是为了避免这种外部正效应所导致的社会经济资源配置效率的损害。

同样，可以证明生产行为的外部经济会造成某些产品的供给不足，消费行为的外部不经济会造成某些产品的消费过度，消费行为的外部经济会造成某些产品的消费不足。供给过度、供给不足、消费过度以及消费不足都意味着稀缺资源的浪费，在资源稀缺的条件下，资源浪费意味着社会福利的损失，意味着资源配置的低效率。如图 6-2 所示，横轴表示生产或消费的产品数量，纵轴表示产品价格或成本，MC 表示边际成本（对于消费者来说，因为购买商品的价格是不变的，所以 MC 是一条直线），MSR 表示社会边际收益，MPR 表示私人边际收益。由于生产或消费此产品有溢出效应，每一单位产品的私人收益小于社会收益，表现在图中即社会边际收益（MSR）大于私人边际收益（MPR），帕累托最优点在 Q^*，而由于生产是按照私人边际收益等于私人边际成本进行的，产量是 Q，由于 $Q<Q^*$，因此社会净效益损失为三角形 abc 的面积。

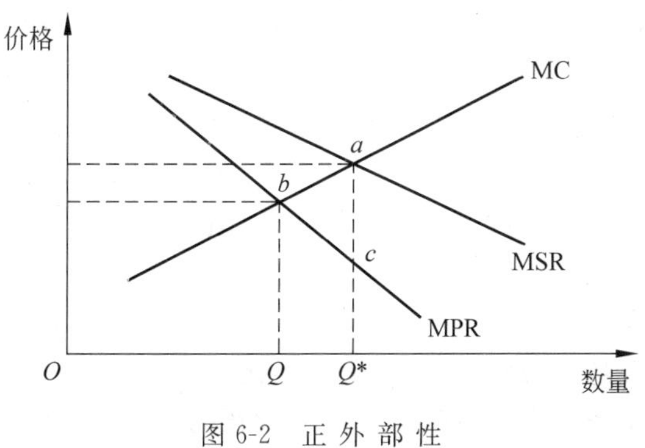

图 6-2　正 外 部 性

第三节　外部性的纠正

完全竞争市场上，如果存在外部性问题，资源配置难以达到最优化。为了实现资源配置效率，就需要采取相应的对策，从而降低甚至消除外部效应所带来的资源配置效率的损失。为了纠正外部性带来的效益损失，经济学家主要有两种意见：一种主张政府干预，认为在存在外部效应的场合，市场机制不再具有优势，这时政府就应该发挥自身的优势，积极干预，减少甚至消除效率损失，实现资源配置效率；另一种认为，在存在外部效应的场合，市场机制的确会导致效率损失，但政府并不具有弥补效率损失的优势，在很多情况下反而会加大效率损失。因此，即使在存在外部效应的场合，政府也不应该干预。因为只要创造市场交易所需要的条件，如界定财产权，市场机制同样能够解决外部效应问题，从而减少甚至消除效率损失。

一、市场手段解决外部性问题

（一）一体化

市场上存在外部效应时，初始的交易双方表现为一方受益另一方受害，一体化的做法是通过扩大实体规模，假如能够组织一个足够大的经济实体将外部成本或收益内部化，那么就能纠正外部性带来的效益损失。例如，竞争强度高的市场上的厂商，它们所生产的商品差异性小，消费者难以从品质上区分品牌的差异，那么任何一家厂商的广告活动只能提高整个行业的销售额，厂商会权衡投入产出比，相应地降低广告费用或者取消一切广告活动。其中第二种情况发生在广告的边际收益小于广告的边际成本时。如果一个企业能够合并其他企业，收益外溢现象就不会发生，外部收益实现内部化，企业将能够按照边际收益等于边际成本的点进行生产决策。

（二）科斯定理

科斯定理的解释有三：①从效率的角度看，只要法定的权利可以自由交换，这些权利的初始配置便无关紧要；②从效率的角度看，只要交换的交易成本为零，法定权利的初始配置便无关紧要；③从效率的角度看，只要法定权利能在完全竞争市场上交换，法定权利的初始配置便无关紧要。这三个解释对制度制定者的要求分别为：消除法定权利自由交换障碍，降低法定权利的交换费用和创建一个近似完全竞争市场的环境。后来库特在《法律与经济学》一书中得出的实证科斯定理是：当双方能以合作博弈的方式进行谈判并解决争端时，不管产权制度如何，他们的行为总是有效的。

科斯认为，外部效应引起的无效率，其根本原因是缺乏产权。产权界定清晰的情况下，人们就会通过彼此之间的讨价还价对外部性做出反应。科斯定理认为，在交易费用为零和对产权充分界定并加以实施的条件下，外部性因素不会引起资源的不当配置。因为在此场合，当事人（外部性因素的生产者和消费者）将受一种市场力的驱使去就互惠互利的交易进行谈判。也就是说，是外部性因素内部化。

上述结论是在交易费用为零下的科斯定理，约瑟夫·菲尔德将科斯定理分为三部分：第一部分，在交易费用为零的情况，权利的初始配置并不重要，有效率的结果都会出现；第二部分，在有交易费用的情况下，权利的初始配置不再无关紧要，有效率的结果可能无法实现，能实现较大社会福利的初始权利配置是最优的；第三部分，有交易费用时，通过明确分配权力所实现的福利改善有可能优于通过交易实现的福利改善。

二、政府干预解决外部性问题

由于负外部性的存在，造成了环境资源配置上的低效率与不公平的本质，这促使人们去设计一种制度规则来校正这种外部性，使外部效应内部化。而且在某些情况下，由于交易成本高于解决方案所能带来的经济收益，因此，市场手段解决外部性问题不能发生作用，即使产权界定清晰，工厂也无法与所有当事人商议补偿的办法，其中的沟通成本远远高于自身处理成本，因此市场机制失效已经无法通过产权法解决，这时需要政府采取财政政策进行干预。

1. 税收

存在外部性问题的情况下，厂商的投入价格没有正确地反映出社会成本，以至于生产出多于或少于社会最佳产量；消费者因购买商品获得的效益也没有正常地反映其购买成本，以至于消费者过多或过少地消费。使用税收的方法可迫使厂商实现外部性的内部化，当一个厂商施加一种外部社会成本时，应该对它施加一项税收，该税收等于厂商生产每一连续单位的产出所造成的损害，即税收应恰好等于边际损害成本。值得说明的是，这里所讲的“税收”概念是一个学术概念，实际应用时既可以是税收，也可以是收费，如环境资源税、环境污染税、排污收费等。例如，一个大型工厂对整个城市的空气构成威胁，城市居民的效用因为遭受污染而损失。

如图 6-3 所示，横轴表示生产或消费的产品数量，纵轴表示产品价格或成本，MSC 表示社会边际成本，MPC 表示私人边际成本，MR 表示边际收益。对每一单位产量收取税收 T，那么私人边际成本向上平移 T 个单位，正好使其与社会边际产量线和边际收益曲线三者相交于一点，能够得到最优产量 Q^* 的 a 点，这样虽然不能使私人边际成本始终等于社会边际成本，但是同样可以达到最优产量 Q^*，资源配置达到最优化。政府得到的税收收入为 $abdc$ 的面积。政府可以使用这些收入补偿因生产产品而遭受损失的个人，从而平衡收入分配，治理好外部效应。

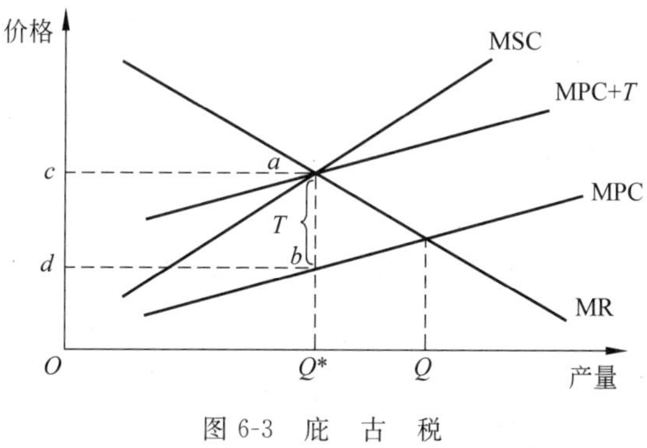

图 6-3　庇　古　税

以上讨论的是向企业征税，实际上向消费者征收消费税，其结果是一样的。因此，政府可以选择三种方案解决污染产品的过度生产或者过度消费的问题。一是只向生产者征收污染税，二是只向消费者征收消费税，三是两者并用。一般来说，由于污染企业个数比较少，较为集中，而消费者不仅个数多，而且相对分散，因此向企业征收污染税的征税成本比征收消费税要高。所以，向企业征收污染税比向消费者征收消费税要经济。

政府征税的办法在理论上是非常完美的，但是在实践上却有很大的问题。征收污染税也受到一些条件的约束，主要障碍是技术水平，要征税，必须计算出准确的税率；税率的计算又取决于边际污染损害成本的计量。而污染损害成本的计算虽有生产率法、机会成本法、恢复和防护费用法、工资损失法、调查评价法等可以估算，但是计算的难度是很大的。况且，某些污染损害后果并不是短期内可以察觉到的。正因为边际污染损害成本是难以计量的，所以庇古税受到许多经济学家的责难，在应用中也受到很大限制。因为政府很难确定厂商造成的边际损害，也就很难设定适当的税费。因此，政府实际上很难通过征税的办法来解决外部效应的效率损失问题。当然，说很难完全实现配置效率，并不意味着不能弥补效率损失。实际上，只要政府所确定的税率没有超过边际污染成本，征收污染税的做法依然可以使完全竞争的企业的产量逼近社会最优产量，从而部分地改善市场效率。因此，在缺乏其他可靠办法的情况下，政府对污染的工厂征税，虽然很难说是一种彻底解决污染问题的办法，却依然是可选择的政策之一。而且，从实际操作上来看，它确实优于其他办法，欧洲发达国家，如法国、德国、意大利等都开始对污染征税。

2. 补贴

庇古认识到，在存在正外部性的情况下，边际社会收益和边际私人收益之间会存在一个差额，即边际外在收益。这时若要达到社会福利最大化，边际条件就不是私人的边际成本等于边际收益，而是社会边际成本等于社会边际收益。外部效应也应当被考虑进去。税收政策针对的问题是外部不经济，而补贴政策则可解决外部不经济和外部经济两种情况。

第一种情况是通过向产生负外部效应的企业支付一笔钱以弥补因不得不放弃多于 Q^* 部分产量的利润，其作用结果与税收别无二致，因为在这种情况下，企业在生产多于 Q^* 的产量时，边际成本可以理解为边际私人成本加补贴损失。这种补贴存在除了像庇古税那些问题以外，还会带来新的问题，因为政府的补贴带给企业高利润，那么在进入壁垒不是很高的情况下，其他行业纷纷涌入争夺利润，引起更大的外部不经济。

第二种情况是向产生正外部效应的企业支付一笔钱，使私人边际效益等于社会边际效益，从而提高产量。具体分析如图6-4所示：横轴表示产品数量，纵轴表示价格或成本，SUB为政府补贴，私人边际成本由此变成MPR＋SUB曲线，与MSR和MC相交于最优产量 b 点。补贴政策使得边际私人成本等于边际社会成本，边际私人收益等于边际社会收益，此时，社会福利也实现了最大化，即在 b 点实现了帕累托最优。补贴率确定后，政府应该支付的补贴数可以用矩形 $abdc$ 表示。

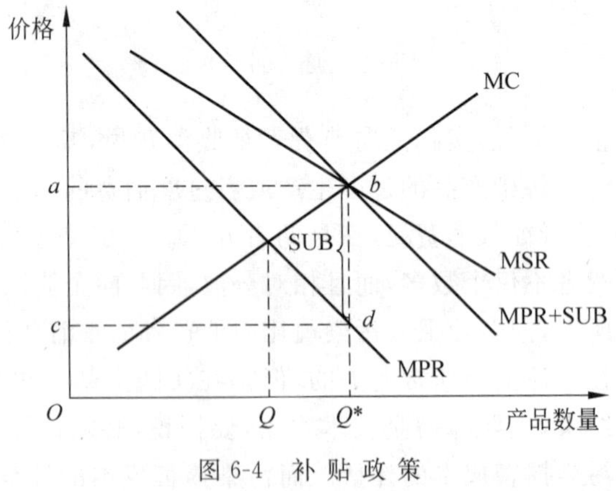

图6-4 补贴政策

这种补贴同样存在经济上的问题。因为补贴的费用大体上来自财政支出，承担财政支出的是所有公民，但是享受补贴好处的仅仅是小部分受益者，这种降低全民福利提高少部分人福利的做法存在公平性问题。

另外在现实中还存在一些与假设条件相悖的情况，使得补贴政策的可行性大大降低。政府补贴隐含了以下两个假设：首先，正外部性效应的制造者可以约束或者修改自己的行为，生产者还有改进生产的能力；其次，庇古津贴对于正外部效应的制造者能够形成有效的激励，并且能够降低成本从而提供更多的供给。换言之，生产者对于价格补贴有反应，只要正外部性创造的价格下降或者上升，它就会增进或者约束自己的经济活动。

下面举例说明问题。

案例1：一个大型商场的兴建使周围的门面出租户得到利益，也使租用这些门面的各个行业的小业主得到利益。

案例2：一个房主重新油漆他的住房并种植一个惹人喜爱的花园，从而使所有的邻居都因这一活动而受益。

案例1中的两条都不能够成立。首先，正外部性制造者（商场）生产能力是一定的。当正外部性效益随着产品的生产而生产出来的时候。该经济活动主体的生产能力和产出已经固定，生产者所关注的是它本身的经济活动，并且只受到它的本行业产品生产成本曲线的约束，而与从正外部性的收益是否得到补偿没有任何关系。其次，补贴对于商场增加正外部性的供给没有激励作用。即使商场的经营者从周边的业主手中得到补偿，他也不可能再重新建一座商场，从而提供更多的正外部性。

平狄克在论及案例2时写道，“所有的邻居都因这一活动而受益，而房主重新油漆和美化的决定可能并不会把这些收益都考虑在内”。一旦正外部效应的生产产出是固定的，而且不受到外部补偿的刺激，微观经济学中的正外部性曲线就发生了以下几个变化：横轴所表示的供给将会固定在某一点上成为一条线段，而不是一条射线。而价格也将随之固定下来，没有创造正外部性的价格激励，这时实际上正效应的制造者已经从正外部性分析的曲线当中消失了。因此，微观经济学边际收益—成本均线分析当且仅当正外部性可以影响正外部性制造者的行为并成为其行动决定中的约束条件时才适用，由此而导致的价格补贴也只有在这种情况下才能够使供给曲线移动。

3. 许可证制度

前面所述两种干预方式属于“软约束”，政府并不直接规定企业生产的产量，而是通过价格的手段间接控制产品的生产，对厂商的约束作用较小，而许可证制度属于“硬约束”。硬约束一般是指有关行政当局根据相关的法律、规章条例和标准等，直接规定活动者产生外部不经济性的允许数量及其方式。即运用行政和法律手段，直接作用于政策对象，强制其执行环境标准的方法。例如针对环境污染，它可以分为直接管制和间接管制两种，直接管制是直接对污染物排放进行规定；而间接管制一般是通过对生产投入或消费的前端过程中，可能产生的污染物数量进行规定，达到控制污染排放的目的。管制的前提是必须有一些污染控制法律，如环境保护法和具体领域的污染控制法，然后根据这些法律对每一个厂商和消费者确定污染物排放种类、数量、方式以及产品和生产工艺相关污染指标。当然，在管制的要求下，有关生产者和消费者遵守这些法律和污染物排放规定是义务性或强制性的，而且经常出现对违章行为的法律和经济制裁。管理者认为管制手段的环境效果具有较大的确定性，而且它是一项严肃的政策；企业认为它们可以通过谈判对管制施加影响，并通过拖延谈判来延长实施管制的时间。

许可证制度是指对环境有影响的开发、建设、排污活动以及各种设施的建立和经营，均需由经营者向主管机关申请，经批准领取许可证后方能进行的制度。这是国家为加强环境管理而采用的一种行政管理制度。这种行政手段也能在经济上发挥功效。政府宣布它将出售许可证，允许企业向环境排放 S^* 的污染物（与 Q^* 相对应），政府向社会拍卖许可证，出价最高者将获得排污权利。这样收费额度正好使市场出清，企业支付的价格衡量的是生产者可以污染的价值。最后，我们还是以负外部性的基本图为例说明。如图6-5所示，纵轴表示单位商品价格，横轴表示行业总产量，MSC、MPC、MR意义与前相同。没有任何限制的情况下，行业总产量为 Q。在许可证拍卖的情况下，将会发生以下情况：当拍卖的价格定为 BE 所代表的价格时，行业的总产量由 Q 降至 Q_1，但是许可证制度下只允许 Q^* 产量的生产，因此，必须有一些厂商惨遭淘汰，其途径就是部分厂商提高竞拍价格，以此反复，最后达到的结果是许可证价格被竞拍到 AD 价格时，市场出清，产量达到 Q^* 水平。可以发现，其作用结果与税收政策效果一致。从实践来看，许可证制度优于征税方法，因为许可证制度降低了最终污染水平的不确定性。如果缺乏信息使得政策制定者随意选择污染标准，那么采用污染许可证制度就更容易达到目的。

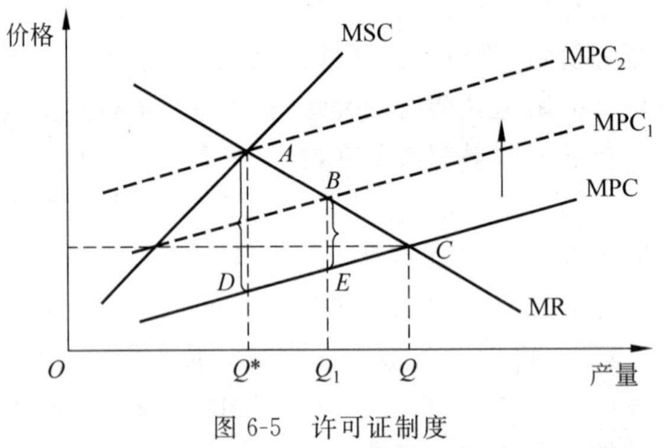

图6-5 许可证制度

排污许可证制度作为污染控制法的“支柱”，已经被许多国家广泛采用，如美国、日本、法国、瑞典、加拿大等国都已对排放水、大气、噪声污染的行为实行了许可证管理制度。我国台湾地区、香港地区也都实行了排污许可证制度。可交易排污许可证是目前备受世界各国关注的经济手段之一。与排污收费措施相比，存在诸多方面的明显区别（见表6-1）。

表6-1 排污收费与排污权交易的差别

	排污收费	排污权交易
设计原理	由既定的价格决定排污总量	由既定的排污总量决定排污权的价格
价格的制定	由政府制定	由市场竞争决定
排污权利的表现形式	缴费	取得排污许可证

续表

	排污收费	排污权交易
能否交易	不能	治污成本比排污权价格低的企业可以将自己富余的排污权在市场上出售以获得利润。如果市场是完全竞争的，可能还会出现以买卖排污权来牟利的经纪人，甚至出现排污权股票和期货市场。这样就更能反映出污染的外部成本
对企业改进治污技术的激励	排污收费对企业来说是一种负担，企业将以现行技术无法达到或企业不具备经济实力而推诿治理责任	排污权的可交易性使企业治理污染变得有利可图，企业治理污染的积极性将大大提高
对工业布局的影响	很小	总量有限的排污权以某种形式初始分配给企业之后，新加入的企业只能从市场上购买必需的排污权。只要新企业的污染水平足够低，而经济效益足够好，那么购买排污权后进入市场还是有利可图的。这势必带动污染小、收益高的新兴产业的发展
政策实施的成本	为了达到既定的总量控制目标需要持续地调整收费标准，收集相关的信息需要很高的成本	为了达到环境控制目标政府可以持续地削减总量，政府有很大的自主权，所需的相关信息收集活动较少
政府和企业所处的地位	政府只能被动地对污染者采取惩戒措施，而选择治理污染还是选择交费将是企业自己的事情	政府可以通过排污权的买进和卖出，对环境状况出现的问题做出及时的反应，企业和政府都有很大的自主权
对环保部门的约束	企业治理污染的程度直接关系到环保部门的"收入"。这就不能排除某些环保部门一面纵容污染者污染环境而一面收取排污费的可能性	企业治理污染直接与自身利益密切相关，环保部门却不能从中获益，有利于遏制某些环保部门的利己行为
民众的权利	收费活动由政府执行，民众基本上没有发言权	环境保护组织或个人希望改善环境状况，可以进入市场购买排污权，然后将其控制在自己手中，不再卖出。有利于公民表达自己的意愿，扩大环保的群众基础

4. 直接数量规制

政府规制最直接的措施是对总产量进行控制，是另一种"硬约束"。显然，如果政府能够准确估计最优产量 Q^*，那么政府就可以对每一家企业制定出产量限额，一旦企业的污染排放量超过这一限额，政府就可以对其实施严厉的惩罚。但是这种做法也存在几个明显的缺陷：①由于外部性难以准确衡量，因此最优产量 Q^* 也难以确定；②政府对总量的控制只能通过对单个企业逐一制定标准，实际操作上存在很大难度，工作量也非常大；③对企业来说，政府制定的最高限额是一种硬约束，企业难以通过成本效益比较进行调整，当市场和环境发生变化时，政府反应滞后严重束缚企业发展。政府在采用数量规制方面非常谨慎，一般仅限于有害物品的生产和供应的规制，如烟草、烈性酒、有害出版物等，另外一个关系国家安全领域的物品生产也会受到国家的严格控制，如枪支弹药等武器装备及其零部件的生产以及核电站等具有高外部效应的设施建设。

外部性的存在常常需要某种干预来获得效益。任何政府政策的实施都会产生一大堆技术难题，没有一种政策能够尽善尽美。但是，大多数经济学家倾向于市场导向的解决方法，它们比直接规制取得的效果可能更好。针对不同问题、不同情况都需要将市场解决公共品问题的不完善，与政府解决的不完善进行一番权衡。政府依靠官僚机构，为消费者服务的激励很弱。因此，必将效率低下。而且，政治家提供公共品为的是增加自己的利益，而不是为了公众利益；许多国家政府浪费公费的例子和为了拉选票而搞的项目，不胜枚举。政府通常强迫人们为一些他们并不喜欢的项目掏钱而制造出“强迫搭车”现象。只要可能，让私人来解决公共品问题，通常要比由政府来解决更有效率。

本章小结

外部性与政府政策	外部效应的概念	外部效应有两类概念：一类是从外部性的产生主体角度来定义，另一类是从外部性的接受主体角度来定义。前者如萨缪尔森和诺德豪斯的定义——“外部性是指那些生产或消费对其他团体强征了不可补偿的成本或给予了无须补偿的收益的情形。”后者如兰德尔的定义——外部性是用来表示“当一个行动的某些效益或成本不在决策者的考虑范围内的时候所产生的一些低效率现象，也就是某些效益被给予，或某些成本被强加给没有参加这一决策的人”
	外部效应的分类	(1) 外部性的影响效果：外部经济与外部不经济； (2) 外部性的产生领域：生产的外部性与消费的外部性； (3) 外部性产生的时空：代内外部性与代际外部性； (4) 产生外部性的前提条件：竞争条件下的外部性与垄断条件下的外部性； (5) 外部性的稳定性：稳定的外部性与不稳定的外部性； (6) 外部性的方向性：单向的外部性与交互的外部性
	负外部性与正外部性	外部负效应：某种产品的外部化与收益外部化相反，生产者忽视产品的外部成本将会造成产品的实际供给量或消费量大于帕累托最优数量，这会导致社会经济资源配置效率的损失。 外部正效应：某种产品收益的外部化将导致这种产品私人收益小于社会收益。私人企业的供给不足，从而导致社会经济资源配置效率的损失
	外部性的纠正	一体化：市场上存在外部效应时，初始的交易双方表现为一方收益另一方受害，一体化的做法是通过扩大实体规模，假如能够组织一个足够大的经济实体将外部成本或收益内部化，那么就能纠正外部性带来的效益损失。 科斯定理：科斯认为，外部效应引起的无效率，其根本原因是缺乏产权。产权界定清晰的情况下，人们就会通过彼此之间的讨价还价对外部性做出反应。 由于负外部性的存在，造成了环境资源配置上的低效率与不公平，这促使人们去设计一种制度规则来校正这种外部性，使外部效应内部化。而且在某些情况下，由于交易成本高于解决方案所能带来的经济收益，因此，市场手段解决外部性问题不能发生作用，即使产权界定清晰，工厂也无法与所有当事人商议补偿的办法，其中的沟通成本远远高于自身处理成本，因此市场机制失效已经无法通过产权法解决，这时需要政府采取财政政策进行干预。政府干预手段有税收、补贴、许可证制度和直接数量规制

核心概念

帕累托最优　正外部性与负外部性　代际外部效应　庇古税　科斯定理　许可证制度　直接数量规制

思考题

1. 生产过程中存在哪些市场缺陷？政府可通过哪些方式来干预生产？

2. 假定某种产品处于竞争市场中，该产品的需求曲线为 $P=-aQ+b$，边际成本曲线为 $P=cQ+d$，外部边际成本为 $E=eQ$，求外部成本所造成的效率损失。如果政府打算通过向每一单位产品征收一个给定的税额的方式来使外部成本内部化，这一税额应为多少？

3. 如何解决生产者与消费者之间的信息不对称问题？

4. 假定某种产品处于垄断市场中，它的需求曲线为 $P=-aQ+b$，边际成本曲线为 $P=cQ+d$，求垄断的效率损失。如果政府打算通过价格管制的方式来消除这一损失，规定的价格应为多少？

公共支出理论

第一节　财政支出的分类

财政支出分类是指根据不同的需要和标准，将财政支出进行划分和归类的方法。在财政活动中，财政支出的内容和形式复杂多样，为了便于对支出结构和规模进行分析，对财政支出进行安排、管理和研究，对其分类是有必要的。

一、按财政支出的经济性质进行分类

以财政支出对国民经济的影响不同，财政支出可分为购买性支出和转移性支出。

购买性支出，是指政府为了执行各种政府职能，用于购买所需的商品和劳务的支出，包括用于维持政府部门正常运转所需和政府投资兴办各种实业所需的商品和劳务。购买支出对国民收入的分配有间接影响。当购买支出增加时，由于生产增长，国民收入会随之增加，企业收入和劳动者的收入总量均会增加。但是，由于各种原因，在新增国民收入中，由利润占有的和由工资占有的部分不可能均等，从而在国民收入初次分配中，利润和工资各自所占份额将发生变化。此外，由于各种经济活动受政府购买支出变动影响的程度不尽相同，不同的部门和企业，以及在不同的部门和企业中就业的劳动者之间所增加的收入也不尽一致。这些因素，都可能导致国民收入分配结构发生变化。因此我国在鼓励扩大消费，拉动内需的同时也大力推行政府购买商品推动经济增长的政策。

转移性支出，是指政府单方面的、无偿的资金支付。它没有取得相应的商品和劳务，只是将资源在社会成员之间重新分配。这类支出并不减少私人部门可支配的资源总量，而只是在结构上调整不同社会集团之间可支配资源的数量，以更好地促进社会公平的实现。转移性支出体现了公共财政履行稳定币值、调节收入和促进经济增长三大职能，其主要方式是社会保障支出和财政补贴。

二、按国家职能进行分类

按国家职能对财政支出进行分类是各国财政支出管理最常用的一种分类方法，各国在编制财政支出预算时也大致采用类似的方法。

我国财政学界对政府职能重新定位，把政府职能划分为经济管理职能和社会管理职能，对它们的支出分别称为经济建设支出和公共支出。包括经济建设支出、行政管理支出、国防支出、社会文教支出和其他支出五类。这种分类方法反映国家政治、经济、文化、军事等活动的全貌和各时期政府职能与活动范围的变化情况，直接反映一定时期一国政府职能履行过程中的资金使用情况。

按照财政支出与国家职能的关系，可以将财政支出分为经济建设支出、社会文教支出、行政管理支出、国防支出、债务支出和其他支出。

三、按照政府对财政支出的控制能力分类

按照政府对财政支出的控制能力划分，财政支出可以分为不可控性支出（随意性支出）和可控性支出（强制性支出）。

不可控性支出是指根据现行法律和契约规定必须进行的支出，且必须如数支付。一般这种支出有两种：第一，国家法律所规定的个人所享受的最低收入保障和社会保障，如事业救济、食品券补贴等；第二，政府遗留义务和以前年度设置的固定支出项目，如债务利息、对地方政府的补贴等。

可控性支出是指不受法律和契约的约束，根据每年的需要分别决定并加以增减幅度的项目，如三公费用。

四、按财政支出在社会再生产中的作用分类

按财政支出在社会再生产中的作用分类，可以分为补偿性支出、消费性支出和积累性支出。

(1) 补偿性支出。补偿性支出是用于补偿生产过程中消耗掉的生产资料方面的支出。该项支出在经济体制改革之前，曾是我国财政支出的重要内容；但目前，属于补偿性支出的项目，只剩下企业挖潜改造支出一项。

(2) 消费性支出。消费性支出是财政用于社会共同消费方面的支出。属于消费性支出的项目，主要包括科教文卫事业、抚恤和社会救济费、行政管理费、国防费等项支出。

(3) 积累性支出。积累性支出是财政直接增加社会物质财富及国家物资储备的支出，包括基本建设支出、流动资金支出、国家物资储备支出、生产性支农支出等项。

五、国际分类方法

在国际上，从现有的分类方法来看，大体上可以归为两类：一类是用于理论和经验分析的理论分类，另一类是用于编制国家预算的统计分类。国际货币基金组织最新发布的政府财政统计标准采用的是统计分类，有职能分类和经济分类，其中政府职能分类主要包括以下内容。

(1) 一般公共服务。一般公共服务包括行政和立法机关事务、金融和财政事务、对外事务、对外经济援助、一般服务、基础研究、一般公共服务"研究和发展"，未另分类的一般公共服务、公共债务操作、各级政府间的一般公共服务等。

(2) 国防。国防，就是国家的防务，是指为捍卫国家主权、领土完整，防备外来侵略和颠覆，所进行的军事及与军事有关的政治、外交、经济、文化等方面的建设和斗争。包括军事防御、民防、对外军事援助、国防"研究和发展"、未另分类的国防等。

(3) 公共秩序和安全。国际私法上的公共秩序，主要是指法院在依自己的冲突规范本应适用某一外国法作准据法时，因其适用的结果与法院国的重大利益、基本政策、基本道德

观念或法律的基本原则相抵触，而拒绝或排除适用该外国法的一种保留制度。包括警察服务、消防服务、法庭、监狱、公共秩序和安全“研究和发展”、未另分类的公共秩序和安全等。

(4) 经济事务。经济事务包括一般经济、商业和劳工事务，农业、林业、渔业和狩猎业，燃料和能源，采矿业、制造业和建筑业，运输，通信，其他行业，经济事务“研究和发展”，未另分类的经济事务等。

(5) 环境保护。环境保护(简称“环保”)是由于生产发展导致的环境污染问题过于严重，首先引起发达国家的重视而产生的环境保护，利用国家法律法规约束和舆论宣传而逐步引起全社会重视，由发达国家到发展中国家兴起的一场保卫生态环境和有效处理污染问题的措施。包括废物管理、废水管理、减轻污染、保护生物多样性和自然景观、环境保护“研究和发展”、未另分类的环境保护等。

(6) 住房和社会福利设施。住房和社会福利设施包括住房开发、社区发展、供水、街道照明、住房和社会福利设施“研究和发展”、未另分类的住房和社会福利设施等。

(7) 医疗保障。医疗保障包括医疗产品、器械和设备，门诊服务，医院服务，公共医疗保障服务，医疗保障“研究和发展”，未另分类的医疗保障等。

(8) 娱乐、文化和宗教。娱乐、文化和宗教包括娱乐和体育服务，文化服务，广播和出版服务，宗教和其他社区服务，娱乐、文化和宗教“研究和发展”，未另分类的娱乐、文化和宗教等。

(9) 教育。教育包括学前和初等教育、中等教育、中等教育后的非高等教育、高等教育、无法定级的教育、教育的辅助服务、教育“研究和发展”、未另分类的教育等。

(10) 社会保护。社会保护包括伤病和残疾、老龄、遗属、家庭和儿童、失业、住房、未另分类的社会排斥、社会保护“研究和发展”、未另分类的社会保护等。

经济分类有：经常性支出，它主要包括商品和服务支出、利息支付、补贴和其他经常性支出；资本性支出，它主要包括现存的和新的固定资产的购置、存货购买、土地和无形资产购买、资本转让、净贷款等。

第二节 财政支出的规模

一、财政支出规模的相关概念

(一) 财政支出规模的含义

财政支出规模是指在一定时期内，政府通过财政渠道安排和使用财政资金的绝对量和相对量。财政支出规模反映了政府在市场经济中参与国民收入分配的规模和程度，也反映了政府介入经济运行的深度。

财政支出的绝对量是指政府财政支出的具体数额，它直接反映了财政支出货币总量的现状和变化情况，是编制财政预算和控制财政支出的重要指标之一。相对量指标即用政府运用财政手段参与市场经济活动的总量占国家经济总量的比率[支出/GDP(国内生产总值)或财政支出/GNP(国民生产总值)]来表示财政支出规模的大小。它说明的是一个国家的财政支出的相对规模，也就是一个国家在一定时期内(通常为一个财政年度)财政支出占国内生产总值或占国民生产总值的比率。运用相对量指标测量财政支出规模，最大的优点是便于进行纵向比较和横向比较分析。

在经济发展水平、产业结构等相同的条件下，财政支出相对量越大，说明政府参与经济活动的程度越高。在实际情况中，如果社会贫富差距(基尼系数)过大，则政府越有必要介入社会财富分配，其政府财政支出相对量就会更大。

（二）财政支出规模的衡量指标

1. 绝对指标

衡量公共支出规模的绝对指标是指以一国货币单位来表示的财政支出总数额。表 7-1 所示为我国 2000—2014 年的财政支出的绝对指标。

表 7-1　我国财政支出的绝对指标

年　份	公共财政支出/亿元	中央/亿元	地方/亿元	公共财政支出增长速度/%
2000	15 886.50	5 519.85	10 366.65	20.5
2001	18 902.58	5 768.02	13 134.56	19.0
2002	22 053.15	6 771.70	15 281.45	16.7
2003	24 649.95	7 420.10	17 229.85	11.8
2004	28 486.89	7 894.08	20 592.81	15.6
2005	33 930.28	8 775.97	25 154.31	19.1
2006	40 422.73	9 991.40	30 431.33	19.1
2007	49 781.35	11 442.06	38 339.29	23.2
2008	62 592.66	13 344.17	49 248.49	25.7
2009	76 299.93	15 255.79	61 044.14	21.9
2010	89 874.16	15 989.73	73 884.43	17.8
2011	109 247.79	16 514.11	92 733.68	21.6
2012	125 952.97	18 764.63	10 7188.34	15.3
2013	140 212.10	20 471.76	119 740.34	11.3
2014	151 785.56	22 570.07	129 215.49	8.25

资料来源：《中国统计年鉴(2015)》。

绝对指标可以比较直观地表现出某一年度财政支出的具体情况，连续年度的绝对指标也可以反映出财政支出的变动趋势。但是，由于绝对指标是运用一国的货币作为计量单位，国家间、地区间的财政支出规模的比较就受到了限制。同时，由于以货币单位为衡量标准容易受通货膨胀、紧缩的影响，因此财政支出的绝对数额在剔除通货膨胀或紧缩的因素后才能更准确地反映其实际情况。

2. 相对指标

衡量财政支出的相对指标是公共支出的绝对数额占其他相关经济指标的比重，一般被广泛应用的相对指标有两个，即财政支出总额占国民生产总值的比重和财政支出中的购买性支出占国民生产总值的比重。前者衡量了政府经济活动在整体国民经济中的重要程度，后者反映了政府实际消耗的经济资源量。

（三）影响因素

1. 经济因素

经济因素包含经济发展水平、政府财政政策等多方面因素。经济的整体发展水平，决定了与其相适应的公共支出规模。首先，经济的发展导致了社会公共需求的增大，公共支出随着经济发展水平的提高又体现出增长的趋势；其次，公共支出直接受财政收入的规模限制。在良好的经济发展水平下，政府通过税收可以取得充分的财政收入以满足财政支出的需要。

2. 政治因素

政治因素主要从政府职能、政局的稳定以及政府机构的执政效率等方面影响公共支出的规模。近年来，西方资本主义国家政府对于经济的干预程度不断加深，与之对应，政府所承担的宏观经济调控职能的增强增加了公共支出的规模。政府的公共支出水平往往会在政局不稳定、突发性冲突产生的情况下产生非延续性的激增。政府执政的低效率也会导致政府开支中不必要的浪费。

3. 社会与历史因素

影响公共支出的社会与历史因素包含人口因素、价值观因素以及文化背景等。例如，中国和印度既是经济不断增长的发展中国家，又是人口大国，其社会公众对于政府的教育支出具有较大的需求；而在欧洲及美国、日本等发达国家和地区，社会老龄化现象较为严重，其公众对于改善社会福利具有较大的需求。

4. 物价因素

通货膨胀的存在，导致各国的公共支出从数字上体现出逐年增长的态势。在通货膨胀的情况下，政府以提供一定数量的公共产品所需要的名义导致财政支出增长；物价的上升也导致了政府的消费性支出成本的上升。

二、财政支出增长模型

从世界经济发展历史来看，政府财政支出的绝对规模和相对规模都有一个不断上涨的趋势。尤其是近几个世纪以来，世界各国都不同程度地加大其财政支出规模，并且随着经济发展，这种程度正在不断加深。因此，有经济学家称为“财政增长的历史趋势”。这种趋势吸引了大量经济学家的注意，并做出各种假设模型，提出财政增长模型以便分析各国财政增长的内在动力和发展趋势。

（一）瓦格纳法则

资本主义早期，资产阶级提倡个人自由，政府采取放任的政策，参与市场活动很少，财政支出只占 GDP 很少一部分；随着资本主义基本矛盾的发展和激化，政府为维持经济发展和克服经济危机，加强对经济的干预，因此财政干预越来越大，财政支出加速膨胀。1882 年，德国经济学家瓦格纳提出著名的瓦格纳法则，其主要思想是随着工业化的发展，政府为解决来自国内经济发展和社会矛盾越加突出的问题而扩大活动范围。瓦格纳把导致政府支出增长的因素分为政治因素和经济因素。政治因素是指随着经济的工业化，市场关系变得更加复杂，市场机制已经无法从根本上保障经济活动正常运行，因此对政府制定商业法律提出了要求，这样政府就加大了对于提供治安和法律的支出；经济因素是指工业的发展推动了都市化的进程，人口的高度密集使得外部性发生更加明显，因此就需要政府部门协调各经济主体之间的利益关系。最后瓦格纳把教育、娱乐、文化、保健与福利服务的公共支出的增长归因于需求的收入弹性，即随着收入的增加，公共支出的增长将会快于 GDP 的增长。

（二）梯度渐进增长理论

英国经济学家皮科克(Peacock)和魏斯曼(Wiseman)在 20 世纪 60 年代初对英国公共支出的历史数据进行了经验分析，从而提出了“梯度渐进增长理论”。这一理论认为，在正常年份，公共支出呈现一种渐进的上升趋势，但当社会经历“剧变”(如战争、经济大危机或严重灾害)时，公共支出会急剧上升；当“剧变”期结束之后，公共支出水平会下降，但不会低于原来的水平。因此呈现出梯度增长模式。皮科克与魏斯曼认为，导致公共支出增长的内在因素是人们“可容忍税收水平”的提高。在正常年份，人们可容忍税收水平比较稳定，公共支出不可能有较大幅度的上升，但随着经济的增长，即使税率不变，税收收入也会自动增加，相应的公共支出水平会大大提高，从而使公共支出大幅度上升。当社会“剧变”时期结束之后，公共支出水平就会下降，但政府会设法维持可容忍税收水平，结果公共支出水平虽有下降，但不会回复到原来的水平，如图 7-1 所示。

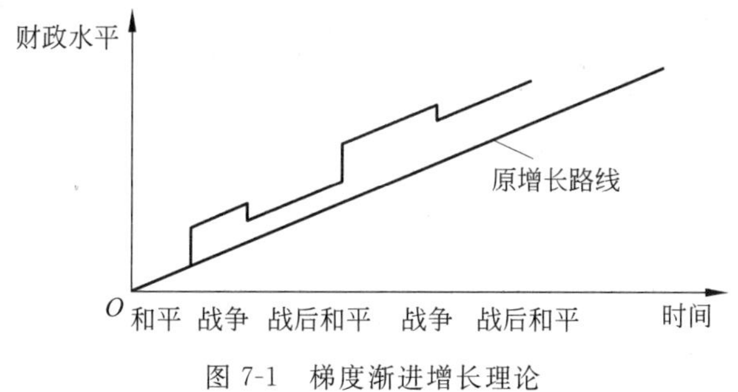

图 7-1　梯度渐进增长理论

在大量研究了不同国家不同阶段的财政支出状况之后，皮科克与魏斯曼认为，财政支出数量的变化是随着不同时期财政支出作用的变化而变化的。

在经济发展早期阶段，政府投资往往要在社会总投资中占有较大比重。因为在这一时期，公共部门须为经济发展提供必要的社会基础设施，如公路、铁路、桥梁、环境卫生、法律和秩序、电力、教育等，这些公共投资对于经济和社会发展早期阶段的国家进入发展的中期阶段来说，是必不可少的前提条件。

当经济发展进入中期阶段以后，政府的投资便开始转向对私人投资起补充作用的方面，公共投资的规模虽有可能减少，但由于这一时期市场失灵的问题日趋严重，成为阻碍经济发展进入成熟阶段的关键因素，从而要求政府部门加强对经济的干预。对经济的干预显然要以财政支出的增加为前提。

随着经济发展由中期进入成熟阶段，财政支出结构会发生相应的转变，从以社会基础设施投资为主的支出结构，逐步转向以教育、保险和社会福利为主的支出结构。这些旨在进行福利再分配的政策性支出增长会大大超过其他项目财政支出的增长，这又进一步使得财政支出增长速度加快，甚至快于GDP的增长速度。

（三）官僚行为增长论

官僚是指负责执行通过政治制度做出的集体选择的代理人集团，或更明确地说是指负责提供服务的政府部门。美国经济学家尼斯克南认为，机构规模越大，官僚们的权力越大，因此官僚机构的目标是机构规模的最大化。这导致财政支出规模不断扩大，甚至使财政支出规模超出了公共品最优产出水平所需的支出水平。在很多情况下，官僚们独家掌握着特殊信息，这使他们能够让政治家们相信他们确定的产出水平的谁谁受益比较高，从而实现产出预算规模的最大化。官僚机构通常以两种方式扩大其预算规模。第一，它们千方百计让政府相信它们确定的产出水平是必要的；第二，利用低效率的生产技术来增加生产既定的产出量所必需的投入量，这时的效率损失来源于投入的滥用。由此可见，官僚行为从产出和投入两个方面迫使财政支出规模不断膨胀。

三、我国财政支出规模变化

改革开放以来，我国财政支出占国内生产总值的水平呈"V"字形，在1995年达到最低点11.2%后逐步上升到2015年的26%，见表7-2。

表7-2 财政收支情况

年份	财政收入/亿元	财政支出/亿元	财政收入增长速度/%	财政支出增长速度/%	国内生产总值/亿元	财政支出占国内生产总值的比重/%
1978	1 132.26	1 122.09	29.5	33	3 650.2	30.74
1980	1 159.93	1 228.83	1.2	−4.1	4 551.6	27
1985	2 004.82	2 004.25	22	17.8	9 039.9	22.17
1990	2 937.1	3 083.59	10.2	9.2	18 774.3	16.42
1995	6 242.20	6 823.72	19.6	17.8	61 129.8	11.16
2000	13 395.23	15 886.50	17.0	20.5	99 776.3	15.92
2005	31 649.29	33 930.28	19.9	19.1	185 895.8	18.25
2010	83 101.51	89 874.16	21.3	17.8	408 903	21.98
2014	140 370	151 785.56	8.6	8.3	635 910.2	23.87
2015	152 269.23	175 877.77	8.5	15.9	676 708	26

资料来源：《中国统计年鉴2015》。

如图7-2所示，1978—1996年，经济快速增长，财政支出占GDP比重不断下降，一方面表明我国经济增长开始摆脱对财政支出增长的依赖，开始转向主要依靠市场机制推动；另一方面，我国财政支出占GDP的比重下滑速度过快，下降幅度过大，18年间下降近20个百分点，平均每年下降1个百分点，财政收入增长放慢，许多项目尤其是基本建设的财政支出下降幅度大，在一定程度上削弱了国家宏观调控能力，影响了财政职能的充分发挥。我国财政支出比率从1996年回升，瓦格纳法则开始凸显，特别是1998年实行积极的财政政策后，这种趋势更为明显。值得注意的是，2005年我国实行稳健的财政政策，财政

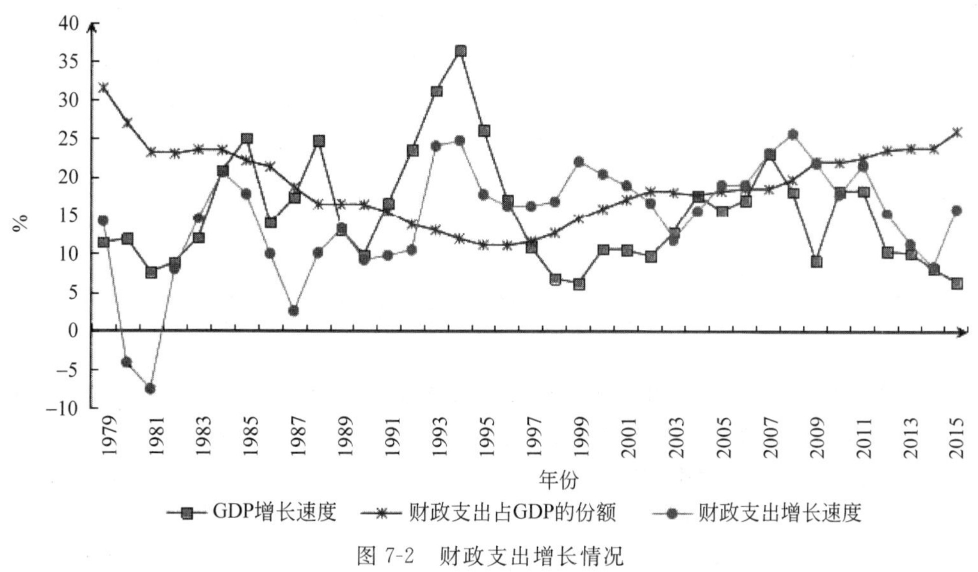

图 7-2 财政支出增长情况

支出比率有所下降。在经济体制改革前，由于“低工资、高就业”等政策，需要对国有企业和工人进行大量财政补贴，财政预算支出占 GDP 比重相当高，在 1978 年仍为 30.5%。为改变计划经济时期政府包得过多、统得过死的局面，调整政府职能和分配格局，激发经济活力，推进经济体制改革，政府减少了对经济的干预，财政支出规模也逐年下降。1984 年明确了发展商品经济的改革目标，真正启动了改革的历程。1994 年，进行了比较全面的改革，尤其是我们刚刚所提及的，很重要的分税制改革，对财政收支的变化产生了重大影响。1997 年规定了以公有制为主体，多种所有制经济共同发展的基本经济制度。在发展社会主义市场经济的过程中，既是不断减少对经济干预的过程，同时又是经济快速发展的过程，所以在这一阶段财政支出占 GDP 比重持续下降。在经济体制走上了市场经济的运行轨道之后，随着改革的逐步到位和 GDP 的增长，逐年下降的趋势得到了扭转。一方面，为了构建社会主义和谐社会、大力发展科教文卫事业、扩大就业和完善社会保障制度、推进产业结构的优化升级和保护生态环境，需要大量的财政支出来满足公共需要；另一方面，政治决策对我国财政支出规模有决定性作用，不合理的决策机制扩大了财政预算支出规模，存在着政府预算中的“公地悲剧”。因此，财政支出占 GDP 的比重又逐渐回升。

1978 年以来，经济体制改革和政府职能转型对我国财政支出比率的影响十分明显，因此我国财政支出出现了与瓦格纳法则相悖的规律，这是转轨中国家的共性。随着我国社会主义市场体制逐步步入正轨，财政支出开始随着经济的增长而逐步增加，这说明我国经过十多年的改革，政府支出规模和比率已初步正常化。

根据马斯格雷夫和罗斯托的经济发展阶段论，在经济发展早期阶段，政府投资在社会总投资中占有较大比重，公共部门为经济发展提供社会基础设施，在发展中期，政府投资逐步转换为对私人投资的补充。一旦经济达到成熟阶段，公共支出将从基础设施支出转向不断增加的教育、保健与福利服务的支出。

随着社会主义市场经济制度的建立，政府职能的转变，政府从原来经济的直接管理者和直接参与者变为经济的间接调控者，完成从直接行政管理到间接调控的转变。财政支出结构中的经济建设支出比重下降，体现公共财政职能需要的其他支出项目将会上升。发展社会主义市场经济，必须根据政府财政职能的客观要求，科学确定财政支出范围，合理调整财政支出结构，为政府行使各项职能、维持国家机器正常运转、有效调节国民经济运行，提供必要的保证。

第三节　财政支出的效益与评价

自财政产生以来，人类就开始对财政支出效益进行评价。实际上，人类历史上用的时间最久的财政支出绩效考核方式极具政治色彩，那就是，针对某项财政支出的使用情况与最终成果，通过知情人举报引起重视而后派员审查，或通过对某项财政资金的运用进行审计而发现问题，最后得出评价结果与处理建议。只是到了近代，一些国家才开始思考与采用经常性的经济手段对财政支出绩效进行评价。英国就是一个例子。从19世纪中叶起，英国已经开始对政府部门和公共机构的活动进行评价在这100多年的时间里，公共支出绩效评价的重点与功能发生了很大变化。究其原因，在于此期间政府活动能力不断加强、政府职能范围不断拓展、公共支出规模日益扩大以及对公共服务质量的要求逐步提高等。瑞典也有着类似的经历。1980—2000年的20年间，澳大利亚在州和全国各级政府部门进行了持续不懈的财政管理制度改革，实现了从收付实现制到权责发生制的会计制度变革，并于1997—1998财年开始酝酿推行以公共支出绩效考评为核心的公共支出预算改革，1999—2000财年正式实施公共支出绩效考评制度。

一、财政支出效益的概念与原则

财政支出效益是指政府为满足社会共同需要进行的财力分配与所取得的社会实际效益之间的比例关系，基本内涵是政府资源分配的比例性和政府资源运用的有效性。财政支出效益好是财政支出产生的成果较多，或者取得一定的成果所耗用的财政资金较少。无论哪种社会制度、哪种所有制形式，社会要求政府严格按照追求价值最大化的准则行事，即国家占用社会经济资源进行财富分配活动必须以最小的成本创造最大的产出。当由政府掌握经济资源所获得的效益高于私人掌握时，政府的财政活动才能有其存在的必要性。因此，评价政府财政支出绩效成为一个不可避免的问题，是财政支出的核心问题。

从根本上说，政府和私人都是追求效益最大化的主题，但是政府作为宏观主体，对经济资源进行配置时所面对的时空环境与微观主体相比相去甚远。微观主体在进行效益评价时所考虑的仅限于自身范围内的和有形的得失，而政府则必须全盘考虑任何一项行动所造成的全社会、间接、无形、长期的影响。

一般情况下，财政支出评价应遵循一定的原则，以保证评价结果的科学性与准确性，建立公共财政支出绩效评价体系，必须遵循财政经济和社会事业发展的一般规律，坚持以下几个原则：①现实性与前瞻性相结合的原则，突出公共财政支出的重点领域和特色；

②可操作性与科学性相结合的原则，根据财政经济和社会发展的现状和发展趋势，研究并设计相应的考核体系；③针对性和兼容性相结合的原则，评价体系的设置必须具有针对性，但又要把握好共性与个性指标的衔接问题；④效率和公平相结合的原则，既要鼓励和保护竞争，又要兼顾公平，防止两极分化；⑤定量分析和定性分析相结合的原则，使评价结果更加合理、准确地反映财政资金使用的各种实际情况。

二、公共支出效益管理的一般理论

德国著名经济学家阿道夫·瓦格纳（Adolf Wagner，1835—1917）在对19世纪80年代的英、美、法、德、日等国公共财政支出的资料进行实证研究的基础上，得出了公共支出规模不断扩大是社会经济发展的客观规律的结论。他认为，公共支出之所以会不断增长，是因为伴随着工业化进程的运行，社会和经济的发展增加了对政府活动的需求。皮考克（A. T. Peacock）和威斯曼（J. Wiseman）则提出了以“社会剧变会引发公共支出发生非持续性变化”为主要内容的“公共收入增长引致说”。马斯格雷夫（Richard A. Musgrave）和罗斯托（Walt Whitman Rostow）利用“经济发展阶段论”来解释在经济发展的不同阶段，政府投资和私人投资之间的关系。

在微观层面上，社会对于公共活动的需求、环境、人口规模和公共服务质量是影响公共部门所需资源水平的四个要素。鲍莫尔（William Jack Baumol）模型研究了影响投入品价格的成本因素。我们首先分析公共支出的微观模型，继而在微观模型的基础上研究影响公共支出的几个因素。

为建立微观模型，先假定存在效用函数

$$U_i = f(\boldsymbol{G},\boldsymbol{P}) \tag{7-1}$$

式中：$\boldsymbol{G}$ 为公共部门的最终产品向量；$\boldsymbol{P}$ 为私人部门的最终产品向量；i 为 n 个社会公众中的第 i 人，$i=1,2,\cdots,n$。

$$\begin{aligned} X_i &= \Phi(L_i, M) \\ G_i &= g_i(X_i, N) \end{aligned} \tag{7-2}$$

式中：L_i 为用于生产 G_i 的劳动投入，M 为物质投入；X_i 为用于生产 G_i 的中间产品，人口规模以 N 表示，G_i 为对公共产品的社会需求。

从上述的三个函数中，可以得知影响公共支出的因素分为以下四类。

(1) 公共产出水平的决定。公共产出量是决定公共支出的一大因素。我们用唐斯（Anthony Downs）的选票最大化模型为基础来分析如何决定公共部门的产出水平。计算公式为

$$\begin{aligned} \text{Max}(U_i) &= f(\boldsymbol{G},\boldsymbol{P}) \\ \text{s. t. } pP + tB_i &\leqslant M_i \end{aligned} \tag{7-3}$$

式中：i 为中间投票人，p 为私人部门产品的相对价格，P 为私人部门产品的消费数量，M_i 为中间投票人的收入，t 为税率，B_i 为中间投票人的纳税基础。

从式(7-3)可以看出，中间投票人是在收入预算线下追求效用的极大化。定义 $\sum B_i$ 为一个社会经济的总体税基，ek 为公共部门提供的第 k 种公共物品的单位成本，T_i 为中

间投票人的全部纳税，即 $T_i = tB_i$。假定一个社会只有一个税收基础，采纳单一税率，那么

$$t \equiv \frac{\boldsymbol{e}G}{\sum B_i} \tag{7-4}$$

式中：$\boldsymbol{e}$ 为所有公共产品的单位成本向量，即 $\boldsymbol{e} = \{e_1, e_2, \cdots, e_n\}$。

通过上述推导，我们得出中间投票人对于公共物品的需求曲线。G 和 t 由政府决定，中间投票人只能通过调整适用的 G 和 t 以达到预算约束线下的效用最大化。

(2) 服务环境。服务环境是指影响一定生产水平的社会公共产品所要求的社会资源的经济与地理变量。以公共安全保护为例，任何时候中间投票人都需要警察的保护。如果财产的增加导致犯罪的增加，那么说明该社区的环境要求警方为该社区提供更多的保护服务。

(3) 人口因素。关于人口增加与公共关系间的关系，我们通过定义"拥挤函数"来进行研究：

$$A_i = \frac{X_i}{N\alpha} \tag{7-5}$$

式中：A_i 为第 i 种公共物品为每个社会成员提供的服务，X_i 为用于生产 G 的活动，N 为人口参数，α 为拥挤参数。

当 $\alpha=0$ 时，所提供 A_i 为纯公共物品，即 $A_i = X_i$。如果不存在价格效应，公共支出不会被要求增加；如果存在价格效应，人口增加平均分摊到每个人身上的公共物品价格就会降低，于是对公共支出的需求就会增加。一般而言，人口增加会以大于1的比例促使人均公共支出的增加。

当 $\alpha=1$ 时，所提供的 A_i 为纯粹的私人物品，即 $A_i = X_i/N$。

当 $0<\alpha<1$ 时，每个成员消费 X_i 得到的效用会随人口上升而下降，于是就会要求增加公共支出，以保持原来的效用水平。

(4) 公共部门投入品的价格和公共支出。鲍莫尔曾将劳动部门分为进步部门和非进步部门：在进步部门中，劳动生产率累积性提高；在非进步部门中，劳动生产率低于进步部门的劳动生产率。如果从成本角度来考虑，假定进步部门工资增长率与劳动生产率同步提高，在非进步部门，虽然劳动生产率较低，但是为了阻止劳动力的流失，其工资增长率必须与进步部门同步，结果导致非进步部门的成本相对于进步部门会逐步提高。

三、财政支出效益评价方法

财政支出的效益评价方法主要有成本—收益分析法、最低成本法和公共定价法等。

（一）成本—收益分析法

成本—收益分析法是一种用于在各种政府项目之间进行选择的实用技术，主要通过对公共支出计划项目或者对公共政策所产生的收益和成本进行定量的分析，并且以此作为项目之间的选择依据，或者项目是否实施的根据。

成本—收益分析法的实施步骤如下。

(1) 列举项目的全部成本和全部收益。对于一个项目来讲，收益和成本主要分为两

类。①直接收益和成本。直接收益指的是项目目标实现的收益，直接成本指的是在项目实现过程中付出的成本。例如，某一水利项目，其目的是为某一地区输送灌溉用水，从而提高当地的土壤肥力，其直接成本为在实施过程中需要付出的费用、人力等。②间接收益或成本，主要是一个项目所带来的溢出效应或外部效应。例如由于某一地区的土地产出率的上升而带动的整体经济水平的上升。间接成本则可能体现在实施过程中导致的一些风景的破坏会进一步导致该区域的经济水平的下降。

需要注意的是，在列举过程中必须谨防对某一项目的收益进行重复的计算。例如上面所提到的，直接收益和间接收益都会促使项目所在区域居民人均收入水平的上升，所以在计算过程中应注意避免重复计算。另一个问题是在确定间接收益时，应注意不应将没有受到项目直接影响的其他方的收益算入其中。例如，有些项目所在地的增长是从其他的地方流动过来的，那么增加与减少相互抵销，不应计入收益。同样，在计算成本时，如果项目导致其他地区的收益或者资源的减少，相应地减少或者下降也不应该计入项目的成本。

(2) 以现金形式评估所列举的成本与收益。在列举项目的成本与收益之后，下一步需要将这些成本与收益统一地、以现金形式进行评估，以此来消除各项目间的不可比性。

如果项目提供或消耗的商品在市场上是有出售的，那么就可以很方便地以竞争市场上的市场价格进行衡量。如果项目产生的商品在市场上是没有出售的，那么在估值过程中需要采用相应的估值技术。例如，采用影子价格，即从反映帕累托效率价格的市场价格信息中获得相关价格信息，或采用一些非市场方式定价，如采用询问方式获得价格信息。

但是在采用市场价格过程中，价格并不一定能够反映产品和投入的真实社会价值。例如，项目的相关产品都是在垄断市场上出现的，或者相关产品会导致外部效应的出现。同样，在产品销售过程中，有可能会存在补贴或者税收从而导致价格的扭曲。在上述情况下，需要对价格进行调整以使其反映实际的边际社会成本或边际社会收益。

(3) 计算项目的成本与收益的现值。将列举的收益与成本以现金形式表示后，需要将不同时期产生的净收益进行贴现，即折算成现值。在这个过程中，选择一个合适的贴现率非常重要。

贴现率为 r，n 年后收益为 X 元的现值可以通过方程

$$\mathrm{PV} \times (1+r)^n = X \tag{7-6}$$

求得

$$\mathrm{PV} = \frac{X}{(1+r)^n} \tag{7-7}$$

用于折现的贴现率越高，X 的现值就越低。如果项目在一定时期内带来的收益是连续的，则每个时期的净收益 X_i 可以通过公式

$$\mathrm{PV} = \sum_{i=1}^{n} \frac{X_i}{(1+r)^i} \tag{7-8}$$

计算得出。

在成本与收益分析过程中，贴现率的重要性在于采用不同的贴现率，分析的结果会有

巨大的差别。当采用的贴现率过低时，社会无效率的项目将会被采纳；贴现率太高时，有效率的项目有可能不会被采纳。同时贴现率的选择不仅决定了哪个公共项目被采纳，同时也决定了采用公共部门还是市场机制部门。

在确定贴现率的同时还应当考虑通货膨胀（或紧缩）的影响。处理通货膨胀主要有两种方法：①根据估算的通货膨胀率，以该时期的名义价值计算成本与收益，即相应地提高当期的成本与收益，在折算过程中采用名义利率。名义利率等于实际利率与通货膨胀率之和。②在估计贴现率的时候考虑通货膨胀问题，在折算过程中采用实际利率，即名义利率减去通货膨胀率，来折算未来的成本与收益。

(4) 分析计算结果并进行决策。通过上述三个步骤的准备，可以根据净收益和收益—成本比两个标准在项目间进行选择。净收益为

$$B-C=\sum_{i=1}^{n}\frac{(B_i-C_i)}{(1+r)^i} \tag{7-9}$$

收益—成本比为

$$\frac{B}{C}=\frac{\sum_{i=1}^{n}B_i/(1+r)^i}{\sum_{i=1}^{n}C_i/(1+r)^i} \tag{7-10}$$

式中：B 为项目总收入；C 为项目总成本；B_i 为第 i 年的项目收入；C_i 为第 i 年的项目成本。

对于不同的项目，可以进行排序，但是在排序的过程中，需要注意的是项目的净收益之间的比较有局限性，更应该注意的是，项目之间收益—成本比之间的比较。由于这个比值是相对数，按这个比值的数值大小可以确定项目的优劣次序。

（二）最低成本法

成本-收益分析法主要适用于政府资本投资项目的分析，要求收益和成本都能够用货币来衡量。但很多时候，由于政府行为有很强的正外部性，如政府在贫困地区投资兴建一所学校，可以提高当地居民的受教育程度，增强社会秩序，同时也间接促进当地经济长远发展，这些收益都是隐形的、不固定的、很难或根本无法用货币来衡量的。这时成本-收益分析法就无法正确使用了。

最低成本法恰好克服了这样的缺点。最低成本法的特点就是：不用货币去计量财政支出的收益，只是计算各个方案的成本（各期成本现值），并以成本费用最低作为选择标准。

最低成本法的步骤很简单：首先根据政府的财政目标，提出若干个项目建议；然后分析每个项目建议的成本费用；最后选择其中费用最低的方案作为最优方案予以实施。需要说明的是，并不是以费用最低作为绝对选择标准，在选择方案的时候必须明确一个前提：必须达到既定的财政支出目标，如果目标无法达到，任何节约的方案都是无意义的。

最低成本法在实际操作中非常简单，但它的缺点在于缺乏收益衡量的标准和方法。如果每个方案的效益是一样的，最低成本法无疑是正确的，但是实际上能实现既定财政目标的各种方案所产生的效益是不一样的。如为了多培养1万名财经人才，政府有两个选择方案：新建一所财经类大学，或者对现有大学进行扩招。无疑第二个方案的费用更低，但同时也存在师生比例的变动会不会导致教育质量下降，会不会有规模效益等或正或负

的其他效益等问题。这些也是现实决策中需要综合考虑的问题。

（三）公共定价法

在现代经济理论中，政府不仅具有社会管理者的职能，同时因为市场失灵等原因，政府还负有向社会提供公共物品的职能。政府在行使该职能时，所提供的公共品的收益一般具有很强的正外部效用，因此其收益往往是无法精确计量的。同时这些公共产品又是可以进入市场进行交易的，如城市供水供电等。此时，公共定价法就为可以进入市场交换的商品定价提供一定的标准。但必须明确的是，对公共物品进行定价，并非为了收益，其主要目的在于使公众合理有效地使用这些公共物品。如若不对城市用水定价，而是采取平均分摊的方式，必然导致大家用水无度，浪费水资源。通过公共定价机制，使得公共品进入市场交易，达到优化资源配置的目的。

公共定价方法涉及两个方面，一方面是定价水平，即政府提供每一单位"公共物品"的定价是多少。其中包括：①边际成本定价。指对于自然垄断行业，政府按边际成本定价，发生的亏损，由政府的补贴来补偿。②平均成本定价。采用平均成本定价消费者要承担所消费产品的全部成本，在收入分配上是中性的。另一方面是定价方法。公共定价法主要有两种定价方法。一是二部定价法。指先向消费者收取一定数量的固定费用，然后再按消费数量向消费者收取使用费。如目前我国对大工业企业实行二部制电价制度。二部制电价将电价分成基本电价与电度电价两部。基本电价由供电部门与用电部门签订合同，确定限额，每月固定收取，不以实际耗电数量为转移；电度电价，是按用电部门实际耗电度数计算的电价。二是负荷定价法。它是指对不同时间段或时期的需求制定不同的价格。如电力部门对白天用电实行价格较高的高峰价，对夜间用电实行价格较低的低谷价。

公共定价基本可分为免费、低价、平价、高价。这里的价格是指政府提供这些公共品的成本价。免费或低价提供这些公共物品的目的在于惠及全部国民，最为典型的就是国防、气象监控、环境保护等。但免费提供的公共品往往会出现"公共草地的悲哀"等现象。因此惠民不意味着免费，有时候低价往往比免费更好。

平价提供公共品可以弥补公共物品提供部门的成本，在不增加政府财政负担的同时得以长久持续地提供。这类公共品往往存在替代品，低价提供甚至会导致市场的扭曲。如铁路运输服务，有偿使用可以使得投资部门收回成本再投资，可持续地发展我国铁路事业，同时不会造成与公路、航空形成不恰当的竞争关系。

高价提供公共品在于抑制民众对此公共品的消费。政府或其控制的企业作为产品的供给者进入市场，往往具备一定的垄断性和优越性。在此基础上，通过高定价来获取利润，从而实现政府的盈利，这与政府服务民众的初衷是违背的，因此政府不应当使用这种与民夺利的定价方法。但现实中，在很多计划经济体制国家，国有企业存在显著地利用垄断地位高价提供公共品的倾向。我国目前正处于市场经济初级阶段，部分国有企业也存在类似的问题，需要予以关注。

最后，需要指出的是，这三种公共支出评价方法并不是相互独立的，并非高速公路就应当采用收益—成本法而教育事业应当采取最低费用选择法。这三种方法的划分只是从不同的角度去评价一个项目的好坏，或者是一项政府工程是否应当实施。但是在现实中衡量一项公共支出是否合理，应当综合考虑很多因素，多角度去评判。

政府并非企业，并非以盈利为行为导向，政府公共支出往往具有一定的正外部性，因此政府公共支出的效益可以分为经济效益和社会效益两部分。经济效益可以采取效益—成本等方法来分析和确定，但社会效益部分就很难用数字去衡量。一个经济效益显著的公共支出，如修建大坝也许会破坏生态平衡，导致物种灭绝，其社会效益可能为显著的负值，我们也不应当实施；相反，一个项目即使在经济上是亏损的，如扶持教育，但它的社会效益是显著的，因此我们也应当坚持。

对政府公共支出的评价，不应当仅仅限于经济层面，应当更多的考虑社会效应，环境保护等层次。上述无论何种方法只是给民众评价公共支出一个参考和依据，政府的公共支出是否有效益、是否恰当，最终的还是应当交由民众进行民主决策。

本章小结

公共支出的规模	财政支出的分类	财政支出分类是指根据不同的需要和标准将财政支出进行划分和归类的方法。在财政活动中，财政支出的内容和形式复杂多样，为了便于对支出结构和规模分析，对财政支出进行安排、管理和研究，对其分类是有必要的。财政支出的分类有按经济性质、国家职能和政府对财政支出的控制能力三种形式划分
	财政支出的规模	财政支出规模是指在一定时期内，政府通过财政渠道安排和使用财政资金的绝对量和相对量。反映了政府在市场经济中参与国民收入分配的规模和程度，也反映了政府介入经济运行的深度。 财政支出的绝对量是指政府财政支出的具体数额，它直接反映了财政支出货币总量的现状和变化情况，是编制财政预算和控制财政支出的重要指标之一。相对量指标即用政府运用财政手段参与市场经济活动的总量占经济总量的值[支出/GDP(国内生产总值)或财政支出/GNP(国民生产总值)]来表示财政支出规模的大小
	财政支出的效益	财政支出效益是指政府为满足社会共同需要进行的财力分配与所取得的社会实际效益之间的比例关系，基本内涵是政府资源分配的比例性和政府资源运用的有效性。财政支出效益好是财政支出产生的成果较多，或者取得一定的成果所耗用的财政资金较少

核心概念

财政支出的分类　财政支出的规模　财政支出的效益

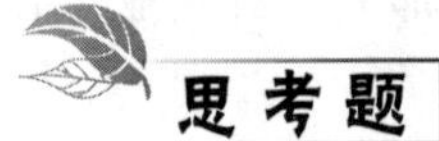

思考题

一、名词解释

1. 购买性支出

2. 转移性支出

3．梯度渐进增长理论

4．瓦格纳法则

二、简答题

1．公共支出可以做怎样的分类？

2．公共支出不断增长的规律有哪几种理论解释？

3．请结合现实情况来说明我国为什么要进一步加大公共卫生支出。

4．成本—收益分析法的基本步骤包括哪些？

5．成本—收益分析法和最低费用选择法的区别是什么？

第八章 购买性支出

财政购买性支出是财政总支出中的重要组成部分。政府不仅要利用财政购买性支出来满足机关事业单位工作人员薪金发放与公务运作的经费需要，而且还要通过调整财政购买性支出的规模与结构来直接或间接地影响国家经济增长的总量与速度。本章将介绍这些支出包括哪些内容，购买性支出应遵循什么原则。

公共支出的划分标准有很多，根据是否能够直接得到商品和劳务来划分，公共支出可以分为购买性支出和转移性支出两大类。购买性支出是指政府用于购买商品和劳务的支出。其特点是遵循等价交换原则，政府一手交付货币，一手得到所需商品和劳务。本章主要讨论购买性支出。购买性支出包括购买日常政务活动所需商品和劳务的社会消费性支出、公共投资支出和政府购买三大类。

第一节　社会消费性支出

社会消费性支出是由政府直接在市场上购买并消耗商品和服务所形成的支出，是购买性支出的重要组成部分，是政府履行其政治职能和社会职能的重要财力保证。

社会消费性支出是维持政府机构正常运转和政府提供公共服务所需经费的总称，主要包括行政管理支出、国防支出、科教文卫支出等方面，本节主要从这三个方面讨论社会消费性支出。

一、行政管理支出

行政管理支出是指财政用于国家各级权力机关、行政管理机关、司法检察机关及外事机构行使其职能所需要的经费支出。它是维持国家政权、保证各级国家管理机构正常运转所必需的支出，也是纳税人必须支付的成本，是保证国家行使职能的物质需要。

（一）行政管理支出的性质

正确认识行政管理支出必须首先正确认识政府。政府是为社会服务的，政府作为各种形式的公共政策的生产者，其生产出来的公共政策保障了社会秩序和市场机制的正常有效运转。从某种程度上来说，政府行政管理是一种比较典型的公共产品，其满足本书前述公共产品的非排他性和非竞争性。由于政府行政管理产品和服务的受益者是整个社会，某个人享受正常的社会秩序并不会妨碍其他人也享受正常的社会秩序，即行政管理的产品和服务具有非排他性；同时一般来说，也不可能在某人没有付费或不愿付费时就将他排除在享受正常的社会秩序的范围之外，此即行政管理产品和服务的非竞争性。因此，政府行政管理是一种比较典型的公共产品，如果由市场来提供，由于存在“搭便车者”现象及其他一些限制，其收入将不足以补偿全部生产成本，其产品和服务只能由政府来提供。

（二）行政管理支出的特点

行政管理支出可以按照预算收支科目分解为以下四大类：公检法经费、外交外事经费、行政费用和武装警察部队经费。其特点列举如下。

(1) 行政管理支出属于公共支出。政府是组织管理整个国家事务的机关，具有政治、社会及经济职能，政府的行政管理职能是一种公共物品，所以其经费来源也应通过强制性的税收而不是销售产品的方式获得。正是由于政府的行政管理是一种公共物品，其经费的使用才应该面向全体社会成员，尽可能创造良好的社会秩序和生产生活环境，最大限度地发挥政府生产性职能的作用。

(2) 行政管理支出具有稳定性。政府行政机构的设置是根据其履行职能的实际需要而确定的，体现了国家在既定时期行政管理与经济管理工作的需要，也体现了各级政府之间和各职能部门之间的职权划分。由于政府的职能在一定时期是相对稳定的，政府行政机构的设置也是相对稳定的，因此，行政管理支出应在保持合理增长的条件下具有相对稳定性。

(3) 行政管理支出的效率难以考核。行政管理支出可以从公用经费和人员经费两个方面来研究。公用经费是政府实现其生产职能直接所需的经费支出，是政府行政管理支出的主体。当政府生产的各种公共产品和公共决策的数量与范围增大时，公用经费必然也要有相应的增长，同时人员经费作为实现政府管理职能的间接需要也会有所增加。但是由于无法确定政府的人员数量为多少才是合理的以及无法确定行政管理支出总额应占财政支出的多少比重才是合理的，行政管理支出的效率也是难以评价的。

（三）行政管理支出的构成

按使用的单位划分，行政管理支出可分为行政经费、公安支出、司法检察支出和外交外事支出，分别用于行政、公安、司法和外交等部门的经费支出。

根据我国现行的政府预算科目设置，行政支出主要包括行政管理费支出、外交外事支出、公检司法支出、武装警察部队支出四大类。

(1) 行政管理费支出。行政管理费支出包括人大经费、政府机关经费、政协经费、共产党机关经费、民主党派机关经费、社会团体机关经费。

(2) 外交外事支出。外交外事支出包括外交支出、国际组织支出及偿还外国资产支出、地方外事费、对外宣传经费、边境联检费。

(3) 公检司法支出。公检司法支出包括公安支出、国家安全支出、法院支出、检察院支出、司法支出、监狱支出、缉私警察支出。

(4) 武装警察部队支出。武装警察部队支出包括内卫部队、边防部队、消防部队、警卫部队、黄金部队、森林部队、水电部队、交通部队经费和其他支出。

行政管理支出按其用途划分，可分为人员经费和办公经费开支两类。

行政管理支出按性质可分为经常性支出和专项支出。

行政管理支出从来源看可分为财政预算内拨款和预算外收入。

（四）我国行政管理支出的规模分析

行政管理支出的规模是由多种因素共同作用形成的，而且具有历史延续性。直接的影响因素主要有经济总体增长水平、财政收支规模、政府职能及其相应的行政组织规模、政府治理结构、财政预算体制、行政效率和行政管理费本身的使用效率等。对于适度的行政管理支出规模，目前尚缺乏理论依据。在没有更加准确的理论依据的情况下，应考虑以下几个标准：①行政管理支出占财政支出的比重应是下降趋势；②经济总体增长水平、财政收支规模与行政管理费规模应呈正相关和比较稳定的关系；③行政管理支出的增长速度应与财政总收入和财政总支出增长速度同步；④行政管理支出的增长速度应与社会公众的收入增长同步。

从我国的行政管理支出情况分析，存在以下问题。

(1) 我国行政管理费绝对规模过大。首先，行政管理费占GDP(国内生产总值)的比重增加过快。我国改革开放前，这一指标在1.5%左右，20世纪80年代在1.6%～2%，90年代在2%左右，2000年接近3%，2005年这一比重达到3.54%，2005年与1978年相比提高了2%。2000年以来，我国行政管理费占GDP的比重明显提高，如果1.5%～2%尚属合理规模的话，则说明近年来我国行政管理费规模明显偏大。其次，行政管理费占财政支出的比重逐年上升。我国这一指标1978年仅为4.71%，1980年为6.15%，1990年为13.44% ，2000年为17.42%，2005年达到19.19%，2007年达到最大值24.5%，之后缓慢下降，到2014年降为14.49%，但其绝对值依然很高。如果跟同阶段世界上其他发达国家或发展中国家相比，这是一个非常惊人的数字。

(2) 我国行政管理费增长速度过快。首先，行政管理费增长快于GDP增长。改革开放以来，我国经济快速增长，2014年GDP达到635 910.2亿元，与1980年相比，增长了139.71倍，年均增速达15.6%(未扣除物价因素)。而同期行政管理费增长了291倍，年均增长率达18.2%，比GDP增长高出2.6个百分点。其次，行政管理费增长明显快于财政支出的增长。我国财政支出2014年比1980年增长了倍，年平均增长率为15.2%，行政管理费年平均增长率比财政支出年增长率高出3个百分点。行政管理费的过快增长在提高政府服务水平的同时，也容易滋生腐败，带来一系列政治问题。这也是当前政府在规范“三公”经费、建设廉洁政府的一个重要原因。表8-1所示为我国行政管理支出规模的情况。

表8-1 行政管理支出的规模

年份	财政支出总额/亿元	国内生产总值/亿元	行政管理支出额/亿元	占财政支出的份额/%	占GDP份额/%
2000	15 885.5	98 000.454 31	2 768.22	17.40	2.80
2001	18 902.5	108 068.220 6	3 512.49	18.60	3.30
2002	22 053.15	119 095.689 3	4 101.32	18.60	3.40
2003	24 649.95	135 173.976 1	4 691.26	19.00	3.50
2004	28 486.89	159 586.747 9	5 521.98	19.40	3.50
2005	33 930.28	185 808.559	6 512.34	19.20	3.50
2006	40 422.73	217 522.669 8	7 571.05	18.70	3.50
2007	49 781.35	267 763.658 8	12 215.68	24.50	4.60

续表

年份	财政支出总额/亿元	国内生产总值/亿元	行政管理支出额/亿元	占财政支出的份额/%	占 GDP 份额/%
2008	62 592.66	316 228.824 8	14 096.4	22.50	4.50
2009	76 299.93	343 464.690 3	14 159.24	18.60	4.10
2010	89 874.16	408 903	15 124.08	16.83	3.70
2011	109 247.79	484 123.5	17 601.63	16.11	3.64
2012	125 952.97	534 123	20 145.89	15.99	3.77
2013	140 212.10	588 018.8	21 897.67	15.62	3.72
2014	151 785.56	635 910.2	21 986.27	14.49	3.46

资料来源：《中国统计年鉴 2015》。由于 2007 年财政收支分类改革以来，行政管理费这一类别被取消，所以，2007 年之后行政管理支出数据根据中国统计年鉴中一般公共服务支出、外交支出和公共安全支出计算所得。

二、国防支出

（一）国防支出的内容

国防支出是指一国财政中用于军队建设、国防科研事业和其他国防建设的支出总和。我国国防支出的主要内容包括国防费、国防科研事业费、民兵建设费、动员预编费、招飞事业费、专项工程以及其他支出。

影响国防支出水平高低的因素主要有以下几项。

(1) 经济发展水平的高低。国防支出水平从根本上说是由一国的经济实力决定的，一国经济实力越强，其越能负担更多的国防开支；反之亦然。

(2) 国家管辖范围的大小。显而易见，一国领土越大，人口越多，用于保家卫国的国防开支就会越多。

(3) 国际政治形势的变化。战时国防开支较和平时期的国防开支要大得多。

（二）国防支出最优规模的分析

和行政管理的产品和服务一样，国防服务也是典型的公共物品，也满足非排他性和非竞争性。理论上讲，能够使社会福利最大化的国防规模就是最优的有效国防支出规模。

首先假定社会由三个人 1、2、3 组成，每个人消费国防服务的边际收益曲线都不同，假定为 MB_1、MB_2、MB_3，假定国防服务以固定成本增加供给，即边际成本曲线为水平线 MC。

从图 8-1 可以看出，边际成本曲线 MC 高于任何个人的边际收益曲线，由国防服务纯公共产品的特性可知，国防产品的总需求曲线为 MB_1、MB_2、MB_3 垂直相加之和的 MB 曲线，当 MB 与 MC 相交时就得到国防产品的有效供给量 Q^*。

由于国防产品是公共物品，又由于“搭便车者”的存在，社会对国防产品的需求无法通过市场机制获得，而必须有政府的介入，通过公共政策过程得到公众偏好的国防支出规模，并向公众征收供给 Q^* 的国防产品所需的税收。实际上由于社会成员无法表达其确切需求、国防的负担难以合理确定等原因，要找到这一理论上存在的合理的国防支出规模

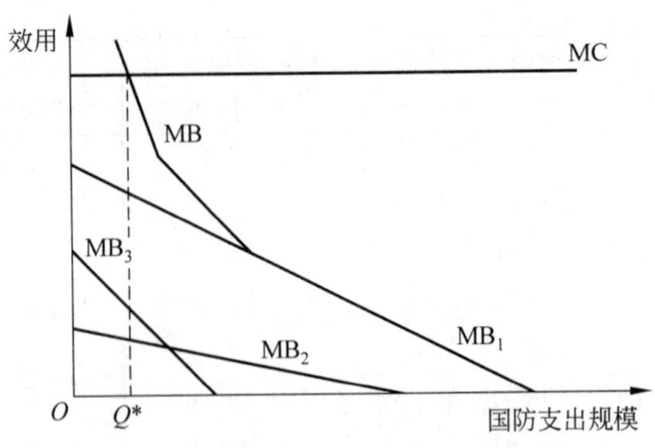

图 8-1　国防支出的有效水平

并非易事。

从国防支出一般均衡的角度，考虑有限资源在国防产品(大炮)和民用产品(黄油)之间的分配。图 8-2 中，社会生产可能性曲线表示在现有资源和技术约束条件下，能够生产的军用产品和民用产品的各种组合，而社会无差异曲线则代表能给社会成员带来相同效用水平的军用产品和民用产品的不同数量组合。根据一般均衡的要求，要实现国防的有效供给，社会对于军用产品和民用产品的边际替代率应等于二者之间的边际转换率，当两条曲线相切时，就达到现有资源和技术约束下的均衡组合。

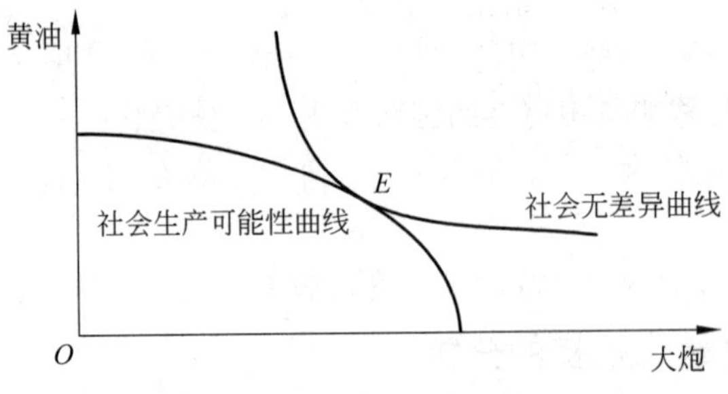

图 8-2　大炮与黄油之间的选择

(三) 我国国防支出的规模

从我国国防支出的绝对量上看，1980 年为 193.84 亿元，1997 年为 812.57 亿元，年均增长 8.28%，但若按国家统计局公布的物价指数，同期全国商品零售价格总额年均上涨 9.36%，实际负增长 1.08%。1998 年为 934.70 亿元，1999 年为 1 076.40 亿元，2000 年为 1 207.53 亿元，2001 年为 1 442.04 亿元，2002 年为 1 707.78 亿元，2009 年为 4 951.1 亿元，2014 年为 8 289.54 亿元。

从我国国防支出的相对量上看，1978 年国防支出占财政支出比重为 15.0%，1980 年为 15.8%，1985 年为 9.6%，1990 年为 9.4%，1995 年为 9.3%，1998 年为 8.7%，2000 年为 7.6%，2001 年为 7.6%，2002 年为 7.7%，2008 年为 6.7%，2009 年为 6.5%，2014 年为 5.46%，有逐年降低的趋势。表 8-2 为我国国防支出及其增长趋势。

表 8-2　我国国防支出及其增长趋势

年份	财政支出总额/亿元	国内生产总值/亿元	国防支出/亿元	占财政支出份额/%	占 GDP 份额/%	比上年增长/%
2000	15 885.5	98 000.4543 1	1 207.5	7.60	1.20	12.30
2001	18 902.5	108 068.220 6	1 442.04	7.60	1.30	19.40
2002	22 053.15	119 095.689 3	1 707.78	7.70	1.40	18.40
2003	24 649.95	135 173.976 1	1 907.87	7.70	1.40	11.70
2004	28 486.89	159 586.747 9	2 200.01	7.70	1.40	15.30
2005	33 930.28	185 808.559	2 474.96	7.30	1.30	12.50
2006	40 422.73	217 522.669 8	2 979.38	7.40	1.40	20.40
2007	49 781.35	267 763.658 8	3 554.91	7.10	1.30	19.30
2008	62 592.66	316 228.824 8	4 178.76	6.70	1.30	17.50
2009	76 299.93	343 464.690 3	4 951.1	6.50	1.40	18.50
2010	89 874.16	408 903	5 333.37	5.93	1.30	7.72
2011	109 247.79	484 123.5	6 027.91	5.52	1.25	13.02
2012	125 952.97	534 123	6 691.92	5.31	1.25	11.02
2013	140 212.10	588 018.8	7 410.62	5.29	1.26	10.74
2014	151 785.56	635 910.2	8 289.54	5.46	1.30	11.86

资料来源：《中国统计年鉴 2015》。

三、科教文卫支出

（一）科教文卫支出的内容及资金来源

科教文卫支出是国家用于发展科学、教育、文化、卫生等社会事业支出的简称。从其用途来看，仅指财政用于科学、教育、文化、卫生等部门的经常性支出，即用于支付这些单位工作人员的工资和公用经费，因此其属于社会消费性支出；从其使用的部门来看，因使用此项支出的部门是非物质生产部门，因此其属于非生产性支出。该类支出对一个国家国民素质、健康水平及社会文明水平的提高具有非常重要的作用。

1. 科教文卫支出的内容

科教文卫支出内容多、范围广，为了便于了解科教文卫支出的内容，可以对其作如下分类。

（1）按支出的部门划分，科教文卫支出主要包括一些内容：文化事业费、教育事业费、科学事业费、卫生事业费、体育事业费、通信事业费、广播电视事业费。此外，还包括出版、文物、档案、地震、海洋、计划生育等项事业费。

（2）按支出的作用划分，科教文卫支出可以分成人员经费支出和公用经费支出。人员经费支出主要用于科教文卫等单位的工资、补助工资、职工福利费、离退休人员费用、奖学金等开支项目；公用经费支出用于解决科教文卫单位为完成事业计划所需要的各项费用开支，包括公务费、设备购置费、修缮费和业务费。

2. 科教文卫支出的资金来源

教育是可以由微观主体提供（兴办）的，需要接受教育的人也可以花钱"买"到这种服务。因此，教育原则上可以不必由政府予以满足。教育实质上只具有准公共产品的性质。因此，在国家财力有限，广大社会公众的收入水平日益提高的情况下，全社会用于教育的经费，应该由政府和享受教育的人共同分担。

科学研究是为社会共同需要的，但由于一部分科学研究的成本与运用科研成果所获得的利益不易通过市场交换对称起来，因此，用于此类科学研究（主要是基础性研究）的经费应由政府承担，而那些可以通过市场交换来充分弥补成本的科学研究（主要是应用性研究）则可由微观主体承担。

卫生事业实际上由医疗和卫生两个部分组成，它们的经济性质是有所区别的。医疗服务固然可由政府提供，但也可由私人提供。不管由谁来提供医疗服务，这项服务都是可以进入市场交换的。另外，医疗服务的利益完全是私人化的。据此可以认为，医疗服务并不必然要求政府出资。但是公共卫生服务则不同，它的利益是社会公众无差别地享受到的，因此私人是不可能愿意提供该项服务的，它必须由政府出资。

（二）我国的教育支出

我国教育分为普及教育和高等教育两类，从其经济性质上来看，普及教育属于纯公共物品范畴，而高等教育则属于公共物品和私人产品的双重范畴。因为我国已经实行九年义务教育制度，普及教育对于每个公民来说既是一种权利又是一种义务，即普及教育具有非排他性和非竞争性的特点，因而属于纯公共产品，则普及教育应该由政府来提供。而高等教育则不同，高等教育能够提高公民素质，促进社会进步，具有很强的正外部性，属于公共产品的范畴；但同时，高等教育的资源是有限的，即高等教育具有排他性，高等教育又属于私人产品的范畴。综合来看，高等教育属于公共物品和私人产品的双重范畴，是混合产品。高等教育的提供则不能完全由政府来承担，也应该允许私人参与投资。表8-3所示为2000—2014年我国教育经费的基本情况。

表8-3　我国教育经费的基本情况

年　份	财政支出总额/亿元	国内生产总值/亿元	国家财政性教育经费/亿元	占财政支出的份额/%	占GDP份额/%	比上年增长/%
2000	15 885.5	98 000.454 31	2 562.6	16.13	2.61	14.90
2001	18 902.5	108 068.220 6	3 057	16.17	2.83	20.50
2002	22 053.15	119 095.689 3	3 491.4	15.83	2.93	18.20
2003	24 649.95	135 173.976 1	3 850.6	15.62	2.85	13.30
2004	28 486.89	159 586.747 9	4 465.9	15.68	2.80	16.70
2005	33 930.28	185 808.559	5 161.1	15.21	2.78	16.20
2006	40 422.73	217 522.669 8	6 348.4	15.71	2.92	16.60
2007	49 781.35	267 763.658 8	8 280.2	16.63	3.09	23.80
2008	62 592.66	316 228.824 8	10 449.6	16.69	3.30	19.40
2009	76 299.93	343 464.690 3	12 231.1	16.03	3.56	17.05
2010	89 874.16	408 903	14 670.7	16.32	3.59	19.95
2011	109 247.79	484 123.5	18 586.7	17.01	3.84	26.69
2012	125 952.97	534 123	23 147.6	18.38	4.33	24.54
2013	140 212.10	588 018.8	24 488.2	17.47	4.16	5.79
2014	151 785.56	635 910.2	26 420.6	17.41	4.15	7.89

资料来源：《中国统计年鉴2015》。

（三）我国的科研支出

科学技术作为推动经济进步和社会发展的关键性因素，是人类文明进步的标志。恩格斯说："科学是一种在历史上起推动作用的革命的力量。"在人类历史上，科学技术的每一次重大突破，都会引起生产力的深刻变革和人类社会的巨大进步。科技投入是科技进步的必要条件和基本保证，而政府的科技投入则是全社会科技投入的重要方面。

1. 科学研究的定义

科学研究的定义为：科学研究是一种知识创新，是科学发现和技术发明，是第一生产力和推动经济发展与增长的内在因素。

2. 科研成果的分类

科研成果可分为以下几类。

(1) 基础科学研究。以自然界某种特定的物质形态及其运动形式为研究对象，目的在于探索和揭示自然界物质运动形式的基本规律。

(2) 应用科学研究。综合运用技术科学的理论成果，创造性地解决具体工程、生产中的技术问题，创造新技术、新工艺和新生产模型的科学。又包括两类：

① 成果可以直接运用，产生经济回报的研究。

② 成果不能直接运用，在一定范围内具有公共产品特性的研究。

3. 科研成果的生产方式

科研成果的牛产方式可分为以下两种。

(1) 基础研究成果。具有正外部性，可以看作公共产品，通常由政府提供。

(2) 应用科学研究。需要政府的支持，以直接拨款或给予特许权和专利权的方式提供。

4. 科研支出的资金来源

根据其资金来源和我国财政的事权分工，科研支出由中央和地方各级财政的多元支出结构组成。根据我国财政对科研支出的划分标准，包括科技三项费用、科学事业费、科研基建费及其他科研事业费等。

5. 科研支出的特性

科研支出具有以下特性。

(1) 高风险，高回报。投入与产出并没有确定的关系，科学研究的投入不一定能获得相同比例的经济回报。

(2) 投资规模大，回报周期长。有些研究成果需要的资源投入很大，但成果却又不都是能在市场上进行交易取得回报，所以企业往往不愿意进行投资，但科研项目又不能停滞，此时就需要政府的支持才能继续。表 8-4 所示为 2000—2014 年我国财政用于科学研究的支出情况。

表 8-4 我国科技研究支出增长情况

年份	财政支出总额/亿元	国内生产总值/亿元	科学技术支出/亿元	占财政支出的份额/%	占 GDP 的份额/%	比上年增长/%
2000	15 885.5	98 000.454 31	575.6	3.60	0.59	5.80
2001	1 8902.5	108 068.220 6	703.3	3.70	0.65	22.20
2002	22 053.15	119 095.689 3	816.2	3.70	0.69	16.10
2003	24 649.95	135 173.976 1	975.5	4.00	0.72	19.50

续表

年份	财政支出总额/亿元	国内生产总值/亿元	科学技术支出/亿元	占财政支出的份额/%	占GDP的份额/%	比上年增长/%
2004	28 486.89	159 586.747 9	1 095.3	3.90	0.69	12.30
2005	33 930.28	185 808.559	1 334.9	3.90	0.72	21.90
2006	40 422.73	217 522.669 8	1 688.5	4.20	0.78	26.50
2007	49 781.35	267 763.658 8	1 783	3.60	0.67	5.60
2008	62 592.66	316 228.824 8	2 129.2	3.40	0.67	19.40
2009	76 299.93	343 464.690 3	2 744.5	3.60	0.80	28.90
2010	89 874.16	408 903	3 250.2	3.62	0.79	18.43
2011	109 247.79	484 123.5	3 828	3.50	0.79	17.78
2012	125 952.97	534 123	4 459.6	3.54	0.83	16.50
2013	140 212.10	588 018.8	5 084.3	3.63	0.86	14.01
2014	151 785.56	635 910.2	5 314.45	3.50	0.84	4.53

资料来源：《中国统计年鉴2015》。

（四）我国的卫生支出

一国的医疗卫生保健体系是国家社会必不可少的产品，是社会文明进步的重要标志，也是社会保障体系的重要组成部分，是人们健康生活的必要前提。医疗卫生保健可以分为公共卫生和医疗两个部分。公共卫生在消费上具有非排他性和非竞争性，一人享用并不会影响其他人的享用，具有很强的正外部性，同时存在“搭便车”的现象，属于纯公共产品，它的提供应该由政府来承担。而医疗服务能够提高广大公民的身体素质，进而提高其生产效率，为整个社会的进步起到很大的推动作用，属于准公共产品的范畴，其可以由个人负担加政府补贴的方式来提供。表8-5是2000—2014年我国的卫生费用基本情况。

表8-5　我国卫生支出成分

年份	卫生总费用/亿元	政府卫生支出/亿元	社会卫生支出/亿元	个人现金卫生支出/亿元	人均卫生费用/元	城市人均卫生费用/元	农村人均卫生费用/元
2000	4 586.63	709.52	1 171.94	2 705.17	361.88	812.95	214.93
2001	5 025.93	800.61	1 211.43	3 013.89	393.8	841.2	244.77
2002	5 790.03	908.51	1 539.38	3 342.14	450.75	987.07	259.33
2003	6 584.1	1 116.94	1 788.5	3 678.66	509.5	1 108.91	274.67
2004	7 590.29	1 293.58	2 225.35	4 071.35	583.92	1 261.93	301.61
2005	8 659.91	1 552.53	2 586.41	4 520.98	662.3	1 126.36	315.83
2006	9 843.34	1 778.86	3 210.92	4 853.56	748.84	1 248.3	361.89
2007	11 573.97	2 581.58	3 893.72	5 098.66	875.96	1 516.29	358.11
2008	14 535.4	3 593.94	5 065.6	5 875.86	1 094.52	1 861.76	455.19
2009	17 541.92	4 816.26	6 154.49	6 571.16	1 314.26	2 176.63	561.99
2010	19 980.39	5 732.49	7 196.61	7 051.29	1 490.06	2 315.48	666.3
2011	24 345.91	7 464.18	8 416.45	8 465.28	1 806.95	2 697.48	879.44
2012	28 119	8 431.98	10 030.7	9 656.32	2 076.67	2 999.28	1064.83
2013	16 68.95	9 545.81	11 393.79	10 729.34	2 327.37	3 234.12	1274.44
2014	35 312.4	10 579.23	13 437.75	11 295.41	2 581.66		

资料来源：《中国统计年鉴2015》。

第二节 财政投资性支出

一、政府投资概述

（一）政府投资的含义

经济增长在很大程度上依赖于社会总投资的增加。从投资主体看，社会总投资又有政府投资和非政府投资之分。政府投资也称财政投资，是指以政府为主体，将从社会产品或国民收入中筹集起来的财政资金用于国民经济诸部门的一种集中性、政策性投资；非政府投资即私人投资，是指以个人和企业等为主体的投资。财政投资性支出与社会消费性支出的根本区别在于，财政资金往往借助于投资活动转化为资本，参与企业生产经营活动，形成经营性国有资产。

由于社会经济制度和经济发展阶段的不同，政府投资和非政府投资在社会总投资中所占的比重有相当大的差异。一般来说，在实行计划经济体制的国家，计划是资源配置的主要方式，政府投资在社会投资总额中所占比重较大；而在实行市场经济体制的国家，市场是配置资源的主要方式，非政府投资所占比重较大。从经济发展状况看，在发达国家，政府投资所占比重较小，在发展中国家由于政府需要进行大量基础设施建设等投资，政府投资所占比重较大。

（二）政府投资与私人投资的差别

政府投资即财政投资与私人投资相比，二者主要存在以下三方面的差别。

(1) 投资目标不同。从投资目标看，私人投资追求利润最大化，更多考虑的是内部成本和收益，而较少考虑投资的外部成本和收益。而财政投资主要追求的是社会效益的最大化，对纳税人的生产或生活创造外部条件负有主要责任，但同时，一旦财政投资明确了方向，在具体使用投资资金时就要衡量其经济效益。

(2) 投资领域不同。从投资领域看，出于经济利益目标，私人投资主要投向市场化程度高、投资期限短、见效比较快的项目。政府财政投资则更多关注那些存在市场失灵的领域，经常投资与国计民生相关的大型项目和长期项目，及经济发展中比较薄弱的重点工业和新兴产业。

(3) 资金来源不同。从资金来源看，私人投资的资金主要来源于自有资金及各种社会筹资，在筹资时容易受到诸多因素的制约，投资规模往往十分有限。政府投资通常可以根据投资项目所需资金规模通过财政拨款进行投资，必要时还可以通过发行公债等方式进行筹资。

表 8-6 为私人投资与财政投资的区别。

表 8-6 私人投资与财政投资的区别

项 目	私人投资	财政投资
投资目标	追求利润最大化或股东利益最大化	追求社会效益最大化
投资领域	市场化程度高、投资期短、见效快的项目	更多关注存在市场失灵的领域，经常投资大型项目和长期项目
资金来源	自有资金及社会筹资，投资规模有限	财政拨款，必要时可通过发债方式筹资，相对宽松

（三）政府投资的范围

确定政府投资的具体范围，是对政府投资领域的进一步明确，需要根据政府投资的特点和国民经济各行业的特殊性质来决定。根据建设项目在社会经济发展中的作用，可将投资项目划分为三大类：竞争性、基础性和公益性投资项目。①竞争性项目是指完全受市场调节，在微观上具有明显盈利性的项目，其产品属于典型的私人产品，价格完全通过市场竞争形成，如轻工、纺织、机械、电器等加工业。②基础性项目是指为社会经济各部门提供共同的生产条件的建设项目，主要是基础产业项目，包括基础设施和基础工业，具有公共产品的一般特征。如交通运输、通信、水利、供电设施等，以及能源、基本原材料等工业。③公益性项目是指外部效益强烈，或者完全没有内部效益的项目，属于公共物品或准公共物品，如文化、教育、科学、卫生、国防等项目。

竞争性项目应以企业为投资主体，通过市场筹集资金，政府也可以有选择地加以支持；基础性项目主要应由政府集中必要的资金进行建设，并引导社会资金、企业资金和外资参与投资；公益性项目则主要由各级政府投资建设，但某些项目如教育，吸引社会个人投资也是必要的。

（四）政府投资的意义

政府投资具有如下意义。

(1) 调节社会总供给和总需求的平衡。政府投资对国民经济的健康发展起着重要的促进作用，投资可以带动生产资料和设备生产的增长，还可以刺激消费品生产的增长。投资可以刺激需求，同时可以增加和改善供给，它可以通过乘数效应来影响社会总需求和总供给的平衡关系。

(2) 调节经济结构，促进社会资源优化配置。市场经济条件下，属于市场活动的非政府投资在资源配置中起着基础性作用，但非政府投资不会顾及非经济的社会效益，政府投资于关系国计民生的关键领域会促进社会资源的优化配置，防止国民经济发展速度因“瓶颈”的制约受到影响。

(3) 改善投资环境，引导资金流向。由于社会资源分布极不平衡，以及地区经济发展差异大，需要政府投资来改善投资环境，推动整个国民经济的协调发展，如西部大开发战略。

二、财政投融资制度

（一）财政投融资的含义

财政投融资是指政府为实现一定的产业政策和财政政策目标，通过国家信用方式把各种闲散资金，特别是民间的闲散资金集中起来，统一由财政部门掌握管理，根据经济和社会发展计划，在不以盈利为直接目的的前提下，采用直接或间接贷款方式，支持企业或事业单位发展生产和事业的一种资金活动。财政投融资是一种政策性投融资，它不同于一般的财政投资，也不同于一般的商业性投资，而是介于这两者之间的一种新型的政府投资方式。

财政投融资作为市场经济条件下政府配置资源的重要实现途径，在促进经济有效增长、调整和改善经济结构、强化宏观调控能力等方面都具有独特的功效。我国财政投融资起源于20世纪50年代，进入80年代以后得到迅速发展。但随着我国市场经济的日渐完善和公共财政框架的逐步确立，原有财政投融资体制的问题日益突出，使得对其进行改革的必要性和紧迫性大大增强。

（二）财政投融资的特点

财政投融资具有如下几个特点。

（1）财政投融资是常规财政信用资金，是为弥补国家预算赤字而实施的，为国家预算筹集资金并同国家预算资金一道被无偿用掉，过后要靠增加税收来归还，而政策性投融资与预算是否有赤字无关，它是出于实施财政政策需要而进行的信用活动，所筹集的资金是以有偿形式来运用的，无须用未来时期税收归还。因此，财政筹集的这笔信用资金，并不是常规的国家预算资金，而是国家财政资金的特殊补充。

（2）它一手以有偿方式借来资金，一手又以有偿方式使用这些资金，与社会一般融资活动相同，但它的运用目的并不是盈利，因此，它与一般社会金融活动又有根本性区别，它的使用具有鲜明的公共性。

（3）它融金融性与财政性为一体，从而在宏观调控中，有着货币政策与财政政策双重功能，又比财政政策与货币政策实施安全得多，加大投融资力度，扩张信用，可以起到与扩张性货币政策相同的作用，但又与一般信用扩张不同，不会在拉动经济的同时，有引发通货膨胀之虞，也不会引起财政债务依存度过高，带来财政风险问题。它是一种安全性大的特殊信用活动。

（三）财政投融资的意义

财政投融资具有以下几个意义。

（1）财政投融资是弥补财政宏观调控能力不足的有效手段。在我国财政宏观规模过低的条件下，面对大量的市场配置失效领域的存在，所导致的各个“瓶颈”产业急需投资的情况，通过健全的财政政策性投融资体系，可以借助社会资金来补充财政资金之不足，用以加快“瓶颈”产业建设，推动经济协调发展。

（2）财政投融资可诱导社会投资沿政府意图方向发展。财政政策性投融资体现着政府意志，反映政府扶持重点产业的意图，凡能得到政府投融资支持的产业，表明这些产业很有发展前途，因此，财政投融资重点投入的产业，就会引起商业银行和私人资本关注，跟随其后进行投资，从而拉动社会资本投向与政府资源配置意图相一致，起到宏观调控作用。

（3）财政投融资可加大财政政策与货币政策协调力度。财政政策性投融资具有财政政策与货币政策双重功能，在财政政策与货币政策之间插入一个政策投融资体系，可以更好地使两大政策协调配合，当需要加大结构调整力度，更需财政政策多出力时，通过财政投融资体系，可以更多地把社会储蓄吸引到结构调整方面来，从而将货币政策转化为结构调整手段，配合财政政策调节；当需要加大总量调节、扩大需求或供给时，更需要加大货币政策的总量调节作用时，通过财政投融资体系加大投融资规模，又可以有效地配合货币政策，加大拉动经济的力度。

我国的财政投融资制度正处在建设之中，政策性银行是财政投融资制度的主要载体，我国在1994年先后设立了三家政策性金融机构，即国家开发银行、中国农业发展银行、中国进出口银行。这些金融机构专门从事政策性金融活动，支持政府发展经济，实施宏观经济调控任务。

三、基础产业的财政投资

基础产业是支撑一国经济运行的基础部门，是关系国民经济整体利益和长远利益的物质基础，它决定着工业、农业、商业等直接生产经营活动的发展水平。基础产业又包括基础设施和基础工业，如机场、港口、桥梁、水利、供气供电设施等基础设施，以及能源和基础原材料工业等基础工业。

（一）基础产业的特征

基础产业具有以下几个特征。

（1）具有公共产品的一般特性。基础设施在一定程度上具有公用性、非独占性、不可分性，从而具有公共产品的一般特性。

（2）基础产业处于生产部门的上游。基础产业是一种社会先行资本，其产品和服务是其他部门生产和再生产时必需的投入品，如能源和原材料。

（3）具有自然垄断的特征。基础产业如供水供电等具有显著的规模经济特性，生产规模越大其边际成本越小，生产越有效率，加上资源的特殊性构成自然垄断。

（4）基础产业大都属于资本密集型产业。无论是基础设施还是基础工业，都需要大量的资本投入，回收周期长，个人投资者往往不能也不愿进行如此大规模的投入，通常只能依赖政府投资。

（二）基础设施的提供方式

基础设施分为基础建设和社会性基础设施。基础设施是国民经济各项事业发展的基础，往往需要较长的时间和巨额的投资。所以说，选择一个合适的基础设施提供方式是十分重要的。基础设施的提供方式主要有政府筹资建设、政府与民间共同投资、BOT投资方式与基础设施投资证券化等。

1. 政府筹资建设

政府筹资建设，或免费提供，或收取使用费。由政府独资建设的项目主要出于以下三种考虑。

（1）关系国计民生的重大项目，如长江三峡工程、青藏铁路、南水北调之类的关系国家社会经济发展以及人民当前的和长远利益的重大项目，只能由政府采取多种渠道集资来提供。

（2）维护国家安全的需要，如宇航事业、核电站、战备公路等。

（3）反垄断的需要，垄断利润可能是以损害社会福利为代价的，因此政府可以通过公共定价对垄断行业严加管理，也可以由政府直接承担投资责任。

还有一些基础设施，如市区道路、上下水道、过街天桥等，具有明显的非排他性或很高的排他成本，单项投资不大，数量众多，也适于作为纯公共物品由政府投资提供。

2. 政府与民间共同投资

需要政府与民间共同投资的基础设施项目通常具有以下三个特点：①具有一定的外部

效应、盈利率较低或风险较大。②政府在其中主要发挥资金诱导和政策支持作用。③实例有高速公路、集装箱码头及高新技术产业等。在此类项目中，政府可以采用投资参股、优惠贷款、提供借款担保、低价提供土地使用权、部分补贴和减免税收等方式来发挥政府的作用。

3. BOT 投资方式

BOT 是英文 Build-Operate-Transfer 的缩写，通常直译为“建设—经营—转让”。这种译法直截了当，但不能反映 BOT 的实质。BOT 实质上是基础设施投资、建设和经营的一种方式，以政府和私人机构之间达成协议为前提，由政府向私人机构颁布特许，允许其在一定时期内筹集资金建设某一基础设施并管理和经营该设施及其相应的产品与服务。政府对该机构提供的公共产品或服务的数量和价格可以有所限制，但保证私人资本具有获取利润的机会。整个过程中的风险由政府和私人机构分担。当特许期限结束时，私人机构按约定将该设施移交给政府部门，转由政府指定部门经营和管理。所以，BOT 一词意译为“基础设施特许权”更为合适。

BOT 融资模式具有如下特点。

(1) 私营企业基于契约许可取得通常由政府部门承担的建设和经营特定基础设施的专营权。

(2) 在特许权期限内，该私营企业负责融资建设和经营管理该基础设施项目。

(3) 特许权期限届满时，项目公司须无偿将该基础设施移交给政府。

4. 基础设施投资证券化

长期以来，我国基础设施建设资金大部分来源于政府财政和银行贷款，政府财政的有限性和银行贷款的局限性同经济发展对基础设施的需求之间存在着很大的矛盾，这已经成为制约基础设施发展的障碍。

在这种情况下，资产证券化融资方式以其独有的特点自然就进入政府的视野。基础设施是一种非常重要的社会资产，其规模巨大，资金需求量也十分庞大。由于基础设施功能的特殊性，其未来资金流入十分稳定，而且其背后往往有着政府信用做支撑，所以推行基础设施未来收益证券化具有很强的可行性。

将基础设施未来收益证券化定义为：基础设施建设公司以其盈利性基础设施所对应的未来现金流为基础，通过结构重组和信用增级过程，在开放性的金融市场上发行证券进行融资的过程。以未来的权益作为担保，公路收费权、电费收入和自来水费等，发起人指经营基础设施的企业，如交通、通信、水利、电力等，它们创造并提供资产证券化的基础资产。基础资产的潜在债务人是基础设施的未来的消费者，他们是偿付资产支持证券本金和利息现金流的原始提供者。发行人则通常被构造成一个专司资产证券化经营的特殊机构，被称为特殊目的载体，其一方面通过发起人的“真实出售”购买基础资产，构造成资产池，并对其现金流及风险进行结构性重组；另一方面以资产池现金流为支持发行证券融资。投资者是指购买资产支持证券的机构或自然人。

四、农业的财政投资

农业生产不仅为我们提供了基本的生存条件，为其他生产活动提供了基础，而且农业劳动生产率的提高是工业化的起点和基础。稳定农业是使国民经济稳定持续发展的重要因素。

从农产品供给看，受气候条件及其他条件的影响，不仅波动很大，而且具有明显的周期性；而另一方面，农产品的需求却相对稳定，这种不稳定的供求关系会使农业部门的生产条件经常处于不稳定状态。因而，农业危机很难依靠市场自身的力量加以克服，会进一步干扰经济整体运行。因此，稳定农业，需要政府投资于农业。

在我国目前GDP的分配格局下，由于工农产品价格之间存在不利于农产品的“剪刀差”，不仅使农业部门盈利水平长期偏低，很难形成有意义的利润规模，形成的利润也不大可能再转入农业投资领域，因而无法依靠农业部门自身积累发展农业，而且较低的农业投资盈利率，也不可能吸引金融机构的贷款，在这种情况下，发展农业必须依靠政府投资。

政府对农业财政投资的范围和重点如下。

(1) 以立法的形式规定财政对农业的投资规模和环节，使农业的财政投入具有相对稳定性。

(2) 财政投资范围应有明确界定，主要投资于以水利为核心的农业基础设施建设、农业科技推广、农村教育和培训等方面。

(3) 注重农业科研活动，推动农业技术进步。

(4) 凡是具有“外部效应”以及牵涉面广、规模巨大的农业投资，原则上都应由政府承担。

我国财政对农业的投资不断加大。我国当前的农村和农业已经发生根本性的变化，因而农业财政投入的规模和重点也必须适应新的变化做出合理的安排。财政在支持农村建设和农业发展方面仍存在众多薄弱环节，还有待进一步完善和加强。财政的支农支出应集中用于那些“外部效应”较强的“市场失灵”的领域，诸如农业基础设施建设，大江大河的治理，农业科技的研究开发和推广示范，农业产业化、农业社会化服务体系建设，自然灾害的防御等。

第三节　政府采购制度概述

政府采购经过西方国家的完善和发展，其适用范围从局部逐步向世界性范围扩展，组成了当今国内甚至国际经济发展不可或缺的一部分。由于政府采购主体本身的特殊性以及所涉及的交易对象的迥异，使得分析政府的经济行为相比单个消费者行为复杂得多。政府作为一个具备完全行为能力的特殊主体，它的经济决策不仅要考虑经济的影响，更应受到制度的监管。

政府采购作为一种资源分配方式，正逐渐向高效、先进、符合市场经济发展规律的方向发展，对调节国家经济运行、国家公共管理以及维护本国利益发挥了不可磨灭的作用。

一、政府采购的概念及特征

（一）政府采购的概念

政府支出按照财政支出是否直接在经济上获得等价补偿可分为转移性支出和购买性支出。而购买性支出则是我们财政学研究的政府采购内容。

政府采购也称公共采购，是政府支出中购买性支出的重要内容，指政府为了履行某种职能，以公开招投标为主要方式，运用财政资金依照一定的程序集中展开采购的一种行为。政府采购的对象是政府采购的交易方和政府采购的标的物。

（二）政治采购的特征

由于政府采购主体本身的特殊性、所涉及交易范畴的异质性，同私人采购相比，政府采购具备自身的特征。

（1）采购资金来源的公共性。政府采购的资金来源于财政拨款和政府的公共借款，是由纳税人缴纳的税收和政府公共收费形成的财政资金，因此具有公共性。因为区分政府的转移性支出和购买性支出的标准是看是否得到在经济价值上等价的补偿物，所以在实际操作中，一般将财政支出减去政府转移支出剩下的就是政府采购。

（2）采购主体的特殊性。政府采购的主体主要是指依靠国家财政资金运转的政府机构、社会团体和企事业单位等公共实体。

同私人采购相比，政府采购的特殊性主要表现在以下几个方面：①政府采购的全过程需要接受社会的监督，故称为“阳光下的交易”，是一种完全透明的，自始至终受社会舆论和媒体的监督；②政府采购所涉及的交易数额巨大，是国内市场的最大买主，一般占到GDP的较大比重；③政府采购市场是公共市场，与一般的私人市场有较大差别，这个市场受国家法律法规和政策的影响。

（3）采购目的的非盈利性。所谓采购目的的非盈利性是指政府采购不是一种以盈利为目的的行为，而是通过采购为政府各部门和公共实体提供公共物品和服务。因此政府采购活动是终极的，采购主体是初始也是最终用户，不涉及商业性。

（4）采购行为的政策性。政府采购所涉及的内容和范围都要经过国家财政预算的批准，未经批准的采购主体不能随意更改或变动。由于政府采购所涉及的交易额度巨大，是国家宏观调控的重要工具之一，可以最大限度地平衡资源之间的分配。因此，采购主体必须遵守财政预算的要求，用于实现国家运用政府采购对宏观经济政策的调控。

（5）采购制度的规范性。政府采购程序是由政府采购相关法律法规规定的，它不是一般性的购买行为，需要通过一整套完整的采购制度来加以规范。由于政府采购是非盈利性的，需要借用严格的法定程序来提高资金的使用效率，避免浪费。尽可能做到采购制度与过程的公开透明，通过规范化的管理，减少不必要的寻租行为。

二、政府采购的模式

政府在采购过程中会根据标的物的价值、类别以及采购的便捷度采用不同的采购模式，通常最普通的采购模式包括集中采购模式和分散采购模式，另外也有采用集中与分散相结合的采购模式。

（一）集中采购模式

集中采购模式是指在政府中设立一个专门从事采购活动的部门从事日常的采购活动，不允许使用单位自行开展采购活动。

集中采购具有如下优点：①采购要求集中。集中采购必然带来大型、合并的采购要求，这有利于吸引潜在的供应商。②采购集中化有利于培养更多技能精湛、知识全面的采购人员，增加采购人员对业务的熟知能力，增强对技术的认识和理解。③集中采购模式增加了战略、管理和作业层之间的联系。各种采购政策决策等在采购部门的各层次上更容易执行。

（二）分散采购模式

分散采购模式是指使用单位根据自身需求在财政预算的范围内从事采购活动，以满足特定的需求。

这种采购模式相对较灵活，使用单位可以根据需要自主决定采购的标的物，但是分散采购难以实现集中采购那样的规模效应，由于缺乏必要的沟通可能存在重复采购的现象，易造成资源的浪费。因此，分散采购难以实现政府采购的经济性和效率性的目标。因此，分散采购部门可委托具备政府采购资格的部门采购，也可以委托相关代理机构代理采购活动，以最大化实现资源的利用。

（三）集中与分散相结合的采购模式

集中与分散相结合的采购模式是指一部分采购标的物由统一采购部门负责采购，另一部分则由各单位自行负责采购的一种模式。此种采购模式需设立采购门槛，超过采购门槛的部分由统一采购部门负责采购，低于采购门槛的部分由单位自行负责采购。这种采购模式也是现代政府采购模式中使用最多的一种采购模式，因为单独使用集中采购模式不够灵活，而且各部门之间的需求差异较大，会增加采购成本。而完全使用分散采购模式也不易形成规模效益，不利于政府采购调节宏观经济的政策功能。所以当前使用最多的采购模式是折中的模式，即集中与分散相结合的采购模式，对主要的商品和服务采用集中采购的模式，而对较小商品和服务则采用自主采购的模式。

三、政府采购制度

政府采购制度是指为使政府的购买行为规范化而建立的一套制度和规则的总称，包括政府采购政策、采购法规、采购程序、采购管理和采购的监管机制等。

（一）政府采购制度的原则

要建立良好的政府采购制度，必须遵循一些重要原则，一方面政府采购制度的制定要立足本国的国情，符合自身社会经济发展现状；另一方面也要充分吸收国外发达市场经济的先进制度。

（1）竞争性原则。政府采购引入了竞争机制，是政府采购的最大特点。竞争是事物发展的动力，是促进资源优化配置的最有效途径，任何的干预都有可能导致资源的浪费，政府采购倡导充分竞争的理念。政府采购的主要目标是通过促进供应商、承包商或服务提供者之间最大限度的竞争来实现的。通过竞争，形成买方市场，促使投标人提供更好的商品、技术和服务，设法降低产品成本和投标报价，从而形成对买方有利的竞争局面，可以以较低的价格采购到优质的商品。

（2）公开性原则。公开透明是政府采购必须遵循的基本原则之一，政府采购被称为“阳光下的交易”。政府采购资金来源于纳税人，只有坚持公开透明，才能为供应商参加政府采购提供公平竞争的环境，为公众对政府采购的使用情况进行有效的监督创造条件。公开性原则是指有关政府采购的法律、政策、程序和采购过程及采购结果都要公开，采购机关使用公共资金进行采购，对公众拥有管理责任，务必谨慎地执行政府采购政策并使采购具有透明度，使政府采购活动在完全透明的状态下运作，全面、广泛地接受监督。公开性原则使得采购法律和程序具有可预测性，有利于投标商预测参加投标的代价和风险，提出最为合理的价格；同时，公开性原则还有利于防止采购机构及其上级主管做出随意的或不适当的行为或决定，从而增加潜在的投标商参与采购并中标的信心。

（3）公平性原则。公平性原则是市场经济运行的重要法则，是政府采购活动的基石。公平竞争要求在竞争的前提下公平地开展政府采购活动，首先是要将竞争机制引入采购活动，让采购人通过优中选优的方式，提高财政性资金的使用效益，获得物美价廉的采购对象。公平性是指参加竞争的所有投标商机会均等，受到平等待遇。其次是竞争必须公平，不能设置不正当的条件妨碍充分竞争。有兴趣的供应商、承包商或服务提供者都有机会参加竞争；资格预审和投标评价对所有的投标人都使用同一标准；采购过程向所有投标人提供的信息都一致；不歧视公有或非有、本地或外地、国内或国外投标商等。政府采购的竞争是有序竞争，必须公平地对待每一个供应商，不能限制符合条件的供应商参与政府采购活动，要公平地披露采购信息。公平性原则是实现政府采购目标的重要原则。

（4）公正性原则。公正性原则要求采购主体应当按照公正平等的原则处理与任何供应商的利益关系，不得偏袒或者歧视任何供应商。法律法规对采购主体做出了相应的限定，以确保公正性原则的实现。政府采购的主体有权根据财政预算的要求使用和授予采购合同，因此采购主体如果滥用这种权利或者不公平地对待竞争者，势必将从根本上危害政府采购公正性原则的实施。

（二）政府采购制度的功能

政府采购制度增强了政府的宏观调控能力，强化了预算约束。政府采购制度通过引入市场竞争机制，可以减少财政支出，并且可以对市场经济进行直接或者间接的干预。政府采购制度具有如下功能。

（1）调节宏观经济的运行。政府采购所涉及的交易数额巨大，可以帮助政府强化财政支出的科学管理，实现政府所追求的宏观经济预期目标。根据经济运行的特定阶段制定相应的采购计划，在经济运行过热超出一定的通胀预期时，可适当压缩和推迟采购行为，减少社会总需求；在经济相对偏冷时，可通过政府采购行为适当刺激社会的总需求，促进经济的正常运行。同时政府采购还可以促进和扶持政府所支持产业的发展，达到调整经济结构和产业结构升级的目的。

（2）提高财政支出效率。政府采购制度通过引入市场竞争机制，可以减少财政支出，增强政府的宏观调控能力，强化预算约束。通过公开竞争，“货比三家”，使有限的财政资源可以购买到物美价廉的商品或高效优质的服务，实现货币价值的最大化，提高资金的使用效益。

（3）增加行政透明度。建立政府采购制度，在政府采购过程中引入招标、投标等竞争机制，使政府行为置于财政、审计、舆论等部门和社会公众的监督之下。实行政府采购制度不但使各种采购活动的透明度大大提高，而且直接置于财政部门的监督之下，一切按照法律、法规办事，公平、公正和透明化地规范政府的行政行为，消除腐败现象，促进政府的廉政建设。

（4）强化政府的市场意识。建立政府采购制度有助于政府部门增强政府的公仆意识和公民的主人公意识，确保创建服务型的政府。由于政府的资金来源大部分是来自纳税人所缴纳的税金，从这层意义上来说纳税人是委托方，委托政府管理社会公共事务；而政府则是契约关系的代理方，代纳税人行使和处理日常公共事务。因此，作为代理方的政府应具备较强的市场意识，以最大化实现委托方纳税人的利益。

本章小结

<table>
<tr><td rowspan="3">购买性支出</td><td>社会消费性支出</td><td>社会消费性支出是由政府直接在市场上购买并消耗商品和服务所形成的支出，是购买性支出的重要组成部分，是政府履行其政治职能和社会职能的重要财力保证。
社会消费性支出是维持政府机构正常运转和政府提供公共服务所需经费的总称，主要包括行政管理支出、国防支出、科教文卫支出等方面</td></tr>
<tr><td>财政投资性支出</td><td>社会总投资有政府投资和非政府投资之分。政府投资也称财政投资，是指以政府为主体，将其从社会产品或国民收入中筹集的财政资金用于国民经济诸部门的一种集中性、政策性投资；非政府投资即私人投资，是指以个人和企业等为主体的投资。财政投资性支出与社会消费性支出的根本区别在于，财政资金往往借助于投资活动转化为资本，参与企业生产经营活动，形成经营性国有资产</td></tr>
<tr><td>政府采购制度</td><td>政府采购也称公共采购，是政府支出中购买性支出的重要内容，指政府为了履行某种职能，以公开招投标为主要方式，运用财政资金依照一定的程序集中展开采购的一种行为。政府采购的对象是政府采购的交易方和政府采购的标的物</td></tr>
</table>

核心概念

社会消费性支出　财政投资性支出　政府采购制度

思考题

一、名词解释

1. 购买性支出
2. 行政管理支出
3. 投资性支出
4. 政府采购

二、简答题

1. 简述政府投资的特点。
2. 分析基础产业在国民经济中的地位。
3. 怎样处理好基础产业与主导产业发展的关系?
4. 影响农业投资增长缓慢的主要原因何在?
5. 怎样合理确定基础产业投资的规模与结构?
6. 阐述政府应怎样为农业的发展提供支持。
7. 政府采购的意义是什么?

第九章 财政转移支出

第一节　转 移 支 出

政府转移性支出是国家政府对国民收入进行再分配的一种手段，是政府的非市场性调节行为。本章内容主要包括社会保障支出、财政补贴、捐赠与债务支出、税式支出，重点探讨社会保障支出，财政补贴的内容、意义以及存在的问题。

一、转移支出概述

（一）转移支出的定义

财政转移支出是政府资金无偿的单方面的转移，是政府为了实现政府特定的经济社会目标，是价值的单方面无偿的转移支出，不遵循等价交换的原则。与财政购买支出不同，转移性支出与商品和劳务交易行为没有发生直接联系，而是为了实现社会公平目的而采取的资金转移措施，如社会保险、社会救济、扶助贫困人口等支出。

（二）转移支出的特点

转移性支出主要是通过转移性支出的受益者将政府支出转化为实际的购买商品和劳务的支出，对社会需求间接地产生影响，并由此通过转移性支出的具体领域表现出对社会供给的影响。转移性支出的具体特点表现在如下两方面。

(1) 无偿性。转移支付是指政府或企业的不以购买本年的商品和劳务而做的支付，即政府或企业无偿地支付给个人或下级政府，以增加其收入和购买力的费用。

(2) 间接性。这笔款项是不计算在国民生产总值中的，其原因在于这笔款项的支付不是为了购买商品和劳务，所以将其称作转移支付，有时也称作转让性支付。它是通过政府将收入在不同社会成员之间进行再分配而实现的，不是国民收入的组成部分。

（三）转移支出的作用

转移性支出体现了政府财政的公平、稳定和效率三大职能。

(1) 转移性支出是政府履行公平职能的主要手段。转移性支出是政府将财政资金从收入水平较高的个人、企业和地区所缴纳的税收转移给低收入的居民或者地区，因此政府通过财政转移性支出，缓解了社会收入分配差距悬殊的矛盾，增加了接受群体的货币收入，对个人与企业实行了再分配。

(2) 转移性支出也是政府履行稳定职能的重要手段。转移性支出能够实现经济的自动调节，政府通过转移性支出间接增加了社会购买力，对宏观经济态势起到了推动的作用。尤其是救济支出和社会保险支出等，能够自动地与宏观经济运行状态呈反向态势变动，是宏观经济运行的自动稳定器。

(3) 转移性支出带动货币收入之间的流动，也是对资源和要素的重新配置。转移性支出的接受方是那些贫困地区、生产与生活困难的企业和个人，为保证其经济发展、基本的生产和生活权利，政府会按照相应的条件，将高收入地区所纳的税收的一部分予以资助，带动了有差异的地区和人群之间货币收入的流动，从而也可以提高整个社会的福利水平。

二、转移支出的影响

（一）转移支出对社会再生产的影响

1. 转移支出对生产的影响

个人在得到转移性的收入以后，是否用于购买市场上的流通物品，就不得而知，所以政府的转移性支出对生产的影响是间接的。个人和家庭得到政府的转移性支出，增加了个人的可支配收入，他们将会把这笔资金用于消费和储蓄。个人对市场上商品的消费和购买对生产起到了很大的刺激作用，鼓励了市场上的生产行为；而用于储蓄的一部分，在很大程度上又增加了企业的投资。

企业收到转移性支出的资金，它对生产的影响就是直接的。这些资金一部分可能用于投资而促进生产，另一部分作为增加的薪酬发放给个人，又增加了个人的可支配收入。同时政府向企业发放补贴的目的，就是鼓励私人企业进行投资，或使亏损的私人企业维持其生产规模，所以这类补贴，可在促进生产发展或遏制生产萎缩方面发挥重要作用。

2. 转移支出对流通的影响

转移支出对流通的影响主要由私人消费需求和企业投资需求来实现，这两部分构成了社会总需求，转移支出由社会保障金、财政补贴和债务利息等要素构成，这些支出的一部分将无偿地注入非政府机构。如果转移支出的对象是个人或者家庭，则可以直接增加个人和家庭的可支配收入，从而形成私人消费需求；如果转移支出的对象是企业，这些支出会直接转化为企业的可支配收入，其中一部分形成企业投资，而另一部分则以薪酬的形式转化为个人的可支配收入，进一步形成私人消费需求，从而扩大社会总需求。

3. 转移支出对分配的影响

转移性支出所起的作用，是通过支出过程使政府资金转移到领受者手中，对财政资金的分配产生直接影响。

对以个人为对象的转移性支出来说，它实际上是国民收入的再分配。(因为这笔资金来源于国民收入初次分配中所分得的各种收入交的税)这笔支出领受的对象一般仅限于那些收入低于维持基本生活水平的居民。因此，这笔支出，将使高收入阶层的一部分收入转移到低收入阶层的居民手中，国民收入的分配格局会发生有利于低收入的个人或家庭的变化。

对以企业为对象的转移性支出，其资金来源于各种税收，这就使得国民收入在纳税人和获得补贴的企业之间发生转移，从而导致纳税人和享受补贴的企业在国民收入分配中所占份额相应提高。在很大程度上，这种转移更有利于国民收入分配的合理化。

（二）转移支出对经济活动的影响

转移支出对经济活动的影响表现在以下两方面。

(1) 间接影响社会生产和就业，直接影响国民收入。购买性支出对社会的生产和就业有直接的影响，因为它是政府直接以商品和劳务的购买者身份出现在市场上的，而购买性支出对国民收入分配的影响是间接的。转移性支出通过支出过程使政府拥有的部分资金转移到受益者手中，对国民收入分配产生直接影响，它不仅是资金使用权的让渡，而且涉及所有权的转移；而资金受益者是否使用这笔资金购买商品和劳务以及购买何种商品和劳务，已经脱离了政府的控制，因此转移性支出对生产和就业的影响是间接的。购买性支出与转移性支出对就业、生产及对国民收入分配影响的不同，和各自占财政总支出比重的大小决定了财政职能的实现程度。以购买性支出占较大比重的支出结构的财政活动，执行优化资源配置的职能较强；以转移性支出占较大比重的支出结构的财政活动，则执行调节收入分配的职能较强。

（2）对微观经济组织以及政府具有软约束。转移性支出对政府和微观经济组织的约束作用是不一样的。购买性支出对微观经济组织所产生的是硬性的约束作用。微观经济组织经济效益的高低唯一地取决于自身的成本开支水平和生产经营水平的高低，与政府的购买行为无关。在政府用财政资金在商品、劳务市场上购买商品或劳务时，无论是政府还是向政府提供商品或劳务的经济组织，都必须遵循等价交换的原则。对于政府而言，政府购买性支出使用效果的高低与政府在市场上所购商品、劳务的数量及质量密切相关，所购商品、劳务数量越多，质量越高，则财政支出的使用效果越好。而转移支出对政府及微观经济组织所产生的约束作用却是软性的。对于获得转移支出的微观经济组织而言，其获得转移支出数额的大小，并不唯一地取决于自身经营管理水平的高低，亦不直接取决于其成本开支水平的高低（例如政府在向国有企业提供亏损补贴时，就很难准确地将政策性亏损与经营性亏损区分开）；对于政府而言，转移支出资金的使用效益如何，并不直接取决于拨付转移支出的政府，而取决于获得转移支出的单位如何使用这笔资金，社会无法直接考核政府该项支出的使用效果。故转移性支出无论对政府还是对微观经济组织所产生的约束作用都是软性的。这就提醒社会必须格外重视政府转移支出的使用效果问题。从不同侧面加强对政府转移支出的监督和控制，以提高转移支出的使用效果。

同时，转移性支出是调节经济运行的重要手段，它配合累进的所得税制度，实现对经济运行的自动调节。基本原理：①当经济处于萧条衰退期，家庭和企业的收入水平都会下降，而政府的转移性支出增加，相对地提高了企业和居民的可支配收入，从而增加了社会总需求，这样可以在一定程度上抑制经济的衰退。②当市场经济处于过热与膨胀期，家庭的收入和企业的经营收入水平会增加，政府的转移性支出就会自动下降，相对地减少了企业和居民的可支配收入，这样就抑制了总需求的上升，进而防止经济进一步过热。

因此，转移性支出和累进的所得税制度的结合，是市场经济的“自动稳定器”。它们会根据经济自身的状况做出相应反应，调节经济运行。

第二节 社会保障支出

一、社会保障概述

社会保障支出是指政府通过国民收入的再分配，向丧失劳动能力、失去就业机会以及遇到其他事故而面临经济困难的社会成员提供基本生活权利保障的行为活动。这类支出又分为社会保险、社会救助、社会优抚和社会福利四大类别。

（一）社会保障的含义

社会保障支出是公共财政支出的一个重要组成部分，社会保障的实质是以政府为中介，对国民收入进行再分配，其基本功能是提供基本的保障，目的是维护社会公平、公正和稳定。社会保障是公民应该享有的权利，向社会成员提供保障是政府的职责。社会保障的需要是随着生产的社会化产生和发展的。在过去自给自足的自然经济中，人们的劳动时间没有一个严格规定，劳动组织也不严密，劳动成果基本上属于劳动者自己所有。人们以家庭为生产和消费单位。随着生产力的发展，劳动者之间形成了紧密的分工，每个劳动者成为社会大生产的一个重要环节。社会作为一个现实的实体出现在人们之间，制约着人们的活动，劳动者需要一个良好的环境，可是一旦生病、受伤、致残或死亡则会影响到他们自己和家庭的正常生活，这时便有了实行社会保障的需要。社会保障制度不同于社会保障措施或政策，如赈济饥民和补助急难问题等均属于社会保障措施，但若不系统而规则地实施便不成为制度。社会保障制度是建立在社会全民意识和经济基础相互关联与制约上的一种社会契约、经济分配和人权保障的制度。

（二）社会保障的特征

社会保障对社会成员除具备基本的保障功能之外，还具有社会性、公平性、强制性、互济性、福利性、多样化等特征。

1. 社会性

社会保障的对象是全体社会成员，享受社会保障是每个公民的基本权利，作为国家的一项基本社会经济制度，要尽量覆盖到全体公民。社会保障的资金由社会共同承担，国家主体地位将更加突出，政府、企业与民间将共同承担举办各项社会保障事业的责任，实现保障制度的开放、保障筹资社会化以及服务管理监管的社会化，社会保障管理将进一步社会化。

2. 公平性

社会保障的目标是使保障的对象，即社会公民能够均等地获得社会保障的机会和权利，能够促进整个社会的公平和进步。每个社会成员在资金的筹集、发放和管理方面享有平等的机会，即在资金筹集上按个人收入征收，在资金使用上兼顾能力差异和互济原则，在资金管理上增加透明度。

3. 强制性

社会保障的对象、内容、方式和方法必须由国家制定法律制度，以法律形式强制实施，避免了主观随意性。社会保障的直接目的是维护社会稳定、承担一定的社会风险，具有非确定性。如果采取了强制性的手段，那么就不会出现有人不愿意缴纳保费还能享受国家的救济或者帮助的情况，这就使得社会成员的合法权益得到了合法的保障。

4. 互济性

互济的实质是通过社会保障将个人风险分散给全社会，能够使得利益从风险小的人向风险大的人转移。因为在现实社会生活中，不同的人所面临的风险是不同的，这就意味着每个人在社会保障中的权利与义务是不完全对等的，社会保障是对公民在特殊情况下发生的基本生活需要而提供的物质帮助，社会保障也是多数成员实现对少数遭遇风险成员的收入补偿。

5. 福利性

对社会成员个人而言，其在社会保障方面的支出要小于在社会保障方面的收入。社会保障的资金来源渠道是多方面的，除企业或个人缴纳外，还包括政府的资金收入。对受保障者整体所得到的生活补偿、物质文化待遇和其他派生收入，要远远超出其付出而具有福利性。

6. 多样化

各国的社会保障制度模式日趋多样化，同一项社会保障制度在一国内呈现不同模式，如我国的城乡医疗保险制度；保障项目结构多样化以及保障水平结构多样化，如失业保险待遇要高于失业救济。

（三）社会保障的功能

社会保障具有社会性功能和经济性功能。

1. 社会性功能

社会保障的社会性功能表现在三个方面：①社会保障的补偿功能，是指根据最低的生活水准来判断贫困者并给予适当的救济，是对因为市场竞争造成失业、下岗者的一种经济补偿，使其能维持必要的基本生活。这是社会保障的基本功能。②社会保障的稳定功能，指社会保障作为一种社会安全体系具有稳定社会生活功能，通过保证劳动者乃至国民在特殊情况下的生活问题，从而实现整个社会乃至统治秩序的稳定。③社会保障的公平功能，指社会保障通过其资金的筹集和待遇的给付，把一部分高收入的社会成员的收入转移到另一部分生活陷入困境的社会成员手中。

2. 经济性功能

社会保障是现代国家干预社会经济生活的有效手段之一。市场经济是通过市场机制作用于社会，促进整个社会经济的发展，现代市场经济体制由竞争性的市场体系与以政府为主体的宏观调控体系两部分组成，二者相互作用，进行资源配置，但是市场机制存在盲目、外部不经济、无法协调效率与公平等弊端。国家运用社会保障干预市场失灵，维护社会公平，促进社会公共利益。社会保障的经济性功能包括以下方面：①调节融资功能。社会保障的资金直接来源于社会保障费、国家资助（财政补贴）以及资金运营收入，经过长期的积累，数额高，并具有较高的稳定性，成为国家调节投资的一大支柱。②平衡需求功能。经济要保持健康的发展，就要保持需求与供给的总体平衡，社会保障通常被称为调节经济的“蓄水池”。③国民收入再分配功能，是指通过税收的环节，在一次分配的时候，将高收入者的部分收入以征税的形式收上来，通过财政手段转移支付，再分配给低收入者。④保护和配置劳动力功能，社会保障是保护劳动力再生产和促进劳动力合理流动及有效配置的重要制度之一。社会保障能够促进劳动力的有效配置，通过社会保障调控，劳动者无后顾之忧，可以促进劳动力的合理流动，实现劳动力要素的有效配置。

二、社会保障的类型、基金筹资模式以及基金来源

（一）社会保障的类型

由于世界各国的经济文化背景、政治力度及各国实践的不同，推行社会保障的力度以及时间各不相同，因此社会保障的类型也不同，大体归纳起来主要有社会保险型、福利型、

强制储蓄型、国家保障型几种。

1. 社会保险型模式

社会保险型模式是最早出现的社会保障模式，也称俾斯曼型社会保障模式。这种模式是以社会保险为核心，社会保障费用由雇员、雇主、政府三方承担，三者互助共济。其特点是强调受保人权利和义务的对等性，强调公平与效率兼顾，既要保证每一个公民都能享有一定的社会保障待遇，又不能影响市场竞争力。社会保险型保障模式主要以德国、美国、日本为代表。

2. 福利型模式

福利型模式又称普遍社会保障或者贝弗里奇型社会保障模式。福利型社会保障制度是在经济比较发达、整个社会物质生活水平提高的情况下实行的一种比较全面的保障形式。该模式的主要特点是：强调社会公平，在公平与效率不能兼顾时牺牲效率来维护社会公平；保障项目齐全，一般包括"从摇篮到坟墓"的一切福利保障；资金由国家统筹，根据按需保障的原则给予救助或补助。实行该模式的主要是一些北欧或者发达国家。

3. 强制储蓄型模式

强制储蓄型模式是以强制储蓄为核心，政府强制雇主、雇员为雇员储蓄社会保障费用，以满足雇员个人各种社会保障项目的支付需要。政府不提供任何资助，其又称公积金模式、东南亚模式。保障的范围逐渐由单一的养老保险扩充到养老、住房、医疗等方面。其特点是对个人具有很强的激励作用，减轻了财政负担，避免了人口老龄化所引起的支付危机。强制储蓄型社会保障制度主要以新加坡、智利为代表。

4. 国家保障型模式

国家保障型模式是传统的社会主义国家以公有制为基础的社会保障制度，属于国家保障性质。该模式的主要特点是：社会保障资金来源于政府财政收入，受保人不缴纳任何费用而享有社会保障；工会组织保障事业的决策与管理；保障对象为全体公民。一般适用于实行计划经济体制尤其是实行高度集中分配体制的国家，如苏联及变革前的社会主义国家。

（二）社会保障的基金筹资模式

社会保障的基金筹资模式是指筹措社会保险专项基金的方式、方法，是社会保障制度的重要组成部分。从世界各国社会保障制度的实施情况来看，各国对社会保障基金的筹集模式主要有三种：现收现付制、完全基金制和部分积累制。

1. 现收现付制筹资模式

现收现付制也称统筹分摊方式或纳税方式。这是一种以近期横向收支平衡原则为依据的基金筹集模式，当年或者近期内所有参保单位需按照统一的比例提取社会保险基金，在收支过程中实现基本平衡。现收现付制具有可保证保险金给付的及时性，可免受或少受通货膨胀的影响，在技术操作上比较简便，充分体现社会保障的互助、互济性等优势。现收现付模式是根据当年保障支出的需要来筹措保障资金，因而是一种"量出为入""以支定收"的方式。但由于现收现付制模式中，政府事实上承担了巨大的社会保障债务，这就对政府的社会保障支出提出了相当高的要求。随着社会保障支出的增长，政府在各种压力下被迫提高收费标准，抑制了经济增长，干扰经济运行中正常激励机制的运行。因此，不仅许多人口较多的国家难以承担现收现付模式带来的债务压力，即使是一些经济实力强、人口压力较小的发达国家也越来越意识到现收现付模式的负面影响。

2. 完全基金筹资模式

完全基金筹资模式是一种以长期纵向收支平衡原则为依据的基金筹集模式，要求劳动者在整个就业或投保期内，采取储蓄积累方式筹集社会保障基金。这种模式可以较好地解决人口老龄化的问题，并为经济建设提供大量资金。完全积累制度通过预提保险基金将劳动者本人在职劳动阶段的部分收入转化为退休时期的养老保险基金，使社会保险津贴的支付有可靠的经济来源。完全基金筹资模式通过资金积累、利率以及资本市场上各种投资工具，直接影响投资结构及其产出。但从另一方面看，首先，完全基金筹资模式积累的货币基金受货币贬值的影响，几十年后达不到应有的购买力，此模式要求币值稳定、物价稳定、经济稳定，否则基金保值增值的风险较大；其次，完全基金模式几乎不具有社会保险的社会互济功能，不能积累足够的养老费用的一部分人最终还要由社会来负担；最后，完全基金模式要求很高的积累率，不可避免地要增大企业成本。

3. 部分积累筹资模式

部分积累筹资模式，将近期横向收支平衡与远期纵向收支平衡相结合，在满足一定时期支出需要的前提下，留有一定的储备基金，由此确定收费率。是现收现付制和完全基金制两种模式的结合。在部分积累制的情况下，退休人员的养老金一部分来自现收现付式的筹资方式，另一部分来自完全积累式的筹资方式。部分积累模式是建立社会保障基金较灵活的模式，一方面，它可使企业和财政的社会保障支出负担均衡；另一方面，由于储蓄较少，因此受通货膨胀的影响较小，能较好地保证社会保障基金受益者的生活水平不致下降。

从各个国家社会保障基金筹资模式的改革可以看出，目前大多数国家改革的趋势是选择一种适合本国国情的筹资模式，但同时又有很多相似之处。①强调增加个人负担的必要性，合理、灵活地确定给付标准，防止过高的给付标准给社会保障带来无法承受的负担。②根据以公平为主、兼顾效率的社会保障原则，在社会保障基金储存上强调社会统筹与个人账户相结合的原则。③从单一的国家筹资向多层次、多支柱的筹资方式发展。一个国家或地区究竟采取哪种模式筹集社会保障资金，取决于社会经济发展情况、人口结构和历史传统。

（三）社会保障的基金来源

社会保障的基金有四种来源。①社会保障税。它是强制征集社会保障基金的基本方式，世界上大部分国家都以社会保障税作为主要社保基金来源。②国家财政拨款也是社会保障基金的来源之一。财政预算拨款是指国家在预算中设立社会保障基金，参与国民收入的分配和再分配，形成预算收入，将其中一部分用于各种抚恤金、社会福利救济费、自然灾害救济费、预算内行政事业单位离退休费用等拨款支出。这是目前中国社会保障基金的重要筹集和分配方式。③社会统筹。指由企业、事业单位和社会团体及职工个人按照一定标准提取各种社会保障基金。这个制度在基本养老保险基金的筹集上采用传统型的基本养老保险费用的筹集模式。④由社会捐助形成的保障支出和社保基金的投资收入。这是一种具有福利救助性质的社会团体和宗教组织出于对社会弱势群体的同情和关爱，自愿地为某种社会保障项目募集的慈善捐款。由于社会捐款是自愿的而非强制的，因此，这部分基金来源具有非连续性和非稳定性的特征，只能作为社会保障基金的辅助来源。

三、社会保障支出的内容

（一）社会保险

社会保险是指国家通过立法手段，运用社会力量，由国家、集体和个人共同筹集资金，对劳动者暂时或永久丧失劳动，如遭受生、老、病、死、伤、残、失业等风险时给予一定的资金帮助，以维持其基本生活需要的一种社会保障制度。社会保险是现代社会保障制度的核心内容，是一国居民的基本保障。社会保险主要包括养老保险、医疗保险、失业保险、工伤保险和生育保险等。

1. 养老保险

1889 年，德国颁布世界上第一个《养老、残疾、死亡保险法》，此后西方工业化国家纷纷借鉴，向社会养老的模式过渡。养老保险即指由国家制定的劳动者在年老失去劳动能力或退出就业领域时享有的退休养老权利，依靠政府和社会提供帮助，以维持基本生活水平的一项社会保险制度。我国的养老社会保障制度是伴随着中国逐步实现工业化及改革开放而建立和发展起来的。我国 1997 年开始统一全国城镇企业职工基本养老保险制度，实行社会统筹与个人账户相结合的办法。

1）养老保险的基本条件

企业职工达到法定退休年龄，即男性职工 60 周岁、女性干部 55 周岁、女性工人 50 周岁，个人缴费满 15 年在退休后可按月领取基本养老保险金。中国基本养老保险制度是"统账结合"型的养老保险制度，即社会统筹与个人账户相结合的模式。基本养老保险覆盖城镇各类企业的职工，城镇所有企业及其职工必须履行缴纳基本养老保险费的义务。目前，企业的缴纳比例为工资总额的 20%左右，个人缴纳的比例为本人工资的 8%。企业缴纳的基本养老保险费的一部分用于建立统筹基金，一部分划入个人账户；个人缴纳的基本养老保险费计入个人账户。

2）养老保险的资金筹集

为确保基本养老保险金按时足额发放，我国政府采取了多种筹集基本养老保险基金的有效措施。主要有以下办法。

(1) 实行企业和职工共同缴费。企业缴费一般不超过企业工资总额的 20%，具体比例由省、市、自治区人民政府确定；城镇个体工商户和灵活就业人员参加基本养老保险的缴费基数为当地上年度在岗职工的平均工资，缴费比例为 20%，其中 8%计入个人账户。2015 年全国城镇职工基本养老保险征缴收入为 23 016 亿元，比上年增长 12.6%。

(2) 增加财政对基本养老保险基金的补助。按国家规定，各级政府要加大调整财政支出结构的力度，增加对社会保障资金的投入。到 2015 年年底，各级财政补贴基本养老保险基金为 4 716 亿元。

(3) 建立全国社会保障基金。2000 年我国政府决定建立全国社会保障基金，其来源包括国有股减持划入资金及股权资产、中央财政拨入资金、经国务院批准以其他方式筹集的资金及投资收益。2015 年年末，社保基金会管理的基金资产总额达到 19 138.21 亿元，同比增长 24.62%。其中委托投资占比超过 50%。

3）养老保险的改革试点

2001 年在辽宁省进行基本养老保险制度改革试点，主要包括：逐步做实个人账户，实现部分基金积累，探索基金保值增值办法；改革基础养老金计发办法，将基础养老金水平与职工参保缴费年限更加紧密地联系起来，职工参保缴费15年后每多缴一年增发一定比例的基础养老金；统一灵活就业人员的参保缴费办法，缴费基数统一为当地职工平均工资，缴费比例统一为20%。在辽宁省先行试点的基础上，2004年将试点范围扩大到吉林和黑龙江两省。2007年辽宁等11个试点省份共积累基本养老保险个人账户基金已经超过800亿元。2009年，国务院下发《国务院关于开展新型农村社会养老保险试点的指导意见》，提出以广覆盖、保基本、多层次、可持续为原则，按照个人缴费、集体补助、政府补贴相结合的要求，建立新型农村社会养老保险制度。截至2010年年底，全国有27个省、自治区的838个县（市、区、旗）和4个直辖市部分区县开展国家新型农村社会养老保险试点。全国参加新型农村社会养老保险人数为10 277万，其中领取待遇人数为2 863万。全年新型农村社会养老保险基金收入453亿元，基金支出200亿元，基金累计结存423亿元。

目前，全国一半以上省份的养老保险仍实行市县管理，基金的调配功能难以发挥，严重影响了人员的正常流动。要加快推进基本养老保险省级统筹，力争尽早在全国范围内基本实现省级统筹。同时，进一步做好、扩大、做实基本养老保险个人账户试点工作，研究企业退休人员基本养老金正常调整机制，制定全国统一的基本养老保险关系转移接续办法，研究制定基本养老保险个人账户基金投资管理办法及相关配套政策。

2. 医疗保险

医疗保险是指由国家制定的对被保险人因疾病造成的经济损失和医疗费用予以补偿的一种社会保险制度。我国的医疗保险制度主要由城镇职工基本医疗保险、城镇居民基本医疗保险、新型农村合作医疗三项制度组成。我国于1998年颁布《关于建立城镇职工基本医疗保险制度的决定》，在全国推进城镇职工基本医疗保险制度改革，我国基本医疗保险制度与养老保险一样，实行社会统筹与个人账户相结合的模式。基本医疗保险基金原则上实行地市级统筹。基本医疗保险覆盖城镇所有用人单位及其职工，所有企业、国家行政机关、失业单位和其他单位及其职工必须履行缴纳基本医疗保险费的义务。

1）医疗保险的缴费标准

基本医疗保险覆盖城镇所有单位和职工，也包括城镇灵活就业人员。用人单位的缴费比例为工资总额的6%左右，个人缴纳比例为本人工资的2%，退休人员个人不缴费。个人缴费全部划入个人账户，单位缴费按30%左右划入个人账户，其余70%左右建立统筹基金。统筹基金主要用于支付住院和部分慢性病门诊治疗费用，统筹基金设立起付标准、最高支付限额；个人账户主要用于支付一半门诊费用。

2）医疗保险的支付标准

医疗费由医疗保险基金和个人共同分担：门诊医疗费用主要由个人账户支付；住院医疗费用主要由统筹基金支付。统筹基金起付标准原则上控制在当地职工年平均工资的10%左右，最高支付限额一般为当地职工年平均工资的4倍。起付标准以上、最高支付限额以下的医疗费用，主要从统筹基金中支付，个人也要负担一定比例。退休人员个人负担医药费的比例，适当低于在职职工。

3）医疗保险制度改革

医疗保险制度改革包括以下方面。

（1）继续完善城镇职工基本医疗保险制度。加强医疗保险管理服务，优化管理服务流程。研究完善医疗保险用药管理和诊疗项目管理办法，完善结算办法，探索建立相应的质量与考核标准，调动医疗机构的积极性，提高医疗服务质量，控制医疗费用过快上涨。多渠道筹集资金，妥善解决关闭破产企业退休人员、困难企业职工和退休人员参加基本医疗保险问题。2009 年，《关于深化医药卫生体制改革的意见》和《2009—2011 年深化医药卫生体制改革实施方案》公布，提出了我国医疗体制改革的短期目标和长期目标：2011 年切实缓解"看病难、看病贵"问题，2020 年覆盖城乡居民的基本医疗卫生制度基本建立。

(2) 扩大城镇居民基本医疗保险试点范围。为城镇没有就业单位的居民，包括大中小学的在校学生建立这项制度，重点保障这部分人群的住院和门诊大病医疗支出需求。2015 年年末全国参加城镇基本医疗保险人数为 66 582 万人，比上年末增加 6 835 万人。其中，参加职工基本医疗保险人数 28 893 万人，比上年末增加 597 万人；参加城镇居民基本医疗保险人数为 37 689 万人，比上年末增加 6 238 万人。在职工基本医疗保险参保人数中，参保职工 21 362 万人，参保退休人员 7 531 万人，分别比上年末增加 321 万人和 276 万人。年末参加城镇基本医疗保险的农民工人数为 5 166 万人，比上年末减少 63 万人。全年城镇基本医疗保险基金总收入 11 193 亿元，支出 9 312 亿元，分别比上年增长 15.5%和 14.5%。年末城镇基本医疗保险统筹基金累计结存 8 114 亿元(含城镇居民基本医疗保险基金累计结存 1 546 亿元)，个人账户积累 4 429 亿元。

(3) 加快推进新型农村合作医疗制度。2015 年 1 月 29 日中华人民共和国国家卫生和计划生育委员会发布《关于做好 2015 年新型农村合作医疗工作的通知》。规定各级财政对新农合的人均补助标准在 2014 年的基础上提高 60 元，达到 380 元，其中：中央财政对 120 元部分的补助标准不变，对 260 元部分按照西部地区 80%、中部地区 60%的比例进行补助，对东部地区各省份分别按一定比例补助。农民个人缴费标准在 2014 年的基础上提高 30 元，全国平均个人缴费标准达到每人每年 120 元左右。积极探索建立与经济发展水平和农民收入状况相适应的筹资机制，逐步缩小城乡基本医保制度筹资水平差距。

3. 失业保险

失业保险指由国家制定的劳动者在遭受失业风险、暂时丧失工资收入时所应享有的权利，以维持基本生活需要的一种社会保险制度。

1) 失业保险的参保范围和缴费

目前，我国的失业保险覆盖城镇所有企事业单位及其职工。保险费用的筹集主要是由单位和职工共同缴费，其中单位的缴费比例为工资总额的 2%，个人缴费比例为本人工资的 1%；统筹地区的失业保险基金不够使用时，从失业保险调剂和由地方财政补贴。

2) 失业保险待遇的条件、标准和待遇

享受失业保险要满足三方面的条件：缴纳失业保险费满 1 年；非因本人意愿中断就业；已经办理失业登记并有求职要求。失业保险待遇主要是失业保险金。失业保险金按月发放，标准低于最低工资标准，高于城市居民最低生活保障标准。领取失业保险金的期限根据缴费年限确定，失业人员失业前所在单位和本人，按规定累计缴费时间满 1 年不足 5 年的，领取期限最长为 12 个月；满 5 年不足 10 年的，最长为 18 个月；10 年以上的，最长为 24 个月。失业者在领取失业保险金期间患病，还可领取医疗补助金；失业者在领取失业保险期间死亡，其遗属可领取丧葬补助金和遗属抚恤金。此外，失业者在领取失业保险金期间还可接受职业培训和享受职业介绍补贴。

3）农民合同工失业保险

城镇企业单位招用农民合同制工人参加失业保险，用人单位按规定缴费，个人不缴费。连续工作满1年，劳动合同期满未续订或提前解除劳动合同的，可以根据工作时间长短申领一次性生活补助。

在保障失业人员基本生活基础上，我国还探索了失业保险对促进再就业的办法。主要包括：加强失业保险服务和就业服务等方面的有机衔接；及时进行失业登记，积极提供就业信息，全面开展就业指导和职业介绍，帮助失业人员在技能、心理方面提高竞争就业的能力；增加对职业介绍、职业培训的投入；通过直接组织培训尤其广泛开展技能培训，增强失业人员的再就业能力。

4）下岗职工基本生活保障制度

鉴于国有企业分流富余人员的压力大，而失业保险支撑能力尚且不足的实际情况，1998年我国政府建立国有企业下岗职工基本生活保障制度，确保国有企业下岗职工的基本生活。妥善解决国有企业下岗职工基本生活保障和再就业问题，关系着国有企业改革的成败，关系着社会的稳定和社会主义政权的巩固。为此，国家出台了国有企业下岗职工基本生活保障制度。其主要内容是建立企业再就业服务中心，对国有企业下岗职工在未实现就业的特定期间发放基本生活费，最低不低于当地失业救济标准。资金的来源，原则上采取“三三制”的办法，即财政预算安排1/3，企业负担1/3，社会筹集(包括从失业保险基金中调剂)1/3。对于困难较多的中西部地区和老工业基地，中央财政给予一定的支持。国有独资营利企业和国有参股、控股企业保障下岗职工基本生活的资金，原则上都由本企业负担。亏损企业承担资金确有困难的，由同级财政给予补助。

4. 工伤保险

工伤保险即指国家规定的劳动者因工作而负伤、致残、死亡时，给劳动者本人及其供养的直系亲属提供物质帮助的一种社会保险制度。20世纪80年代末，中国开始对工伤保险进行改革。1996年出台了《企业职工工伤保险试行办法》，开始在部分地区建立工伤保险制度。同年，中国政府有关部门还制定了《职工工伤和职业病致残程度鉴定标准》，为鉴定工伤和职业病致残程度提供了依据。2004年国家颁布的《工伤保险条例》实施后，工伤保险的覆盖范围迅速扩大。

1）基本规定

工伤保险费由企业缴纳，职工个人不缴费。工伤保险费实行行业差别费率和企业浮动费率。根据不同行业的工伤事故风险和职业危害程度确定不同的行业费率；在行业费率的基础上，根据企业上一年的工伤事故风险和工伤保险基金支出情况确定每个企业当年的具体费率。实行以支定收、收支平衡的基金筹集模式，由地级以上城市建立统筹基金。

工伤保险实行“无过失补偿”的原则，待遇项目主要包括：工伤医疗费用；根据劳动能力丧失程度确定的伤残补助金、伤残津贴、伤残护理费；因工死亡劳动者直系亲属领取的丧葬补助金、供养亲属抚恤金和一次性工亡补助金等。给付工伤保险的主要条件是：职工在工作时间、工作区域内，因工作原因发生意外事故伤害或患职业病。

2）工伤鉴定

国家统一制定职工工伤与职业病致残程度鉴定标准，对因工负伤职工，在其医疗终结或医疗期满之后，由设区的市以上劳动能力鉴定委员会对其工伤有关事宜进行鉴定的行为。工伤鉴定的范围包括劳动能力鉴定，停工留薪期鉴定确认，护理等级鉴定，伤残辅助器具配置鉴定等，由用人单位、工伤职工或其直系亲属向社区的市一级劳动能力鉴定委员会提出申请。

工伤保险基金支付的待遇主要包括：工伤医疗期发生的医疗费用，工伤医疗期结束后根据劳动能力丧失程度确定的伤残补助金、抚恤金、生活护理费等。2015 年年末全国参加工伤保险人数为 21 432 万人，比上年末增加 793 万人。其中，参加工伤保险的农民工人数为 7 489 万人，比上年末增加 127 万人。全年认定（视同）工伤 107.6 万人，比上年减少 7.1 万人。全年评定伤残等级人数为 54.2 万人，比上年减少 1.6 万人。全年享受工伤保险待遇人数为 202 万人，比上年增加 4 万人。全年工伤保险基金收入 754 亿元，支出 599 亿元，分别比上年增长 8.6%和 6.8%。年末工伤保险基金累计结存 1 285 亿元（含储备金 209 亿元）。

5. 生育保险

生育保险指国家制定的对女工在生育期间中断劳动或工作时给予帮助的一种社会保险制度。1988 年我国开始在部分地区推行生育保险制度改革。1994 年中国政府有关部门制定了《企业职工生育保险试行办法》，其中规定，生育保险费由企业缴纳，职工个人不缴费。生育保险支付待遇主要包括因生育发生的医疗费用和产假期间按月发放的生育津贴等。1997—2006 年生育保险参保人数年均增长 11%。到 2007 年年底，全国参加生育保险人数为 7 755 万人，按制度规定，企业生育保险覆盖率为 52%，当年全国享受生育保险待遇人数为 113 万人。2015 年年末全国参加生育保险人数为 17 771 万人，比上年末增加 732 万人。全年共有 642 万人次享受了生育保险待遇，比上年增加 29 万人次。全年生育保险基金收入 502 亿元，支出 411 亿元，分别比上年增长 12.5%和 11.8%。年末生育保险基金累计结存 684 亿元。

生育保险范围覆盖城镇企业及其职工，部分地区还覆盖了国家机关、失业单位、社会团体、企业单位的女职工。生育保险费由参保单位按照不超过职工工资总额 1%的比例缴纳，职工个人不缴费；没有参保的单位，仍由其承担支付生育保险待遇的责任。职工生育已发享受不少于 90 天的生育津贴。女职工生育或流产后，其工资、劳动关系保留不变，按规定报销医疗费用。

（二）社会救助

社会救助是国家按照法定程序和标准通过国家财政拨款的方式向因自然灾害或其他社会、经济原因而难以维持最低生活水平的社会成员提供保证其最低生活需求的物质援助的一种社会保障制度。其主要特点是：第一，全部费用由政府从财政资金中承担，接受者不需要缴纳任何费用；第二，受保人享受社会救助待遇需要接受一定形式的经济状况调查，国家向符合救助条件的个人或家庭提供救助。中国的社会救助主要包括：对无依无靠的绝对贫困者提供的基本保障；对生活水平低于国家最低标准的家庭和个人的提供的最低生活保障；对因天灾而陷入绝境的家庭和个人提供的最低生活保障。它对保障公民生存权和维护社会稳定有着积极的作用。社会救助主要包括城市居民最低生活保障、灾害救助、关爱救助和社会互助。

1993年开始对城市社会救济制度进行改革，尝试建立最低生活保障制度。1999年全国所有城市和有建制镇的县城均建立了最低生活保障制度，并颁布了《城市居民最低生活保障条例》，为城市所有居民提供最基本的生活保障。城市居民最低生活保障资金由地方政府列入财政预算。地方政府根据当地维持城市居民基本生活所必需的费用来确定最低生活保障标准。家庭人均收入低于最低生活保障标准的城市居民均可申请享受最低生活保障待遇。城市居民享受最低生活保障待遇需要经过家庭收入调查，享受的待遇水平为家庭人均收入与最低生活保障标准的差额部分。2015年，全国城市居民最低生活保障月人均标准达到450.1元，比2010年年末的251.2元增长79.2%，年均增长率达到12.5%。

（三）社会优抚

社会优抚是指给予对国家和社会有功劳的特殊社会群体以补偿和褒扬的一种制度，主要包括：对现役军人的安置；对现役军人及其家属的优抚；对烈属和残废军人的抚恤；对军人退役后的生活保障等。2009年国家抚恤、补助各类重点优抚对象670万人。为保障优抚安置对象的权益，国家陆续颁布了《革命烈士褒扬条例》《军人抚恤优待条例》和《城镇退役士兵安置条例》等法规。这些法规规定了对牺牲军人家属、伤残军人、老复员军人等重点优抚对象实行医疗费用减免；城镇退役士兵可享受政府一次性就业安置，对自谋职业的安置对象发给一次性经济补助。

（四）社会福利

社会福利是指政府在法律和政策范围内出资给那些生活困难的老人、孤儿和残疾人等特殊困难群体提供的特殊照顾、救济、抚恤等生活保障而建立的制度。国家先后颁布了《中华人民共和国老年人权益法》《中华人民共和国残疾人保障法》等法规。我国社会福利制度包括老年人社会福利、儿童社会福利和残疾人社会福利等内容。

1. 老年人社会福利

老年人社会福利是指在政府的领导下，在社会各方面力量的参与下，对于处在特殊困境下的无劳动能力、无生活来源、无法定义务赡养人或者抚养人的孤寡老人和部分生活不能自理、家庭无力照顾的老年人所提供的供养、医疗、康复、娱乐和教育等方面的服务。而随着近年来，我国老年人口的急剧增加，我国的人口老龄化问题越发严重。2015年，我国65岁以上老年人口将达到13 755万人，约占总人口的10.06%，老年人抚养比为13.7%，老年人照料问题更加突出。

2. 儿童社会福利

儿童社会福利是指由社会福利机构向特殊儿童群体——孤儿与弃婴提供的一种福利服务。在我国，儿童社会福利的享受对象主要是处于不幸境地的儿童，这类儿童包括残疾儿童、孤儿、弃婴和流浪儿童等。儿童社会福利的功能主要倾向于救助、矫治扶助等恢复性功能。截至2013年年底，全国共有儿童收养救助服务机构803个，拥有床位9.8万张，年末收养各类人员5.6万人。其中儿童福利机构529个，比上年增加66个，床位8.7万张，比上年增长12.7%；未成年人救助保护中心274个，床位1.1万张，全年救助生活无着流浪乞讨未成年人 18.4 万人次。全国共有孤儿 54.9 万人，其中集中供养孤儿 9.4 万人，社会散居孤儿 45.5 万人。2013 年全国办理家庭收养登记 24 460 件，其中：内地居民收养登记 21 033 件，港澳台华侨收养 197 件，外国人收养登记 3 230 件。

3. 残疾人社会福利

残疾人社会福利是国家或社会为了保护残疾人的生活权益和提高残疾人的生活质量而提供的各种各样的服务、物质帮助以及就业岗位的一种社会福利项目。国家颁布《中华人民共和国残疾人保障法》，为残疾人康复、教育、劳动就业、文化生活、社会福利等提供法律保障。政府通过兴办福利企业、实施按比例就业和扶持残疾人个体从业等形式，帮助残疾人实现就业；采取临时救济和集中供养以及兴办残疾人福利安养机构等福利措施，对残疾人提供特别照顾。截至 2013 年年底，全国共有为残疾人提供服务的机构 18 227 个；增加值为 701.5 亿元，占第三产业的比重 0.27%；吸纳残疾职工 53.9 万人就业；实现利润 106.9 亿元；年末固定资产 1 760.1 亿元。

财政部公布 2014 年全国社会保障基金决算显示：2014 年，全国社会保险基金总收入 40 439 亿元，比上年增长 12.4%；总支出 33 681 亿元，比上年增长 17.2%；本年收支结余 6758 亿元，年末滚存结余 51 635 亿元。2014 年全国社会保险基金收支决算见表 9-1。

表 9-1 2014 年全国社会保险基金收支决算

万元

项目	合计	企业职工基本养老保险基金	城乡居民基本养老保险基金	城镇职工基本医疗保险基金	居民基本医疗保险基金	工伤保险基金	失业保险基金	生育保险基金
一、收入	404 388 136	232 734 210	23 431 731	78 542 796	44 773 489	6 713 377	13 802 627	4 389 906
1. 基本养老保险费收入	194 081 152	187 261 551	6 819 601					
2. 基本医疗保险费收入	83 071 157			74 639 240	8 431 917			
3. 工伤保险费收入	6 231 579					6 231 579		
4. 失业保险费收入	12 853 429						12 853 429	
5. 生育保险费收入	4 152 214							4 152 214
二、支出	336 805 722	197 974 297	15 930 413	65 317 014	42 429 811	5 375 559	6 147 971	3 630 657
1. 基本养老金支出	205 824 471	190 451 517	15 372 953					
2. 基本医疗保险待遇支出	104 976 660			64 222 029	40 754 631			
3. 工伤保险待遇支出	5 268 090					5 268 090		
4. 失业保险金支出	2 333 374						2 333 374	

续表

项　目	合　计	企业职工基本养老保险基金	城乡居民基本养老保险基金	城镇职工基本医疗保险基金	居民基本医疗保险基金	工伤保险基金	失业保险基金	生育保险基金
5. 生育保险待遇支出	3 551 449							3 551 449
三、本年收支结余	67 582 412	34 759 913	7 501 318	13 225 782	2 343 678	1 337 818	7 654 656	759 249
四、年末滚存结余	516 351 897	303 764 698	38 539 207	91 827 278	20 857 921	11 072 077	44 525 542	5 765 174

第三节　财政补贴

一、财政补贴概述

（一）财政补贴的概念

财政补贴是政府财政部门根据国家政策的需要，在一定时期内向某些特定的企业或个人提供的无偿补助。财政补贴是一种特殊的分配形式，同时又是政府进行经济调节的杠杆。它是国家根据一定时期政治和经济发展的需要，为执行某些政策，对特定的产业、部门、地区、企事业单位、个人或项目给予特定补助和津贴。目前，世界上80%以上的国家都利用财政补贴来实现国家一定的政治、经济目标。20世纪以来，随着政府干预社会经济生活程度的加深，财政补贴开始成为一种全球的财政经济现象。它作为一种特殊的公共支出手段被世界各国政府普遍重视，成为各国政府管理和调节社会经济的重要工具。

节能汽车推广补贴政策

为推进汽车节能减排，促进汽车节能技术进步，引导节能汽车消费，2010年6月1日，财政部、国家发展改革委、工业和信息化部报经国务院同意，启动了节能汽车推广工作，对消费者购买节能汽车给予一次性3 000元定额补助。截至2011年8月底，中央财政已累计安排补贴资金107亿元，支持推广节能汽车357万辆，取得了良好的政策效果。

为进一步促进汽车节能技术进步和产品结构优化升级，继续引导节能汽车消费，财政部、国家发展改革委、工业和信息化部等部门决定建立节能汽车推广动态调整机制，根据行业技术进步、油耗标准推进等情况，对补贴政策进行动态调整，以鼓励企业不断加大节能技术研发投入，逐步降低油耗水平。按此机制，报经国务院同意，现行节能汽车推广补贴政策执行到2011年9月30日，从10月1日起调整并实施新的节能汽车补贴政策，主要是将纳入补贴范围的节能汽车门槛提高，百公里平均油耗从6.9升降低到6.3升，补贴标准仍维持3 000元/辆不变。

（资料来源：中国财政网.［2011-08-15］. http://www.mof.gov.cn.）

然而，财政补贴与社会保障支出作为转移性支出的两种形式，又有明显差别。这种差别主要表现在与相对价格的关系上。财政补贴总是与相对价格的变动联系在一起的，或者是补贴引起价格变动，或是价格变动导致财政补贴。因为有这种关系，很多人索性就把财政补贴称为价格补贴或财政价格补贴。社会保障支出则与产品和劳务的价格不发生直接联系，人们获得社会保障收入后若用于购买，可能会使购买商品的价格发生变动，但这种变动既不确定，又是间接的。因为与相对价格结构有直接联系，财政补贴便具有改变资源配置结构、供给结构与需求结构的影响，而社会保障支出则很少有这种影响。

（二）财政补贴的原因

在市场经济条件下政府采用财政补贴支出手段的原因主要表现在三个方面。首先是市场失效，诸如城市的公共交通、煤气和水电等自然垄断领域，市场价格无法有效配置社会资源，因而政府需对这类企业进行有效的价格管制。其次是社会政策，市场价格是资源配置的有效机制，但如农产品价格等这类市场领域并不能完全引入市场经济机制，就需要政府采取财政补贴予以支持，以维持农产品的非市场价格，维护农民和城镇居民的利益。经济的转轨也是政府采用财政补贴支出手段的一个原因，经济转轨时期，社会动荡造成企业大量亏损以及人民生活压力加大，而政府企业补贴能够维持大批企业的存在和职工就业，避免了大规模破产和失业所导致的社会动荡；价格补贴则在价格体系从计划价格向市场价格转化的过程中，避免了物价大幅度上涨给居民生活带来的压力，从而有利于社会经济的稳定。

案例点击

滁州理赔实例

滁州市旱情严重，给小麦和油菜的生长造成了很大的影响，农民损失严重。而参加了政策性农业保险的农户将在近日收到保险理赔款，减少了灾害对农民生产生活的影响，稳定和保障了农民收入，提高了农民生活水平，使农户具备了再生产的能力，为农业生产撑起了一把“保护伞”。

滁州市从 2008 年 5 月起开展了政策性农业保险试点工作，中央、省、市、县四级财政承担近 80％的保险费用补贴。截至 2011 年 7 月底，共发生保险费用 2.7 亿元，各级财政补贴 2.2 亿元，农民自缴 0.5 亿元。2008 年以来，共支付理赔款 1.88 亿元，是农民自缴保费部分的 3.7 倍，赔付率达 70％。其中：2011 年小麦、油菜共缴纳保险费用 5 343 万元，保险赔付 5 320 万元，赔付率达 99.5％。

（资料来源：中国财政网．[2011-07-25]．http://www.mof.gov.cn.）

（三）财政补贴的效应

财政补贴的效应分为四种。通常产品与劳务的价格越低，企业和个人的需求就越大，所以价格是需求的最重要影响因素之一。如果一部分企业和个人能获得财政补贴，使之购买力增强，能够购买更多的产品和劳务，那么就能影响产品与劳务的需求。这是财政补贴对需求的效应。财政补贴对供给的效应是指企业愿意从事生产活动的原因是财政补贴会降低企业的生产成本，提高企业的盈利水平，从而增加供给；虽然财政补贴的目的是帮助弱者，使其生存发展能力有所提高，但由于个人接受财政补贴后生存和生活能力增强，可能会使得获得补贴者产生惰性和不思进取的情绪，不愿努力去工作或者干脆不工作而坐等补贴，这是财政补贴对劳动力的效应。最后，财政补贴资源配置的效应是指价格是市场机制引导资源配置最重要的信号，财政补贴变动会改变原有的相对价格体系，生产者倾向于生产更多的补贴品，消费者倾向于消费更多的补贴品，使资源配置随着相对价格和生产消费倾向的变化而变化。

二、财政补贴的内容

财政补贴是世界各国政府财政活动的重要内容之一，其形式多种多样，既可以对需要鼓励增加消费的商品直接给予补贴，也可以通过对该种商品生产的补贴间接实现增加该种商品消费的目的。根据不同需要，按照不同标准，可以实行不同的分类。

（一）按照财政补贴的透明度来划分

1. 明补

明补相当于给予补贴受领人的一笔收入，是指政府以现金形式直接将财政补贴给予最终接受补贴者的经济行为。其直接效果是增加受补贴者的收入。明补有两种标准：一种是希克斯标准，即在价格发生变动后，补贴将使价格变动前后消费者的效用水平不变；另一种是斯拉茨基标准，即价格发生变动后，补贴使消费者能够买到原有的商品组合。

不论是何种标准，实行明补的直接效应都是使受补贴者收入增加，表现在预算曲线上就是预算曲线的平等上移。如图9-1所示，在以 X、Y 两种商品数量为横、纵轴的坐标系内，AB 线为补贴前的预算曲线；A 点代表全部收入都用做购买 Y 商品时，能购得的 Y 商品的数量(收入/Y 商品价格)；B 点则表示全部收入用于购买 X 商品的数量(收入/X 商品价格)。预算曲线的斜率为

$$\frac{OA}{OB}=\frac{\text{收入}/Y\text{商品价格}}{\text{收入}/X\text{商品价格}}$$

即 X、Y 商品的相对价格。消费者接受明补后，面对的商品价格是没有改变的相对价格。明补使消费者的预算约束线平行地向右上方移动，产生收入效应。因此，补贴后的预算曲线由 AB 平移向 $A'B'$，消费者因实际收入的增加，对商品 X 和商品 Y 的消费量由 X_1Y_1，增加到 X_2Y_2。在坐标系中加上效用曲线可以粗略地看到，由于补贴的作用，受补贴者的效用水平提高。

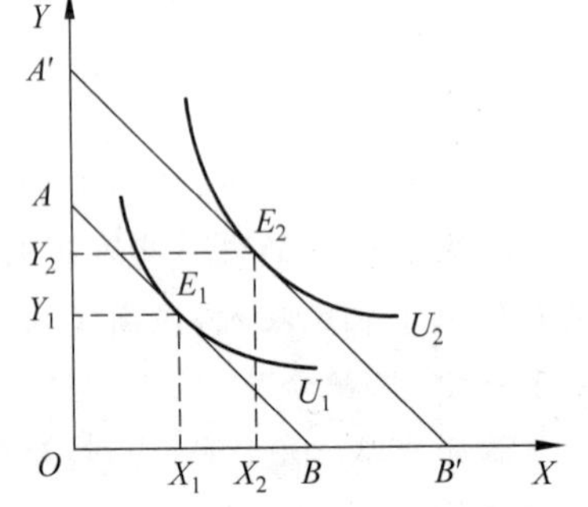

图9-1 明补不改变商品的相对价格

希克斯标准和斯拉茨基标准不仅将明补标准与补贴前(价格变动后)比较，而且将变动前的受补贴者效用也考虑在内。采取不同的明补标准将会有不同的结果。

1）采用希克斯标准

如图9-2所示，假定补贴前的预算曲线为 AB，与效用曲线 U_1 相切于均衡点 E_1，假设

消费者收入水平不变的情况下，由于商品 X 价格的上涨，同样的收入能够购买到的商品 X 的数量从 OB 减少到 OB'，预算曲线向内侧旋转为 AB'，均衡点变为 E_2，效用水平下降为 U_2。为了消除商品 X 价格上涨对消费者的影响，不使人们福利下降，政府在 X 商品提价后实行明补，以希克斯标准，补贴要使消费者维持原来的效用水平，即使得消费者消费的商品组合能够维持在价格变动前的那条无差异曲线 U_1 上。政府补贴的结果等于消费者得到一笔收入，使得平行于 AB' 且与无差异曲线 U_1 相切于 E_3 的新预算约束线 CD 产生。虽然 E_1 与 E_3 点代表的商品组合不同，但因 E_1 与 E_3 处于同一条无差异曲线 U_1 上，对消费者来说，补贴后达到 E_3 点代表的商品组合与 E_1 点代表的商品组合具有相同的效用。

2）采用斯拉茨基标准

如图 9-3 所示，与上述假定相同，AB 为原预算曲线，AB' 为提价后的预算曲线，价格上升使人们的效用水平从 U_1 下降到 U_2。在斯拉茨基标准下，政府的补贴要使消费者在价格变动前后能够买到的商品组合保持不变，即将商品组合维持在无差异曲线 U_1 与预算约束线 AB 的切点 E_1 上。很明显，希克斯补贴标准所达到的预算约束线 CD 下，无法达到 E_1 点所代表的商品组合（因为商品 X 的价格上升后，消费者要保持效用不变，只能减少对商品 X 的消费量，而增加对商品 Y 的消费量）。为了达到 E_1 点所代表的商品组合，必须使补贴后的预算约束线平行于 AB'，且通过 E_1 点，这条新的约束线为 $C'D'$，它可以使消费者达到更高的效用水平，因此比无差异曲线 U_1 更高的无差异曲线 U_3 与 $C'D'$ 的切点 E_4 与 E_1 在同一条预算约束线上。可以看出，保持原有的消费组合比达到原有效用水平需要花费更多资金，即采用斯拉茨基标准，政府的财政补贴支出将更高。

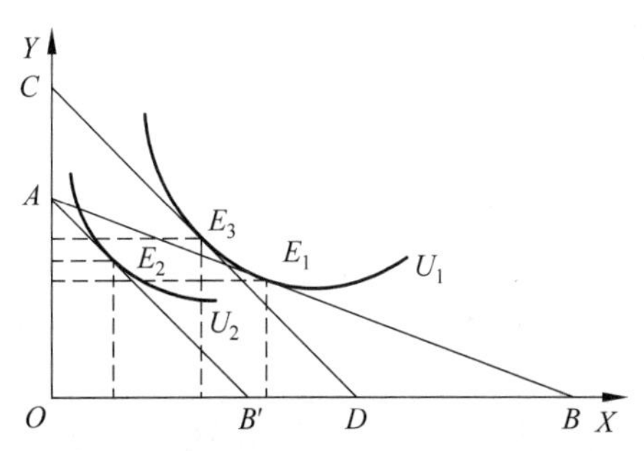

图 9-2　受补贴者效用提高：希克斯标准

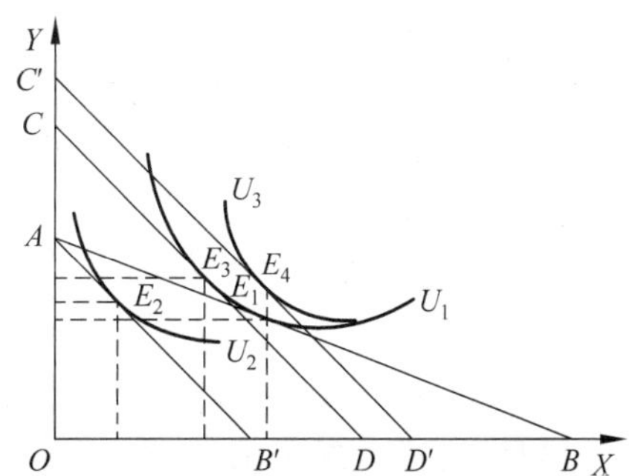

图 9-3　受补贴者效用提高：斯拉茨基标准

在实践中，斯拉茨基标准应用更为广泛。虽然它意味着较高的补贴支出，但希克斯标准设计的效用曲线，过于抽象，难以确定补贴的量。从另一角度看，政府采用斯拉茨基标准所提高的财政补贴支出，并非完全的效率损失。

2. 暗补

暗补是与明补相对的另一种补贴形式。所谓暗补是指政府将补贴给予向最终消费者提供商品或劳务的经营者，从而降低商品和劳务的价格，提高最终消费者的福利水平。暗补出现在某一种或几种特殊的商品中，暗补往往使商品存在两重价格：市场价格和补贴价格，一般配合以票证制度。暗补使消费者以低于市场的价格得到某种商品，由于消费者

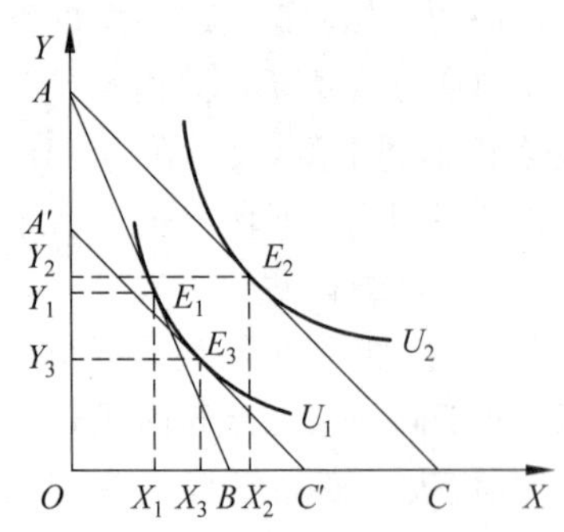

图 9-4 暗补改变商品的相对价格，产生收入效应和替代效应

不是从直接可见的形式中获得补贴，而是在购买补贴商品时才享受到补贴，因此这种补贴形式被称为暗补。消费者接受暗补后，面对的商品价格是改变了的相对价格，消费者将增加对补贴商品的消费。与明补只产生收入效应不同，暗补产生的变化包括收入效应和替代效应。如图 9-4 所示，假定最终受补贴者的预算曲线为 AB，与效用曲线 U_1 相切于 E_1，政府给予 X 产品的提供者财政补贴，则 X 产品的价格下降，同样的收入用于购买产品，补贴后可以购买的数量增加了，预算曲线变为 AC，AC 与效用曲线相切于 E_2，实际收入增加和商品 X 和商品 Y 之间相对价格的改变使消费者对商品 X 的消费量由 X_1 增加到 X_2，对商品 Y 的消费量由 Y_1 减少为 Y_2。

补助使消费者的预算约束线由 AB 转至 AC，作与 AC 平行且与无差异曲线 U_1 相切的直线 $A'C'$，可以将 X_1、Y_1 到 X_2、Y_2 的变化分解为两个部分：一方面，对商品 X 的暗补使商品 X 变得相对便宜，商品 Y 变得相对较贵，消费者会因此增加对商品 X 的需求量，减少对商品 Y 的需求量，即 E_1 到 E_3 代表商品 X 与商品 Y 相对价格的变化而引发的替代效应使消费者对商品 X 消费量由 X_1 增加到 X_3，对商品 Y 的消费量由 Y_1 减少到 Y_3；另一方面，对商品 X 的暗补等于增加了消费者的收入，补贴前的预算约束线 AB 下，只能购买 OB 的商品 X，而对商品 X 实施暗补后，能够购买 OC 的商品 X，$A'C'$ 到 AC 的变化代表着暗补产生的收入效应使消费者对商品 X 和商品 Y 的消费量由 X_3、Y_3 增加到 X_2、Y_2。

从图 9-5 可以看出，如果补贴金额相同，明补比暗补更能使消费者达到更高的效用水平。在图 9-5 中，预算线 AB 为消费者接受补贴前的预算线。

从上面的分析可知，假设政府对 X 商品实施暗补，将使消费者对 X 商品和 Y 商品的消费组合由(X_1,Y_1)调整到(X_2,Y_2)。在补贴前的预算约束条件下，如果消费者想要消费 X_2 单位的 X 商品，只能消费 Y_4 单位的 Y 商品，而补贴后可以达到 Y_2。由此可见，政府对 X 商品的暗补数额相当于 Y_2Y_4 的距离，即预算线 AB 与其平行线 $A'B'$之间的垂直距离。

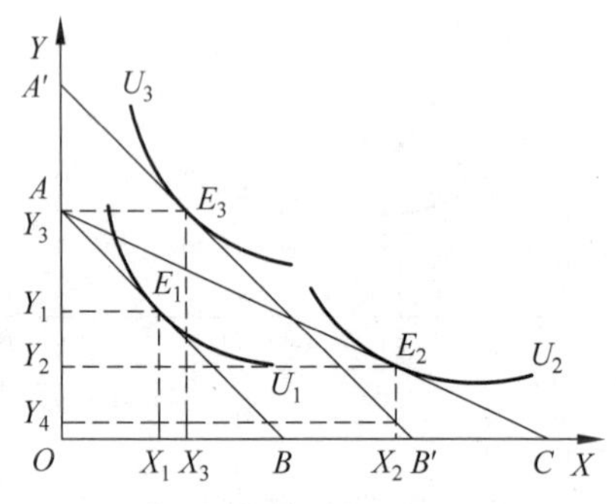

图 9-5 明补比暗补更有效率

值得关注的是，同样数额的补助如果是通过增加消费者收入的形式进行明补，却可以使消费者达到比 E_2 更高的效用水平。因为明补后的预算线 AB 向右平移至 $A'B'$而不是暗补下的 AC，由于 X 商品和 Y 商品之间的相对价格没有改变，消费者便可以得到效用高于 E_2 点所代表的消费组合，实现无差异曲线 U_3 与预算线 $A'B'$的切点 E_3 所代表的商品组合(X_3,Y_3)。作平行于 AC 且与无差异曲线 U_3 相切的直线，得到的切点 E 与 E_3 在同一条无差异曲线上，所以效用水平相同。而 E 点代表的效用高于 E_2，因此很容易得知 E_3

所代表的效用水平高于 E_2。

（二）按照财政补贴的对象划分

根据政府补贴是采取实物还是现金的形式发放，可以将补贴分为实物补贴和现金补贴。实物补贴是对特定商品的补贴，是暗补的极端形式。暗补使通过对选定商品的生产或流通环节的补贴，使商品的价格低于市场价格来间接影响消费者的选择。而实物补贴采取的是实物发放的形式，指国家按低于产品成本或微利的价格向企业和个人提供产品，而企业的亏损由财政给予补贴。购买低价产品的企业和个人是补贴的受益者。既然明补优于暗补，则可以说现金补贴优于实物补贴。由于人们对补贴的需求各不相同，因此政府难以提供实物补贴的准确数量，这必然导致一些人的需求高于补贴数额，而一些人对补贴的需求低于政府提供的补贴数量。

下面举例对实物补贴和现金补贴做一下比较。

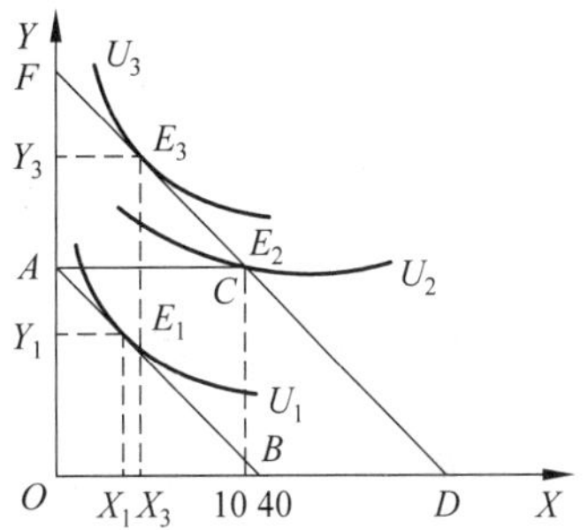

图 9-6　实物补贴的数量超过补贴接受者的需要

假设政府向一部分家庭提供 10 千克面粉的救助，这些家庭的月收入低于 200 元，救助按月发放。张凯一家是这一计划的受益者。为了简化分析，假定张凯一家的收入只用来购买两种产品：面粉和大米，面粉的市场价格为每千克 5 元，大米每千克 4 元。如图 9-6 所示，纵轴代表张凯一家对大米的月需求量，横轴代表他们一家对面粉的月需求量，预算约束线为 AB。200 元的收入如果只用于购买面粉，可以购买 40 千克；同理，亦可购买 50 千克的大米，张凯一家最佳的消费组合为 X_1 千克的面粉和 Y_1 千克的大米。政府每月免费提供 10 千克面粉计划的实行，意味着张凯一家每月能够增加 10 千克的面粉消费。其预算曲线因此由 AB 改变为 ACD。在这一新的预算约束下，如果张凯一家对面粉的需求量低于 10 千克，这时所能达到的最大效用为无差异曲线 U_2 与预算约束线 ACD 在 C 点相交所能实现的消费组合，即 10 千克面粉和 50 千克大米。如果 50 元的 10 千克面粉的补贴按现金的形式发放，则张凯一家面对的预算约束线由 AB 变为 FD 而不是 ACD，因此，他们在选择低于 10 千克面粉的需求量的同时，会将增加的收入用于增加对大米的需求，如果他们选择无差异曲线 U_3 与预算约束线 FD 的切点 E_3 代表的消费组合：Y_3 的面粉和 X_3 的大米，即现金补贴情况下补贴受益者会选择比补贴数额 10 千克要少的面粉、比 50 千克要多的大米，也就是说要选择的消费组合为 E_3 而不是实物补贴形式下的 E_2。张凯一家得到了他们认为最好的消费组合。因此可以看出现金补贴优于实物补贴。

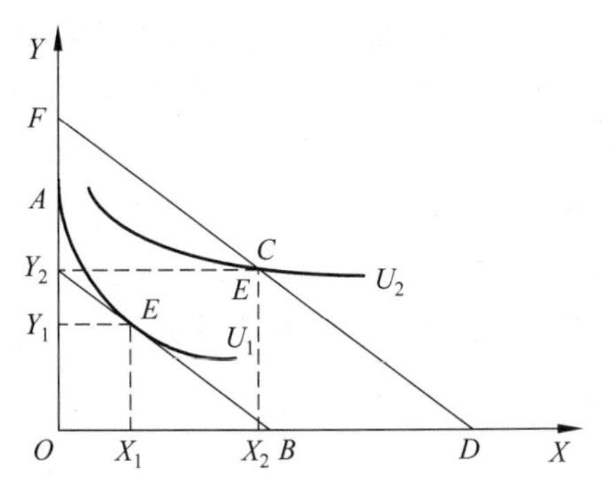

图 9-7　实物补贴的数量低于补贴接受者的需要

既然如此，实物补贴还有存在的必要吗？我们来考察政府补贴计划的另一户接受者陈静一家，他们偏好面食，对面粉的需求量大于政府提供的补贴量。如图 9-7 所示，假设陈静一家的收入也是

200元，则他们接受补贴前的预算约束线与张凯一家相同，也是 AB，因为他们喜欢面食，所以他们获得效用最大化的消费组合为无差异曲线与预算线 AB 的切点 E 所代表的 OX_1 的面粉、OY_1 的大米。政府每月补贴计划施行后，他们获得效用最大化的消费组合变为无差异曲线与预算约束线 FD 的切点 E' 所代表的大于10千克的 OX_2 的面粉、OY_2 的大米。

总之，现金补贴能够比实物补贴更好地满足补贴受益者的特殊偏好，特别是当补贴受益者对政府提供补贴的商品的需求低于政府补贴的数量时，现金补贴优于实物补贴。然而，当政府补贴的数量没有超过补贴受益者的需求量时，实物补贴就能通过增加对政府补贴商品的消费而使补贴领受者的效用水平得到提高，并且可以避免现金补贴下补贴受益者将补贴款项用于消费非政府意图的商品而不能保证政府政策目标的实现问题。因此，政府应该根据不同的情况，采用不同的补贴形式。

第四节 税式支出

一、税式支出的概念

随着税收优惠措施的广泛运用，税收优惠问题越发突出：一方面，国家损失了大量的税收收入，而企业对这笔资金的使用却漫不经心，效益较差；另一方面，给企业的寻租行为提供了可乘之机，企业依赖思想日趋严重。1967年美国财政部部长助理、哈佛大学教授萨里在一次讲话中第一次使用了"税收支出"这一词语，并在1973年所著的《税收改革之途径》一书中，正式使用"税收支出"一词。在萨里等学者看来，美国的所得税制，实际上是由不同的甚至是矛盾的两部分构成：一部分称为正规的税制结构，包括完善和严密的对净所得进行课税的各项法规，它们明确了税基、税率、纳税人、纳税期限及对各类经济实体的税收待遇等，以便有效地取得收入；另一部分则是一些特殊的条款，它们是政府出于引导、扶持某些经济活动，刺激投资意愿或补助某些财务困难的集团而制订的各种税收优待措施。其目的不在于取得收入而是实现上述目标。这些与正规税制结构相背离的特殊减免条款项目，就构成了"税收支出体系"。

税式支出的实质是政府为实现自己的既定政策目标，增强对某些经济行为的宏观调控，以减少收入为代价的间接支出，是一种比较隐蔽的财政补贴支出。从税收发挥的作用来看，它可以分为照顾性税收支出和刺激性税收支出。或者说，尽管它们都具有财政补贴性质，但所发挥的作用有所不同。照顾性税收支出主要是针对纳税人由于客观原因在生产经营商发生临时困难而无力纳税时所采取的照顾性措施，目的在于扶植国家希望发展的亏损或微利企业，以求国民经济各部门的发展保持基本平衡。刺激性税收支出主要是指用来改善资源配置、提高经济效率的特殊减免规定，主要目的在于正确引导产业结构、产品结构、进出口结构及市场供求，促进纳税人开发新产品、新技术，以及积极安排劳动就业等。

二、税收支出的界定

税收支出的概念提出后，西方各国在官方文件中相继引进了这一概念，并利用国家预算对税收支出加以控制，使之不断完善。当然，在不同的国家和同一国家的不同时期，税收支出概念的表达方式不尽相同：税收收入损失论中提到有的国家是从税收收入损失角度来定义税收支出的概念。如美国和前联邦德国，将税收支出定义为：由于允许从毛所得中做不予计列、豁免、扣除、特别抵免、优惠税率、纳税义务延期等税法条款的存在而造成的收入损失；而在减轻纳税税负论中，有的国家强调以是否减轻纳税人的税负来定义税收支出。直接支出比较论是从与直接支出相比较的角度来定义税收支出。如澳大利亚把税收支出定义为：原则上可以由直接支出代替的那些特殊的税收立法。

上述税收支出定义的共同点是：税收支出是与正规的、标准的、基础的或一般可接受的税制结构的背离。我们认为，税收支出是指政府以法律形式给予特定活动或纳税人以各种税收优惠待遇而形成的收入损失或放弃的收入。它是政府的一种间接性支出，属于财政补贴性支出。

三、税式支出的效应及影响

税式支出有利于鼓励有益产品和具有外部正效应产品的生产；有利于鼓励高新技术产业的发展和风险项目的投资，增加科技投入，推动科技进步；可以从宏观上引导社会资源流向国家鼓励的产业和地区，实现产业结构调整和地区经济协调发展的战略；有利于增加低收入者的收入，提高社会的福利水平；有利于扩大吸引外资，引进先进技术，增加就业机会。

但其不利于纳税人之间的平等竞争，导致税法复杂化，增加了征管难度；容易造成经济的扭曲，从而影响资源的有效配置；背离了市场经济所要求的税收公平原则；税式支出的累加激励效果和对非纳税人的排除增加了新的分配不公；减少了国家财政收入，造成税收收入的流失；淡化了税收权威，加剧了分配领域的混乱局面。

税式支出是通过给予特定的纳税人或经济活动以一定的优惠待遇而对整个经济结构产生一定影响的，其作用机制是通过影响社会的总供给和总需求，从而影响市场机制。从商品课税来看，税式支出的直接作用主要是降低产品成本，如图 9-8 所示。

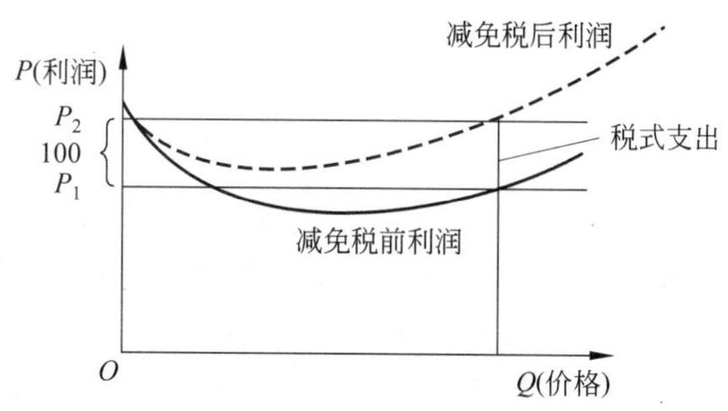

图 9-8　税式支出在商品税中的作用

从所得税方面来看，税式支出的作用主要表现在增加利润上，如图 9-9 所示。

税式支出也会影响产业结构，在整个国民经济中，对一定产业实施税式支出，会随着征税产业的税负再分配，引起资本向免税产业流动，直至达到新的均衡，从而实现资源的再配置，落实了产业政策。如果这种产业政策符合市场需求，那么，该资本流动将具有效率；否则，就为不效率。至于免税所引起的资本流动并降低了资本收益率这一现象，并不

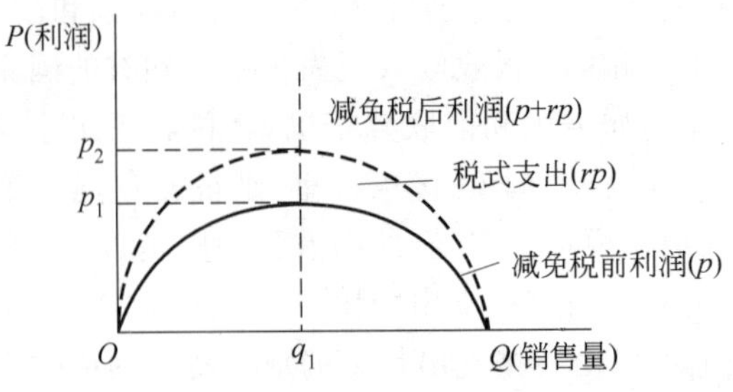

图 9-9 税式支出在所得税中的作用

能说明是税式支出的结果。从全社会看，税收也是一种收益，只不过是通过政府课税，将企业部门的收益转移到了政府部门，社会总资本的收益率不会因为课税而发生变化。

四、税收支出的形式

一般而言，科学、合理地确定税收支出项目是极为困难的。从理论研究和各国的具体实践看，税收支出大体包括税收豁免、纳税扣除、税收抵免、优惠税率、税收递延、加速折旧、盈亏互抵和退税优惠等。

（一）税收豁免

税收豁免是指在一定时期内对纳税人的某些所得项目或所得来源不予课税，或对其某项活动不列入课税范围，以免除或降低其税收负担的方法。对豁免的项目与期限，应视当时的经济环境和政策而定。最常见的税收豁免项目包括免除关税与货物税、免除所得税两类。免除机器或建筑材料等的进口关税，可增强企业在国内外市场的竞争力；免除货物税同样也可降低生产成本，增强产品的价格竞争力。

免除企业所得税可以增加新投资的利润，使企业更快地收回所投资成本，减少投资风险、刺激投资，如对企业治理污染的所得不计入应税所得，以激发企业治理污染的积极性；同时可以促进社会政策的顺利实施，以稳定社会正常生活秩序，如对慈善机构、宗教团体等所得收入不予课税。

（二）纳税扣除

纳税扣除是指在计算应课税所得时，从毛所得额中扣除一定数额或以一定比例扣除，以减少纳税人的应课税所得额。在累进税制下，纳税人的所得额越高，这种扣除的实际价值就越大。因为一方面，这些国家的纳税扣除是按照纳税人的总所得以一定百分比扣除，这样在扣除比例一定的情况下，纳税人的所得额越大其扣除金额越多；另一方面，就某些纳税人来说，由于在其总所得中扣除了一部分数额，使得原较高税率档次降低到低一级或低几级的税率档次，这等于降低了这部分纳税人的课征税率。

（三）税收抵免

税收抵免，是指允许纳税人将其某种合乎奖励规定的支出，以一定比例从应纳税额中扣除，以减轻其纳税负担。税收抵免法在1918年就被英、美两国用来解决国际重复征税问题。目前许多国家的国内税法中都有允许本国纳税人进行国外税收抵免的规定。

在西方国家，税收抵免主要有投资抵免、国外税收抵免两种形式。投资抵免也称投资津贴，其基本含义是：依据政府的规定，可折旧性资产的投资者可以从其当年应纳的公司所得税税额中，扣除相当于新投资设备某一比率的税额。国外税收抵免，是指一国政府在对本国居民的国外所得征税时，允许其用国外已纳的税款冲抵在本国应缴纳的税款，从而实际征收的税款只为该居民应纳本国税款与已纳外国税款的差额。

（四）优惠税率

优惠税率又称低税率优惠，是指通过降低税率给予的税收优惠。按其方式可分为直接降低税率和间接降低税率：前者是指从标准税率中直接扣除一定百分率；后者是指在制定标准税率表时将优惠低税率列入税率表中。

优惠税率的使用范围可根据实际的需要进行伸缩，既有期限的限制，也可给予长期的优惠。一般来说，有期限的优惠税率对企业的奖励程度要小于免税的办法，但长期优惠税率的奖励程度很可能会大于有期限的免税，尤其是需要巨额投资且获利较迟的企业更能得到较大的奖励。如我国现行增值税规定的13%的低税率，企业所得税曾实行的18%和27%的两档过渡性税等。

（五）税收递延

这种方式也称“税负延迟缴纳”，是允许纳税人对那些合乎规定的税收，延迟缴纳或分期缴纳其应负担的税额。这种方式一般适用于各种税，且通常都应用于税额较大的税收上。因可延期纳税，纳税人等于得到一笔无息贷款，能在一定程度上帮助纳税人解除财务上的困难。采取这种方法，政府的负担较轻微，因为政府只是延后收款而已，充其量只是损失一些利息。

（六）加速折旧

加速折旧是指允许纳税人在固定资产使用年限的初期提取较高折旧的税式支出形式。在计算企业每个年度的应纳税额时，企业在该年内提取的固定资产折旧额应从其应纳税额中减除。如果企业采用加速折旧的方法，就会使自己在该固定资产使用年限的初期折旧多、税负轻，后期折旧少、税负重。对企业来说，虽然总体税负不变，但能够由此延期缴纳部分税款，相当于得到一笔政府给予的无息贷款。当然，加速折旧也有利于企业提前收回投资。在企业开办初期急需资金的情况下，加速折旧这种税式支出形式确有其税收激励的功能。

（七）盈亏互抵

盈亏互抵是指准许企业以某一年度的亏损抵消以后或以前年度的盈余，以减少应付税额的方法。一般来说，各国规定时间予以限制。这种优惠形式，对扶持新办企业和风险投资具有重要的激励作用，尤其对盈余无常的企业效果更佳，因为在这种方式下如果企业发生亏损，按照规定就可以从以前或以后年度的盈余中得到补偿。但该办法的应用以企业有亏损发生为前提，否则就不具有鼓励的效果，且就其应用范围而言，只能适用于所得税。

（八）退税优惠

退税是指国家按规定对纳税人已纳税款的退还。退税的情况有许多，如多征误征的税款、按规定提取的地方附加、按规定提取代征手续费等方面的退税。这些退税都属于“正规税制结构”范围。作为税收支出形式的退税是指优惠退税，是国家为鼓励纳税人从事或扩大某种经济活动而给予的税款退还。

本章小结

财政转移支出	政府转移性支出	政府转移性支出是政府购买支出的对称。它是国家政府对国民收入进行再分配的一种手段，是政府的非市场性调节行为。本章节将对转移性支出的具体内容和作用作进一步的分析和探讨，主要包括社会保障支出、财政补贴、捐赠与债务支出、税式支出。重点探讨社会保障支出、财政补贴的内容、意义以及存在的问题
	社会保障支出	社会保障支出是指政府通过国民收入的再分配，向丧失劳动能力、失去就业机会以及遇到其他事故而面临经济困难的社会成员提供基本生活权利保障的行为活动。这类支出又分为社会保险、社会救助、社会优抚和社会福利四大类别
	财政补贴	财政补贴是一种特殊的分配形式，同时又是政府进行经济调节的杠杆。它是国家根据一定时期政治和经济发展的需要，为执行某些政策，对特定的产业、部门、地区、企事业单位、个人或项目给予特定补助和津贴
	税式支出	税式支出的实质是政府为实现自己的既定政策目标，增强对某些经济行为的宏观调控，以减少收入为代价的间接支出，是一种比较隐蔽的财政补贴支出。从税收发挥的作用来看，它可以分为照顾性税收支出和刺激性税收支出。或者说，尽管它们都具有财政补贴性质，但所发挥的作用有所不同

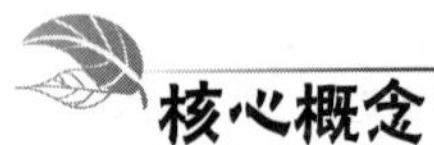

核心概念

转移性支出　社会保障支出　财政补贴　税式支出

思考题

一、名词解释

社会保障　财政补贴　财政贴息　政策性亏损　企业亏损补贴　现金补贴　实物补贴

二、简答题

1. 简述我国社会保障资金的筹集方式和管理方式。
2. 简述财政补贴的特征。
3. 简述财政补贴的客观依据。
4. 简述我国财政补贴内容与西方国家的区别。

三、论述题

1. 试述我国社会保障制度的主要内容。
2. 试述财政补贴的作用。

第十章

税收的基本原理

自 1776 年亚当·斯密出版具有划时代意义的《国富论》以来，西方经济学的一些重要流派，特别是古典经济学、新古典经济学、凯恩斯主义经济学和现代公共选择理论，对财政学从作为一门独立学科的创立到研究方法的飞跃，从研究内容的深化到学科属性的扩展，都做出了革命性的贡献。

在经济财政思想史上，财政学科的形成与发展主要是以经济学的发展为其坚实的理论基础的。经济学的每一次重大发展都会或迟或早地在财政学领域体现出来，不断推动财政学研究的深化。可以说，自近代资本主义发展至今，经济学在不同发展阶段所形成的不同学派广泛而深刻地影响着财政学的主要领域，其中尤以古典经济学、新古典经济学、凯恩斯主义经济学和现代公共选择理论为最。尽管其侧重点各不相同，但这些流派对财政学科的影响无一不是革命性的。

第一节　税收的原则

一、古典课税原则

课税原则亦称税收原则，课税原则规定的是政府对什么征税(课税对象)、征收多少(课税规模)、怎样征税(课税方式和方法)，是制定税收政策、设计税收制度的指导思想，也是评价税收制度优劣、考核税务行政管理状况的标准。

课税原则的思想萌芽可以追溯到很早以前，不同的经济发展阶段，课税原则也不同。如在中国先秦时期，就已经提出平均税负的思想，对土地划分等级分别征税；春秋时代的政治家管仲则更明确提出“相地而衰征”的税收原则，按照土地的肥沃程度来确定税负的轻重。西方则在十六七世纪的重商主义时期提出了比较明确的税收原则，如亚当·斯密著名的“税收四原则”。在现代财政学中，通常把税收原则归结为公平和效率两大原则。

早在资本主义初期，资产阶级经济学家就开始进行课税原则问题的探讨，代表人物为威廉·配第(William Petty，1623—1687)。随着资本主义自由化的开始，税收原则得到了更为深入系统的研究，亚当·斯密、让·巴蒂斯特·萨伊(J. B. Say，1761—1832)、阿道夫·瓦格纳等纷纷提出自己的观点，其中以斯密的“税收四原则”和瓦格纳的“四项九端原则(四大项九小点)”最为著名。

(一) 配第的课税原则

威廉·配第作为古典政治经济学的奠基人和财政理论的先驱，不仅在国家财政支出方面进行了深入研究，而且在国家财政收入理论上也有所成就。威廉·配第在其代表作《赋税论》与《政治算术》中比较深入地研究了税收问题，阐述了关于税收制度建设的理论，提出征税必须遵循一定的原则。配第的课税原则是围绕公平税负这一基本观点来论述的。

针对当时英国税收制度的种种弊端，配第指出："这些税收并不是依据一种公平而无所偏袒的标准来征课的，而是由听凭某些政党或是派系的掌权者来决定。不仅如此，赋税的征税手续既不简便，费用也不节省。"由此，配第提出税收原则可概括为"公平（税负）""简便（手续）""节省（费用）"。

配第在《赋税论》第三章"导致国民不甘心承担赋税的原因如何才能减少"中指出："不管赋税多么重，如果政府能一视同仁，按照合理的比例对每个人征税，那么相对于任何人来说都不会因负担了赋税而使自己的财富减少。人们的财富关系不变，每个人都保持了原有的地位、尊严和身份"以及"使纳税人感到最为不满的，是对他们课征的税额高于对他们邻居课征的税额"，实际上说明了税收原则中的横向公平原则：有纳税义务的人都应纳税，纳税能力相同的人应缴纳数量相同的税收。而他在对"人头税"进行论述时，持有的观点是"征收人头税的方法其缺点是非常不公平，能力不同的人都要纳相同的赋税"，这是对纵向公平最直接的阐述。在指出税收公平原则的基础之上，配第也认识到了税收公平原则缺失的直接后果，如将导致"纳税人的报复"，或"子女最多的人则负担的税款最多"，最终使得纳税人之间出现税负不公平现象。

所谓公平，是指纳税人的能力不同，税收负担也就应当不同而且要适当。所谓简便，是指征税的手续、程序、方法要简便，符合纳税人的习俗和具备的条件。所谓节省，是指征税过程中的耗费尽可能地减少，亦即尽量节约征收费用。

再看配第效率原则理论。效率原则要求税收对经济的影响呈中性状态，对经济的干预力度到最小。配第所处的时代正是自由资本主义迅速发展时期，因此他也非常重视这一原则。配第认为"如果国家课征的赋税过多，使得市场上流通的货币量不足以维持国内正常商贸活动的需要，那么直接的后果就是工作量的减少"，而这一现象的出现必然导致市场货币的短缺，这就形成（或导致）了公共开支增加的第四个原因——货币的短缺。所以，国家不能对纳税人征收过多的税收。

由此可以看出，配第虽然在《赋税论》中没有明确表述税收原则，但在字里行间已经告诉了世人。而他的税收原则思想也基本上包含现代税收原则理论的基础内容，涵盖了公平和效率原则的绝大部分内容，为亚当·斯密提出"税收四原则"理论提供了良好的理论借鉴。

（二）斯密的课税原则

亚当·斯密是历史上对税收原则明确化、系统化简述的第一人，他明确且系统地阐述了课税原则，并将其上升到理论高度。他在所著《国民财富的性质和原因的研究》一书中，综合了自由经济学说和财政学说，把经济的自由主义视为处于革命前夜的英国经济发展的动力，极力主张自由放任和自由竞争，政府应减少干预或不干预经济。从这种经济自由主义立场出发，斯密提出了著名的赋税四原则，即平等、确实、便利、最少征收费用原则。

1. 平等原则

平等原则是指全体公民都需在可能的范围内,按照各自能力的比例,即按照各自在国家的保护下享得的收入比例,缴纳国税。斯密的平等原则实质上包含三层意思:①取消免税特权,不管是贵族还是僧侣都要依法纳税。②税收保持中立,不能因征税而改变财富分配的原有比例,从而使经济不受影响。③按负担能力的一定比例纳税。斯密认为国民应尽可能按照各自的纳税能力来承担政府开支所需要的收入,税收应尽量保持“中立”,不能改变市场初次分配形成的利益格局。

2. 确实原则

确实原则是指国民所纳税目与条例应该是确实的,而且纳税的时间、地点、手续、数额等都要明确规定,应当使一切纳税人及其他人了解。如果不然,每个纳税人就多少不免为税吏的权力所左右。这一原则的实质是说明课税要以法律为准绳,其目的在于:①税制的明确,能使纳税人知道应缴哪些税、应缴多少税、应如何缴税;②税制的确实,也可以防止税吏贪赃枉法。这一原则可保护纳税人的利益,可防止和杜绝税务官员的任意专断征税及恐吓、勒索纳税人等行为。

3. 便利原则

便利原则是指各种赋税完纳的日期及完纳的方法,须予纳税人以最大便利,即征税时间应选择在纳税人收入丰裕时,纳税方法和手续要尽可能简化,纳税地点应设在交通便利的场所,税收应尽量采用货币形式,以免纳税人为运输实物而增加额外费用等。

4. 最少征收费用原则

最少征收费用原则也称征收经济原则,是指在征收任何一种税的过程中,国家的收入额与纳税人所缴纳的数额之间的差额越小越好,亦即税务部门征税所耗用的费用应减少到最低限度。斯密强调,在征税过程中,应尽量减少不必要的费用开支,所征税收应该尽量归入国库,使国库收入同人民实际缴纳的税额间的差额最小。

在斯密的“税收四原则”中,第一条是税收的负担平等原则,其余三条属于税务行政方面的原则。斯密所处的时代,是英国工场手工业开始向大工业过渡,资本主义上升的时期。他的课税原则,是针对当时封建主义苛重复杂的税收制度、税负不公平以及征收机构的腐败苛扰情况,在总结前人的课税原则的基础上提出的。它反映了资本主义上升时期资产阶级的利益要求,对资本主义课税原则有重要的影响,同时也成为资本主义国家政府制定税收政策和税收制度的理论指导。

(三)瓦格纳的课税原则

阿道夫·瓦格纳是德国社会政策学派的代表人物,其代表著作《财政学》提出了社会政策的财政理论。19世纪中叶,德国处于自由资本主义向垄断资本主义过渡时期,社会资本日趋集中,财富分配差距悬殊,社会矛盾尖锐。为了缓解社会矛盾,以瓦格纳为代表的德国新历史学派倡导社会改良,主张国家运用包括税收在内的一切政治权力,调节经济生活。在这种思想的指导下,瓦格纳集前人课税原则理论之大成,提出了相对较为完备的课税理论,将税收作为重要的政策工具,可以归纳为四大项九小点(亦称“四项九端”原则)。

1. 财政收入原则

财政收入原则亦称财政政策原则，是指课税能充足而灵活地保证国家经费开支需要的原则。此原则包含收入充分原则和收入弹性原则，充分原则是指税收必须力求满足财政支出的需要；弹性原则是指税收收入必须在财政需要增大或税收以外的收入减少时能自然增加。

实现收入充分原则和收入弹性原则，关键在于税制结构的合理设计。瓦格纳认为把间接税作为主要税种，它能够随着人口的增加、国力增强及课税商品的增多而使税收自动增加；但它也可能因社会经济情况的变动，而使税收暂时下降，因此还应注意以所得税或财产税作为辅助税种。

2. 国民经济原则

国民经济原则即国家征税不能阻碍国民经济的发展，以免危及税源，在可能的范围内，应尽量有助于资本的形成，从而促进国民经济的发展。该原则包含税源选择原则和税种选择原则。

税源选择原则是指要正确选择税源，税源的选择要有利于保护税本，发展国民经济；应以国民所得为税源，尽可能不以资本或财产为税源，否则可能伤害税本，但同时不宜单一地选择所得为税源。税种选择原则是指税种的选择要考虑税负转嫁的作用，在选择税种时，必须考虑税收负担的转嫁问题，将税负归之于应该负担税收的人，应尽量选择难以转嫁或转嫁方向明确的税种。

一般来说，可以作为税源的有所得、资本和财产三种。税种的选择主要考虑税收的最终负担问题，因为它关系到国民经济的分配和税收负担是否公平。瓦格纳认为，税法预先规定税收的负担者，事实上是不可能的，因为在经济交易中将发生税负转嫁的情况。所以必须充分考虑到税收的转嫁变化规律，最好选择难以转嫁或转嫁方向明确的税种。但也不排除在必要时，可适当地采用转嫁方向不明确的税种，以实现税负的公平。

3. 社会正义原则

社会正义原则即税收负担应普遍和平等地分配给社会各阶层，要通过政府征税调整社会财富分配不均的情况，从而运用税收政策实现社会改革的目的。该原则包含普遍原则和平等原则。普遍原则是指课税应毫无遗漏地遍及社会上的每个人，不能因身份、地位等而有所区别，人人都有纳税义务。平等原则是指社会上的所有人都应当按其能力的大小纳税，能力大的多纳，能力小的少纳，无能力的（贫困者）不纳，采用累进税、减免税等措施达到社会正义目标。

普遍原则要求人人纳税，而平等原则又要求对有些人免税，这表面上似乎有些抵触，但从瓦格纳的分析来看，这两项原则并不矛盾。平等要求税制中要有最低课税限度标准、低所得者免税等规定，主要是从纳税人的经济状况或负担能力来说的；而普遍原则要求不能从纳税人的非经济因素来袒护某类人。

4. 税务行政原则

税务行政原则即税法的制定与实施都应当便于纳税人履行纳税义务，体现出对税务行政管理方面的要求，是对亚当·斯密的税收原则中第二至第四原则的继承和发展。该原则具体包括确实、便利、最少征收费用原则，这三项原则与斯密的相应原则含义相同，只不过瓦格纳的最少征收费用原则，不仅要求税务部门的稽征费用要小，而且纳税人因服从税法、履行纳税义务所发生的费用(纳税成本)应尽可能地小。

瓦格纳的税收原则比斯密的税收原则要完善得多，与斯密的消极财政原则不同，他要求税收收入既要充分，又要根据收入体系、经济发展的变化而富有弹性；明确提出以国民经济作为课税原则，要求政府在课税的过程中要注意保护税本，培植税源。此外，瓦格纳在其税收原则中阐明的一些思想为以后的税收理论发展奠定了基础，如收入弹性原则为建立弹性税制奠定了理论基础，平等原则为建立累进税制度奠定了理论基础，最少征税费用原则被后人发展成为纳税成本理论。

二、现代课税原则

现代课税原则是在古典原则的基础上发展起来的，主要源于凯恩斯经济学及福利经济学的思想，且基本上是围绕税收在现代经济生活中的职能作用来讨论，综合起来可以归纳为税收效率原则和税收公平原则两类。

（一）税收效率原则

税收效率原则要求政府征税活动有利于实现资源的有效配置和经济机制的有效运行，尽可能地使征税的成本等于纳税人所纳税额，减少其他非税款形式引致的额外负担。这部分负担主要包括征税扭曲资源配置带来的超额负担及征税过程中所耗费的征纳费用等，前者属于税收经济效力的内容，后者则构成税收的行政效率原则。

所谓税收经济效率是指政府征税应尽可能保持税收对市场机制运行的“中性”影响。该原则要求市场机制的运行不会因政府课税而扭曲，即使税收的超额负担最小化。政府在组织收入的过程中会使征税机关和纳税人双方发生各类费用，前者如办公楼费用和征税人员的工资与津贴等，后者如税务审计和咨询费、纳税申报费用等。税收的行政效率原则是指政府应该以尽可能小的税收成本获得税收收入。

1. 税收的财政原则

税收的财政原则是指税制的设计和建立要使税收收入充分满足一定时期财政支出的需要。税收的最基本职能是从经济中汲取部分资源转为政府使用，以满足政府为社会提供各种公共产品和服务，以及对经济进行必要的调控的财力需要。因此政府就必须通过税收方式来取得一部分资源，以满足社会对公共产品和混合产品的需要。如果失去这点，税收也就失去了存在的必要性。因此，税收的财政原则是税收的最基本原则，它包含两层含义：一是充分原则，二是弹性原则。税收只有满足上述条件才能使资源配置具有效率。

1）充分原则

充分是指税收在为公共产品提供筹集资金过程中，要使资源在公共产品与私人产品之间的配置达到最优，符合产品组合效率，即税收应满足提供适当规模公共产品的资金需要。如果某种税收政策不能为政府实现其职能提供必需的资金，那么政府就不能提供适当规模的公共产品。这种税收是不充分的，整个社会的公共产品的提供量低于满足产品组合效率的要求。另外，充分原则不能理解为税收能提供的收入越多越好，过多的税收也会使公共产品与私人产品的组合偏离产品组合效率。税收为公共产品提供筹集资金，税收的充分与否取决于它是否能最大限度地改进公共产品与私人产品之间的配置效率。

图10-1说明了充分原则的含义。在图中，AB为生产可能性曲线，它表示在资源和技术给定的条件下，社会所能生产的公共产品和私人产品的各种组合。U是社会无差异曲线，表示社会从公私产品的不同组合中所能得到的效用水平。生产可能性边界AB与社会无差异曲线U_3相切于E点，表明在现有生产技术条件下，公共产品与私人产品的最有效组合和整个社会所实现的最高效用水平，从而由E点决定的税收数量FB即为符合充分要求的税收量。而由G点与D点分别决定的税收数量HB、CB均不符合充分的要求，HB说明税收量过大，公共产品的提供规模过大，CB说明税收量太小，不能满足适当规模公共产品的资金要求。

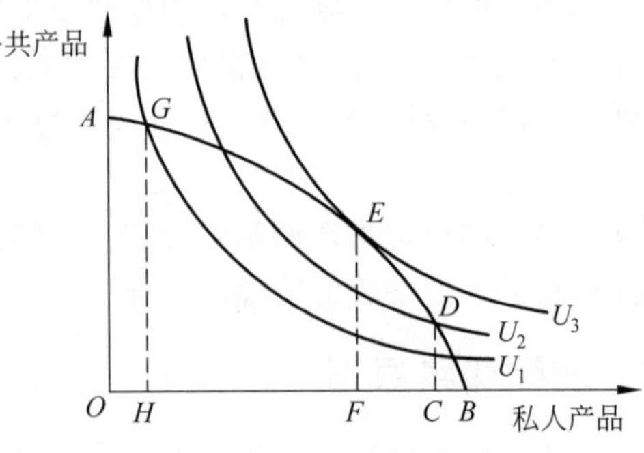

图10-1 税收的充分原则

2）弹性原则

弹性是指税制设计应能使税收收入随着国民经济的增长而增长，以满足长期的公共产品与私人产品组合效率的要求。所谓税收弹性是指税收收入增长率与经济增长之间的比例，用公式表示为

$$E_T = \frac{\Delta T/T}{\Delta Y/Y}$$

式中：E_T为税收收入弹性；T为税收收入；Y为国内生产总值GDP（国民生产总值GNP）；ΔT和ΔY分别为税收收入的增量和GDP（或GNP）的增量。

在给定的资源和技术下，公私产品之间总有一个适当的比例满足产品组合效率。税收要有弹性，一般来说应当使$E_T \geqslant 1$随着经济的增长和社会的发展，社会对公共产品和服务的需求是不断增加的。从短期来看，现有的资源和技术状况是给定的；但从长期来看，随着生产的发展，可使用的资源和技术水平将发生变化，生产可能性曲线就可能向外移动。另外，随着收入的增加，公共产品与私人产品的合意组合也会发生变化。

税收弹性原则不仅是为了满足财政支出增长的要求，而且在促进宏观经济稳定方面具有重要的作用。尤其是累进制的所得税作为自动稳定器的组成部分，能够自动地对宏观经济进行逆向调控。

2. 税收的中性原则

税收中性，是指政府课税不扭曲市场机制的运行，或者说不影响私人部门原有的资源配置状况。如果政府课税改变市场活动中以获取最大效用为目的的消费者的消费行为，或以获取最大利润为目的的生产者的生产行为，就会改变私人部门原来的（税前）资源配置状况。

收入中性思想的渊源可追溯至自由资本主义时期的古典学派经济学家亚当·斯密和大卫·李嘉图。斯密提出公平、确实、便利、节约的税收四原则，一方面强调按国民在国家保护下享得的收入的比例纳税，以求公平；另一方面则强调国家征税确实、便利纳税人和最少的征收费用，其主旨是尽量减少税收对纳税人收入和经济活动的影响。李嘉图接受了斯密的市场观和国家观，进一步阐述了征税要尽可能少地妨碍再生产的观点。他指出，“最好的赋税就是税额最少的赋税”。可见，重视市场作用，限制政府职能和税收规模，以防税收妨碍经济运行是古典学派的税收观。虽然他们并未明确提出“税收中性”，但其市场观和国家观为税收中性思想奠定了理论基础。

税收中性是针对税收的超额负担提出的一个概念，包括两方面的含义：一是政府征税使社会付出的代价应以征税数额为限，不能让纳税人或社会承受其他的经济牺牲或额外负担；二是政府征税应当避免对市场机制运行发生不良影响，特别是不能超越市场而成为影响资源配置和经济决策的力量，应当主要依靠市场机制的那只“看不见的手”。

税收的超额负担，也称为税收的额外负担，是指纳税人因征税引起的替代效应而增加的私人经济中资源使用上的效率损失。在竞争的市场经济下，反映生产的相对成本以及消费者偏好的价格会自发地产生资源配置的效率状态。但在现实经济中，大部分的税收具有选择性，往往会改变相对价格，就会在取得财政收入的同时，改变消费者和生产者的选择，从而改变私人经济部门原有的资源配置状态。这种改变造成的负担或损失是无法用政府税收的收益来弥补的，对经济来说是一种不必要的损失。

下面用图 10-2 进一步说明个问题，为了简化起见，假设政府征税之前某种产品的供给曲线 S_0 是一条与横轴平行的线，它与需求曲线 D 相交于 E 点，由此决定的均衡价格为 P_0，均衡产量为 Q_0，厂商的收入由面积 OP_0EQ_0 表示。政府征税之后，厂商将税款 T 加入价格，产品的价格提高到 P_1。随着价格提高，需求量下降，均衡产量减少为 Q_1。这时，厂商的收入变为 $OP_1E'Q_1$，政府获得的税收为 $P_0P_1E'C$，而 $CE'E$（图中阴影部分）既没有为厂商所得，也没有被政府拿走，而是随着政府征税而无形中损耗。这说明，由于政府征税，使消费者行为发生扭曲（因价格人为地提高而减少需求量），从而导致消费者剩余的减少大于政府实际课征的税收。政府的征税，也会使生产者行为发生扭曲。税收的额外负担意味着征税给社会和经济带来了消极影响，征税让社会付出的代价超过了政府从征税中实际得到的好处，额外负担越大，给经济和生活带来的不利影响越大。由此可见，税收的经济效率原则就是使得社会承受的额外负担最小，以最小的额外负担换取最大的经济效率。

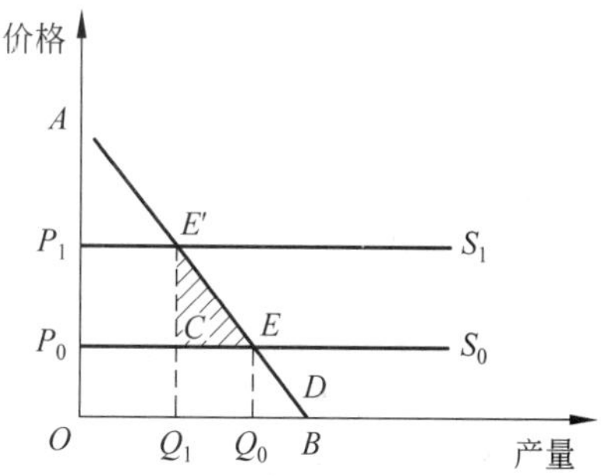

图 10-2　税收的额外负担

在现实经济生活中，税收对经济的影响不可能限于征税数额本身而保持“中性”。换言之，税收额外负担的产生通常是不可避免的。因此，倡导税收中性的实际意义在于，尽可能地减少（并非完全避免）税收对经济的干扰作用，尽量降低（并非完全取消）因征税而使纳税人或社会承受的额外负担。

马歇尔-哈伯格最早地利用了马歇尔的基数效用理论作为超额负担的基本说明，后成为马歇尔-哈伯格超额负担模型。这种理论在计算税收的超额负担时，利用了消费者剩余和生产者剩余的概念，并以消费者剩余的大小作为衡量消费者在消费某种商品时获得净福利多少的标准。

如图10-3所示，某一种商品的市场，D是这种商品的需求曲线，S是供给曲线。征税前的均衡点是i，产量为q_0，价格为p_0. 假定政府对这种商品课征从量税，供给曲线S将向左上方移动至$S+t$，税后市场均衡点为f，产量减少至q_1，生产者获得的价格为p_s，消费者付出的价格为p_d，且$p_d-p_s=t$，这已经在前面的章节中进行了分析。这种税的税收收入总额是图10-3中的gh（边际税额）乘以he（销量），即$gfeh$的面积。消费者因课税而损失的消费剩余是$gfib$的面积，生产者因课税而损失的生产者剩余是$heib$的面积，这两种损失合计为不规则图形$gfieh$的面积，显然大于政府的税收收入$gfeh$的面积。二者的差额fei就是课税的超额负担。这说明，纳税人不仅向政府纳税$gfeh$，而且还因商品价格上升，产量（消费者）减少，消费者可能要转向消费其他商品，使消费者在商品间的行为受到扭曲。

进一步假定该产品的边际社会成本在p处保持不变，因而供给曲线就成为一条水平的直线S，如图10-4所示。D_b是消费者对商品的一般需求曲线，S是在没有税收情况下初始价格p上的需求数量。于是消费者剩余就是在该需求曲线之下，价格线上的面积，即三角形ahi的面积。现在考虑对该商品按税率t从价征收一种税，它的销售者价格因此上升到$(1+t)p$，即$S+t$，导致对商品的需求数量从q_1下降q_2。与税前状态相比，消费者剩余现在下降为梯形$gfih$的面积，其中，长方形$gfdh$的面积代表支付的税收总额，而这种税的超额负担是三角形fdi的面积，即消费者剩余的减少超过应纳税额的部分。我们现在要考虑的是，这个三角形面积所代表的税收超额负担究竟受什么因素影响？

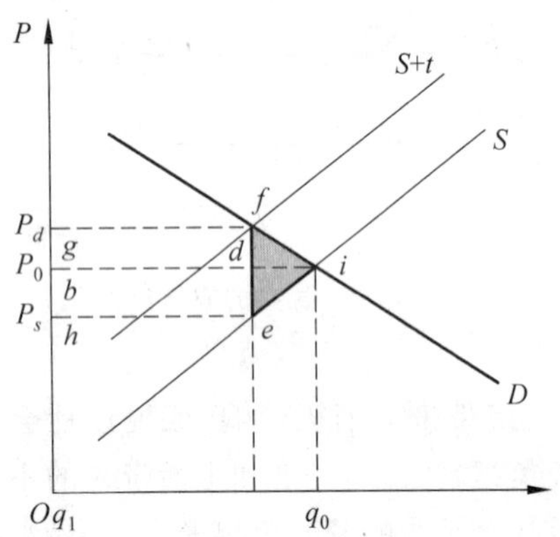

图10-3　基于基数效用理论的超额负担

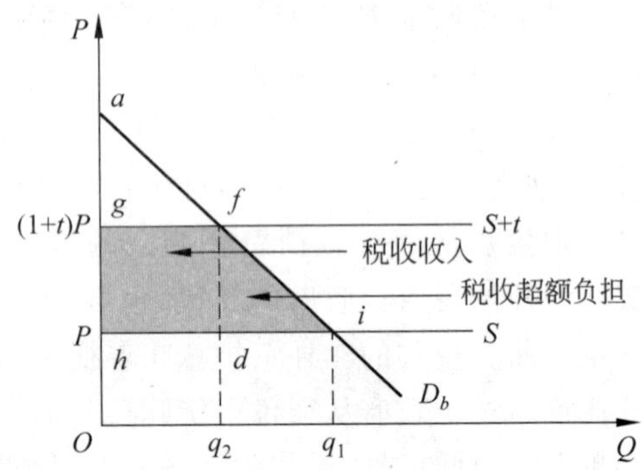

图10-4　商品税的税收超额负担

这一分析为计算税收超额负担的实际影响因素提供了简便方法。三角形的面积是其底边（课税引起的数量变化）与高（单位税额）乘积的一半。这个乘积可以用代数式表示为

$$\mathrm{EB}=\frac{1}{2}\eta pqt^2$$

式中：EB为税收超额负担；η为商品的需求价格弹性的绝对值。

这一代数式的经济意义在于以下几点。

第一，需求价格弹性（η）越高的商品，课税后税收的超额负担越大；反之亦然。

第二，超额税收负担还取决于花费在商品上的总支出（$P\times q$的乘积），花费在商品上

的(税前)支出越大,超额负担就越大;反之亦然。

第三,超额税收负担与税率(t)的平方成正比。这种情况表明,对许多商品按照较低的税率课税,要比对少量集中商品课税课以较高的税率理想,即低税率宽税基要比高税率窄税基产生较少的超额负担。

3. 税务行政效率原则

税收的行政效率是通过一定时期直接征纳成本与入库的税收收入的对比来衡量。税收的征纳成本,即税收成本,是指税收征纳过程中发生的各类费用支出总和,由税务机关的征税费用和纳税人的奉行费用两部分构成。

税务机关的征税费用具体包括税务机关工作人员的工资、津贴等人员经费和税务机关在征税过程中所支付的房屋租赁费用、交通费、办公费、差旅费等公共费用,以及用于建造税务机关办公大楼等各种费用开支。纳税人的奉行费用是纳税人履行纳税义务过程中所发生的费用,包括纳税人雇用会计师、税收顾问、职务税务代理人等所花费的费用,公司、企业为个人代交税款所花费的费用,以及纳税人在申报纳税方面的时间和其他各种费用等。

一般地说,税收成本与入库的税收收入之间的比率越小,税收行政效率越高;反之则相反。税收行政效率就是要求通过简化税制,合理设置税务机构,采用科学的征管手段,改进税务工作方法,以节约征管方面的人力和物力耗费,降低税收成本。

(二)税收公平原则

税收公平原则是设计和实施税收制度的最重要,也是首要的原则。无论对于纳税人还是对于政府,一个公平的税收制度都是非常重要的。只有纳税人相信税收制度是比较公平的,才能促进他们如实申报并依法纳税,从而有效地维持税收制度的正常运转。同时,税收具有矫正收入分配不均或悬殊差距的作用,公平的税收制度对于实现政府保持社会稳定的目标不可或缺。

税收公平原则指的是国家征税要使纳税人承受的负担与其经济状况相适应,并使纳税人之间的负担水平保持平衡。它的含义可以从两个方面来理解:一是经济能力或是纳税能力相同的人应缴纳数额相同的税收,即以同等的方式对待相同的纳税人,称之为税收的横向公平;二是经济能力或纳税能力不同的人应当缴纳数额不同的税收,即以不同的方式对待不同的纳税人,称之为税收的纵向公平。

要使税收既做到横向公平,又能保证纵向公平,一个关键的问题,是要弄清公平是就什么而言,即要确定以什么标准来衡量税收公平与否。目前,经济学家对此问题的解释大体上有两种,即受益原则和支付能力原则。

1. 受益原则

受益原则亦称“利益说”,即要求个人所承担的税负应与他从政府提供的公共产品和服务中所获得的利益相一致。根据受益原则,横向公平可解释为从政府公共服务活动中获益相同的人应承担相同的税负,纵向公平可解释为受益多的人应承担较多的税负,每一社会成员所承担的税负应与他从政府服务活动中获得的利益相等。

受益原则实际上是将公民纳税与政府提供服务看成一种类似于市场的交易过程。税收被视为政府所提供的公共产品和服务的价格,每个人根据自身的偏好来评价政府的公共产品和服务，并按边际效用支付。假如政府能够清楚地了解社会上每个成员对于公共产品和服务的偏好，就能够按照边际效用的大小向各成员征税。由此，不仅可以确定政府提供服务的有效规模，同时也将使每个人的福利得到改进，实现资源配置的效率。

早期的受益原则由以休谟、卢梭为代表的契约论者提出，认为税收是社会成员为了得到政府的保护所付出的代价，即纳税行为取决于个人从政府支出中享受到的利益的大小。早期的受益者在个人受益的衡量上存在很大的分歧，有的主张以收入的多寡为判断标准，如孟德斯鸠的“保险费”观点，霍布斯则主张以消费为课税基础，斯密主张以收入为衡量标准。多数早期受益者如霍布斯、格老秀斯等主张实行比例税，孟德斯鸠、卢梭等主张实行累进税。萨缪尔森在其《公共支出纯论》(1954年)和《公共支出论图解》(1955年)中，发展完善了林达尔的理论，他假设存在一个全知全能者，知道每个人对公共产品的受益状况，在既定的资源和技术条件下，这个全知全能者决定着一组最优解的组合，其中每个解都包含了公共产品和个人产品的产量组合，即个人用于消费的私人产品的份额和消费公共产品所支付纳税份额的组合，通过无差异曲线和效用曲线，确定公共产品供应的“极乐点”。

从理论上看，受益原则有一定的合理性。受益原则的税收在收入分配上是中性的，即不改变市场分配所形成的分配格局。既然人们在日常生活中要偿付从私人经济中所得到的商品和服务，那么也应对具有公益性的政府支出，按照其获得效益的多少做出相应分摊。从政府提供的公共产品中获得利益多的，多缴纳税收；获益少的，少缴纳税收。可是实际上，这种说法有着很大的局限性。由于公共品的效用非排他性，要准确测定每个人的获益是很难的。它只能用来解释某些特定的征税范围，而不能推广到所有的场合。因此，这一原则只能用来衡量某些特定范围的受益税税种，但就总体税收来说，按受益原则进行分摊是做不到的，其局限性主要体现在以下几方面。

受益原则的应用因公用品的集体消费性质而受到极大限制。公共产品和服务在消费上具有非排他性，即在技术上没有办法将拒绝为之付费的人排除在其受益范围之外。这使有些人成为“免费搭车者”，不支付任何费用就可以获得利益，他们就不会“自愿”支付。因此，很多公共产品和服务不受市场定价的约束，不能根据受益原则提供。可见，在税收负担的分配中，受益原则很难作为公平的基本标准得到应用。

受益原则的应用因公用品的内在性质难以确定收益的多少。在有些情况下，受益原则可以直接采用，如对桥梁和高速公路的使用收取费用(征税)，对享受社会保障制度利益的人征收社会保险税等。那些各种支出都具有公共利益性的情况，如国防、法律、公安、社会公益事业等，人们都从中获益。那么对于这些，如何根据受益原则来征税呢？这意味着，就大多数消费来说，估计每个人获得的公用品的利益实际上是不可能的。

受益原则的应用很可能会使对公共产品和服务的需求发生扭曲。由于按受益原则征税，有些人本来想多享受一些公用品(如桥梁等公共设施)和服务，但因征税而抑制对它们的使用，将导致资源的低效率配置和利用。

由此可见，在税收负担的分配中，受益原则很难作为公平的基本标准。这条原则只能解决税收公平的一部分问题，不能解决有关税收公平的所有问题。

2. 支付能力原则

支付能力原则亦称“能力说”，即根据个人纳税能力的大小来判定其应纳多少税或其税负应为多大。根据支付能力原则，横向公平即为能力相同者应承担同等税负，纵向公平即为能力不同者承担不同的税负。换言之，支付能力大者应多纳税，支付能力小者可少纳税，无支付能力者则不纳税。

在西方经济学界，这是迄今为止公认的比较合理也易于实行的标准，经济学界一般主张以纳税人拥有财富的多少作为测度其支付能力的标准。按照这一原则，税制是否公平是从税收自身考虑的，与政府支出无关，这是完全不同于受益原则的。如何衡量不同个人的纳税能力呢？人们对此有不同的看法。一般来讲，在纳税能力如何测度的问题上存在两种不同的观点，即客观说和主观说。

1）客观说

纳税能力的客观说主张以纳税人拥有的财富量作为测量其纳税能力的标准。由于财富多用收入、财产和消费支出来表示，纳税人支付能力的测度，也就可以具体分为收入、财产和消费支出三种尺度。

收入通常被认为是衡量纳税人支付能力的最好尺度。因为收入最能决定一个人在特定时期内的消费能力或增添其财富的能量，体现了一定时期内纳税人对其经济资源的支配权。收入多者表示其支付能力大，收入少者表示其支付能力小。但是"收入"的统计口径如何确定仍存在一些问题。

财产可以被认为是衡量纳税人支付能力的合适尺度。财产代表着纳税人对其所拥有的经济资源的独立支配权，代表着个人的一种独立的支付能力。但是，按纳税人所拥有的财产来衡量其支付能力，也存在一些缺陷：一是数额相等的财产并不一定会给纳税人带来相等的收益；二是在有财产的纳税人中，负债者与无债者的情况是不相同的，财产中的不动产与动产的情况也不同；三是财产种类繁多，实践中难以查核和估值。

消费支出是作为测度纳税人支付能力的又一尺度。这种观点主张以消费作为衡量纳税能力的标准，认为多消费则标志着对社会的索取多，就应缴纳较多的税。其反对以收入作为衡量标准，因收入是个人对生产贡献所得，收入越多表明个人对生产所做的贡献越大。收入标准下，多收入者多缴纳税，这是不公平的。以消费作为衡量支付能力的标准，在实践上意味着不课征所得税，仅课征商品税，而且并非所有的商品都课税，只向消费品征税。这有助于抑制消费，鼓励投资，从而促进经济的增长。

上述三种衡量纳税能力的标准都有其合理的一面，也都存在片面性，绝对公平的标准是不存在的，一般应以一种标准为主，同时兼顾其他标准。

2）主观说

主观说认为个人的支付能力不仅取决于客观上的可以衡量的某些指标（如收入、消费、财产等），还取决于个人主观上的效用评价和个人的福利状况。所谓的福利就是一个人所获得的效用水平或满意程度，能取得同等收入的人未必福利水平相同。主观说主张以纳税人因纳税而感受的牺牲程度大小作为测定其纳税能力的尺度，牺牲程度的测定以纳税人纳税前后从其财富中得到的效用差为准。如果税收使每个纳税人所感受的牺牲程度相同，税制就是公平的；反之就不公平。

均等牺牲是穆勒（John Stuart Mill）用以说明纵向公平的概念。只要征税使纳税人做出均等牺牲便实现了税收公平，即纳税人得到了公平的对待。均等牺牲具体可分为绝对均等牺牲、比例均等牺牲和边际均等牺牲三种尺度。

(1) 绝对均等牺牲。绝对均等牺牲的含义是每个人因税收而造成的福利损失应该相等。图10-5中AB假定AB线为甲、乙两人的收入边际效用曲线，甲的收入为Y_2时，他的总效用在图中表现为$OACY_2$的面积；乙的收入为Y_1时，他的总效用表现为$OADY_1$的面积。如果向甲、乙两人征收一定量的税T，应向甲、乙分别征收多少税？根据绝对均等牺牲的定义，应向甲、乙两人征收数量为T_1和T_2的税（$T_1+T_2=T$），使得两人因征税而导致的经济效用损失相等。在图中，Y'_1Y_1为T_1，Y'_2Y_2为T_2，绝对均等牺牲要求两块阴影部分的面积相等。

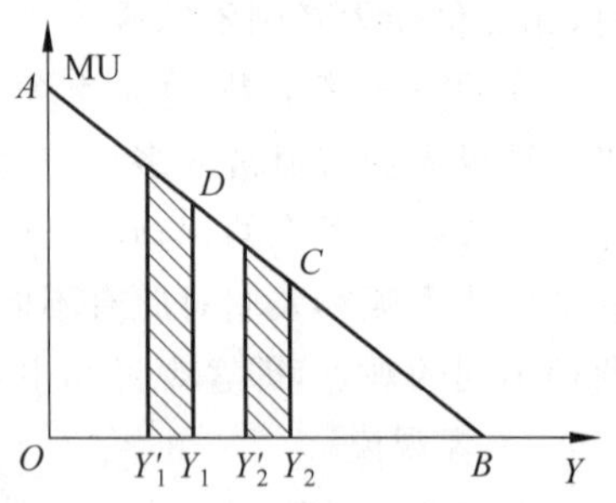

图10-5　收入的边际效用曲线与主观说的纵向公平

假定每个人的边际效用曲线呈水平状，即绝对均等牺牲说意味着对不同收入水平的人征收等额税收。如果每个人的边际效用曲线呈负斜率，那么对高收入者与低收入者征收等额税收，会造成高收入者的福利损失小于低收入者的福利损失。要使得二者的福利损失相同，就必须向高收入者多征税，向低收入者少征税，二者之间的税负差别能使他们因税收而造成的福利损失相等。至于税收是累进、累退，还是成比例的，取决于收入边际效用曲线的斜率以及纳税人之间的税前收入水平差异。

(2) 比例均等牺牲。比例均等牺牲的含义是纳税人因政府征税而造成的福利损失应与其税前福利成同一比例。在图10-3中，要使得两块阴影部分的面积分别与甲、乙两人税前的总效用的比例相同。如果每个人的收入边际效用曲线呈水平状，根据比例均等牺牲的定义，不同收入水平的个人按同一比例税率进行课征。如果个人的收入边际效用曲线呈递减趋势，那么要使得高收入者与低收入者的福利损失比例相同，则需对高收入者采用高税率，对低收入者采用低税率，这意味着要采用累进税率。

(3) 边际均等牺牲。边际均等牺牲，亦称最小牺牲，其含义是纳税人因政府征税而牺牲的最后一单位货币收入的效用相等。根据边际原理可知，此时社会因纳税而损失的效用总和最小。在图10-3中，要使得两块阴影部分的面积之和最小。如果收入的边际效用曲线呈水平状，那么不论既定的税收总量在甲、乙两人之间如何分担，都不会使福利损失之和发生变化。但在边际效用曲线递减的情况下，高收入者的效用损失总是低于低收入者的效用。

由此可见，最小牺牲使得税收具有较强的累进性，有助于实现收入再分配目标。从分配的角度来看，有助于消除贫富差距；从生产的角度来看，有损于效率。

纳税能力原则的演进

纳税能力原则是指以纳税人的纳税能力来确定征税及其额度，根据纳税能力的测定方法可分为“主观说”“客观说”和“经济能力说”。纳税能力原则在古典学说阶段盛行“主观说”，最早提出纳税能力原则的是对受益原则提出质疑的功利主义学者穆勒，他开创了牺牲相等的分析方法。他认为，在大家为公益做出贡献时，必须做到普遍课征，即税额应公平分配，使每个人的牺牲能够平等。牺牲是指纳税人纳税前后从其财富得到的满足或效用的差量。牺牲相等思想是根据每个人在课税过程中所牺牲的效用或边际效用的多少进行分析的，之后这一思想又发展为绝对均等牺牲、比例均等牺牲和边际均等牺牲。

由于个人效用涉及个人评价问题，因此衡量比较困难，在现实中缺少可操作性。针对“主观说”的“牺牲”难以衡量的问题，人们又提出“客观说”，其中20世纪30年代塞利格曼提出的客观能力标准具有代表性。

随着最优税收理论在20世纪70年代的发展，纳税能力原则又有了新的突破。米尔利斯与戴蒙德(1971)在《美国经济评论》上发表的《最优税收与公共生产：生产的有效性》和《最优税收与公共生产：税收规则》以及米尔利斯的《最优税收理论探讨》这几篇论文奠定了现代最优税收理论的基础。

案例点击

筵席税开征之后为什么名存实亡

1988年发布的《筵席税暂行条例》规定，凡在我国境内设立的饭店、酒店、宾馆、招待所以及其他饮食营业场所举办筵席的单位与个人，均需就其一次筵席支付金额(包括菜肴、酒、饭、面、点、饮料、水果、香烟等价款金额)缴纳15%～20%的筵席税，起征点为200～500元，该税由承办筵席的单位与个人代扣代缴。然而，筵席税开征之后，收入微乎其微。1993年的工商税制改革方案规定，筵席税是否继续征收由各省、直辖市和自治区政府自行决定。从1994年以来的情况看，多数省市区没有继续征收。

第二节　税收的经济效应

税收的经济效应，是指因国家纳税对社会各主体的经济行为或经济选择方面的影响，也就是税收的调节作用。税收的经济效应包括宏观经济效应和微观经济效应，各种税收对经济的影响都可以分解为收入效应和替代效应两方面。

一、税收的宏观效应

税收的宏观经济效应是指政府通过税收政策及其他手段对经济增长和经济稳定的影响，税收之所以具有这种效应，主要是因为它的乘数效应，即税收乘数。税收可促进经济增长，也可阻碍经济增长，但主要通过宏观税负水平和税收结构等方面实现。

(一) 宏观税负水平与经济增长

从宏观上看，税收是政府为了满足社会公共需求而集中的一部分GDP。在GDP一定的条件下，国家税收增加与私人部门可支配收入相互消长。因此，GDP在政府与私人部门之间有一个最优分割点，而最优宏观收入负担率(以下简称“最优税率”)就是其具体实现。宏观税收负担水平的确定问题，实质上是一个财政职能的实现问题。它既关系到资源配置的效率问题，同时也关系到社会公平和经济稳定与发展的问题。宏观税收负担率如果过低，政府可供支配的收入过少，就不能满足社会公众需求；而如果宏观税收负担率过高，私人部门可供支配收入过少，不能有效满足私人需求，而且往往通过影响私人部门资本和劳动的投入，使以后的产出减少，进而最终减少税收收入。

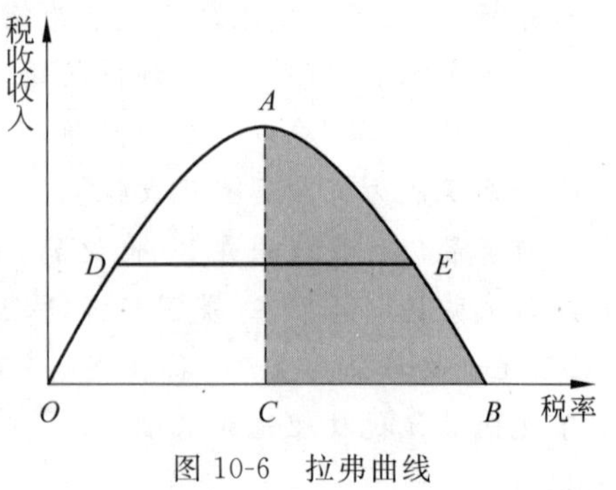

图10-6 拉弗曲线

"拉弗曲线"是确定宏观税负的主要理论。该曲线阐明了税率、税收收入和国民产出之间的函数关系，如图10-6所示。图中横轴代表税率，纵轴代表税收收入或经济增长。税率从原点开始，然后逐级增加至 B 点时为100%；税收收入从原点向上计算，随着税率的变化而变化。税收收入与税率的函数关系呈曲线 OAB 状态（抛物线形），当税率逐级提高时，税收收入也随之增加，税率提高至 OC 时，税收收入达到最大；税收一旦超过 OC，税收收入反而呈减少趋势，当税率提高到 OB（100%）时，税收收入将因无人愿意工作和投资而降为零。供给学派把"CAB"区域，即图中的阴影部分，称为税率"禁区"。当税率进入禁区后，税率越提高，税收收入越减少。供给学派认为，美国20世纪80年代初期的税率处于禁区，要恢复经济增长势头，就必须降低边际税率。此后，在美国的带动下，全世界曾掀起一阵以减税为核心的税制改革浪潮。

拉弗曲线至少阐明了以下三方面的经济含义。

（1）高税率不一定取得高收入，而高收入也不一定要实行高税率。因为高税率会挫伤生产者和经营者的积极性，削弱经济行为主体的活力，导致生产停滞或下降。

（2）取得同样多的税收收入，可以采取两种不同的税率，如图中的 D 点和 E 点，税收收入是相等的，但 D 点的税收负担很轻。由于低税负刺激了工作意图、储蓄意愿和投资意愿，促进经济增长，随着经济增长，税基扩大，税收收入自认增加。

（3）税率、税收收入和经济增长之间存在着相互依存、相互制约的关系，从理论上说应存在一种兼顾税收收入与经济增长的最优税率。因此，保持适度的宏观税负水平是促进经济增长的一个重要条件。

（二）税收结构与经济增长

一国的税制结构是由经济发展水平决定的，实践证明，经济发达国家都是以直接税为主，并以所得税为主体税种；而发展中国家则以间接税为主，并以销售税为主体税种，间接税有利于发展中国家解决经济增长问题，直接税更有助于发达国家解决发展的某些问题。

间接税有助于促进经济增长问题的原因如下。

（1）间接税能够筹集较为充裕的税收收入，为政府增加有利于经济增长的支出提供必要的资金来源，课税范围和税基较广，征收管理较容易。

（2）间接税有利于储蓄和投资，因为间接税对储蓄和投资的收益不征税，对应税商品征税后导致价格相对上涨，抑制消费从而鼓励储蓄。

（3）同所得税相比，间接税更有利于经济增长这一观点已普遍得到接受并付诸行动。

但是有人认为我国目前的税制结构过分依赖商品税，过高的商品劳务税比重扭曲了经济活动，不利于税收收入增长：

一是商品劳务税的税收收入弹性较低，不能保证税收收入和国民收入同步增长；

二是过高的商品劳务税比重增强了税收对市场一价格机制的干预能力，推动物价上涨；

三是政府对商品劳务税的严重依赖，扭曲了出口退税政策；

四是政府对商品劳务税的严重依赖，还在一定程度上对产业政策产生扭曲效应。

（三）税收的自动稳定效应和相机抉择效应

税收作为调节手段，一是调节社会总供给与总需求的关系，二是调节收入分配关系。根据现代税收理论，税收调节宏观经济运行的方式有两种：一是发挥税收自动稳定功能，熨平经济波动，即所谓税收的内在稳定器作用。税收的稳定功能是否起作用，关键在于一国税制设计状况，如果税制设计不能满足必需的条件，税收自动稳定器则不能或不能较好地发挥自动稳定器的作用。二是采取相机抉择的税收政策，即政府根据经济周期的变化，交替运用增税和减税的政策逆向调节经济波动。相机抉择的税收政策能否发挥作用，受制于政策环境决策的预见性、科学性。当政策环境发挥变化，或对经济形势判读不准确或对经济发展预测不准确，税收政策的实施效果也并不理想。

（四）税收的通货紧缩效应

税收的通货紧缩效应是通过税收政策的需求效应和供给效应体现的，并通过税收的增税和减税来实现。通常情况下，抑制总需求过旺的税收政策，主要是通过所得税的增税增长，减少私人部门的可支配收入，从而使社会总需求总供给相均衡，防止或减轻一般物价上涨水平；推动总供给增长的税收政策，主要是通过个人所得税和公司所得税的减税政策，刺激劳动投入和资本投资增加，从而使社会总供给和总需求相匹配，抑制通货膨胀。

二、税收的微观经济效应

（一）税收经济效应的作用机制

1. 税收的收入效应

税收的收入效应，是指税收将纳税人的一部分收入转移到政府手中，使纳税人的收入下降，从而降低商品购买量和消费水平。下面以图 10-7 来说明。

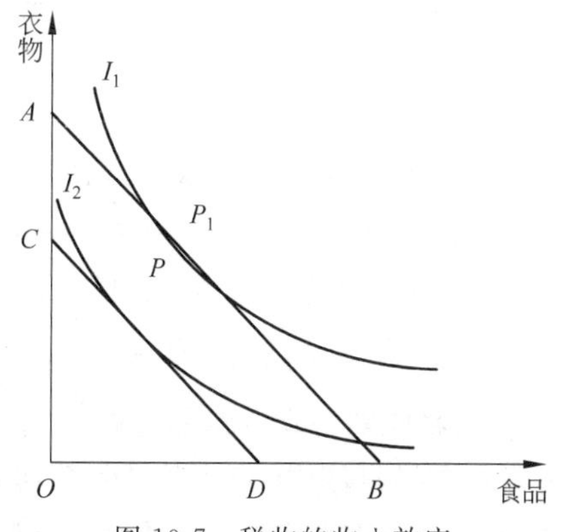

图 10-7　税收的收入效应

图 10-7 中，横轴和纵轴分别计量食品和衣物，假定纳税人的收入是固定的，而且全部收入用于购买食品和衣物，两种商品的价格也是不变的，则将纳税人购买两种商品的数量组合连成一条直线，即 AB 线，此时纳税人对食品和衣物的需求都可以得到满足。纳税人的消费偏好可以由一组无差异曲线来表示，每条曲线表示个人在得到同等满足程度下，在两种商品之间选择不同组合的轨

迹。由于边际效应随数量递减，无差异曲线凸向原点。AB 线与无数的无差异曲线相遇，但只与其中一条相切，即图中的 I_1，切点为 P_1，在切点 P_1 上，纳税人以其限定的收入购买两种商品所得到的效用或满足程度最大，即用于衣物的支出为 P_1 与轴线的垂直距离乘以衣物的价格，用于食品的支出为 P_1 与轴线的水平距离乘以食品价格。

若政府决定对纳税人课征一次性税收（如个人所得税），税款相当于 AC 乘以衣物价格或 BD 乘以食品价格，那么，该纳税人购买两种商品的组合线由 AB 移至 CD。CD 与另一条无差异曲线 I_2 相切，切点为 P_2.。在切点 P_2 上，纳税人以其税后收入购买两种商品所得到的效用或满足程度最大，即用于衣物的支出为 P_2 与轴线的垂直距离乘以衣物的价格，用于食品的支出为 P_2 与轴线的水平距离乘以食品价格。

由以上分析可以看出，由于政府课征一次性税收而使纳税人在购买商品的最佳选择点由 P_1 移至 P_2，这说明政府课税后对纳税人是影响，表现为因收入水平下降从而减少商品购买量或消费水平，而不改变购买两种商品的数量组合。

2. 税收的替代效应

税收的替代效应，是指税收对纳税人在商品购买方面的影响，表现为当政府对不同的商品实行征税或不征税，税款 BE 乘以食物价格，对衣物不征税。在这种情况下，该纳税人会减少食品的购买量，购买两种商品的组合线便由 AB 移至 AE，以其相切的无差异曲线为 I_3，切点为 P_3。在切点 P_3 上，纳税人以税后收入购买商品所得效用或满足程度最大，即用于衣物的支出为 P_3 与轴线的垂直距离乘以衣物价格，用于食品的支出为 P_3 与轴线的水平距离乘以食品的价格。如图 10-8 所示。

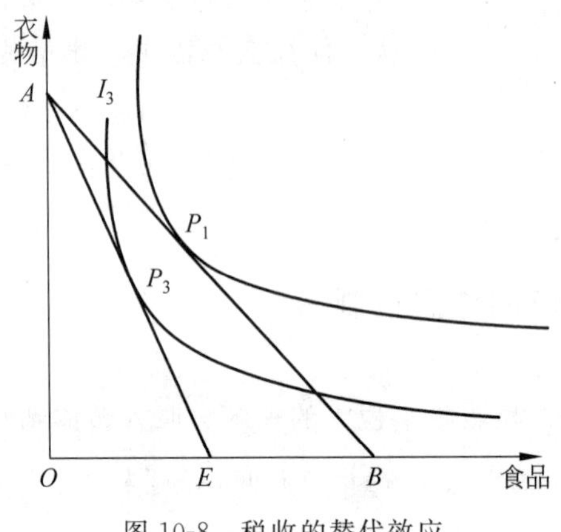

图 10-8 税收的替代效应

由此可见，由于政府对食品征税而对衣物不征税，改变了纳税人购买商品的选择，其最佳点由 P_1 移至 P_3，这意味着纳税人减少了食品的购买量，相对增加衣物的购买量，从而改变了购买两种商品的数量组合，也使消费者的满足程度下降。

（二）税收的经济影响

1. 税收对劳动供给的影响

在市场经济中，劳动者对劳动和收入的选择包括是否工作，是否努力工作，这就是通常所说的人们对工作以取得收入或是享受闲暇之间进行的选择。通常我们用收入表示人们拥有的产品或服务的数量和份额，用休闲表示人们拥有的空闲时间。当然，工作时间越多、工作质量越高，收入就越多，生活就越富裕，但要取得收入就要放弃闲暇，要取得更多的收入就要放弃更多的闲暇。人们对两者的取舍取决于许多因素，诸如个人的偏好、工资率的高低（闲暇的机会成本）以及其他收入水平的高低等，此外还有政府征税的因素。税收对劳动供给的影响，是通过税收的收入效应和税收的替代效应来表现的。

1）税收对劳动供给的收入效应

税收对劳动供给的收入效应，是指征税后减少了个人可支配收入，促使其为维持既定的收入水平和消费水平，而减少或放弃闲暇，增加工作时间。税收的替代效应是指由于征税使劳动和闲暇的相对价格发生变化，劳动收入下降，闲暇的相对价格降低，促使人们选择闲暇以代替工作。税收对劳动产生的这两种效应，如果是收入效应大于替代效应，征税对劳动供给主要是刺激作用，它促使人们增加工作；如果是收入效应小于替代效应，征税对劳动供给会形成超额负担，人们可能会选择闲暇替代劳动。在各税种中，个人所得税对劳动供给的影响较大，在个人收入主要来源于工资收入，且工资水平基本不变的前提下，征收个人所得税通过对人们实际收入的影响，从而改变人们对工作和闲暇的选择。

我们以简单比例所得税为例，以图 10-9 来描述。

在不征税个人所得税的条件下，个人收入线是 DZ，其斜率是放弃 1 小时的闲暇而增加的净收入决定的，即所谓净工资率（以 W 表示），假设它是既定的。数量 Z 是个人所能占有的最大闲暇量，即完全不工作，也就没有任何收入。在这个无差异曲线中，个人的最大化效用点是无差异曲线 U_1 与收入线相切的 E_1 点，该点所决定的闲暇时间是 OA 单位。既然工作就等于没有闲暇，这表明劳动供给的数量等于 AZ。假定对全部劳动所得征收比例所得税，税率为 t，工资固定为 W。因征收，收入线向内移动到 CZ，其斜率为 $W(1-t)$，新的收入线与无差异曲线 U_1 相切于 E_2 点，该点所决定的工作时间为 ZB；与 E_1 点相比，E_2 点表明劳动供给增加了，增加的数量为 $BA(=ZB-ZA)$，这是征收比例所得税的总效应。现在把从 E_1 到 E_2 点的移动分解为税收对劳动供给的替代效应和收入效应。

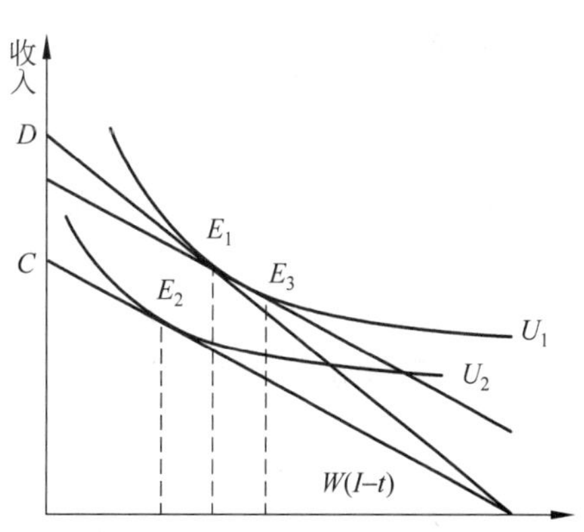

图 10-9　比例税对劳动供给的效应

2）税收对劳动供给的替代效应

如前所述，税收对劳动的替代效应，指的是政府征税会使闲暇与劳动的相对价格发生变化，闲暇价格相对降低了，引起个人与闲暇代替劳动，它表明的是纯粹的价格变化效应，这种效应可用图 10-9 中的 E_3 点来说明。该点是平行于收入线 CZ 的新收入线与原无差异曲线 U_1 相切的点。由于闲暇价格已经下降，个人会享用更多的闲暇时间。从图 10-9 可以看出，多出的闲暇时间或劳动供给减少是 AF，这就是税收对劳动供给的替代效应。税收对劳动供给的收入效应是，政府征税会直接减少闲暇时间。这表明只有减少个人收入，而并未改变闲暇和劳动的相对价格。由于效用降低，也可以说无差异曲线 U_1 向下平移至U_2，表现在图中是从E_3点移至E_2点。可见，收入效应使闲暇减少或劳动供给增加的数量为FB。

由此可知，收入效用和替代效用呈反方向运动，前者刺激人们更加努力工作，后者促使人们减少劳动供给；后者使劳动供给减少的数量为AF，与BF比较，净效用是增加劳动供给$BA(=BF-AF)$。但是，这是比例的情况。个人工作时间是减少还是增加，最终取决于收入效应和替代效应的对比，本例是收入效应大于替代效应，也可能是两种效应的相互抵消，或某种效应占优。

2. 税收对居民储蓄的影响

影响居民储蓄行为的两个主要因素是个人收入总水平和储蓄水平。个人收入水平越高，储蓄的边际倾向越大，储蓄率越高；储蓄利率水平越高，对人们储蓄的吸引力越大，个人储蓄意愿越强。税收对居民储蓄的影响，主要是通过个人所得税、利息税和间接税影响居民的储蓄倾向及全社会的储蓄率。

对个人所得是否征税或征税多少，会影响个人实际可支配收入，并最终影响个人的储蓄率。在对储蓄的利息所得不征税的情况下，征收个人所得税对居民储蓄只有收入效应，即征税个人所得税会减少纳税人的可支配收入，迫使纳税人降低当前的消费和储蓄水平。由于征收个人所得税，个人的消费和储蓄水平同时下降了。因此，税收对储蓄的收入效应是指在对个人所得征税后，个人的实际收入(或购买力)下降，会按其既定的收入减少当前消费。对储蓄利息(收益)征收利息税，会减少储蓄人的收益，从而降低储蓄报酬率，影响个人的储蓄和消费倾向。具体来说，当前储蓄利息征税时，使得当前消费与未来消费的相对价格发生了变化，即未来消费的价格变得昂贵了，而当前的消费价格相对下降，个人将增加当前的消费，于是产生了收入效应和替代效应。此时的收入效应在于对利息征税降低了个人的实际收入，导致个人用其既定的收入减少当前或未来的消费；而替代效应是指在对利息所得征税后，减少了纳税人的实际税后收益率，使未来的消费价格变得昂贵了，降低了人们储蓄的意愿，从而使得纳税人以消费代替储蓄。

总之，所得税与储蓄之间的关系可以归纳为以下几点：①税收对储蓄的收入效应的大小取决于所得税的平均税率水平，而替代效应的大小取决于所得税的边际税率高低；②边际税率的高低决定了替代效应的强弱，所得税的累进程度越高，对个人储蓄行为的抑制作用越大；③高收入者的边际储蓄倾向一般较高，对高收入者征税不利于储蓄增加；④减征或免征利息所得税将提高储蓄的收益率，有利于储蓄。

3. 税收对投资的影响

1）税收影响投资的原理

劳动力和资本是基本的生产要素，储蓄虽然为投资提供了重要的资金来源，但是税收对储蓄的效应分析不能代替税收对投资的效应分析。因为储蓄主要由家庭完成，而投资大部分是由企业完成。家庭进行储蓄和企业进行投资分别有不同的动机，实践说明，储蓄未必都转化为投资。

投资是经济增长的重要决定因素，而投资决策是由投资的净收益和投资的成本决定的。税收对投资的影响，主要是通过征收企业所得税、税前抵扣和税收优惠等措施影响纳税人的投资收益和投资成本。投资者关心的不是毛收益率，而是净收益率。假定投资量

为 Q，毛收益为 R，则毛收益率为 $r=R/Q$，假定企业所得税税率为 t，则净收益率为 $r(1-t)\geqslant i$，而能否实现这个要求在很大程度上将取决于税率 t 的高低。从投资的结果来看，$r(1-t)$ 可能大于或等于 i，也可能小于 i，即出现亏损，这就是说存在投资风险的问题。显然，由于课征企业所得税增加了投资风险，而税收却不能为投资者承担风险。虽然有些国家的投资制度允许投资者在纳税时进行亏损结转，即用以前或以后年份的利润冲减亏损，但即使这样也不能完全消除投资风险，在通货膨胀严重的年份更是如此。此外，对投资征税企业所得税一般都允许从应纳所得中扣除折旧或科研费用，这种措施对鼓励投资具有重要作用。

2）税收对投资的替代效应和收入效应分析

税收度投资的影响，同样是通过替代效应和收入效应来实现的，可以采用同样的分析方法。课征公司所得税会降低纳税人的投资收益率，如果因此而降低了投资对纳税人的吸引力，导致投资者减少投资而以消费替代投资，就是发生了税收对投资的替代效应。税收对投资的替代效应可以用图 10-10 进行说明。

在图 10-10 中，纵轴代表纳税人对投资的选择，横轴代表对消费的选择。政府课税前，纳税人对投资和消费的组合用 AB 线表示。AB 与无差异曲线 U_1 在 P_1 点相切，这表明 P_1 点所决定的投资和消费组合可以给纳税人带来最大效用。现假定政府对企业征收企业所得税，若纳税人因此而减少投资，其对投资和消费的选择组合线会从 AB 向内转移至 DB，DB 与新的无差异曲线 U_2 在 P_2 点相切，此切点决定了纳税人税后可获得最大效用的最佳组合。即投资额变为 I_2，小于税前的 I_1，消费额为 C_2，大于税前的 C_1，说明投资者因政府课征企业所得税而减少投资，增加消费替代投资。

如果征税和提高税率减少了投资者的税后净收益，而投资者为了维持过去的收益水平趋向于增加投资，这就是税收对投资的收入效应。税收对投资的收入效应如图 10-11 所示：

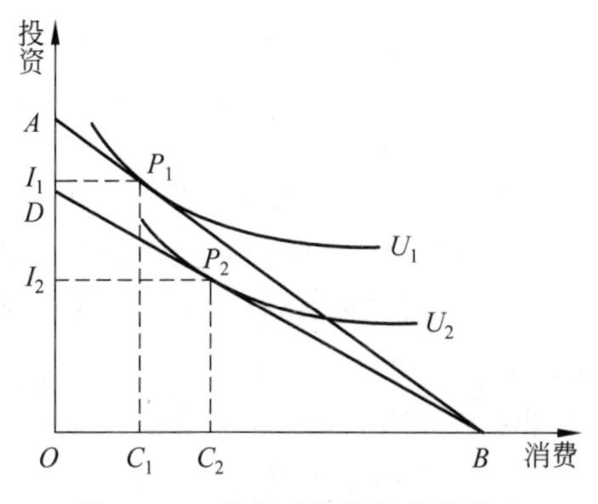

图 10-10　税收对投资的替代效应

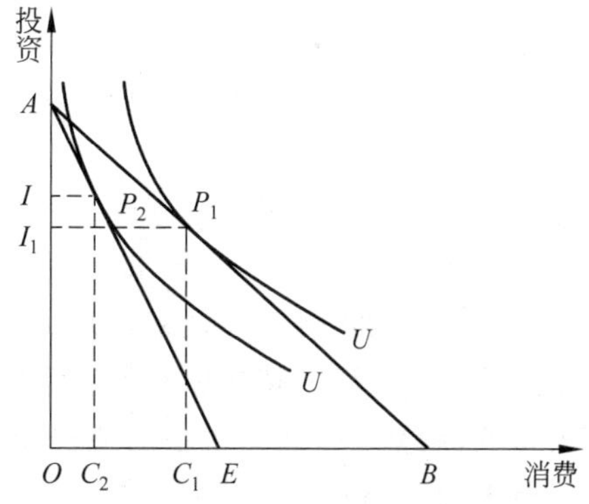

图 10-11　税收对投资的收入效应

图 10-11 表明，若纳税人因政府课税而倾向于增加投资，对投资和消费的选择组合会从 AB 内向旋转至 AE。AE 与新无差异曲线 U_2 在 P_2 相切，这一切点决定了纳税人税后对投资和消费的最佳组合点，即他会选择 I_2 为投资额，大于税前的 I_1，选择 C_2 位消费额，小于税前的 C_1，说明纳税人因政府征税而增加了投资。

4. 税收对个人收入分配的影响

收入分配是否公平是现代社会普遍关注的一个社会问题，税收作为一个调整收入分配的有力工具，已经越来越受到关注。因为政府通过征税不仅可以对高收入者课以高税，抑制高收入者的收入，而且还可以通过转移支付提高低收入者的收入，改善收入分配状况。

(1) 个人所得税是调节收入分配的最有力工具。在各种收入来源既定的情况下，个人间收入分配的结果及其差距在很大程度上取决于个人所得税的征税状况。因为个人所得税具有两大特点：一是个人所得税直接对纳税人的所得综合或分类进行征税，即使实行比例税率也体现了支付能力原则，即高收入者多征，低收入者少征；二是可以实行累进税率制度，税率随着收入级次的提高而提高，收入水平越高，适用税率越高，从而具有较强的再分配作用。因此，个人所得税对个人间的收入分配，特别是对抑制收入差距的扩大具有特殊功能。

(2) 税收支出也是影响收入分配的重要工具。政府可以通过许多项目作出不予课税、税额抵免、所得扣除等特殊规定，增加低收入阶层的实际收入，实现这一目标的途径有二：一是直接对低收入阶层的许多纳税项目给予税收优惠，包括医疗费用扣除、儿童抚养费用扣除、劳动所得抵免、老年人和残疾人所得扣除、失业福利扣除、社会保险扣除等；二是对有助于间接增加低收入阶层收入或减少低收入者消费支出的行动给予税收优惠照顾，如高收入者向慈善机构、公益事业机构等单位捐款，给予免税待遇，以鼓励慷慨解囊举办社会福利事业。

(3) 社会保险税是实现收入再分配的良好手段。社会保险税是以纳税人的工薪所得作为征税对象的一种税收，在为全体居民提供社会保障基金的同时，也发挥了高收入群体和低收入群体之间的再分配作用。

(4) 所得税指数化是减轻通货膨胀的收入分配扭曲效应的一种方法。所得税指数化，即按照每年消费价格指数，调整应税所得的适用税率和纳税扣除额，以便剔除通货膨胀所造成的名义所得上涨的影响。在实行累进个人所得税制的情况下，通货膨胀地个人收入的再分配将发生重大的影响。比如，通货膨胀使得所有纳税人一律产生"档次爬升"现象，相对而言，就加重了低收入人群的税收负担。从各国实践来看，所得税指数化是消除通货膨胀以及累进税率机制产生的扭曲收入分分配效应的有力措施，税收指数化主要有四种方法：①特别扣除法。即从纳税人的应税所得中，按一定比例扣除因通货膨胀所增加的名义所得部分。②税率调整。即按通货膨胀上涨指数，降低各级距的边际税率，使调整后的税率级距维持在原有效税率的实际水平上。③指数调整法。即依据物价指数或相关指数，调整个人所得税中的免税额、扣除额以及课税级距等，以消除通货膨胀期间的名义所得增加部分。④实际所得调整法。即将各年应税所得还原为基年的实际所得，适用基年的免税额、扣除额以及课税级距，求得纳税义务后，再以物价指数还原计算应纳税额。

第三节 税收与福利损失

税收是一个古老的经济范畴，它的存在已有几千年的历史。税收是指政府为了提供公共服务及公共财产，依照法律规定，对个人或民间企业(法人)无偿征收货币或资源的总称。“税制”即指税收制度，由纳税人、课税对象、税目、税率、纳税环节、纳税期限、计税依据、减免税和违章处理等要素构成。依税法缴纳的金额称为“税金”。税收依据不同课税对象、不同法律授权或不同纳税人可划分为不同的分类，称为税种或税目。政府依法对民间收取税收的行为称为课税；个人或企业向政府缴纳税金的行为称为纳税。政府要求纳税人在缴税期限后缴足应纳税金称为补税；政府退还溢收税金称为退税。如今，税收成为国家为了实现其职能，凭借政治权利，按照法律规定的标准，参与剩余价值的再分配，强制、无偿地取得财政收入的一种手段，现已成为世界各国政府获取必要资金的主要手段。

正如西奥多·罗斯福所说，“政府以为人民谋福利为宗旨。一国的物质进步和昌盛之所以是好事，主要在于其导致全体公民的精神和物质的福利”。可见福利对人民是重要的，而税收对福利的影响也有两方面，一方面是税收的收入效应，即纳税人收入的一部分被政府拿走使其净收入减少，这一影响取决于平均税率；另一方面在于其超额负担，即征税的方式引起额外损失的增加，这一影响取决于边际税率和人们对边际税率反应的方式。全部的损失在于这两部分的加总。日常生活中征税所造成的成本有一些是不明显的，将此称为税收的“超额负担”。假如某人工作一天挣 100 元，老板则会愿意付高或低于 100 元来雇用此人，但 25%的个人所得税使得此人每天只能得到 75 元，这样一来每月工作天数越多，上交所得税就越多，无形之中影响此人工作的积极性，由此造成的所得税对工作的负面影响称为超额负担或者福利的损失。

纳税人承担的属于税法规定应纳税额以外的经济损失叫作税收超额负担，又称额外税收负担。税收超额负担分为直接与间接两种。直接税收超额负担，指国家税务当局在正税以外，对人民直接进行的额外征课。如中国历代封建政府借口弥补征收实物税的损耗，而加征的“升斗耗”“仓场耗”和“雀鼠耗”等“加耗”；在征收定额“漕粮”以外，平均摊派由纳粮户承担的运往京师途中的粮食损耗和运费；借口弥补征收货币税要发生熔铸银两损耗而加征的“火耗”等。间接税收超额负担，指并非由税务机关直接征课，而是在部分均衡和一般均衡中，由于税收干预引起经济抉择变形，给纳税人间接带来的额外损失。超额负担可用无差异曲线或者需求曲线度量。

一、商品税的超额负担

（一）用无差异曲线度量超额负担

一般来说，在行车过程中不同的时刻，行车安全的程度可能是等同的，但在等同的安全程度下，人的安全状态和车的安全状态可能并不是一直相同的。

如图 10-12 所示，人的安全程度和物的安全程度存在 a、b、c、d、e 五种不同的组合方式，但所构成的行车的安全状态却是相同的，都处于 S 线的水平。如果人或物任何一个方面的安全程度大幅度下降或者两者同时下降，则行车安全的水平也将下降到 S_1 的水平。对此，我们可以借鉴经济学中的无差异曲线的原理进行分析。在经济学领域，人们通常用无差异曲线来分析两种商品或两组商品不同数量的组合对消费者所提供的效用问题。

如图 10-13 所示，横轴 X 代表 X 商品的数量，纵轴 Y 代表 Y 商品的数量，U 为无差异曲线，线上任何一点（a、b、c、d、e、…）X 商品与 Y 商品不同数量的组合给消费者所带来的效用都是相同的。无差异曲线是用来表示两种商品的不同数量的组合给消费者所带来的效用完全相同的曲线。无差异曲线具有如下特征：①无差异曲线是一条向右下方倾斜的曲线，其斜率为负值。②在同一坐标平面上存在无数条无差异曲线。或者说，可以有无数条无差异曲线覆盖整个坐标平面图。离原点越近的无差异曲线代表的效用水平越低，离原点越远的无差异曲线代表的效用水平越高。③同一平面上不同的无差异曲线不相交。这里，不相交并不表明它们一定彼此平行，两条无差异曲线之间的距离可以是一个变量。④无差异曲线是凸向原点的。"人""车"双元素与行车安全水平的相互关系与两种商品或两组商品的不同数量的组合对消费者所提供的效用问题是相似的。人的安全程度与车的安全程度的不同取值将形成表示不同行车安全水平的无差异曲线族。因此，为了将行车的安全水平保持在理想的状态，我们可以通过增加车的安全程度抵消人的安全程度下降对安全带来的威胁；反之亦然。

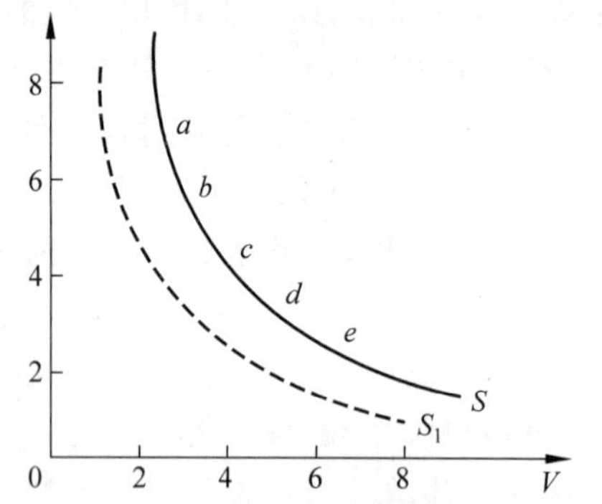

图 10-12　人车双元素与行车安全水平关心示意

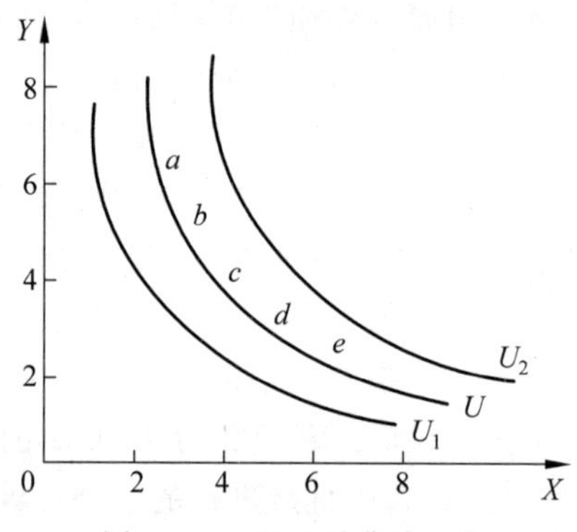

图 10-13　无差异曲线示意

（二）用需求曲线度量超额负担

征税使一种商品的价格发生变化时，会使消费者的选择和效用发生变化。这种价格变动的总效应包括：一是商品之间的交换比例发生了变化，产生替代效用，即在效用数量保持不变的情况下，与商品价格变化相联系的商品消费量的变化；二是收入的购买力发生了变化，产生收入效应，即在商品价格保持不变的情况下，购买力的变化导致的商品消费量的变化。仍以无差异曲线进行分析，如图 10-14 所示。

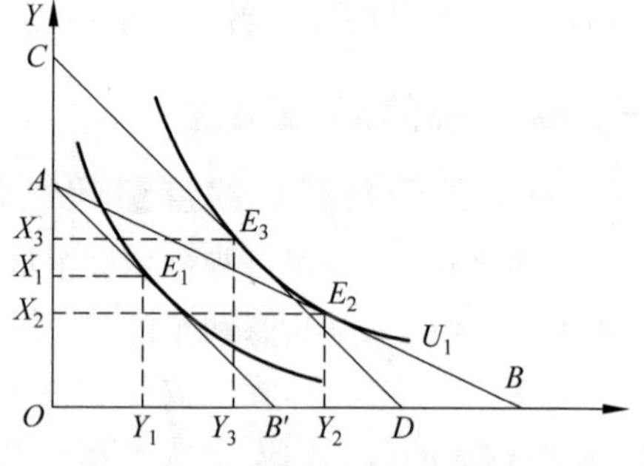

图 10-14　需求曲线度量超额负担

当对 X 商品征一定比例税时，原来预算线 AB 移至 AB'，消费者的均衡点由 E_2 移至 E_1，征税导致的总价格效应是 E_1 点到 E_2 点的量的变化。X 商品减少量为 X_1-X_2，Y 商品增加量为 Y_2-Y_1。X 商品消费量下降的部分原因是替代效应导致，即 X 商品相对贵了，购买量减少；部分原因是收入效应导致，由于价格上涨而减少了消费者的实际购买力，因而购买 X 商品量减少（假如 X 商品是正常品）。更深入的分析是：若为保持与价格上涨前（征税前）的效用不变，找一条平行于 AB' 的预算线

CD 与原无差异曲线 U_1 切于 E_3 点。其中，均衡点由 E_1 到 E_3 的变化为替代效应；均衡点由 E_3 到 E_2 的变化为收入效应。对正常品而言，由于其替代效应和收入效应均与价格变动方向相反，因而，其总价格效应与价格变动方向相反，即征税导致价格提高，需求量减少，符合需求规律（图 10-14 显示的是正常品的情况）。对劣等品而言（吉芬商品是特例），其替代效应与价格变动方向相反，而收入效应与价格变动方向相同（E_2 位于 E_3 的右边），由于劣等品的替代效应大于收入效应（E_2 位于 E_1 的右边），因而总价格效应仍然与价格变动方向相反，即征税导致价格提高，需求量减少，也符合需求规律。

二、所得税的超额负担

企业所得税是以企业的所得额为征税对象，是在市场交易后课征的税，由于对市场交易价格的影响较小，许多学者便认为企业所得税不存在税收的超额负担问题，其实不然。政府对所得税的课税会影响到个人的收入以及生产要素供给的减少。

如图 10-15 所示，横轴表示每年劳动小时数 L，纵轴表示每小时工资 W。S_L 为补偿劳动供给曲线。征税前，每小时工资为 W，劳动时数为 L_1。假设政府对劳动征收 t 的所得税，税后工资降为 $(1-t)W$，劳动时数由 L_1 降为 L_0。征税会导致闲暇替代劳动，结果是纳税人的福利损失 $fdhg$ 大于征收上来的收入部分，三角形 hid 为所得税超额负担。超额负担（三角形 hid 面积）为

$$\frac{1}{2}\varepsilon\omega L_1 t^2$$

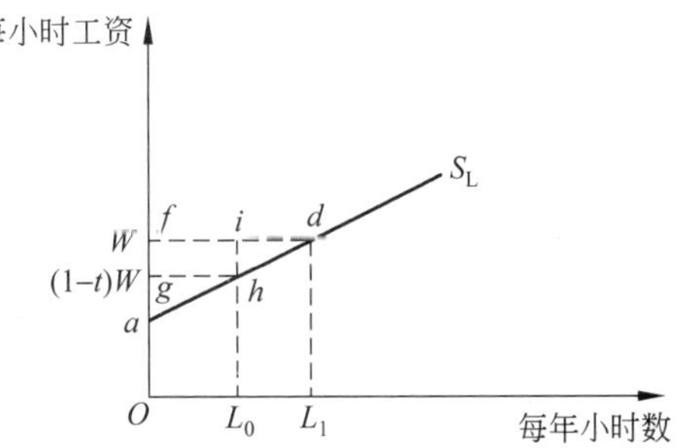

图 10-15　对劳动课税的超额负担

其中 ε 是工时相对于工资的补偿弹性。

工资率、税率和弹性在人们之间是不同的，所以，不同的人承受的超额负担也不相同。而且，对于劳动征税的超额负担还取决于对其他生产要素课税的税率。

三、补贴的超额负担

我国实行国内商品价格补贴是从 1953 年开始的，当时仅有絮棉一项，补贴数额也不大，以后逐步加大了补贴范围和补贴数额。商品补贴是许多国家财政制度的重要组成部分。实际上，补贴恰恰也是一种负税收，如同一种税一样，它本身也伴随有超额负担。比如，政府对住房进行补贴，使住房消费增加，消费者剩余增加，但政府补贴大于消费者剩余的增加。

假定对消费者自用住房服务的需求是图 10-16 中的直线 D_h。供给是在价格 P_h 上的水平线，它衡量的是提供住房服务的边际社会成本。最初，均衡数量为 h_1，现在规定，政府为住房生产者提供百分比为 s 的补贴。住房服务的新价格为 $(1-s)P_h$，相应的供给曲线为 S_h'。于是，该项补贴使住房服务的消费量上升到 h_2。如果补贴的目的是增加住房消费，那么目的就达到了。但是，如果补贴的目标是使社会福利最大化，那么，它是否还是一

项合适的政策？在补贴前，消费者剩余为面积 *mno*；补贴后，消费者剩余为面积 *mqu*。住房消费者得到的好处是其剩余价值的增加，即面积 *nouq*。但是，获取这一好处的成本是多少？补贴计划的成本是住房服务的消费量 *qu* 乘以每单位的补贴额 *nq*，即长方形面积 *nvuq*。这样，补贴的成本实际上超过了它带来的好处，存在的超额负担相当于面积 *nvuq* 与 *nouq* 的差额，即面积 *ovu*。日常生活中常常有人建议，若需要帮助某一人群，就对他们大量消费的商品实行补贴。但事实上这并不是帮助人们的一种有效方法，如果把钱直接给他们，用较少的钱就可以使他们达到相同的效用水平，而这正是许多经济学家认为直接收入转移优于商品补贴的原因之一。

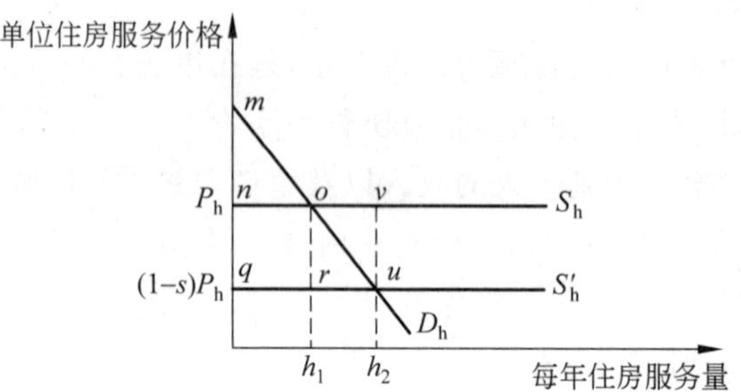

图 10-16　住房补贴的超额负担

价格补贴

长期以来，农产品作为一种战略物资和特殊商品，国家一直对其生产和销售进行严格的控制，农产品的购销由国家定价，形成农产品供给和需求相脱离的局面。为了支持国家工业化建设，稳定城镇居民生活，国家对农产品的购销采取了低价定价政策，同时对农业生产资料及其他工业品实行高价定价，因此农产品的收购价格既不反映生产成本，也不反映市场供求，严重扭曲了农产品的价格机制。

我国的价格补贴是对流通和消费环节的补贴，而不是生产环节的补贴。价格补贴的数额虽然巨大，但是补贴的效果却不理想。首先，对农产品的补贴最终是为了促进农产品的生产，对城镇居民或流通领域进行补贴，在当前的农产品价格体制下，实际得到好处的是城镇消费者，广大的农民几乎没有得到任何好处，不利于促进农业生产的积极性，达不到补贴的效果。其次，国有粮食部门集政府职能与企业行为于一身，对粮食购销部门的补贴，不利于企业的成本核算。当二者出现矛盾的时候，国有粮食企业往往出于自身利益的考虑不执行政府对市场的干预职能，产生补贴转移、补贴流失现象。再次，价格补贴数额巨大，在国家财政很困难的情况下，增加了国家的财政压力，而且巨额投入却没有相应的回报。最后，对收入相对较高的城镇居民进行补贴，有悖于公平原则。

本章小结

税收的原则	古典课税理论	课税原则亦称税收原则，课税原则规定的是政府对什么征税（课税对象）、征收多少（课税规模）、怎样征税（课税方式和方法），是制定税收政策、设计税收制度的指导思想，也是评价税收制度优劣、考核税务行政管理状况的标准。课税原则制定得合理与否主要看两方面：一是是否有利于实现国民经济的长期高效稳定增长；二是是否有利于提高人民群众的生活水平
	现代课税理论	现代课税原则是在古典原则的基础上发展起来的，主要源于凯恩斯经济学及福利经济学的思想，且基本上围绕税收在现代经济生活中的职能作用来讨论，综合起来可以归纳为税收效率原则和税收公平原则两类。税收效率原则要求政府征税活动有利于实现资源的有效配置和经济机制的有效运行，尽可能地使征税的成本等于纳税人所纳税额，减少其他非税款形式引致的额外负担。税收公平原则指的是国家征税要使纳税人承受的负担与其经济状况相适应，并使纳税人之间的负担水平保持平衡

核心概念

配第的课税原则　斯密的课税原则　瓦格纳的课税原则　税收的公平原则　税收的效率原则

思考题

一、名词解释

受益原则　能力原则　客观说　主观说　最小牺牲　均等牺牲　比例牺牲

二、简答题

1. 简述我国古代的主要税收思想原则。
2. 为了实现资源配置的效率目标，税收应贯彻哪些原则？
3. 如何理解税收的中性与校正性？现实经济中如何贯彻？
4. 在现实经济中如何贯彻受益原则？
5. 试述亚当·斯密的“税收四原则”。

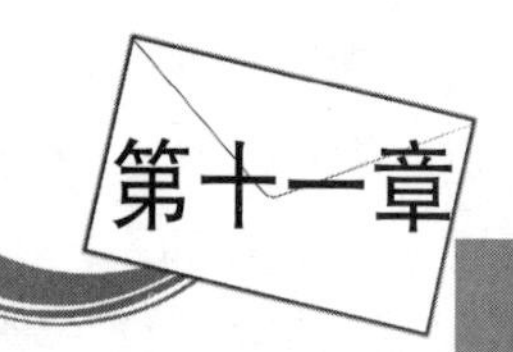

第十一章 税收的转嫁与归宿

第一节 税收负担

在我们看来，中国目前对商品和劳务征收的流转税表面上是由企业来承担，所以这使得很少有人会将政府对商品征收的税款与个人的负担联系起来。例如，政府对烟酒征收的税款看起来是由烟酒企业来承担的，并不是由抽烟与喝酒的人负担。虽然企业没有直接与消费者交易，也并不知道是谁在参与消费，但企业会将政府税收反映在销售价格上，即从烟酒销售商中购买烟酒的消费者就负担了烟酒销售商已经支付给政府的税收，其结果就可能导致政府附加的税收最后转嫁到了消费者身上。

一、税收负担的含义

税收负担简称“税负”，是指纳税人履行纳税义务所承担的经济负担，是国家通过法律规定要求纳税人承担的税收数额，通常用税收收入与可供征税的税基之间的比例关系表示。它表明了纳税人或征税对象对国家课税的承受状况，反映国家与纳税人之间在社会资源、收入分配和财产占有上的数量关系。从国家看，税负是一种法律制度的要求，体现在税收征收管理活动中；从纳税人看，税负则是一种经济付出，体现在履行纳税义务活动中。

二、税收负担的分类

可以按不同的标准对税收负担进行分类。

(1) 按负担对象分类，税收负担包括纳税主体负担和纳税客体负担，其中：纳税主体负担指各种纳税人依法向国家缴纳了多少税款；纳税客体负担指各种征税对象负担了多少税款。

(2) 按负担转嫁方式分类，税收负担包括直接负担和间接负担，其中：直接负担指纳税人在与赋税人一致的情况下直接负担了多少税款；间接负担指非纳税人负担了多少纳税人转嫁过来的税款。

(3) 按负担形式分类，税收负担包括货币负担和实物负担，其中：货币负担指纳税人负担了多少货币税额；实物负担指纳税人负担了多少实物税额。

(4) 按负担程度分类，税收负担分为名义税负与实际税负。名义税负是指纳税人在一定时期内按照税法规定的税种、税率向国家缴纳的税额。纳税人的应纳税额与税源之间的比率称为名义负担率，表示纳税人的名义负担水平。

三、税收负担的衡量指标

税收负担既可以从全体纳税人角度来考察，也可以从个别纳税人角度来分析，前者称为宏观税收负担，后者称为微观税收负担。

（一）宏观税收负担指标

宏观税收负担是指一国中所有的纳税人税收负担的总和，也称总体税收负担。它反映一个国家或地区税收负担的整体状况。

1. 国民生产总值负担率

国民生产总值负担率指一定时期（通常为一年）内，一国税收收入总额与同期国民生产总值的比率，即 T/GNP。它反映一个国家的国民在一定时期内提供的全部产品和服务所承受的税收负担状况。其公式为

$$\text{国民生产总值负担率}(T/\text{GNP})=\frac{\text{税收收入总额}}{\text{国民生产总值}}\times 100\%$$

2. 国内生产总值负担率

国内生产总值负担率指一定时期（通常为一年）内，一国税收收入总额与同期国内生产总值的比率，即 T/GDP。其公式为

$$\text{国内生产总值负担率}(T/\text{GDP})=\frac{\text{税收收入总额}}{\text{国内生产总值}}\times 100\%$$

3. 国民收入负担率

国民收入负担率指一定时期（通常为一年）内，一国税收收入总额与同期国民收入的比率，即 T/NI。其公式为

$$\text{国民收入负担率}(T/\text{NI})=\frac{\text{税收收入总额}}{\text{国民收入}}\times 100\%$$

（二）微观税收负担指标

微观税收负担是指单个纳税人的税收负担及诸纳税人之间的相互关系，它反映税收负担的结构分布和各种纳税人的税收负担状况。

1. 企业税收总负担率

企业税收总负担率可以表明国家以税收参与企业纯收入分配的规模，反映企业对国家所做贡献的大小，也可以用来比较不同类型企业的总体税负水平。通过这一指标的进一步分析，还可以了解各个税种在企业所缴纳税收中的比重情况。其公式为

$$\text{企业税收总负担率}=\frac{\text{企业实际缴纳的各种税的总额}}{\text{企业盈利（或各项收入总额）}}\times 100\%$$

2. 企业所得税负担率

企业所得税负担率是指在一定时间内，企业所缴纳的所得税税款总额与同期企业实现的利润总额的比率。其公式为

$$\text{企业所得税负担率}=\frac{\text{实缴所得税总额}}{\text{实现利润总额}}\times 100\%$$

3. 个人所得税税负率

个人所得税税负率反映个人在所得上承受税收负担的状况，体现国家运用税收手段参与个人所得分配的程度。是指一定时期内，个人所缴纳的所得税与个人所得总额的比率。其公式为

$$\text{个人所得税税负率} = \frac{\text{个人实缴的所得税额}}{\text{个人所得总额}} \times 100\%$$

四、影响税收负担的因素分析

税收负担的高低、合理、公平、适度与否，受诸多因素的影响。为研究确定税负最佳量度，就必须对影响税收负担的主观和客观因素进行分析。

（一）影响税收负担的主观因素

人们对税收认识上的差别，使其主观愿望及其自定的策略和体制有着不同的内容，从而影响着税负总体量度的确定，这是制约税负水平的前提。影响税收负担的主观因素有如下几项。

(1) 人们主观愿望的影响。税收“三性”决定了税收是取得财政收入的最佳、最有效方式，如果人们能充分认识或重视税收的集资职能，就会以税收为中心来保证财政收入，从而提高税负水平。如古代商鞅等人曾主张过高税负；西方一些发达国家实施高收入、高税收等办法。如果轻视税收的职能作用，则又会降低税负水平，如我国1958年和1973年的税制改革即属此类。

(2) 政治经济政策的影响。国家欲达到某一目的，总是要制定与之相应的政治经济政策。如我国社会主义改造时期，为体现“总路线”的要求，采取了“公私区别对待，税负轻重不同”的税收政策。再如，当社会总需求过旺、投资过热及为限制某一行业发展时，需提高税负加以制约；反之，应降低税负以调节经济协调、高效发展。

(3) 国家分配体制的影响。国家分配体制是国家经济政策的重要体现，税负取决于这种体制的变化。当国家参与各经济实体及个人收入分配主要采取税收形式时，税负就要高一些；当国家采取多种分配形式（如税收、利润上缴、折旧上缴）时，税负就要低一些；当国家主要靠利润上缴而不是税收参与分配时，则税负相对而言会更低一些。

(4) 监督管理水平的影响。监督管理水平是人们活动能力的重要表现。预先确定的税负水平能否在实践中确切地体现，还取决于执行税收政策法令和进行征管的工作质量。也就是说，税制中所体现的税负总体量度并不等于实际税负水平。其原因：一是确定的税负能否与实际吻合，以及公平、合理、可行与否，还有待于实践的验证；二是经济发展的新情况和新问题，会使预计征收的税收收入发生偏差，而难以实现预先确定的税负量度；三是征管工作中若有滥征、错征或征收“人情税、关系税”等问题，会造成实际税负水平的提高或降低等。

（二）影响税收负担的客观因素

影响税收负担的客观因素有如下几项。

(1) 经济发展水平。一国经济发展水平是决定该国税负水平的主要因素。税收负担水平与人均国民收入通常呈正相关的关系。随着一国经济实力的增强，宏观税收负担水平也会呈现上升趋势。实践证明，税负只有适应本国经济发展水平和纳税人的承受能力时，才能保证税收全面发挥其职能作用。

(2) 国家职能范围。税收产生和存在的条件之一，就是为了保证和满足国家实现征税职能的需要，税收是国家实现其职能的物质保证。国家职能范围的不同，对税收需要量就不同。国家职能范围广，则需要的税收量大，税收的负担也就要高；反之，国家职能范围窄，则需要的税收量小，税收的负担也相应较低。

（3）宏观经济政策。从短期看，紧缩性政策必然会增加宏观税收负担，扩张性政策必将使宏观税收负担下降。一般来说，当国家财政在某一时期发生困难、出现赤字或其他特殊需要时，国家为增加税收收入，就会相应提高税负总体量度；反之，在国家财政较宽裕或充裕时，国家多趋于实行轻税政策而降低税负。

（4）人均收入水平。一国的税收负担水平，主要取决于该国的人均收入水平。从理论上说，生产决定分配，其中生产主要是指一定时期的产出，而人均收入水平是其重要的表现形式。分配首先是指工资、利润和地租等原生分配，同时包括派生的税收分配。从时间上看，通常人均收入水平低的国家，税收水平也较低。

（5）财政收入结构。税收是国家取得财政收入的一种手段，除了税收外，国家还有其他的收入渠道。在多种收入形式并存的情况下，国家对其他收入形式的依赖程度直接影响到税收收入的规模，相应地影响到宏观税收负担水平。如果其他手段取得的收入较多，宏观税收负担水平也会相对较低。

（6）国家税负水平。税收是维护国家经济主权与利益的保证，一国税负的轻重必然会影响国际间的经济往来和贸易发展。各国为平衡、协调税负，一般都会按照国际税收惯例和对等互利原则，来确定本国关税和涉外所得税等税种的负担程度。如实行保护贸易政策的高额关税，鼓励出口的减免税，为吸引外资和技术的低税负政策等，其原因之一就是受国际税负水平的影响。

第二节　税负转嫁与归宿的基本概念

一、税负转嫁与归宿分析

（一）税负转嫁与归宿的含义

所谓税收转嫁，是指纳税人在缴纳税款之后，通过提价或压价方式，将部分或全部税款转移给别人负担的过程。税收转嫁后所形成的负担分布结果就是税收归宿。

税收转嫁不论次数多少、程度如何，最终都会导致各经济主体之间税收负担的再分配，正是由于利益的驱动，才使纳税人努力将税款转嫁出去。因此，在设计税收制度时，必须充分考虑税收转嫁因素，合理选择税种、税率及课税范围。

（二）税负转嫁的形式

1. 前转

前转又称顺转，是指纳税人通过提高商品或生产要素的价格，将其所缴纳的税款转移给购买者负担的过程。例如，卷烟厂通过提高卷烟的出厂价格把税负转移给卷烟商，卷烟商又把税负转移给消费者。前转多发生在商品课税上，是税收转嫁最典型、最普遍的形式。前转有三种情况：如果价格上升的幅度等于所缴税款，则实现税负的全部转嫁；如果价格上升的幅度大于所缴税款，纳税人不仅实现税负的全部转嫁，而且还有额外利润；如果价格上升的幅度小于所缴税款，则纳税人只能实现税负的部分转嫁，也即他自己仍要承担部分税款。

2. 后转

后转又称逆转，是指纳税人通过压低进货的价格，将其所缴纳的税款转移给销售者负担的过程。例如，卷烟厂通过压低烟叶的进价把税负转移给烟叶商，烟叶商采取同样的办法又把税负转移给烟草种植者。后转也有三种情况：如果价格下降的幅度等于所缴税款，则实现税负的全部转嫁；如果价格下降的幅度大于所缴税款，纳税人不仅实现税负的全部转嫁，而且还有额外利润；如果价格下降的幅度小于所缴税款，则纳税人只能实现税负的部分转嫁，也即他自己仍要承担部分税款。

3. 税收资本化

税收资本化是税收转嫁的一种特殊形式。税收资本化又称为资本还原，主要特征是：向资产的收益征税，在这项资产出售时，买主会将此后应纳的税款折现，从所购资产的价格中预先一次性扣除，此后名义上虽由买主按期纳税，而实际上税款已由卖主负担。此种情况，以土地或其他能产生长久收入的资产较为显著。例如，增加土地税会使地价下降，将以后累次应纳税款做一次性转嫁。计算具有长久收益的资本现值的计算公式为

$$PV = \frac{R_1}{1+r_1} + \frac{R_2}{(1+r_2)^2} + \cdots + \frac{R_n}{(1+r_n)^n} = \sum_{i=1}^{n} \frac{R_i}{(1+r_i)^i}$$

式中：$R_1, R_2, \cdots, R_n$ 为各期的收益；$r_1, r_2, \cdots, r_n$ 为各期的利率。

假定这项资产以后各年的税收为 T_i，资本现值就会因此而降低：

$$PV' = \frac{R_1 - T_1}{1+r_1} + \frac{R_2 - T_2}{(1+r_2)^2} + \cdots + \frac{R_n - T_n}{(1+r_n)^n} = \sum_{i=1}^{n} \frac{R_i - T_i}{(1+r_i)^i}$$

也就是说，买主将该项资产的价格从 PV 降低至 PV'，这样买主降低的额度正好等于以后各年所纳税收的累积贴现值：

$$PV - PV' = \sum_{i=1}^{n} \frac{T_i}{(1+r_i)^i}$$

4. 混转

在实际生活中，有时前转与后转同时存在，即某种货物的税负既通过提高售价转移一部分，又通过压低进价转移一部分，这种转嫁方式称为混转。例如，对糖商零售商征税，糖商可以通过抬高售价将一部分税收前转嫁于消费者，再通过压低进价将另一部分税收后转嫁于批发商或生产者。

5. 消转

消转是指纳税人用降低课税品成本的办法，使税负在新增利润中求得抵补的转嫁方式。它既不是提高价格的前转，也不是压低价格的后转，而是通过改善经营管理、提高劳动生产率等措施降低成本而增加利润，使税负从中得到抵消，所以称为“消转”。消转要具备一定的条件，如生产成本能递减、货物销量能扩大、生产技术与方法有发展和改善的余地、物价有上涨趋势以及税负不重等。

二、影响税负转嫁与归宿的因素

（一）商品的供求弹性

1. 需求弹性与税负转嫁和税负归宿

所谓需求弹性，是指商品或生产要素的需求量对于市场价格升降所做出的反应程度。需求弹性的强弱，可分为四种情形：需求完全无弹性，需求弹性较小，需求弹性较大，需求完全有弹性。

现分别用四个图来反映当政府征税时需求弹性变化的四种情形。仍以 P 代表价格，S 代表供给，D 代表需求。需求弹性不同，对政府征税的反应也不一。总体来说，斜率越大，表示需求越缺乏弹性，越容易向前转嫁；斜率越小，表示需求越富有弹性，越容易向后转嫁。

需求完全无弹性是指商品需求不受价格影响。需求曲线 D 与横轴垂直，政府征税后，商品或生产要素价格提高的数额与所征税额 T 一样。税前税后价格发生变化，但购买量不受影响。由此说明，在需求根本无弹性的情况下，税收完全可以向前转嫁，即转嫁给购买者（见图 11-1）。

需求完全有弹性是指需求对价格的变动极端敏感，价格的轻微提高，就能使需求量变为零。图中需求曲线 D 是一条与横轴平行的线。政府征税后，供给曲线向上移动，与 D 在 E' 相交，均衡价格仍为 P_0，但均衡数量却减少至 Q'。这表明，纳税人不能通过提高价格的方式向前转嫁，而只能向后转嫁（见图 11-2）。

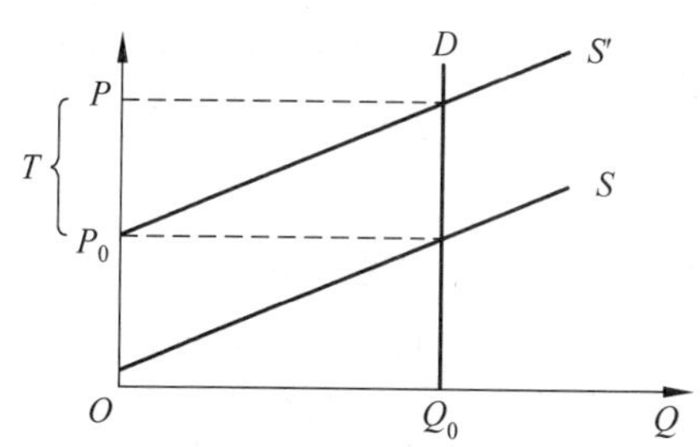

图 11-1　需求完全无弹性（0 弹性）时的税收转嫁

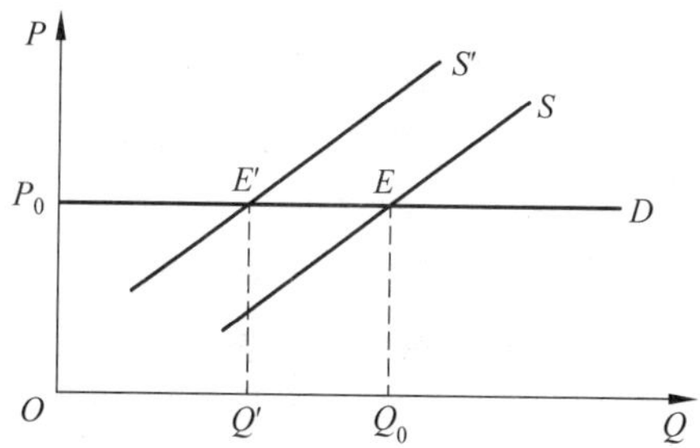

图 11-2　需求完全有弹性时的税收转嫁

需求缺乏弹性说明商品或生产要素的价格提高时，对需求量的影响不大，也就是说需求量会减少，但幅度不大（需求完全无弹性是缺乏弹性的特例）。在这种情况下，由于需求者对价格变动不太敏感，税收向前转嫁较容易，因此绝大部分税负将向前转嫁给购买者。需求曲线较为陡峭，斜率大。政府征税后，价格上升。税前税后价格差为 P_0P_1'，销售量差为 Q_0Q'，但 $Q_0Q'/Q_0O<P_0P'/P_0O$，由此说明，当需求弹性在 0～1 范围变化时，销售量的减少幅度小于价格提高的幅度，所以税收会向前转嫁，即向购买者转嫁（见图 11-3）。

需求富于弹性说明商品或生产要素的价格提高时，需求会大幅下降，但不会减为零（完全弹性是富于弹性的一种极端情况）。在这种情况下，税收向前转嫁较困难，只能较多地向要素供给者转嫁或由生产者自己承担。需求曲线较为平坦，斜率小。当政府征税时，价

格上升到 P'。税前税后的价格差为 P_0P_1'，销售量差为 Q_0Q'，但 $Q_0Q'/Q_0O>P_0P'/P_0O$。由此说明，销售量减少幅度大于价格提高的幅度，税收向前转嫁困难，只能更多地向后转嫁(见图 11-4)。

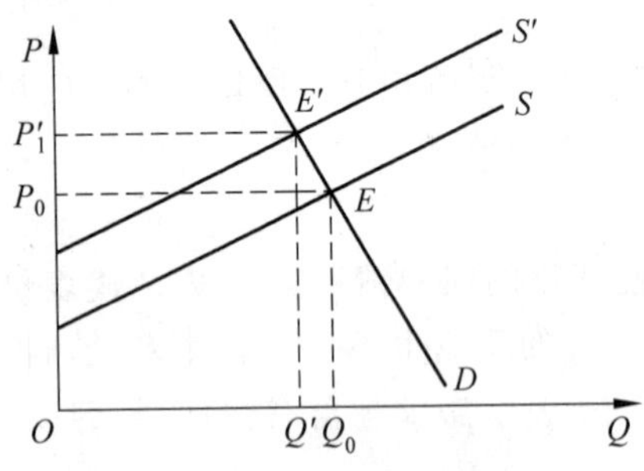

图 11-3 需求缺乏弹性时的税收转嫁

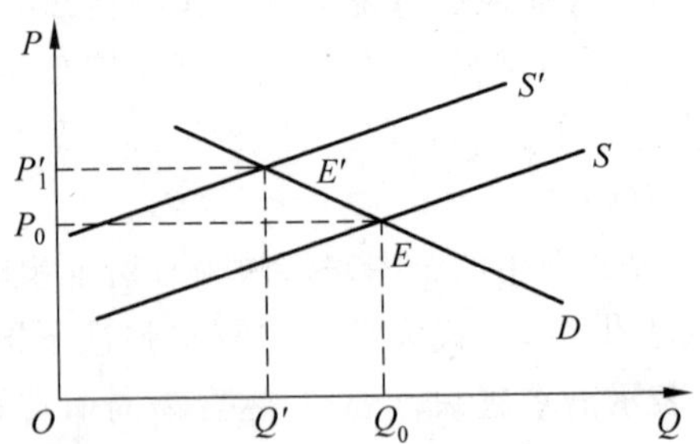

图 11-4 需求弹性较大时的税收转嫁

2. 供给弹性与税负转嫁

供给弹性，是指商品或生产要素的供给量对于市场价格升降所做出的反应程度。供给弹性的强弱，可以分为四种情形：供给完全无弹性，供给弹性较小，供给弹性较大，供给完全有弹性。

现分别用四个图反映当政府征税时供给弹性变化的四种情形。其中 P 代表价格，S 代表供给，D 代表需求。供给弹性由弱到强，在图形上表现为 S 曲线的斜率变化。斜率越大，表示供给越缺乏弹性，越容易向后转嫁；斜率越小，越容易向前转嫁。

图 11-5 中供给曲线 S 与横轴垂直。D 与 S 相交于 E，形成均衡价格 P_0 和均衡数量 Q_0，无论需求曲线向下变化多少，其均衡数量一直为 Q_0。因为政府征税之后，价格会发生变化，但生产量不变。这说明在供给根本没弹性的时候，税收会全部向后转嫁或不能转嫁，而由生产要素的提供者或生产者承担。

图 11-6 表示供给完全有弹性。供给曲线 S 是一条与横轴平行的线，表示供给完全有弹性。税前税后的价格差额等于 E 和 E' 的垂直距离，即等于政府征税的数额 T。这说明，在供给完全有弹性的情况下，税收会全部通过涨价形式向前转嫁给购买者。

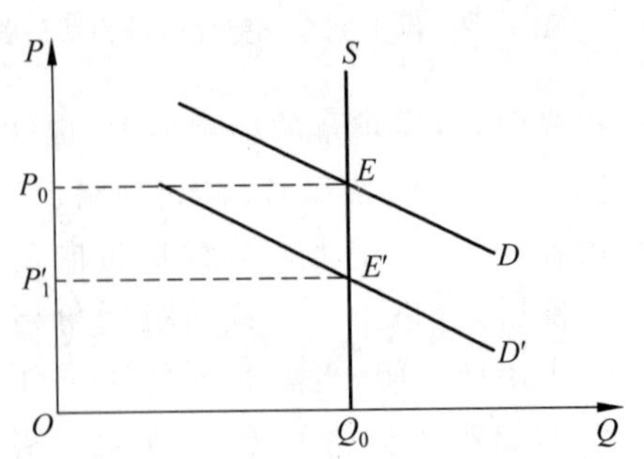

图 11-5 供给完全无弹性(0 弹性)时的税收转嫁

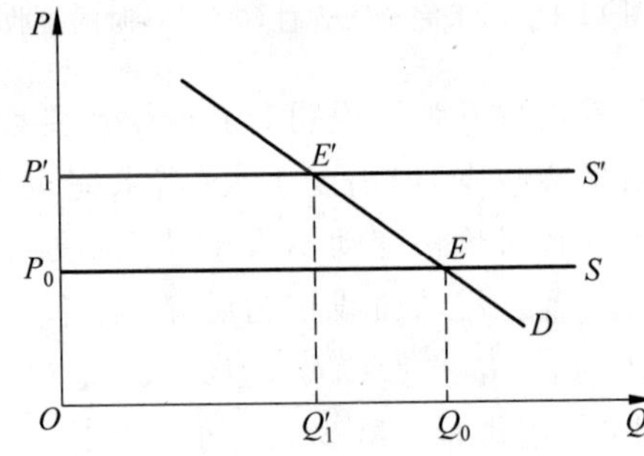

图 11-6 供给完全有弹性时的税收转嫁

图 11-7 表示税前价格为 P_0，税后价格为 P_1'，税前产量为 Q_0，税后产量下降到 Q_1'，但总体来说，是 $P_0P_1'/OP_0>Q_0Q_1'/OQ_0$，这表明生产量的减少幅度小于价格相对下降的幅

度。所以税收不易向前转嫁，向后转嫁的可能性较大。

图 11-8 表示政府征税后，因价格不能相应提高而造成相对价格下降，征税前后的价格差额为 P_0P_1'，产量变化额为 Q_0Q_1'，但 $P_0P_1'/OP_0 < Q_0Q_1'/OQ_0$。这说明，在供给弹性较大的情况下，生产量减少的幅度大于价格相对下降的幅度，所以税收易于向前转嫁。

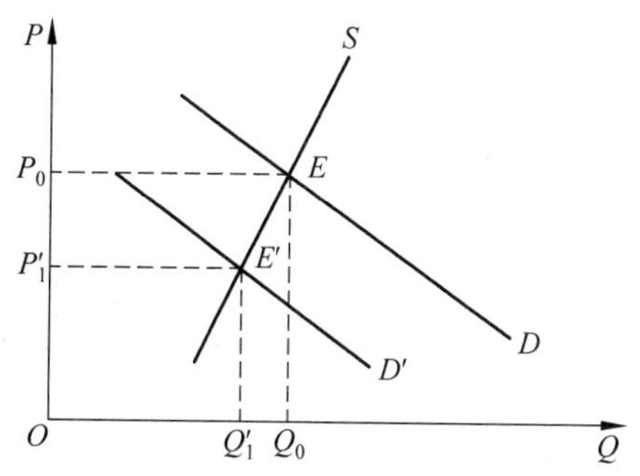

图 11-7　供给弹性较小时的税收转嫁

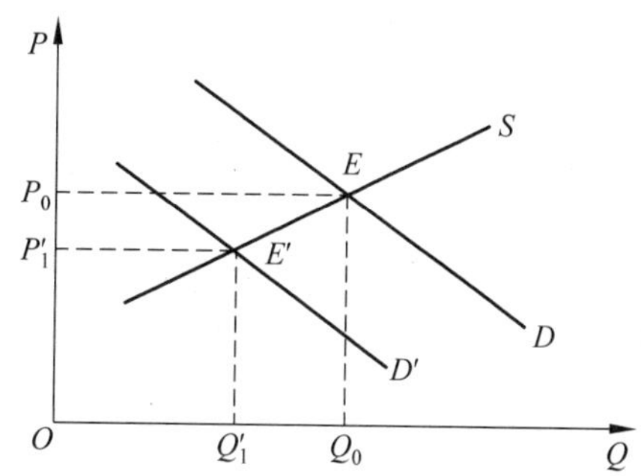

图 11-8　供给弹性较大时的税收转嫁

3. 供求共同作用与税负转嫁

供求弹性的力量对比最终决定了税收转嫁情况：如果供给弹性大于需求弹性，则向前转嫁的成分多一些；反之，则向后转嫁的成分多一些。其实，供求双方的税收负担率与供求曲线的斜率之间有密切的关系。

如图 11-9 所示，纵、横轴分别表示价格和产量。征税前，需求曲线与供给曲线在 E^* 点相交。若对供给者征税，供给曲线会向左上方移动；若对需求者征税，需求曲线就会向左下方移动。

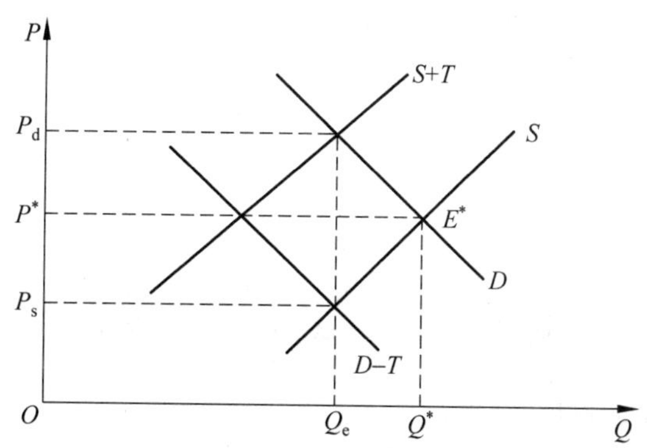

图 11-9　供求双方税收负担率与供求曲线斜率之间的关系

图 11-9 中：需求者的税收负担是 $(P_d - P^*)$；供给者的税收负担是 $(P^* - P_s)$；需求者税收负担与供给者税收负担之比为 $(P_d - P^*)/(P^* - P_s)$，分子、分母均除以征税前后产量的变化数额 $(Q^* - Q_e)$，则有

$$\frac{P_d - P^*}{Q^* - Q_e} \bigg/ \frac{P^* - P_s}{Q^* - Q_e}$$

这正是需求曲线斜率与供给曲线斜率之比。由此可见：需求方的税收负担与供给方的税收负担之比恰好等于需求曲线斜率与供给曲线斜率之比。

（二）市场竞争状况

1. 竞争市场的税负转嫁与归宿

1）税收与价格

竞争市场中税前价格的决定：生产者为了使利润最大化，其价格和产量决策必定由边际成本曲线（供给曲线）和边际效用曲线（需求曲线）的交点决定。

竞争市场税后价格的决定：如果向每单位产品征收税额为 T 的税收，会使税后的边际成本曲线平行上移（如果纳税人是生产企业）或者使税后的边际效用曲线平行下移（如果纳税人是消费者）。生产者的价格和产量决策由税后的边际成本曲线与边际效用曲线的交点决定。政府取得的税收收入是税后产量与单位税额的乘积，消费者承担的部分为价格增量与税后产量的乘积，生产者承担的部分为单位税额与价格增量之差与税后产量的乘积。

图11-10表现了竞争条件下的税负在生产者与消费者之间的分担情况。D 为边际效用曲线，S 为税前的边际成本曲线，税前的产量和价格由这两条曲线的交点决定，分别为 Q_0 和 P_0。如果政府向每单位产品征收 T 元的定额税，那么税后的边际成本曲线就为 $S+T$，它与边际效用曲线 D 的交点决定了税后的产量与价格，分别为 Q_1 和 P_1。P_1 是消费者支付价格，而生产者税后的价格则为 P_2。从图中可以看到，政府所获得的税收收入表现为四边形 $P_1E'BP_2$ 的面积，其中 $P_1E'AP_0$ 的面积为消费者承担的部分，P_0ABP_2 的面积为生产者承担的部分。

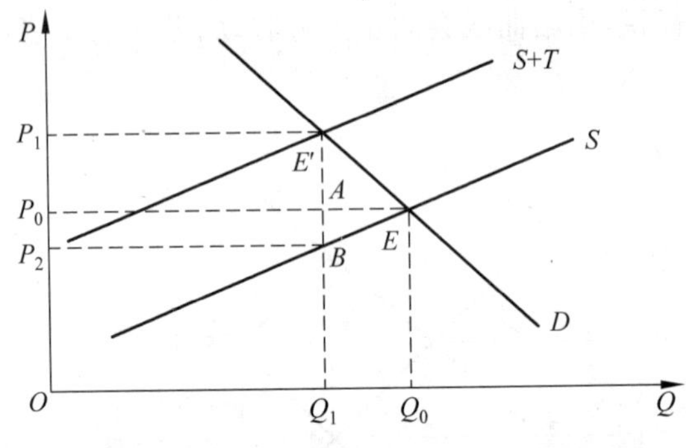

图11-10 竞争市场的税负转嫁与归宿

2）供求弹性对税负归宿的影响

一般结论：生产者与消费者所承担的税负的比例取决于供给曲线与需求曲线的弹性，各方承担税负的比例为需求曲线斜率与供给曲线斜率之比。可以得出如下结论：①当供求斜率相等时，买方和卖方所承担税负相等；②当供给完全无弹性时卖方承担全部税负；③当供给具有完全弹性时，买方承担全部税负；④当需求曲线完全无弹性时，买方承担全部税负；⑤当需求曲线具有完全弹性时，卖方承担全部税负。

产品或要素的供给曲线弹性取决于生产技术状况，即边际成本随产量而变化的情况。市场所显示的供给弹性与时间长短有关，长期供给弹性通常大于短期供给弹性。产品的需求弹性主要取决于两个因素：一是替代品的数目和相近似程度，二是商品在消费者预算中的重要性程度。

课税范围的大小也会影响到税负的转嫁与归宿。如果政府只是对某一部分产品或要素课税，转嫁就比较困难。如同类的或可替代的产品和要素都课税，提高某种产品价格所引起的消费量的变化就会较小，转嫁的可能性就大些。只要市场是竞争的，价格由供求关系决定，税收不论课征于买方还是卖方所产生的税负归宿是相同的。在取得同等收入条件下，采用从量税（向每单位产品征收一个给定的数额）与从价税（按产品销售收入的一定比例课税）不会使税收负担的归宿有什么区别。

3）后弯的供给曲线

在一些特殊情况下，供给曲线也可能是一条向后弯曲的曲线，在一定的价格范围内，供给数量会随着价格的增加而上升，而超过这个价格范围，价格的上升反而会使供给量减少。在供给曲线具有负斜率的范围内，税收所引起的价格变动大于单位税额。在这种情况下，供给方承担全部税收，需求方的税后价格会低于税前价格，从而得益。在图像上，供给曲线开始时向右上方延伸，达到一定阶段后又向左上方延伸，使得供给曲线呈后弯的状态。后弯的供给曲线的典型例子是劳动的供给。因为人们对收入水平有一定的目标，在没有达到这个目标以前，人们愿意放弃一定的休闲时间，通过劳动来换取更多的收入，工资率（劳动价格）的提高使得人们乐于用更多的时间进行劳动，从而获得较多的收入。但在达到目标的收入水平之后，人们进一步努力的动机就会减弱，工资率的提高使得人们有可能花费较短的劳动时间而将收入保持在一定的目标水平上，因此，工资率在达到一定水平后会使人们用于劳动的时间减少，即价格达到一定水平后供给量反而减少。

我们来看在这种情况下征税，税负会由谁来负担。图 11-11 中 S 是向后弯曲的供给曲线，D 是需求曲线，两者交于 E 点，这时价格为 P_0。假设对需求者征收定额税 T，会使需求曲线向下平行移动到 D' 的位置，这时 S 与 D' 交于 E' 点，税后价格为 P_1。从图上可见价格下降的幅度大于税收。从需求者（雇主）来看，为劳动支付的价格是 P_1，与原价格 P_0 比较，雇主对每一单位劳动所付出的报酬减少了 P_0P_1，需求者不但未承担任何税负，而且还从劳动价格的下降中得到了额外的好处，降低了成本。从供给者（劳动者）来看，税后的实际收入是 P_1，下降的幅度大于税收，$P_0P_1 > P_0P_2$，其收入减少额中的一部分承担了全部的税负，而且劳动者还要承担额外损失的情况，只发生在供给曲线向后弯曲的那一段，即价格越高，供给量越少的一段。而另一段即价格越高，供给量越多的一段，与一般情

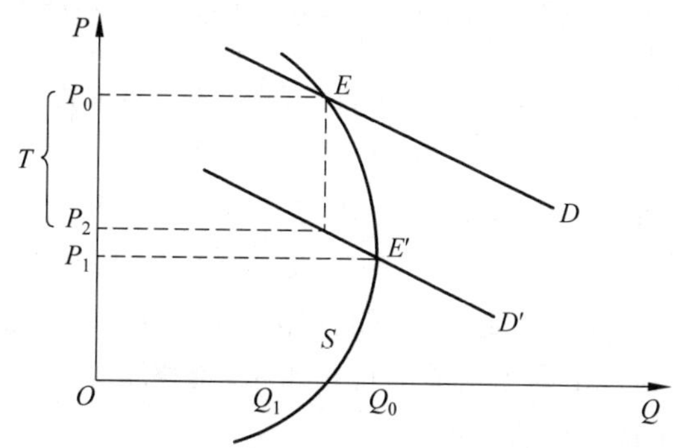

图 11-11　后弯的供给曲线与税负归宿

况下的结论一致，买卖双方承担税负的比例取决于供给和需求弹性之间的对比关系。

2. 垄断市场的税负转嫁与归宿

1）税收对价格的影响

在垄断条件下，由于垄断者具有控制价格的能力，产量取决于生产者的边际成本与其边际收入的等量关系，垄断市场税前的价格则由在这一产出水平上的边际效用来决定。而税后价格的决定由税后边际成本（税额与边际成本之和）与边际收入相等时垄断者利润最大化条件所决定，这一条件决定税后的产出量以及与之相联系的税后价格。在一般情况下，生产者与消费者共同承担税负。

（1）垄断厂商的边际成本不变情况下的税负转嫁。在图11-12中，D为需求曲线，MR为垄断厂商的边际收益曲线，税前的均衡产量为Q_1。由MC_1和MR的交点E_1决定，在此均衡产量上，均衡价格为P_1。若向垄断厂商的每一单位产品征收数额为T的税收，则税后的边际成本曲线将由MC_1向上平移至MC_2的位置，与边际收益曲线交于点E_2，决定均衡产量为Q_2，均衡价格为P_2，价格上升的幅度为P_1P_2。从图11-12中直接观察，P_1P_2大约相当于垄断厂商每单位产品缴纳的税款T的一半，这意味着垄断厂商可以通过涨价，将一半的税负转嫁给消费者。在边际成本不变的情况下，垄断厂商究竟可以将多少税负转嫁给消费者？为解决这一问题，读者可通过代数的方法来进行计算。（提示：假设税前需求曲线D与边际成本曲线MC_1分别为$P=-aQ+b$，$MC_1=c$，再根据需求曲线求出边际收益MR，然后求出税后的均衡产量和均衡价格。最后可以得出结论：垄断条件下，若边际成本不变，在征收从量税的情况下，垄断者只能将税负的一半转嫁给消费者）

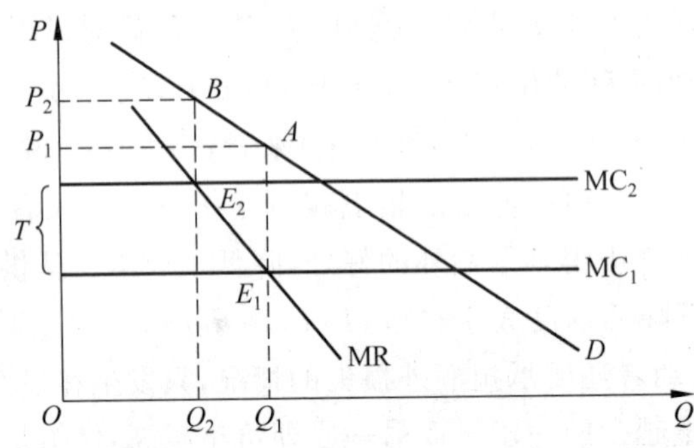

图11-12 垄断条件下边际成本不变时的税负转嫁

（2）垄断厂商的边际成本递增情况下的税负转嫁。如果边际成本递增，垄断条件下的税负转嫁情况可用图11-13表示。在图11-13中，税前的均衡产量和价格由边际成本曲线MC_1和边际收益曲线MR的交点E_1决定，分别为Q_1和P_1。

如果对每一单位产品征收数额为T的税收，税后的边际成本曲线即为MC_2，它与边际收入曲线MR的交点为E_2，决定了税后的均衡产量为Q_2，均衡价格为P_2。从图11-13中可以看出，税后的价格水平高于税前的价格水平，价格增幅为P_1P_2。可见生产者仍然可以将一部分税收负担转嫁给消费者。

总之，在垄断市场中，垄断厂商会千方百计地将税负转嫁给购买者，但转嫁的税负额

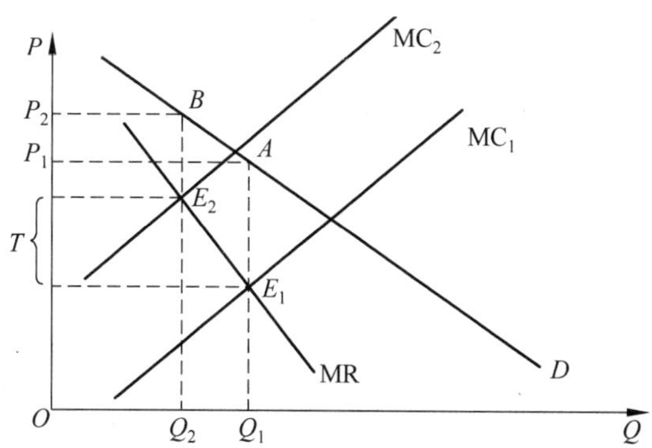

图 11-13 垄断条件下边际成本递增时的税负转嫁

度要受均衡价格的制约，在一般情况下(边际成本递增)；垄断厂商将承担较大部分的税负。

2）供求弹性与税负的归宿

在垄断的情况下，消费者和生产者所承担的比例取决于供给和需求的弹性。供给弹性越大(小)消费者承担的份额就越大(小)，需求弹性越大(小)，生产者承担的份额就越大(小)。所以可以推出，在供给曲线和需求曲线都为线性的情况下，有两种情况：第一，当供给曲线的斜率与需求曲线的斜率的绝对值相等时，消费者承担税负的1/3，生产者承担税负的2/3；第二，若供给曲线具有完全弹性，征收额税所引起的价格上升幅度为单位产品税额的1/2，买方与卖方各承担税收负担的50%。一般而言，在需求曲线和供给曲线相同的情况下，垄断市场中生产者承担的税负大于竞争性市场中生产者所承担的份额，而消费者则相反。

第三节 税收归宿的局部均衡分析

有了一些基本知识后，我们现在转入本章基本问题的讨论：税收如何影响收入分配，这个问题的实质是，税收引起相对价格的变化。因此，弄清价格是如何决定的，成为分析关键。本节分析价格决定的局部均衡模型。局部均衡分析，是假定其他市场一切条件不变的情况下，研究税收对于某一特定市场供需变化的影响。

一、商品课税

(一) 从量税

假设政府从量计征的税以购买者为纳税人，如图11-14所示。在没有征税时，均衡产量为 Q，均衡价格为 P。

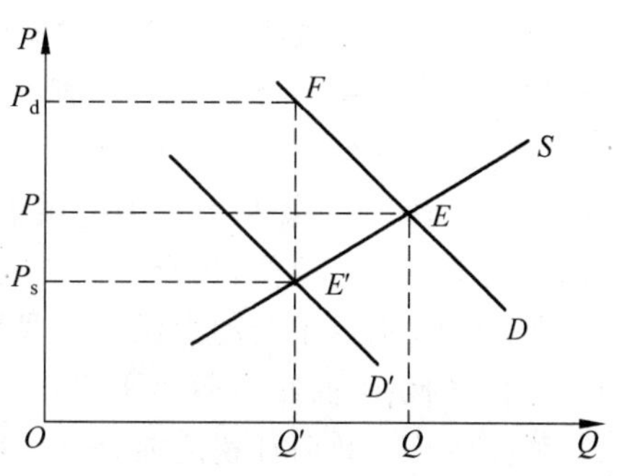

图 11-14 从量税情况下商品课税的归宿

由于对购买者征收了额度为 T 的税款，税后需求曲线 D' 与供给曲线 S 在新的均衡点 E' 相交，这时购买者面对的价格为 P_d，生产者面临

的价格水平从 P 下降至 P_S，均衡产量由 Q 减少至 Q'。而 T 成为购买者支付的价格 P_d 和生产者实际得到的价格 P_s 之间的差额。从量税效应就是把消费者所支付的价格从 P 提高到 P_d，使生产者得到的价格从 P 下降到 P_s，并使产量下降到 Q'，使政府得到了 $P_dP_sE'F$ 的税收收入。这部分税收是由生产者和购买者共同负担的，由于课税商品的供给弹性和需求弹性大体一致，因此生产者和购买者各负担一半左右。

（二）从价税

从价税是指以商品价格为税基，按照一定比例征税。与从量税相比，从价税在商品课税中更常见。在从价税的情况下，商品的价格成为税额大小的一个决定因素，价格越高，缴纳的税款越多。

如图 11-15 所示，在政府征税后需求曲线由 D 变成 D'。P_d 和 P_s 间的差额就是缴纳的税 T。政府所得到的税收收入为 $P_dP_sE'F$。这部分税收由生产者和购买者共同负担，负担的比例会因 D'线斜率的变化而有所变化。

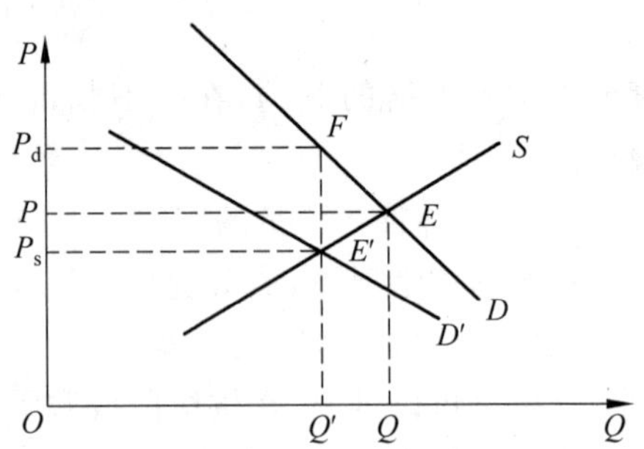

图 11-15　从价税情况下商品课税的归宿

上述分析表明，可以得出两点重要结论。

第一，理论上，税收的法定归宿与经济归宿无关，不管选择对进口商、批发商、制造商、零售商还是吸烟者征收，烟草税的经济归宿并没有多大的差异，明智的决定是根据方便和节约的原则选择税收的法定归宿。

第二，某人对某种物品的消费因征税活动而找到替代品越不容易，即消费者需求弹性越小，则他要承担的税收归宿的部分就会越大。增值税对大多数商品征收，由于没有什么能够替代消费，因此绝大多数的增值税由消费者负担。然而，如果对一两种商品征收特别重的增值税，情况则迥然不同。一方面，消费者会寻找别的商品来替代征税的商品；另一方面，如果只能生产这种产品的话，短期内生产者将被制造能力所困，要么让价格持续下降，要么自己承担税收。

二、要素课税

（一）工资收入课税的归宿

以劳动者的工资收入为课税对象的所得税，其税负的转嫁和归宿情形取决于劳动力这一生产要素的供给弹性和需求弹性的力量对比。如果劳动力的供给弹性大于需求弹性，那么，劳动者处于有利的地位，生产者处于不利的地位，政府所征税收将大部分向前转嫁落在生产者身上；如果劳动力的供给弹性小于需求弹性，那么，生产者处于有利的地位，劳动者处于不利的地位，政府所征税收将大部分不能转嫁，而落在劳动者的身上。

图 11-16 揭示了劳动力供给弹性大于需求弹性时工资收入课税的归宿情况。在图中，劳动力的供给曲线 S 较为平坦，表示其弹性较大；劳动力的需求曲线 D 较为陡峭，表示其弹性较小。政府征税之前，S 和 D 在 E 点相交，由此决定了税前工资率为 W，劳动时数为 L。

政府对工资收入征税后，劳动者因净工资率的下降而反应强烈，其劳动时数减少的幅度大于净工资率相对下降的幅度。劳动力的供给曲线由 S 向左侧旋转至 S'，与劳动力需求曲线 D 在 E' 点相交，由此决定税后生产者支付的工资率由 W 增加至 W_d，劳动者实际得到的净工资率由 W 减少至 W_s，劳动时数因此由 L 减少至 L'。W_d 和 W_s 之间的差额即为政府的税收 $t(t=FE')$，但 $WW_d > WW_s$。

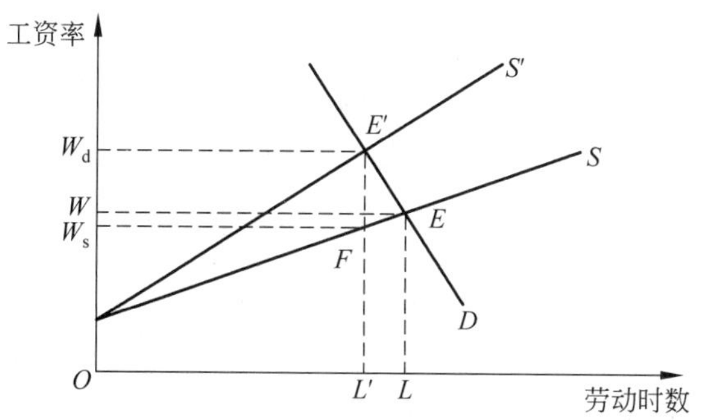

图 11-16　劳动力的供给弹性大于需求弹性时工资税的归宿

这说明，在劳动力供给弹性大于需求弹性的情况下，工资收入的课税将绝大部分向前转嫁给生产者负担。

图 11-17 揭示了劳动力供给弹性小于需求弹性时工资收入课税的归宿情况。在图中，劳动力的供给曲线 S 较为陡峭，表示其弹性较小；劳动力的需求曲线 D 则较为平坦，表示其弹性较大。在政府征税之前，点 E 为曲线 D 和 S 的相交点，由此决定的税前工资率为 W，劳动时数为 L。

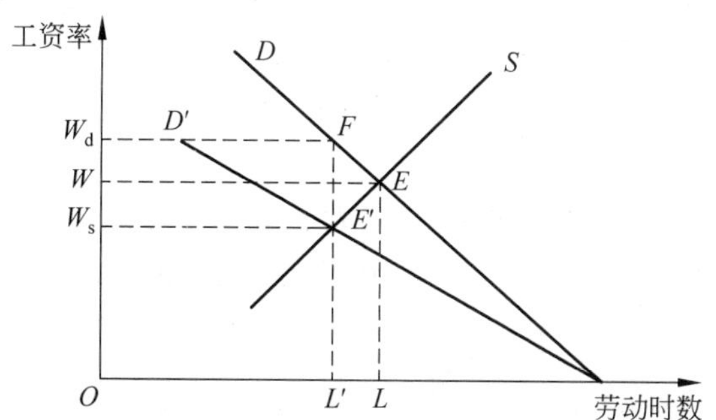

图 11-17　劳动力的供给弹性小于需求弹性时工资税的归宿

政府对工资收入征税后，劳动者对净工资率的下降反应较弱，其劳动时数减少的幅度小于净工资率相对下降的幅度。但生产者对劳动者通过减少劳动时数而施加的增加工资的压力反应强烈，劳动力需求曲线 D 向内旋转至 D'，与供给曲线 S 相交于新的均衡点 E'，由此决定税后生产者支付的工资率由 W 增加至 W_d，劳动者实际得到的净工资率由 W 减少至 W_s，劳动时数因之由 L 减少至 L'。W_d 与 W_s 之间的差额即为政府的税收 $t(t=FE')$，但 $WW_d < WW_s$。

这说明，在劳动力供给弹性小于需求弹性的情况下，工资收入的课税将大部分不能转嫁，而由劳动者自己负担。

当劳动力供给完全没有弹性，供给曲线 S 成为垂直于横轴的直线（见图 11-18），征税使实际需求曲线由 D 移至 D'，雇员得到的工资由 W_d 移至 W_s，即工资税完全由雇员负担。

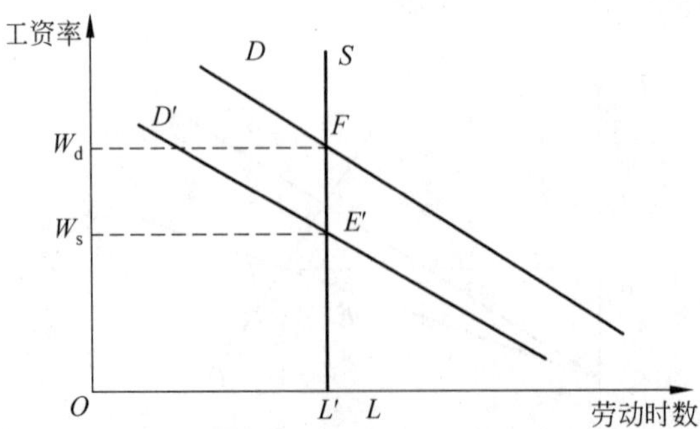

图 11-18 劳动力供给完全没有弹性时工资税的归宿

对多数人来说，很难找到既有吸引力又可以随时变动的工作，因此，大多数所得税落在受雇者身上。而雇主想要找到胜任特殊重要岗位的雇员，则不得不支付较高的薪金，至少在某种程度上，他支付的毛工资水平将负担受雇者要承担的税收负担。

（二）利润（利息）收入课税的归宿

以资本所有者的利润（利息）收入为课税对象的所得税，其税负的转嫁与归宿情形取决于资本这一生产要素的供给弹性和需求弹性的力量对比。

如果资本的供给弹性大于需求弹性，那么，资本所有者处于有利地位，生产者处于不利地位，政府所征税收将大部分向前转嫁，落在生产者的身上；如果资本的供给弹性小于需求弹性，那么，资本所有者处于不利地位，生产者处于较有利地位，政府所征税收大部分不能转嫁，落在资本所有者身上。

如图 11-19 所示，资本的供给曲线 S 较为平坦，表示其弹性较大，资本的需求曲线 D 较为陡峭，表示其弹性较小。税前 S 和 D 在 E 点相交，税前的资本收益率和资本投入量分别为 R 和 K_0。

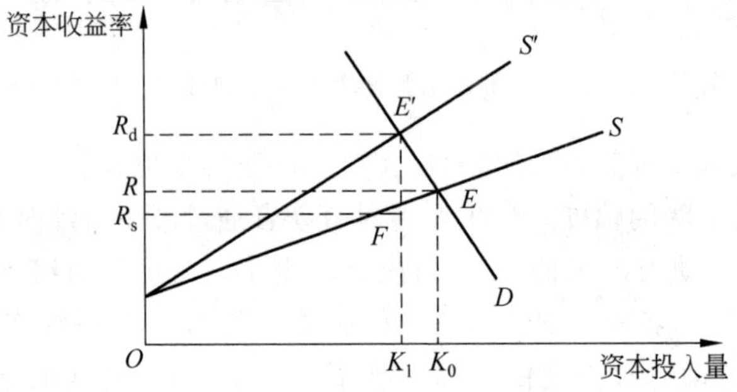

图 11-19 资本的供给弹性大于需求弹性时利润税的归宿

政府对利润（利息）收入课税后，资本所有者对净资本收益率的下降反应强烈，大大减少资本的投入量。资本的供给曲线因之由 S 向左侧旋转至 S'，与资本需求曲线 D 相交于 E'。

（几何上，S 曲线平坦，D 曲线陡峻；对资本供给方征税）

由此决定税后生产者支付的资本收益率由 R 提高到 R_d，资本所有者实际得到的净资本收益率由 R 减少至 R_s，资本投入量因此从 K_0 降至 K_1，R_d 和 R_s 之间的差额即为政府的税收 $t(t=FE')$，但 $RR_d>RR_s$。这说明，在资本的供给弹性大于需求弹性时，利润（利息）收入的课税，将大部分向前转嫁给生产者负担。

（几何上，S 曲线陡峻，D 曲线平坦；对资本需求方征税）

图 11-20 揭示了资本的供给弹性小于需求弹性时，利润（利息）收入课税的归宿情况。资本的供给曲线 S 较为陡峭，表示其弹性较小。资本的需求曲线 D 则较为平坦，表示其弹性较大。税前 S 和 D 在 E 点相交，税前的资本收益率和资本投入量分别为 R 和 K_0。

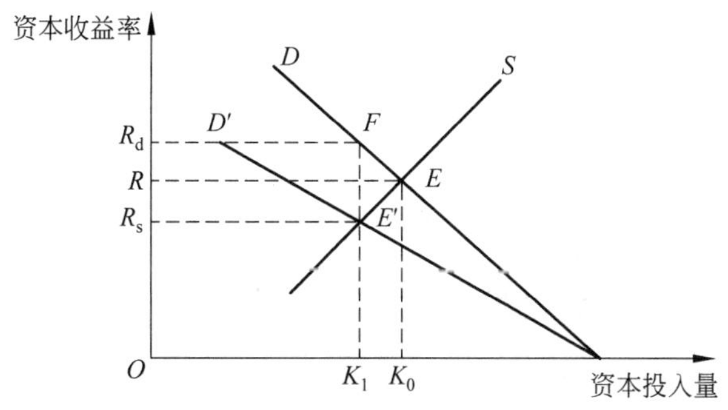

图 11-20 资本的供给弹性小于需求弹性时利润税的归宿

政府对利润（利息）收入课税后，资本所有者对净资本收益的下降反应较弱，其资本投入量并不大幅度减少。但生产者反应强烈，资本的需求曲线因之从 D 向内旋转至 D'，与资本的供给曲线 S 相交于 E'。由此决定税后生产者支付的资本收益率由 R 增加至 R_d，资本所有者实际得到的净资本收益率由 R 减少至 R_s，资本投入量因此由 K_0 减少至 K_1，R_d 和 R_s 之间的差额即为政府的税收 $t(t=FE')$，但 $RR_d<RR_s$。

这说明，在资本的供给弹性小于需求弹性时，利润（利息）收入的课税将大部分不能转嫁，而由资本所有者自己负担。

（三）地租收入课税的归宿

以土地所有者的地租收入为课税对象的所得税，其税负的转嫁与归宿情形完全取决于土地的需求弹性。

这是因为，土地的供给曲线基本上是无弹性的，无论地租率怎样变化，土地的数量总是固定的，不可能随之发生变化。在土地的供给弹性等于 0 的假定下，土地所有者处于不利地位，政府所征税收将不能转嫁，而落在土地所有者身上。

在图 11-21 中，土地的供给曲线 S 与横轴垂直，表示土地的供给完全没有弹性。S 与土地的需求曲线 D 相交于 E 点，由此决定了税前的地租率为 R_d，土地供给量为 N。政府对地租收入课税后，土地所有者获得的净地租率相对下降，其数额与所征税额相同。由此决定了税后土地所有者获得的净地租率为 R_s，土地使用者（生产者）支付的地租仍为 R_d，土地的供给量固定在 N 的水平；R_d 与 R_s 之间的差额即为政府的税收 $t(t=EF)$，但土地使用者支付的 R_d 没有发生变动，而土地所有者获得的净地租率则由 R_d 减少至 R_s。这说明，在土地供给完全无弹性的条件下，地租收入的课税不能转嫁，而由土地所有者自己负担。

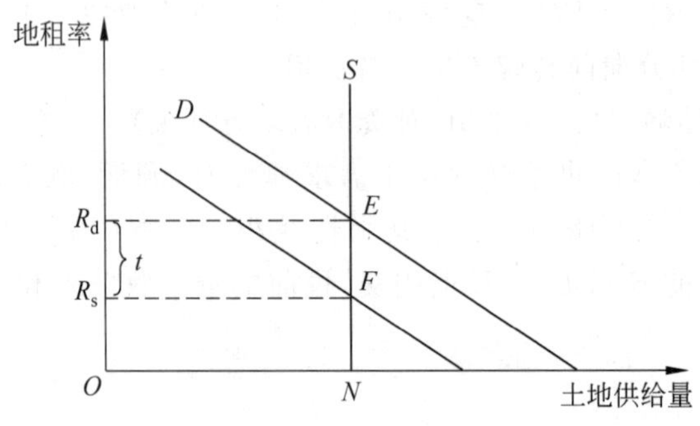

图 11-21　地租收入课税的归宿

第四节　税收归宿的一般均衡分析

一、局部均衡分析的不足之处

所谓一般均衡分析，是在各种商品和生产要素的供给、需求、价格相互影响的假定下，分析所有商品和生产要素的供给和需求同时达到均衡时的价格决定。

对税收的转嫁与归宿问题做一般均衡分析，是因为现实生活中，各种商品和生产要素的供给、需求、价格等因素都是相互作用、相互影响的，若对税收转嫁与归宿的考察仅仅局限于课税商品或生产要素的特定市场上，所得出的结论还不完全。具体说来，局部均衡分析的不足之处主要表现在两个方面：

（1）局部均衡分析未能顾及政府征税对非征税商品市场的影响。这里主要是指商品课税归宿的局部均衡分析。

如图 11-22 所示，假定整个经济体系中只生产两类商品：食品和服装。在图 11-22(a)中，D 为食品的需求曲线，S 为税前食品的供给曲线。D 和 S 在税前的均衡点为 E，其均衡价格和均衡数量分别为 P 和 Q。假定政府只对食品征税，而不对服装征税。征税之后，食品的供给曲线从 S 向左上方移动至 S'，与 D 在 E' 相交。这时，生产者实际得到的净价格从 P 下跌至 P_s，消费者支付的价格从 P 上升至 P_d，食品产量从 Q 减少至 Q'。P_d 和 P_s 之间的差额为政府的税收。这是在局部均衡分析中所得出的结论。

然而，在现代市场经济条件下，生产要素通常是可以自由流动的，在食品业的利润率因政府征税而相对下降的情况下，食品业的生产要素会向服装业流动。再假定食品业流出的生产要素全部被服装业所吸收，图 11-22(b)中服装的供给曲线就会从 S 向右下方移动至 S'，与需求曲线 D 在 E' 点相交。于是，服装的价格从原来的 P 下降至 P'，产量从原来的 Q 增加至 Q'。

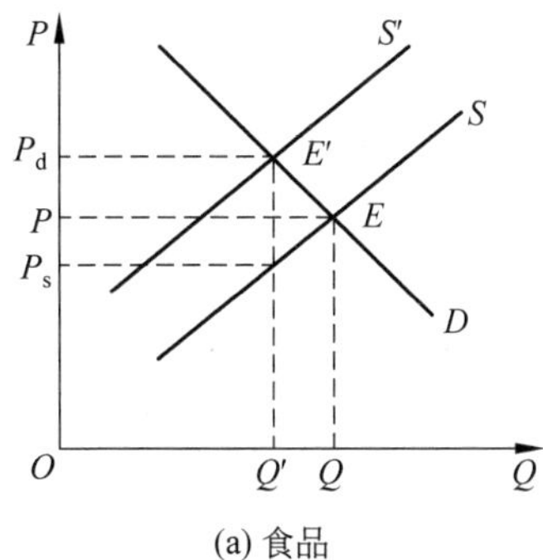

(a) 食品

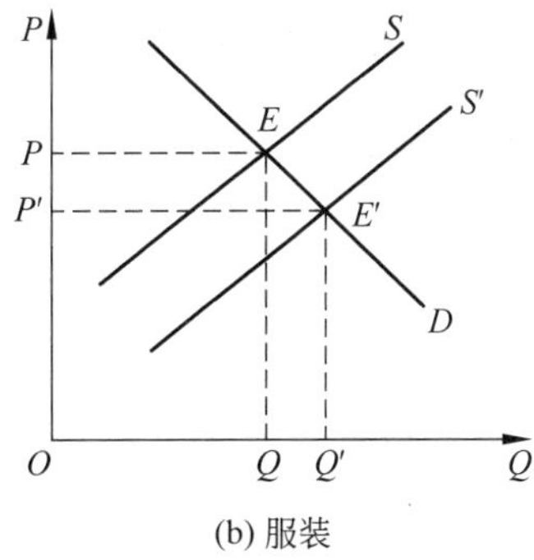

(b) 服装

图 11-22　对食品课税的局部均衡分析未能包括服装业受到的影响

（2）局部均衡分析未能顾及政府征税对生产要素收益率平均化的影响。这里主要是指生产要素收入课税归宿的局部均衡分析。

如图 11-23 所示，假定整个经济体系只有两种组织形式的厂商：公司部门和合伙经营部门。在图 11-23(a)中，CD 为公司部门的资本需求曲线，它代表了公司部门在不同投资规模下所能获得的各种水平的资本收益率。在图 11-23(b)中，FG 为合伙经营部门的资本需求曲线。

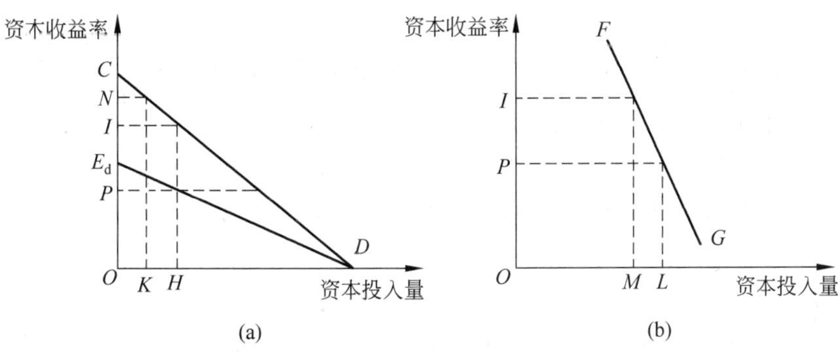

(a)　(b)

图 11-23　对公司部门课税的局部均衡分析未能包括合伙经营部门受到的影响

政府征税前，两个部门的均衡状况是：公司部门的资本收益率为 I，资本投入量为 H；合伙经营部门的资本收益率也为 I，资本投入量为 M。现假定政府只对公司部门的资本收入征税，而对合伙经营部门的资本收入不征税。那么，投资于公司部门的每单位资本所能获得的纯利润将因此减少。公司部门的资本需求曲线因此而向左下方旋转至 E_d。这时，两个部门的资本收益率出现了差距，资本将从资本收益率相对较低的纳税部门（公司）向资本收益率较高的免税部门（合伙经营）流动。资本的这种流动会一直持续到两个部门的资本收益率相等时为止。即公司部门的资本投入量减少至 K，资本毛收益率升至 N，税后资本纯收益率为 P；而合伙经营部门的资本投入量增加至 L，资本收益率降至 P。

由此可见，在分析对公司部门资本收入课税的转嫁和归宿时，注意力不仅要放在公司部门，也应包括合伙经营部门，对公司部门资本收入课税而产生的税负，最终要随着资本从公司部门向合伙经营部门的流动而为两个部门的资本所有者分担。

二、哈伯格税收分布恒等式

税收归宿的一般均衡分析模型，是由美国著名经济学家哈伯格（Harberger）首先提出的。

一个所谓“哈伯格经济”，包括如下假设：整个经济体系仅有两个市场，即食品市场和服装市场；生产要素仅有两种，即资本和劳动力；家庭部门没有任何储蓄，即收入等于消费。又假定该模型涉及四种税：对某一部门的某种生产要素收入课征的税，对两个部门的某种生产要素收入课征的税，对某种商品的消费课征的税，对综合所得课征的税。

该模型见表11-1。

表 11-1　税收归宿的一般均衡分析模型

t_{KF}	+	t_{LF}	=	t_F
+		+		+
t_{KM}	+	t_{LM}	=	t_M
=		=		=
t_K	+	t_L	=	t_T

表11-1中：F＝食品业；M＝服装业；K＝资本；L＝劳动力；t_{KF}＝以食品业的资本收入为课征对象的税；t_{LF}＝以食品业的劳动者工资收入为课征对象的税；t_F＝以食品的流转额为课征对象的税；t_{KM}＝以服装业的资本收入为课征对象的税；t_{LM}＝以服装业的劳动者工资收入为课征对象的税；t_M＝以服装制品的流转额为课征对象的税；t_K＝以食品和服装两个部门的资本收入为课征对象的税；t_L＝以食品和服装两个部门的劳动者工资收入为课征对象的税；t_T＝综合所得税。

该模型的最大特点是它可以揭示各个税种之间相互作用、相互影响的结果。其方法是将其中两种税相结合，使其产生的效应与另一种税（或称第三种税）的效应相等或相同。也就是说，通过某些税种的结合，并使其具有的归宿等同于其他税种的归宿，可以揭示整个经济体系中所有税收的归宿，同时也能区分不同税种之间在质和量上的差别。

例如在模型的右边一栏，如果政府既征收 t_F，也征收 t_M，且使用的税率相同，那么，这两种税的共同效应将等同于政府征收 t_T 的效应。其原因在于，如果对消费者的各方面支出额分别按相同的税率征税，其效果等于对消费者的全部收入按与前相同的税率课征综合所得税。

在模型的最后一行，如果政府对所有的资本收入和劳动者工资收入按相同的税率分别征收所得税率 t_K 和 t_L，那么，这两种税的共同效应将等同于政府征收 t_T 的效应。其原因在于，对各种来源的收入分别按相同的税率征收分类所得税，其效果等于将所有来源的收入相加，并按与前相同的税率统一征收综合所得税。

在模型的左边一栏，如果政府同时征收 t_{KF} 和 t_{KM}，且使用的税率相同，那么，这两种税的共同效应将等同于政府征收 t_K 的效应。其原因在于，如果对两个部门的资本收入分别按相同的税率征收所得税，其效果等于将所有经济部门的资本收入汇总相加，并按与前相同的税率统一对资本收入征收所得税。

在模型的中间一栏，如果政府同时征收 t_{LF} 和 t_{LM}，且使用的税率相同，那么，这两种税的共同效应将等同于政府征收 t_L 的效应。其原因在于，如果两个部门的劳动者工资收入分别按相同的税率征收所得税，其效果等于社会全部劳动者工资收入按与前相同的税率统一征收所得税。

依此类推，在模型的最上一行，如果政府同时征收 t_{KF} 和 t_{LF}，且使用的税率相同，那么，这两种税的共同效应将等于政府征收 t_F 的效应。在模型的中间一行，政府若按相同的税率同时征收 t_{KM} 和 t_{LM}，那么，其效应将等于政府征收 t_M。

只要能够按照这种方法找出一系列税种的相互关系，便可通过对少数几种税的归宿的分析，来把握整个经济体系中所有税收的归宿。

卷烟厂缘何成为纳税大户

据报道，杭州卷烟厂创建于 1949 年 10 月，原名利群烟厂，1964 年改为现名。建厂以来，它为政府和地方提供了大量的利税。1949—1998 年，共生产各种卷烟 1 164.5 万箱（每 5 万支为 1 箱），累计缴纳利税 96.3 亿元，也即建厂 50 年来平均每年缴纳利税近 2 亿元。多年来一直被评为杭州市的纳税大户。另据报道，改革开放 30 多年来，全国烟草业共上缴税利 7 000 多亿元，每年上缴的税利约占财政总收入的 10%，已连续 10 多年高居各行业之首。

从统计数据看，卷烟厂的确提供了巨额的财政收入，因为对卷烟课征重税是世界各国通行的做法。就目前而论，世界各国平均的卷烟销售税收率（对卷烟征收的增值税、消费税、特种税、附加税等各项税收占卷烟市场零售价格之比）约为 51%。在名列前 10 位的卷烟生产大国中，中国的卷烟销售税收率为 55%，英国为 80%，巴西为 74%，荷兰为 72%，德国为 70%，土耳其为 66%，日本为 61%，印度尼西亚为 46%，美国为 29%，俄罗斯为 20%。可以看出，卷烟税负是十分沉重的，在大多数国家，其市场价格的一半以上都直接或间接地转化成了税收。然而，对卷烟征收的税收大多为流转税，流转税（如增值税、消费税）却是可以转嫁的。转嫁的途径既可以是提高卷烟的销售价格，又可以是压低烟叶的采购价格，如图 11-24 所示。

图 11-24　对卷烟厂征税后税收负担的转嫁

从图 11-24 可以看出，名义上卷烟厂缴纳了大量的税收，实际上税收负担主要落在广大的卷烟消费者和烟叶种植者身上。

政府对卷烟征收重税，除了获取更多的财政收入之外，还有以下两个方面的原因。

第一，为了维护消费者身体健康。由于卷烟内含焦油、烟碱及其他一些有害人体健康的物质，使得卷烟消费对消费者的身体健康构成一定程度的损害。各国政府为了减轻居民身体健康的受损程度，纷纷对卷烟采取“寓禁于征”的高税政策，企图通过加大企业和消费者的费用支出来控制卷烟消费量，从而达到维护消费者身体健康的社会性目标。

第二，为了矫正卷烟消费的负外部效应。吸烟除了损害吸烟者的身体健康之外，还不可避免地向周围环境排放烟雾和烟灰，不仅污染了空气，而且危害了不吸烟者的身体健康，同时没有燃烧完全的烟支还会引发意外火灾。为了矫正卷烟消费的负外部效应，各国政府均按照“使用者付费”的原则，通过对卷烟征收重税，迫使卷烟消费者补偿对环境和他人造成的负面影响。不过，那些吸烟成瘾的消费者对卷烟的需求缺乏弹性，加之价格提高反而会使卷烟成为一种“炫耀”产品，因而重税措施很难有效控制和减少卷烟消费的数量。世界卫生组织估计，现在全世界常年吸烟者约有11亿人，其中8亿在发展中国家（约3亿多又在中国）。全世界每年因吸烟导致的损失达2 000亿美元之多。科学专家测算的结果显示，吸烟损失与烟草税收之比为2∶1。

政府对卷烟厂征税，还有一个税负是否公平的问题。从中国卷烟品牌实际市场价格与核定计税基价的相互对比关系来看，税负不公已是一个十分普遍的现象。我国目前仍由中央税务部门统一核定卷烟消费税的计税基价，而且核定结果基本上不随市场情况的变化而调整，从而造成了各卷烟品牌间的税负不公和竞争扭曲。由于中国卷烟生产企业数量众多，而且每家企业又生产多种品牌，每一种品牌又包含多种规格。在这种情况下，完全由中央税务机关来核定每家企业每种品牌的计税基价，囿于时间、精力和信息的限制（有时还受企业寻租活动的影响），具体主管人员不可避免地会把纳税能力或纳税义务大体相同的卷烟品牌核定成很不相同的计税基价。例如上海烟草集团生产的“双喜（84全包）”和昆明卷烟厂生产的“云烟（84全包）”，2000年这两个牌号的市场零售价大体都为72元/条；然而，“双喜”的计税基价被核定为27元/条，而“云烟”的计税基价却被核定为40元/条，两个牌号的市场价格相同但计税基价却相差了近一倍。再如宁波卷烟厂的“大红鹰（84翻盖）”和玉溪红塔集团的“红塔山（84全包）”，2000年这两个牌号的计税基价均被核定为47元/条；然而，同年“大红鹰”的市场零售价约为160元/条，而“红塔山”的市场零售价仅为76元/条，两个牌号的计税基价相同但市场价格却相差一倍多。

再从卷烟的消费者来看，税收负担也不尽合理。具有相同经济状况和收入水平的人，如果其他消费支出结构相同，但卷烟消费量不同，那么税收负担会相差很多。有数据表明，从卷烟消费支出占消费总支出的比重看，贫困阶层远高于富裕阶层。所以，对卷烟课征重税具有收入分配上的“逆向调节”的效应。

总之，要从税收转嫁与归宿的角度去看待卷烟厂的税收贡献，同时也有必要对现行的卷烟课税制度进行反思。

（资料来源：http://zykc.crup.cn/PublicEconomics/ShowArticle.asp? ArticleID=3784.）

本章小结

税收的转嫁与归宿	税收负担	税收负担简称“税负”，是指纳税人履行纳税义务所承担的经济负担，是国家通过法律规定要求纳税人承担的税收数额，通常用税收收入与可供征税的税基之间的比例关系表示。它表明了纳税人或征税对象对国家课税的承受状况，反映国家与纳税人之间在社会资源、收入分配和财产占有上的数量关系。从国家看，税负是一种法律制度的要求，体现在税收征收管理活动中；从纳税人看，税负则是一种经济付出，体现在履行纳税义务活动中
	税负转嫁	所谓税收转嫁，是指纳税人在缴纳税款之后，通过提价或压价方式，将部分或全部税款转移给别人负担的过程。税收转嫁后所形成的负担分布结果就是税收归宿
	税收归宿的局部均衡分析	税收影响收入分配的实质是税收引起相对价格的变化。因此，弄清价格是如何决定的，成为分析的关键。局部均衡分析，是假定其他市场一切条件不变的情况下，研究税收对于某一特定市场供需变化的影响
	税收归宿的一般均衡分析	所谓一般均衡分析，是在各种商品和生产要素的供给、需求、价格相互影响的假定下，分析所有商品和生产要素的供给和需求同时达到均衡时的价格决定。对税收的转嫁与归宿问题做一般均衡分析，是因为现实生活中，各种商品和生产要素的供给、需求、价格等因素都是相互作用、相互影响的，若对税收转嫁与归宿的考察仅仅局限于课税商品或生产要素的特定市场上，所得出的结论还不完全

核心概念

税收负担　税负转嫁与归宿　商品课税　要素课税

思考题

一、名词解释

税负转嫁　税负归宿　前转嫁　后转嫁　税收资本化

二、问答题

1. 影响税负转嫁与归宿的因素有哪些？

2. 在完全竞争市场中如何描述税负的转嫁规律？

3. 垄断者是否具有更强的转嫁税负的能力？为什么？

4. 用代数方法证明在竞争市场上采用定额税与采用比例税在税收收入相同的情况下税负归宿相同。

5. 用代数方法证明在竞争市场中，若供求弹性相等，买卖双方各负担一半税负。

第十二章 税收制度

政府的存在与活动需要相应的财政支持，而财政收入的取得主要依靠税收，税收为国家行使公共职能提供物质保证。我国过去 17 年的税收收入占财政收入的比重平均为 93%，是财政收入的主要来源，税收收入有力地保证了国家经济的稳步增长。

税收是政府支出最基本的补偿方式，而税收是一种强制、无偿、数额确定的征收，必须以政府的政治权力为凭借。为了使这种政治权力的行使有章可循，也为了保证纳税人的合法权益不受侵犯，要通过立法程序确定税法，将征纳双方的权利、义务法律化、制度化。由税法所制约的，由一系列具体规定所构成的整套课税办法，就是税收制度。

第一节 对商品和劳务课税

一、商品及劳务税概述

（一）商品及劳务税的概念

商品及劳务税是所有以商品及劳务为征收对象的税种的总称。由于商品及劳务税是以流转额为课税对象，因此，亦被称为流转税。

商品及劳务税是以流转额为课税对象，而流转额包括商品流转额和非商品流转额。商品流转额是指商品在流转过程中所发生的货币金额。商品从生产到消费的整个流转过程中，一般会经历采购、生产、批发、零售等诸多环节，所有这些生产经营环节中，由于商品交换活动而发生的货币金额，就是商品流转额。从卖方的角度来说，就是销售收入额；从买方的角度来说，则是购进商品支付金额。非商品流转额一般是指一切不从事商品生产和商品交换活动的单位和个人，因从事其他经营活动所取得的业务或劳务收入金额，如从事交通运输、建筑安装、金融保险、邮政电信、娱乐业及其他各种服务业所取得的收入等。

根据 1994 年税收制度改革的内容，我国现行税制中商品及劳务税的主要税种有增值税、消费税、营业税。它是以规范化的增值税为核心，与消费税、营业税、关税相互协调配套的流转税制，即在工业生产、商品流通领域普遍征收增值税，有选择地对某些消费品征收消费税，对交通运输、建筑安装、金融保险、邮政电信、娱乐业、服务业、销售无形资产和转让不动产等产业征收营业税，在进出口环节征收关税。

（二）商品及劳务税的特点

与其他税类相比，商品及劳务税有以下几个方面的特点。

1. 课税对象广泛，税源充足

对商品及劳务课税的经济前提是商品经济，征税范围较为广泛，既包括第一产业和第二产业的产品销售收入，也包括第三产业的营业收入；既对国内商品征税，也对进出口的商品征税。税源比较充足，可以保证国家能够及时、稳定、可靠地取得财政收入。

2. 税负易于转嫁

商品及劳务税中的增值税是价外税，税收一般由购买者支付，由消费者负担。即便是价内税，税收是价格的组成部分，在市场价格情况下，纳税人所缴纳的流转税最终也部分或全部地转移到消费者头上。例如，通过提高商品价格，转嫁给消费者；或者以压低收购价格而转嫁给生产者等，从而将税款部分或全部地转嫁给他人。所以，企业是流转税的纳税人，而消费者是流转税的负税人。消费者承担该税负是在消费商品、支付价格时接受的，所以没有强烈的纳税意识和负税感觉，使流转税在征收上具有隐蔽性。

3. 税收分配的累退性

税收征收可分为累进、比例和累退三种方式。累进征收应使税负随个人收入增加，负担能力增强而加重；比例征收应使税负和个人收入始终保持等比例关系；累退征收应使税负随个人收入增加，负担能力增强而减轻。商品及劳务税在名义上一般按比例征收，但消费者的实际负担却具有累退特点。这是因为随个人收入增加，个人边际消费倾向下降，个人边际储蓄倾向提高，这意味着随个人收入增加，个人消费支出占收入比例下降。如果按消费支出比例征税，那么，商品及劳务税占个人收入比例必然下降，从而使商品及劳务税比例征收具有累退特点，不符合公平税收原则要求。

4. 易于征收管理

对商品及劳务课税，其税额大小决定于流转额与税率高低。相对于所得税而言，流转税不需要核算成本、费用、利润等，在征收核算和管理上比较简单，计税依据主要是流转额，在计算征收上较为简便易行，也容易为纳税人所接受，即使在经济基础相对薄弱的国家和地区也容易推行。

二、我国现行商品及劳务税的主要税种

（一）增值税

增值税是对在我国境内从事销售货物或者提供加工、修理修配劳务以及进口货物的单位和个人取得的增值额为计税依据征收的一种税。所谓增值额是指企业或其他经营者，在一定时期内，因从事生产和商品经营或提供劳务而"增加的价值额"。它是纳税人在一定时期内，所取得的商品销售（或劳务）收入额大于购进商品（或取得劳务）所支付金额的差额。增值税最早于1954年诞生于法国。

2016年3月24日，财政部、国税总局发布《关于全面推开营业税改征增值税试点的通知》及《营业税改征增值税试点实施办法》《营业税改征增值税试点有关事项的规定》《营业税改征增值税试点过渡政策的规定》《跨境应税行为适用增值税零税率和免税政策的规定》，2016年5月1日起，在全国范围内全面推开营业税改增值税试点。

1. 征税范围

《营业税改征增值税试点实施办法》第一条规定在中华人民共和国境内（以下称境内）销售服务、无形资产或者不动产（以下称应税行为）的单位和个人，为增值税纳税人，应当按照本办法缴纳增值税。

（1）销售服务，是指提供交通运输服务、邮政服务、电信服务、建筑服务、金融服务、现代服务、生活服务。

（2）销售无形资产，是指转让无形资产所有权或者使用权的业务活动。无形资产，是指不具实物形态，但能带来经济利益的资产，包括技术、商标、著作权、商誉、自然资源使用权和其他权益性无形资产。

（3）销售不动产，是指转让不动产所有权的业务活动。不动产，是指不能移动或者移动后会引起性质、形状改变的财产，包括建筑物、构筑物等。

2. 纳税人

增值税的纳税人是指在中华人民共和国境内（以下称境内）销售服务、无形资产或者不动产（以下称应税行为）的单位和个人，不分所有制性质和规模，具体包括国有企业、集体企业、私营企业、股份制企业、外商投资企业和外国企业、其他企业和行政单位、事业单位、军事单位、社会团体、个体私营者及其他单位和个人。上述负有增值税纳税义务的单位，包括独立核算的单位和不独立核算的单位；其他个人是指携带进境自用物品等行为的个人。企业租赁或承包给他人经营的，以承租人或承包人为纳税人。

增值税的扣缴义务人是指在我国境内销售应税货物而没有在境内设有经营机构的境外的单位或个人。其应纳税款以代理人为扣缴义务人；没有代理人的，以购买者为扣缴义务人。

3. 税率

《营业税改征增值税试点实施办法》第十五条规定增值税的税率：

（一）纳税人发生应税行为，除本条第（二）项、第（三）项、第（四）项规定外，税率为6%。

（二）提供交通运输、邮政、基础电信、建筑、不动产租赁服务，销售不动产，转让土地使用权，税率为11%。

（三）提供有形动产租赁服务，税率为17%。

（四）境内单位和个人发生的跨境应税行为，税率为零。具体范围由财政部和国家税务总局另行规定。

零税率适用于纳税人出口货物，但是国务院另有规定的除外。目前，除外的项目有纳税人出口的原油、援外出口货物和国家禁止出口的货物（包括天然牛黄、麝香、铜及铜基合金、白金等）。

考虑到小规模纳税人经营规模小，且会计核算不健全，难以按上述税率计算和使用增值税专用发票抵扣进项税款，因此实行按销售额与征收率计算应纳税额的简单办法。小规模纳税人适用的征收率为3%；但小规模纳税人进口应税货物，仍按规定的税率（17%或13%）计征增值税。

4. 增值税应纳税额的计算

对于增值税一般纳税人而言，增值税计算取决于两个因素：一是当期的销项税额，二是当期的进项税额。应纳税额的计算公式为

$$当期增值税应纳税额 = 当期销项税额 - 当期进项税额$$

销项税额是纳税人销售货物或者提供应税劳务，按照销售额和增值税税率计算并向货物购买方或应税劳务接受方收取的增值税额。销项税额的计算公式为

$$销项税额 = 销售额 \times 税率$$

或 = 组成计税价格 × 税率

进项税额是纳税人购进货物或者接受应税劳务，所支付或者负担的增值税额。进项税额是与销项税额相对应的另一个概念。在开具增值税专用发票的情况下，它们之间的对应关系是：销售方收取的销项税额，就是购买方支付的进项税额。对于任何一个一般纳税人而言，由于其在经营活动中，既会发生销售货物或提供应税劳务，又会发生购进货物或接受应税劳务，因此，每一个一般纳税人都会有收取的销项税额和支付的进项税额。增值税的核心就是用纳税人收取的销项税额抵扣其支付的进项税额。

因当期销项税额小于当期进项税额而不足抵扣时，其不足部分可以结转下期继续抵扣。

（二）消费税

消费税是对我国境内从事生产、委托加工和进口应税消费品的单位和个人，就其销售额和销售数量，在特定环节征收的一种税。现行消费税法的基本规范是 2008 年 11 月 5 日经国务院第 34 次常务会议修订通过并颁布，自 2009 年 1 月 1 日起施行。我国开征消费税的主要目的是配合国家的社会经济政策，选择一些有害人民健康、危害社会生态环境、不可再生和替代的特殊消费品征税，通过征收消费税调节居民的消费结构，引导居民的消费方向。

1. 征税范围

我国消费税的征税范围主要是根据我国现有消费水平和消费政策以及财政需要，并借鉴国外的经验和做法确定的。根据现行的《中华人民共和国消费税暂行条例》规定，消费税共设置了 15 个税目，采用列举的办法征税。它们具体是烟、酒、化妆品、贵重首饰及珠宝玉石、鞭炮烟火、成品油、小汽车、摩托车、高尔夫球及球具、高档手表、游艇、木制一次性筷子、实木地板、电池、涂料。

2. 纳税人

消费税的纳税义务人是在中华人民共和国境内生产、委托加工和进口应税消费品的单位和个人。这里的单位是指企业、行政单位、事业单位、军事单位、社会团体及其他单位；个人是指个体工商户及其他个人。

金银首饰消费税的纳税人则是在我国境内从事商业零售金银首饰的单位和个人；委托加工、委托代销金银首饰的，委托方也是纳税人。

3. 税目、税率

消费税的税目，是消费税征税对象的具体化，是征税与否的界限。征收消费税的消费品包括烟、酒、化妆品、贵重首饰及珠宝玉石、鞭炮烟火、成品油、小汽车、摩托车、高尔夫球及球具、高档手表、游艇、木制一次性筷子、实木地板、电池、涂料 15 个税目，除烟，酒、成品油和小汽车在大类商品下设置具体细目，其余各类商品均不再细分税目。消费税目、税率参见表 12-1。

消费税采用比例税率和定额税率两种形式，以适应不同应税消费品的实际情况。自 2009 年 5 月 1 日起，消费税的比例税率为 3%～56%，幅度差额大；定额税率分六档。自 2001 年 5 月 1 日起烟酒实行从量定额和从价定率相结合的复合计税办法。

表 12-1　消费税税目、税率

税　目			计税单位	税额/元	税率/%
一、烟	1. 第一类卷烟		每标准箱、标准条调拨价70元以上(含)	150	56
	2. 第二类卷烟		每标准箱、标准条调拨价70元以下	150	36
	3. 雪茄烟				36
	4. 烟丝				30
二、酒	1. 粮食、薯类白酒		0.5元/每斤(500克)		20
	2. 黄酒		吨	240	
	3. 啤酒	出厂价3 000元以上(含)	吨	250	
		出厂价3 000元以下	吨	220	
		娱乐业、饮食业自制	吨	250	
	4. 其他酒				10
三、化妆品					30
四、贵重首饰及珠宝玉石	金银首饰和钻石饰品				5
	其他贵重首饰和珠宝玉石				10
五、鞭炮烟火					15
六、成品油	汽油、石脑油、溶剂油、润滑油		升	0.2	
	航空煤油、燃料油、柴油		升	0.1	
七、小汽车	根据汽车排气量的大小，确定税率				3、5、9、12、15、20等
八、摩托车					3、10
九、高尔夫球及球具					10
十、高档手表			10 000元以上/只		20
十一、游船			195		10
十二、木制一次性筷子					5
十三、实木地板					5
十四、电池					4
十五、涂料					4

注：卷烟在批发环节课征消费税，税率5%。

4. 应纳税额的计算

消费税属于价内税，采用从量定额、从量定额和从价定率相结合的复合计税、从价定率三种方法。

(1) 从量定额计征方法的公式为

$$\text{应纳消费税额} = \text{应税消费品的数量} \times \text{消费税单位税额}$$

适用税目为啤酒、黄酒、成品油。

(2) 从价定额和从量定率相结合计征方法的公式为

$$\text{应纳消费税额} = \text{应税消费品的销售额} \times \text{消费税税率} + \text{应税消费品的数量} \times \text{消费税单位税额}$$

适用税目为卷烟、白酒。

(3) 从价定率计征方法的公式为

$$\text{应纳消费税额} = \text{应税消费品的销售额} \times \text{消费税税率}$$

$$\text{应税消费品的销售额} = \text{应税消费品单位计税价格} \times \text{课税对象的数量}$$

适用税目：除上述以外的其他项目。

（三）营业税

营业税是对在我国境内提供应税劳务、转让无形资产或销售不动产的单位和个人所取得的营业额征收的一种流转税。我国在 1984 年实行利改税第二步时，为了适应经济发展的要求，改变税制过于简单的状况，充分发挥不同税种的特定作用，将工商税中的商业和服务业等行业划分出来单独征收营业税，至此，营业税成为一个独立的税种。1993 年底进行的税制改革，增值税的征收范围从商品生产领域延伸到流通领域的全过程，同时也将加工、修理修配行为改征增值税，重新修订并颁布了《中华人民共和国营业税暂行条例》(以下简称营业税暂行条例)，将营业税的课税范围限定为在中华人民共和国境内提供应税劳务、转让无形资产以及销售不动产，而且适用于各类企业，建立了统一、规范的营业税制。2016 年 3 月 24 日，财政部、国税总局发布《关于全面推开营业税改征增值税试点的通知》及《营业税改征增值税试点实施办法》《营业税改征增值税试点有关事项的规定》《营业税改征增值税试点过渡政策的规定》《跨境应税行为适用增值税零税率和免税政策的规定》，全面规定了建筑业、房地产业、金融业、生活服务业四行业加入试点后的方案内容。2016 年 5 月 1 日起，在全国范围内全面推开营业部税改增值税试点，建筑业、房地产业、金融业、生活服务业等全部营业税纳税人，纳入试点范围，由营业税改为增值税。从此，营业税退出历史舞台。

第二节　对所得课税

一、所得税概述

（一）所得税的概念

所得税是以个人和法人的所得为征税对象的一种税制体系。这里所说的所得通常是指单位和个人在一定时期内所取得的总收入扣除成本费用，经必要调整后的余额。对企业来说，是指销售收入额扣除成本、费用和缴纳流转税金后的生产经营所得和其他所得；

对个人来说，是指国家规定应税的各种个人所得。目前，所得税已成为许多国家尤其是经济发达国家的主体税种。所得税直接依据纳税人所得的有无和多少，所得多的多征，所得少的少征，无所得的不征。对所得税征税具有调节各地区、各部门之间以及个人之间收入的特殊作用。所得税税率一般采用累进税率和比例税率两种。

所得税最早产生于英国。1799年，英国和法国发生战争，为了满足由战争引起的庞大的军费开支，英国政府开征所得税，开始只是一个临时税，随着战争的发生和停止而时兴时废，到1842年成为英国税制中的一个永久性税种。19世纪后半期20世纪初期，美国、法国、德国、日本相继开征所得税。目前，所得税已成为许多国家特别是经济发达国家的主体税种。我国首次提倡对所得课税是清朝末年，但由于当时经济非常落后，清政府濒于崩溃，没能开征。1936年国民党政府公布了《所得税暂行条例》，并于同年开始征收所得税。新中国成立后，1950年政务院发布的《全国税政实施要则》规定了工商税中的所得税、存款利息所得税与薪给报酬所得税属于所得税性质，标志着我国所得税体系的建立。

目前，我国的所得税包括企业所得税和个人所得税两个税种。

（二）所得税的特点

同其他类型的税类相比，所得税具有如下特点。

(1) 税负不易转嫁。所得税由纳税人直接负担，一般不能转嫁，因而被称为直接税，即纳税人和负税人是一致的。故国家通过对不同的企业和个人征税能直接调节纳税人的收入水平。

(2) 征税的公开性。所得税在征收方式上一般由企业和个人自行申报，即使实行源泉课征，也必须申报结算。所得税在征收环节上选择收入分配环节，是对企业利润和个人所得征收，关系到所得的归属。所以，所得税征收具有公开性、透明度强的特点，容易引起对抗。

(3) 税务成本较高，征收管理复杂。所得税的纳税人量多、面广，核实的难度大。一方面，所得税是对所得额征税，而所得额要通过一系列收入、成本、费用的核算或收入、免征额、扣除额等的计算才能得到，不仅成本核算和管理难度大，而且征管成本较高；另一方面，所得税受经济波动和企业经营管理水平的影响较大，所以，征管情况较为复杂。

(4) 具有收入弹性和自动稳定器的功能。所得税的课税对象分为企业所得税和个人所得税，对个人所得税采取超额累进税率以后，在缩小纳税人税后收入的差距方面有着相当的作用，一定程度上限制了过高的收入；对需要支持的产业，所得税在政策法规的制定上，采取了定期减免或实行优惠税率的办法，故能起到调节国民经济、调整产业结构、调节不同收入的杠杆作用，以保持收入的弹性功能。除此之外，所得税还具有随经济发展变化而发挥自动稳定器的作用，主要表现为税率的适用范围、扣除标准适用范围、优惠范围等方面，会随着经济水平的变化，相应扩大或缩小，进而达到稳定经济的目的。

（三）所得税的基本模式

目前世界上所得税的课税模式分为三大类：分类所得课税模式、综合所得课税模式和混合所得课税模式。

1. 分类所得课税模式

分类所得课税模式的特点是对不同性质的所得项目设计不同的税率和费用扣除标

准，采取源泉一次课征的办法计算征收，年终不再进行汇算清缴。

2. 综合所得课税模式

综合所得课税模式的特点是将纳税人全年不同性质的各项所得加总求和，减去各项法定宽免额和扣除额后，按统一的一套累进税率课征。

3. 混合所得课税模式

混合所得课税模式分早期和现代两种形式。早期的混合所得课税模式是对分类课税和综合课税的重叠使用，即在分类课征的基础上，再对总收入进行一个附加税的课征。现代税制发展中的混合所得课税模式是对某些特定所得项目分类单独课税，对某些所得项目合并综合课税，是对分类课税和综合课税的并列使用。

目前，我国在个人所得税中所使用的是分类所得课税模式。

二、我国现行所得税的主要税种

（一）企业所得税

企业所得税是对企业和其他取得收入的组织所取得的生产、经营所得和其他所得征收的一种税。它是由原国营企业所得税、集体企业所得税和私营企业所得税合并而来。新中国成立以后至 1978 年的很长一段时间，我国对国有企业不征收所得税，实行上缴利润制度。后来在二步“利改税”的基础上，我国区分不同性质的内、外资企业，实行不同的所得税制度，采用不同的税前列支范围和标准、不同的税率、不同的税收减免优惠。

随着改革的深入，为进一步完善社会主义市场经济体制，落实科学发展观、建设创新型国家、促进国民经济可持续发展战略的配套措施，必将为促进我国经济结构优化和产业升级，为各类企业创造公平竞争的税收法治环境，促进我国经济持续健康发展。根据党的十六届三中全会关于“统一各类企业税收制度”的精神，2007 年 3 月 16 日中华人民共和国第十届全国人民代表大会第五次会议通过了《中华人民共和国企业所得税法》，将内、外企业所得税合并，从而实现了企业所得税制的真正统一。2007 年 12 月 6 日国务院又颁布《中华人民共和国企业所得税法实施条例》，并于 2008 年 1 月 1 日起施行。

1. 纳税义务人

企业所得税的纳税义务人是指在中华人民共和国境内取得收入的企业和其他组织（以下统称企业）。具体包括企业、事业单位、社会团体、管理机构、营业机构、办事机构和其他取得收入的组织等。

按照国际通行做法，企业所得税法将纳税人划分为“居民企业”和“非居民企业”，并分别规定其纳税义务，即居民企业就其境内外全部所得纳税；非居民企业就其来源于中国境内所得部分纳税。

2. 征税对象

企业所得税的征税对象从内容上看包括生产经营所得和其他所得及清算所得，从范围上看包括来源于中国境内、境外的所得。这里所称的生产经营所得，是指从事物质生产、交通运输、商品流通、劳务服务，以及经国务院财政、税务部门确认的其他营利事业取得的所得。所称其他所得，是指股息、利息、租金、转让各类财产、特许权使用费以及营业外收益等所得。

对于居民企业来说，应当就其来源于中国境内、境外的所得缴纳企业所得税。对于非居民企业来说，凡在中国境内设立机构、场所的，应当就其所设机构、场所取得的来源于中国境内的所得，以及发生在中国境外但与其所设机构、场所有实际联系的所得，缴纳企业所得税。非居民企业在中国境内未设立机构、场所的，或者虽设立机构、场所但取得的所得与其所设机构、场所没有实际联系的，应当就其来源于中国境内的所得缴纳企业所得税。上述所称实际联系，是指非居民企业在中国境内设立的机构、场所拥有据以取得所得的股权、债权，以及拥有、管理、控制据以取得所得的财产。为了避免重复征税，对本国企业在境外已纳的所得税款可以抵扣。

3. 税率

企业所得税税率是指对纳税人应纳税所得额征税的比率，即企业应纳税额与应纳税所得额的比率。企业所得税税率是正确处理国家与企业分配关系的核心要素，税率设计要兼顾国家、企业和职工个人三者间的利益，既要保证财政收入的稳定增长，又要使企业发展生产、经营方面有一定的财力保证；既要考虑到企业的实际情况和负担能力，又要维护税率的统一性。

按照企业所得税法的规定，我国所得税税率采用比例税率由和两档：居民企业取得的所得实行 25%的基本税率；非居民企业取得的所得，适用税率为 20%的低税率。

4. 应纳税所得税额和应纳税额的计算

企业所得税的计税依据或税基，是企业的应纳税所得额。所谓应纳税所得额，是企业每一纳税年度的收入总额，减除不征税收入、免税收入、各项扣除以及允许弥补的以前年度亏损后的余额。其基本公式为

应纳税所得额 = 收入总额 − 不征税收入 − 免税收入 − 各项扣除 − 以前年度亏损

应纳税额 = 应纳税所得额 × 税率

由于企业应纳税所得额的正确计算直接影响国家财政收入和企业负担，并且同成本、费用核算关系密切，因此税法必须就涉及企业应纳税所得额的确定做出明确的规定。主要内容包括收入总额、不征税收入、免税收入、各项扣除、以前年度亏损等的确定。

(1) 收入总额。收入总额是指纳税人在一个纳税年度内从各种来源以货币形式和非货币形式取得的各项收入的总和。

(2) 不征税收入和免税收入。根据《中华人民共和国企业所得税法》第七条规定，收入总额中的下列收入为不征税收入：财政拨款、行政事业性收费、政府性基金和国务院规定的其他不征税收入。免税收入是指属于企业的应税所得但按照税法规定免予征收企业所得税的收入。《中华人民共和国企业所得税法》所称的免税收入包括国债利息收入，符合条件的居民企业之间的股息、红利收入，在中国境内设立机构、场所的非居民企业从居民企业取得与该机构、场所有实际联系的股息、红利收入，符合条件的非营利公益组织的收入等。

(3) 各项扣除。在计算应税所得额时准予从收入总额中扣除的项目，是指纳税人实际发生的与取得收入直接相关的、合理的支出，包括成本、费用、税金、损失和其他支出，准予在计算应纳税所得额时扣除。

(4) 企业纳税年度发生的亏损，准予向以后年度结转，用以后年度的所得弥补，但结

转年限最长不得超过 5 年。

5. 特别纳税调整

企业与其关联方之间的业务往来，不符合独立交易原则而减少企业或者其关联方应纳税收入或者应纳税所得额的，税务机关有权按照合理方法调整。税务机关有权按照下列顺序和方法进行调整。

(1) 可比非受控价格法，是指按照没有关联关系的交易各方进行相同或者类似业务往来的价格进行定价的方法。

(2) 再销售价格法，是指按照从关联方购进商品再销售给没有关联关系的交易方的价格，减除相同或者类似业务的销售毛利进行定价的方法。

(3) 成本加成法，是指按照成本加合理的费用和利润进行定价的方法。

(4) 交易净利润法，是指按照没有关联关系的交易各方进行相同或者类似业务往来取得的净利润水平确定利润的方法。

(5) 利润分割法，是指将企业与其关联方的合并利润或者亏损在各方之间采用合理标准进行分配的方法。

(6) 其他符合独立交易原则的方法。

(二) 个人所得税

个人所得税是对个人取得的各项应税所得征收的一种税。作为征税对象的个人所得，在理论上有狭义和广义两种之分。狭义的个人所得，仅限于每年经常、反复发生的所得。广义的个人所得，是指个人在一定期间内，通过各种来源或方式所获得的一切利益，而不论这种利益是偶然的，还是临时的；是货币、有价证券的，还是实物的。目前，包括我国在内的世界各国所实行的个人所得税，其所设的概念大多以这种广义解释的概念为基础。

个人所得税最早产生于英国(1799 年)，目前世界上已有 140 多个国家开征了个人所得税。据统计，个人所得税占税收总收入的比重，在发达国家一般在 25%～40%，个别发达国家达到 40%以上；在发展中国家，一般不超过 10%。

我国现行的《中华人民共和国个人所得税法》于 2011 年 6 月 30 日第十一届全国人民代表大会常务委员会第二十一次会议通过，并于 2011 年 9 月 1 日起施行。

1. 纳税人

个人所得税的纳税人是指在中国境内有住所，或者无住所而在境内居住满 1 年的个人，以及在中国境内无住所又不居住或者无住所而在境内居住不满 1 年的个人，但有来源于中国境内所得的个人(以下简称纳税人)。包括中国公民、个体工商户、外籍个人，香港、澳门、台湾同胞等。

依据住所和居住时间等标准，纳税人可以划分为居民纳税人和非居民纳税人。根据法律标准，凡本国公民和有居留证明的外国侨民，都属于本国居民；其余则为非居民。居住时间，我国根据世界上多数国家的做法，凡是在中国境内有住所，或者无住所而在境内居住满 1 年的个人，均为我国居民纳税人；在中国境内无住所又不居住或者无住所而在境内居住不满 1 年的个人为非居民纳税人。对于我国居民，就其来源于我国境内和境外的所得征收个人所得税。非居民纳税人负有限的纳税义务，即只就其从中国境内取得的所得在中国缴纳个人所得税。

2. 征税对象

个人所得税以纳税人取得的个人所得为征税对象。由于个人所得的范围很广,在征税时,必须明确规定征税的所得项目。根据在我国取得收入的实际情况,税法列举了应纳税所得的项目。征收个人所得税,要从纳税人的收入总额中扣除一些必要的费用,这是征收个人所得税的一般原则,也是世界各国的通行做法。

具体的应税所得项目有:工资、薪金所得;个体工商户的生产、经营所得;对企事业单位的承包经营、承租经营所得;劳务报酬所得;稿酬所得;特许权使用费所得;利息、股息、红利所得;财产租赁所得;财产转让所得;偶然所得和经国务院、财政部另行确定的其他所得。纳税人取得的应纳税所得,包括现金、实物和有价证券。

3. 税率

现行税法规定,个人所得税实行比例税率和超额累进税率两种形式。工资、薪金所得,采用七级超额累进税率,税率为3%~45%,见表12-2(个税免征额3 500元)。

表12-2 个人所得税税率表(一)

级数	全月应纳税所得额	税率/%	速算扣除数
1	不超过1 500元的	3	0
2	超过1 500~4 500元的部分	10	105
3	超过4 500~9 000元的部分	20	555
4	超过9 000~35 000元的部分	25	1 005
5	超过35 000~55 000元的部分	30	2 755
6	超过55 000~80 000元的部分	35	5 505
7	超过80 000元的部分	45	13 505

个体工商户的生产、经营所得,企事业单位的承包、承租经营所得,独资、合伙企业适用五级超额累进税率,税率为5%~35%,见表12-3。

表12-3 个人所得税税率表(二)

级数	全年应纳税所得额	税率/%	速算扣除数
1	不超过15 000元的	5	0
2	超过15 000~30 000元的部分	10	750
3	超过30 000~60 000元的部分	20	3 750
4	超过60 000~100 000元的部分	30	9 750
5	超过100 000元的部分	35	14 750

稿酬所得适用20%的比例税率,并按应纳税额减征30%。劳务报酬所得适用的速算扣除数见表12-4。

特许权使用费所得、利息、股息、红利所得、财产转让所得、偶尔所得和其他所得,适用20%的比例税率。

表 12-4　劳务报酬所得适用比例税率

级数	每次应纳税所得额	税率/%	速算扣除数
1	不超过 20 000 元的部分	20	0
2	超过 20 000～50 000 元的部分	30	2 000
3	超过 50 000 元的部分	40	7 000

4. 个人所得税税额的计算

个人所得税的计算是在准确计算应纳税所得额的基础上进行的。由于个人所得税采取超额累进税率和比例税率两种税率形式，因此，不同税率适用的所得，在计算方法上是不同的。

超额累进税率计算方式下，个人所得税税额的计算公式为

应纳税额 ＝ 应纳税所得额 × 适用税率 － 速算扣除数

应纳税所得额 ＝ 月工资、薪金收入 － 费用扣除项目

比例税率计算方式下，个人所得税税额的计算公式为

应纳税额 ＝ 应纳税所得额 × 适用税率

应纳税所得额 ＝ 月工资、薪金收入 － 费用扣除项目

个人所得税以应纳税所得额为计税依据。应纳税所得额是指纳税人的收入总额扣除税法规定的扣除项目和扣除金额后的余额。税法规定的扣除项目和扣除金额是指为取得收入所支出的必要成本或费用。这符合国际通行做法，但由于各国具体情况不一致，其扣除费用、扣除项目和扣除方法也不尽一致。

我国现行的个人所得税采用分项确定、分类扣除，根据所得的不同情况分别实行定额、定率和会计核算三种扣除办法。

（1）工资薪金所得实行定额扣除的办法。以每月收入减除费用 3 500 元之后的余额为应纳税所得额。除了每月减除费用 3 500 元之外，有一部分人员可再减除附加减除费用 1 300 元，这部分人员主要有四类：在中国境内外商投资企业或外国企业工作的外籍人员；在中国境内的企业工作的外籍专家；在境外工作而在境内有住所的中国居民；华侨和香港、澳门和台湾同胞。

（2）个体工商户的生产、经营所得实行会计核算扣除的办法。以每一纳税年度的收入总额，减除成本、费用以及损失后的余额为应纳税所得额。个体工商户借款的利息支出，凡有合法证明的，不高于按金融机构同类、同期贷款利率计算的数额的部分，准予扣除。个人独资企业的投资者以全部生产经营所得为应纳税所得额；合伙企业的投资者按照合伙企业的全部生产经营所得和合伙协议约定的分配比例，确定应纳税所得额，合伙协议没有约定分配比例的，以全部生产经营所得和合伙人数量平均计算每个投资者的应纳税所得额。

（3）对企事业单位的承包经营、承租经营所得实行会计核算扣除或定额扣除的办法。承包、承租人按合同（协议）的规定只向发包方、出租方交纳一定费用后，企业经营成果归其所有的，实行会计核算扣除办法的，以其承包经营、承租经营收入和财产转让收入减去相关成本、费用支出后的余额为应纳税所得额；承包、承租人对企业经营成果不拥有所有

权，仅按合同（协议）规定取得一定所得的，实行定额扣除办法的，以每一纳税年度的收入总额，减除必要费用（按月减除3 500元）后的余额为应纳税所得额。

（4）财产转让所得实行定额扣除办法。以转让财产的收入额减除财产原值和合理费用后的余额为应纳税所得额。此项财产原值是指：有价证券买入时按规定交纳的有关费用；房屋的购进价格以及其他有关费用；为取得土地使用权所支付的金额，开发土地的费用以及其他有关费用；机器设备、车船为购进价、运输费、安装费以及其他有关费用；其他财产参照上述方法确定。纳税人未提供完整准确的财产原值凭证，不能准确计算财产原值的，由主管税务机关核定其财产原值。合理费用是指卖出财产时按照规定支付的有关费用。

（5）劳务报酬所得、稿酬所得、特许权使用费所得。实行定额和定率两种扣除方法。收入在4 000元以下的，定额扣除800元后的余额为应纳税所得额；收入在4 000元以上的，定率扣除收入的20%后的余额为应纳税所得额。

（6）利息、股息红利所得、偶然所得和其他所得实行定额和定率两种办法，以每次收入额为应纳税所得额，不得有任何扣除。

（7）捐赠扣除实行定率办法，个人将其所得通过中国境内的社会团体、国家机关向教育和其他社会公益事业以及遭受严重自然灾害地区、贫困地区捐赠，捐赠额未超过纳税义务人申报的应纳税所得额30%的部分可以从其应纳税所得额中扣除；个人通过非营利的社会团体和国家机关向红十字事业、公益性青少年活动场所、农村义务教育的捐赠，准予在缴纳个人所得税前的所得额中全部扣除。个人对非关联的科研机构和高等学校研究开发新产品、新技术、新工艺所发生的研究开发经费的资助，可以全额在下月（工资、薪金所得）或下次（按次计征的所得）或当年（按年计征的所得）计征个人所得税时，从应纳税所得额中扣除，不足抵扣的，不得结转抵扣。

第三节　对财产课税

一、财产税概述

（一）财产税的概念

财产税是对纳税人拥有或支配的应税财产为课税对象征收的一种税。在西方国家，财产税是三大课税体系之一。财产税是一个古老的税系，它的征收历史要比商品劳务课税和所得课税早得多，历史上最早的财产税形式是土地税和人头税。随着经济的发展，财产的不断扩展，财产税的课征范围不断扩大。财产税作为一类税收在各国均占有一席之地，尽管在许多国家的税制体系中并不占有主导地位，但它却起着其他税种难以起到的调节作用。许多国家的财产税都由地方政府掌握，并成为地方财政收入的一个稳定来源。新中国成立后，政务院于1950年颁布的《全国税政实施要则》中曾列举有遗产税、房产税、地产税。根据1994年税制改革的内容，现行的财产税制中的各个税种主要由房产税、契税、车船税、车辆购置税组成，即将开征的遗产与赠与税也属于财产税体系。

（二）财产税的特点

与其他税相比较，财产税有如下特点。

(1) 财产税是对社会财富的存量课税。财产税课税对象的物品基本上是固定的,不直接参与流转的财产。这些财产,就私人角度看,是私人拥有或受其支配的财富,就社会方面看,是社会处于存量的财富部分。

(2) 财产税具有直接税性质。财产税中的大多数税种,在立法之初就被认为不具有税负转嫁的可能,属直接税。实际上,财产税的税负也确实较流转税难以转嫁。

(3) 财产税是一种经常税。财产课税中的主要税种都具有悠久的发展历史,财产税的课税对象很大部分被经过反复征收,不像对流转的商品、取得的所得进行课税具有一次性,所以财产税是一种经常性的税收收入。

(4) 财产税征管比较复杂。财产税主要实行从价计征,这样就要对应税财产进行估价。不仅工作量繁重,而且由于财产价值确定的困难性,带来财产税计税依据的不可靠性。同时,由于像银行存款、黄金、珠宝首饰等贵重财产极易被隐匿,从而造成偷、漏税,使得财产税的征收管理较为复杂。

(三) 财产税的分类

财产税的分类如下。

(1) 就课征环节看,财产税可分为一般财产税、财产转让税和财产收益税。一般财产税是对财产的所有者或使用者课征的财产税。财产转让税是在财产转让时就转让财产进行课征的一种税。财产转让分有偿转让和无偿转让两种形式,无偿转让财产的主要课税形式为继承及赠与税。财产收益税是对财产所带来的收益课征的财产税,通常称为"资本利得"。

(2) 就课征范围看,财产税可分为财富税、不动产税和动产税。财富税是对纳税人的全部净资产,包括动产和不动产进行课征的一种财产税。不动产税即通常所说的"财产税",是指对不动产课税。不动产主要包括地产和房产。动产税是对动产所课征的税,如对车辆、船舶的课税。

(3) 就课征时序看,财产税可分为经常财产税与临时财产税。经常财产税,是每年征收,具有经常性收入的税收,通常占财产税收入的极大部分。临时财产税,是在非常时期征收的临时性税收,多半是为筹措战争、灾难等非常时期的经费,或偿还债务等临时开征的。临时财产税一般所占比重不会很大,但税率比经常较高。

(4) 就课征标准看,财产课税形式可分为财产价值税与财产增值税。财产价值税是按财产的价值课征的税收,一般按财产总价值、财产净价值等标准征收。财产增值税是按财产的增值部分课征的税收,不考虑财产的购入和净值等,只在财产发生增值变动时,对其增加的价值部分征收。

二、我国现行财产税的主要税种

我国现行财产税主要包括房产税、契税、车船税和即将开征的遗产与赠与税等,下面介绍房产税、契税和车船税。

(一) 房产税

房产税是以房产为征税对象,依据房屋的计税余额或房产租金收入向房产所有人或经营人征收的一种税。现行房产税的基本规范，按照《中华人民共和国房产税暂行条例》（国发〔1986〕90号）缴纳房产税。开征房产税的意义在于运用税收杠杆，加强对房产的管理，提高房产使用效率，有利于控制固定资产投资规模，促进房地产改革，合理调节房产所有人和经营人的收入水平。同时，房产税属于地方税，税源稳定且易于控制管理，为地方财政收入提供了较可靠的收入来源。

1. 征税范围

房产税的征税对象是房产。所谓房产，是指有屋面和围护结构(有墙或两边有柱)，能够遮风避雨，可供人们在其中生产、学习、工作、娱乐、居住或储藏物资的场所。

暂行条例规定，房产税征税范围为坐落于城市、县城、建制镇和工矿区的房屋。城市是指国务院批准设立的市。城市的征税范围为市区、郊区和市辖县县城，农村房屋不纳入房产税征税范围。县城是指县人民政府所在地的地区。建制镇是指经省、自治区、直辖市人民政府批准设立的建制镇。工矿区是指工商业比较发达、人口比较集中、符合国务院规定的建制镇标准，但尚未设立建制镇的大中型工矿企业所在地。开征房产税的工矿区须经省、自治区、直辖市人民政府批准。

2. 纳税义务人

房产税的纳税义务人是房屋的产权所有人。我国房屋的产权所有人，主要分为国家(国有)、集体和个人三种。其中：产权属国家所有的，由经营管理单位缴纳；产权属集体和个人所有的，由集体和个人缴纳；产权出典的由承典人缴纳；产权所有人、承典人不在房产所在地的，或产权未确定及承典纠纷未解决的，由房产代管人或使用人缴纳。

3. 税率

我国现行房产税采用的是比例税率。主要有两种税率：一是实行从价计征，即按房产的计税余值计征，年税率为1.2%；二是实行从租计征，即按房产出租的租金收入计征，年税率为12%。从2001年1月1日起，对个人按市场价格出租居民住房的，可暂减按4%的年税率征收房产税。

4. 应纳税额的计算

房产税应纳税额的计算公式为

$$应纳税额 = 房产计税余值或租金收入 \times 适用税率$$

$$房产计税余值 = 房产原值 \times (1 - 原值减除率)$$

其中：房产的计税余值是依照房产原值一次减除10%～30%后的余值(考虑减去房屋自然损耗因素)，具体扣除比例由当地省、自治区、直辖市人民政府确定。房产原值是指纳税人按照会计制度的规定，在账簿“固定资产”科目中记载的房屋原价。

目前个人住房房产税的试点将从个别城市开始。具体个人住房征收房产税试点的暂行办法由各省市自行拟定，报中央批准后实施。上海和重庆在2011年1月成为首批试点城市，现行的上海市房产税征收方案的重点是对住房增量进行调节，针对新购房者人均面积超过60平方米以上的征收房产税，并会逐步过渡到存量房。

（二）契税

契税是指在我国境内转移土地、房屋权属时，就当事人双方所订立的契约向产权承受人征收的一种税。契税与产权证明密切相关。现行的《中华人民共和国契税暂行条例》是

1997年7月由国务院公布的，同年10月1日起施行。

契税的征收有利于政府加强对土地、房屋权属转移的管理，对增加国家财政收入和调控房地产市场都有积极作用。

1. 课税对象

现行税制规定，契税的征税对象为发生土地使用权和房屋所有权权属转移的土地和房屋。具体包括：国有土地使用权的出让；土地使用权的转让；房屋买卖；以房屋权属抵债或实物交换房屋；以房屋作价投资、入股；房屋赠与；买卖拆料或翻建新房；房屋赠与；房屋交换。交换价值相等的房屋不征收契税；双方交换价值不相等的，按超出部分由支付差价方缴纳契税。个人独资企业出资人将自己的房产投入本企业时，由于产权不发生变更，不缴纳契税。典当、继承、分拆（分割）、出租或者抵押等，均不属于契税的征税范围。

2. 纳税人

契税的纳税人是指承受境内转移土地、房屋权属的单位和个人。具体包括：企业单位、事业单位、国家机关、军事单位和社会团体以及其他组织；个人是指个体经营者及其他个人，包括中国公民和外籍人员。

3. 税率

现行税制规定，契税实行3%～5%的幅度比例税率。各省、自治区、直辖市人民政府可以在此幅度税率规定的范围内，按照本地区的实际情况决定。

4. 应纳税额的计算

契税采用比例税率。其应纳税额的计算公式为

$$应纳税额 = 计税依据 \times 适用税率$$

上述公式中，契税的计税依据为不动产的价格。具体规定为：国有土地使用权出让、土地使用权出售、房屋买卖，以成交价格为计税依据；土地使用权赠与、房屋赠与，由征收机关参照土地使用权出售、房屋买卖的市场价格核定计税依据；土地使用权交换、房屋交换，计税依据为所交换的土地使用权、房屋的价格差额；出让国有土地使用权的，其契税计税价格为承受人为取得该土地使用权而支付的全部经济利益；房屋买卖的计税价格为房屋买卖合同的总价款，买卖装修的房屋，装修费用应包括在内。

（三）车船税

车船税是对在中华人民共和国境内车辆、船舶（以下简称“车船”）的所有人或者管理人所征收的一种税。现行《中华人民共和国车船税暂行条例》于2006年12月由国务院发布，并于2007年1月1日起施行。车船税条例的出台，有利于统一税制，公平税负，拓宽税基，同时增加了地方财政收入，对加强地方税收征管具有十分重要的意义。

1. 征税范围

车船税的征税范围是指依法应当在车船管理部门登记的车船。车船管理部门是指公安、交通、农业、渔业、军事等依法具有车船管理职能的部门。车船都有其具体所指：①车辆。包括机动车辆和非机动车辆。机动车辆，是指依靠燃油、电力等能源作为动力运行的车辆，如汽车、拖拉机等；非机动车辆，是指依靠人力、畜力运行的车辆，如三轮车、自行车等。②船舶。包括机动船舶和非机动船舶。机动船舶，是指依靠燃料等能源作为动力运

行的船舶，如客轮、气垫船等；非机动船舶，是指依靠人力或其他力量运行的船舶，如帆船、舢板等。

2. 纳税人

车船税的纳税义务人，是指在中华人民共和国境内，车辆、船舶的所有人或者管理人，包括在我国境内拥有车船的单位和个人。单位是指行政机关、事业单位、社会团体以及中外各类企业。个人是指我国境内的居民和外籍个人。管理人是指对车船具有管理使用权，不具有所有权的单位和个人。

从事机动车交通事故责任强制保险业务的保险机构为机动车车船税的扣缴义务人，应当依法代收代缴车船税。车船的所有人或者管理人未缴纳车船税的，使用人应当代为缴纳车船税。上述机动车车船税的扣缴义务人依法代收代缴车船税时，纳税人不得拒绝。

3. 税率

车船税实行分类、分级（项）幅度差别定额税率。车船税对车辆实行的是有幅度的分类定额税率，即对各类车辆分别规定一个最低到最高限度的年税额，同时授权省、自治区、直辖市人民政府在规定的税额幅度内，根据当地的实际情况自行确定本地区的适用税额。对船舶实行的是分类分级、全国统一的定额税率。

4. 应纳税额的计算

车船税根据不同类型的车船及其适用的计税标准分别计算应纳税额。

一般车船税计算公式如下。

（1）载客汽车和摩托车：

$$应纳税额 = 车辆数 \times 适用单位税额$$

（2）载客汽车和摩托车以外的车辆：

$$应纳税额 = 自重吨数 \times 适用单位税额$$

（3）船舶：

$$应纳税额 = 净吨位数 \times 适用单位税额$$

（4）拖船和非机动驳船：

$$应纳税额 = 净吨位数 \times 适用单位税额 \times 50\%$$

购置的新车船，购置当年的应纳税额自纳税义务发生的当月起按月计算。计算公式为

$$应纳税额 = (年应纳税额 \div 12) \times 应纳税月份数$$

对于境外机动车临时入境、机动车临时上道路行驶、机动车距规定的报废期限不足1年而购买短期“交强险”的车辆，保单中“当年应缴”项目的计算公式为

$$当年应缴 = 计税单位 \times 年单位税额 \times 应纳税月份数 /12$$

上述公式中，车船使用税的计税依据，按车船的种类和性能，分别确定为辆、净吨位和载重吨位三种：①车辆自重尾数在0.5吨以下（含0.5吨）的，按照0.5吨计算；超过0.5吨的，按照1吨计算。船舶净吨位尾数在0.5吨以下（含0.5吨）的不予计算；超过0.5吨的按照1吨计算；1吨以下的小型车船，一律按照1吨计算。②拖船按照发动机功率每2马力折合净吨位1吨计算征收车船税。③核定载客人数、自重、净吨位、马力等计税标

准，以车船管理部门核发的车船登记证书或者行驶证书相应项目所载数额为准。纳税人未按照规定到车船管理部门办理登记手续的，上述计税标准以车船出厂合格证明或者进口凭证相应项目所载数额为准；不能提供车船出厂合格证明或者进口凭证的，由主管地方税务机关根据车船自身状况并参照同类车船核定。

第四节　对其他课税

一、其他课税综述

当前实行复合税制的国家除根据国家政治经济需要向国民课征流转税、所得税和财产税外，还会出于特定的目的而设计一些税种作为补充。如国家为了保护自然资源、调节企业因资源开采条件不同而形成的级差收入而开征的资源税，为了城市、乡镇的维护建设和公民的义务教育、基础教育等开征的城市维护建设税和教育费附加，为了国家筹集财政收入的需要开征的印花税等。这些税种的开征，主要是国家为了保护生态环境，体现国家的收入分配政策、消费政策、产业导向政策以及出于财政的目的。其他课税涉及的税种较多，性质复杂，主要包括资源和行为两大类税。这些税种与流转税、所得税相比较，主要有以下特点：①课征目的明确。这些税种的课征或出于社会目的，或出于经济目的和财政目的，都是为了实现国家一定时期的经济目的和社会目的。②税种多，税源分散。由于其征税范围的特定性，也决定了税源零星且分散，税额较少。③直接税难以转嫁。由于其他课税与商品交换行为的联系不是很密切，因而税负较难转嫁，因此其他课税能较好地实现国家开征税收的目的。④税种稳定性差。其他课税由于是针对某些特定行为、特殊情况征税，因而具有临时性或偶然性的特征，稳定性较差。

二、我国现行其他课税的主要税种

目前，我国资源类税的税种主要有资源税、土地增值税和城镇土地使用税。这些税种主要是对矿产资源和土地资源的征税，既有对资源收益的征收，也有对资源级差收入的调节。行为类税主要包括城市维护建设税、印花税、车辆购置税等，它们是以纳税人的某些特定行为为课税对象。下面分别阐述。

（一）资源税

资源税是对在我国境内开采矿产和盐资源的单位和个人，就其应税资源的销售数量或自用数量征收的一种税。现行的《中华人民共和国资源税暂行条例》是 1993 年 12 月 25 日由国务院颁布，并于 1994 年 1 月 1 日起施行的。开征资源税的目的是保护和促进国家资源合理有效地开发和利用，调节级差收入，为我国市场经济条件下的企业竞争创造公平的环境。

1. 征税范围

资源税征税的范围只包括矿产品、盐等。具体的征税范围包括原油、天然气、煤炭、其他非金属矿原矿、黑色金属矿原矿、有色金属矿原矿、盐七大类。这里需要强调说明的是：盐税作为一个独立的税种被取消，将盐作为资源税的一个目，纳入资源税的征收范围内。

2. 纳税义务人

资源税的纳税义务人是指在中华人民共和国境内开采应税资源的矿产品或者生产盐的单位和个人。单位是指国有企业、集体企业、私营企业、股份制企业、其他企业和行政单位、事业单位、军事单位、社会团体及其他单位；个人是指个体经营者和其他个人。外商投资企业收购未税矿产品的单位为资源税的扣缴义务人。进口矿产品和盐以及经营已税矿产品和盐的单位和个人均不属于资源税的纳税人。收购的未税矿产品的单位，为资源税的扣缴义务人。

3. 单位税额

资源税的税目反映了国家征收资源税的具体范围，是资源税课税对象的具体表现形式。本着既合理调节级差收入水平，又适当考虑征收管理水平的目的，在具体设计税目时，资源税采用列举法，实行定额幅度税率，即按照开采或生产应税产品的课税数量，规定有上下限幅度的单位税额。

（二）土地增值税

土地增值税是对有偿转让国有土地使用权、地上建筑物和其他附着物并取得收入的单位和个人，就其转让房地产所取得的增值额征收的一种税。我国开征土地增值税，目的是规范土地、房地产市场交易秩序，遏制土地投机行为，促进土地资源的合理利用，增强国家对房地产市场的调控力度，同时调节部分单位和个人通过房地产交易取得的过高收入，增加财政收入。1993年12月13日国务院颁布《中华人民共和国土地增值税暂行条例》（以下简称《土地增值税暂行条例》），并于1994年1月1日起施行。

1. 征税范围

土地增值税的征税范围是有偿转让国有土地使用权、地上建筑物和其他附着物的产权所取得的增值额。这一概念所界定的征税范围有以下几方面含义：①只对“转让”国有土地使用权的行为征收土地增值税，对“出让”国有土地使用权的行为不征税；②既对转让国有土地使用权的行为征收土地增值税，也对转让地上建筑物及其他附着物产权的行为征收土地增值税；③只对“有偿转让”的房地产征收土地增值税，对以“继承、赠与”等方式无偿转让的房地产，不予征收土地增值税。

2. 纳税义务人

土地增值税的纳税义务人为转让国有土地使用权、地上的建筑及其附着物（以下简称转让房地产）并取得收入的单位和个人。单位包括内外资企业、事业单位、国家机关和社会团体及其他组织；个人包括个体经营者、中国公民、海外华侨和外国公民。

3. 税率

土地增值税以增值额占扣除项目的比例为依据，实行四级超率累进税率。增值额与扣除项目金额的比率不超过50%的部分，税率为30%；增值额与扣除项目金额的比率超过50%～100%的部分，税率为40%；增值额与扣除项目金额的比率超过100%～200%的部分，税率为50%；增值额与扣除项目金额的比率超过200%的部分，税率为60%。纳税人建造普通标准住宅出售，增值额未超过扣除项目金额20%的，免征土地增值税。

（三）城镇土地使用税

城镇土地使用税是以城镇土地为征税对象，对拥有土地使用权的单位和个人征收的一种税。现行城镇土地使用税的基本规范，是2006年12月30日国务院第163次常务会议通过的《国务院关于修改〈中华人民共和国城镇土地使用税暂行条例〉的决定》，修改后的条例从2007年1月1日开始实施。修改的主要内容是提高城镇土地使用税税额标准，将征收范围扩大到企业、单位和个人。

开征城镇土地使用税的主要目的之一，是调节土地的级差收入，而级差收入的产生主要取决于土地的地理位置。占有土地位置优越的纳税人，取得额外经济收益。为了有利于体现国家政策，城镇土地使用税实行差别幅度税额，按城市大小来规定差别税额，根据市政建设状况和经济繁荣程度也确定不等的负担水平。

1. 征税范围

城镇土地使用税的征税范围，包括在城市、县城、建制镇和工矿区内的国家所有和集体所有的土地。上述城市、县城、建制镇和工矿区分别按以下标准确认：城市是指经国务院批准设立的市；县城是指县人民政府所在地；建制镇是指经省、自治区、直辖市人民政府批准设立的建制镇；工矿区是指工商业比较发达，人口比较集中，符合国务院规定的建制镇标准，但尚未设立建制镇的大中型工矿企业所征地，工矿区须经省、自治区、直辖市人民政府批准。

2. 纳税人

在城市、县城、建制镇和工矿区范围内使用的国家所有和集体所有土地的单位与个人，为城镇上地使用税的纳税义务人。具体包括：由拥有土地使用权的单位或个人缴纳；拥有土地使用权的纳税人不在土地所在地的，由代管人或实际使用人纳税；土地使用权未确定或权属纠纷未解决的，由实际使用人纳税；土地使用权共有的，由各方按其实际使用的土地面积占总面积的比例，分别计算缴纳土地使用税。

3. 税率

城镇土地使用税采用定额税率，即采用有幅度的差别定额税额，按大、中、小城市和县城、建制镇、工矿区分别规定每平方米土地使用税的年应纳税额。土地使用税规定幅度税额主要考虑到我国各地区存在着悬殊的土地级差收益，同一地区内不同地段的市政建设情况和经济繁荣程度也有较大的差别。把土地使用税税额定为幅度税额，拉开档次，而且每个幅度税额的差距规定了20倍。由省、自治区、直辖市人民政府根据市政建设状况、经济繁荣程度，将土地划分为若干等级，在所列幅度内，具体规定各个等级的适用税额幅度。市、县人民政府应当根据情况，将本地区土地划分为若干等级，在省级政府确定的税额幅度内，制定相应的适用税额标准，报省级政府批准执行。经省级政府批准，可以分别适当降低或提高，但降低额不得超过条例规定的最低税额的30%；提高的须报财政部批准。

（四）城市维护建设税

城市维护建设税（以下简称“城建税”），是国家为了加强城市的维护和建设，对缴纳增值税、消费税、营业税（以下简称“三税”）的单位和个人就其实际缴纳的“三税”税额为计税依据而征收的一种税。1985年2月8日国务院颁布并于颁布日期实施的《中华人民共和国城市维护建设税暂行条例》，属于特定目的税。开征城市维护建设税的目的，是国家为加强城市的维护建设、改善城镇居民生活环境提供必要的外部条件而采取的一项税收措施。

1. 纳税义务人

城建税的纳税义务人，是指负有缴纳“三税”义务的单位和个人。包括国有企业、集体企业、私营企业、股份制企业、其他企业和行政单位、事业单位、军事单位、社会团体、其他单位，以及个体工商户及其他个人。根据《国务院关于统一内外资企业和个人城市维护建设税和教育费附加制度的通知》（国发〔2010〕35号）决定，自2010年12月1日起，对外商投资企业、外国企业及外籍个人（以下简称“外资企业”）征收城市维护建设税和教育费附加。

2. 征税范围

城市维护建设税的征税范围具体包括城市、县城、建制镇以及税法规定征税的其他地区。

3. 税率

城市维护建设税实行地区差别比例税率。按纳税人所在地的不同，设置了7%、5%、1%三档差别比例税率，即纳税人所在地为市区的，税率为7%；纳税人所在地为县城、建制镇的，税率为5%；纳税人所在地不在市区、县城或者建制镇的，税率为1%。

城建税的适用税率，应当按纳税人所在地的规定税率执行。但是，对下列四种特殊情况，视情况确定：①由受托方代征代扣“三税”的单位和个人代征代扣的城建税按受托方所在地适用税率。②流动经营等无固定纳税地点的单位和个人，在经营地缴纳“三税”的，其城建税的缴纳按经营地适用税率。③货物运输企业按代开发票纳税人，代开货物运输业发票时，凡按规定应当征收营业税的，在代开货物运输业发票时一律按开票金额的3%征收营业税，按营业税税款的7%预征城市维护建设税。在代开发票时已征收的属于法律、法规规定的减征或者免征的城市维护税及高于法律、法规规定的城市维护建设税税率征收的税款，在下一征收期退税。④铁道部应纳城市维护建设税的税率，鉴于其计税依据为铁道部实际集中缴纳的营业税税额，难以适用地区差别税率，因此，财政部对此做出特殊规定，税率统一为5%。

（五）印花税

印花税是对经济活动和经济交往中书立、使用、领受应税经济凭证的单位和个人所征收的一种税。因纳税人主要是通过在应税凭证上粘贴印花税票来完成税收义务，故称为印花税。

印花税始于1624年的荷兰。当时荷兰政府财政发生困难，于是，当局就采用公开招标的办法，以重赏从千万个应征者设计的方案中精选出“印花税”，后为许多国家采用。我国现行印花税的基本规范，是1988年8月6日国务院发布并于同年10月1日实施的《中华人民共和国印花税暂行条例》。征收印花税，有利于配合贯彻实施各种经济法规，了解和掌握复杂多变的经济活动情况，加强对书立、领受凭证的管理、监督，便利控制各税，保证财政收入。

1. 征税范围

印花税是行为税，其征税对象是书立、使用和领受应税凭证的行为。应税凭证有五大类共13个税目，其计税依据有按凭证所载金额和按件定额征收两种。五大类应税凭证具体为经济合同、产权转移书据、营业账簿、权利许可证照、财政部确定征税的其他凭证。

2. 纳税义务人

印花税的纳税义务人是指在我国境内书立、使用和领受税法所列举的应税凭证并应依法履行纳税义务的单位和个人。包括国内各类企业、事业、机关、团体、部队以及中外合资企业、中外合作企业、外资企业、外国公司企业和其他经济组织及其在华机构等单位和个人。

按照书立、使用和领受的应税凭证不同，印花税的具体纳税人有立合同人、立账簿人、立据人、领受人和使用人五种。

3. 税率

印花税共设有13个税目，它们是：购销合同、加工承揽合同、建筑工程勘察设计合同、建筑安装工程承包合同、财产租赁合同、货物运输合同、仓储保管合同、借款合同、财产保险合同、技术合同、产权转移书据、营业账簿、权利许可证照。

印花税的税率有两种形式，即比例税率和定额税率。其中，比例税率分为4个档次，分别是0.05‰、0.3‰、0.5‰、1‰；定额税率按件贴花，税额为5元，适用权利许可证照和营业账簿税目中的其他账簿。

（六）车辆购置税

车辆购置税是对在我国境内购置应税车辆的单位和个人征收的一种税。车辆购置税实行一次征收制。长期以来，国家财政参与国民收入分配中存在的一个突出问题，就是费大于税，费挤税。各级政府该收的收，不该收的也越权设立名目收。这种状况使国家税收遭到严重侵蚀，扰乱了国民经济分配关系，破坏了国家宏观调控，滋生了大量不正之风和腐败现象，使企事业单位和纳税人不堪重负。因此，2000年10月22日国务院颁布了《中华人民共和国车辆购置税暂行条例》，并于2001年1月1日起实施。车辆购置税的开征必将对整个“费改税”改革产生重大的影响。车辆购置税由国税部门征收管理，所得收入归中央政府管理和支配，用于交通事业建设。

1. 征税范围

车辆购置税的征收范围包括在我国境内购买、进口、自产、受赠、获奖或者以其他方式取得并自用的汽车、摩托车、电车、挂车、农用运输车。

2. 纳税人

《中华人民共和国车辆购置税暂行条例》规定，在中华人民共和国境内购置本条例规定车辆的单位和个人，为车辆购置税的纳税人，应当依法缴纳车辆购置税。车辆购置税纳税人中所指的单位，具体是指国有企业、集体企业、私营企业、股份制企业、外商投资企业、外国企业以及其他企业和事业单位、社会团体、国家机关部队以及其他单位；所称个人，包括个体工商户及其他个人，既包括中国公民，又包括外国公民。

3. 税率

车辆购置税实行从价定率的统一比例税率，税率为应税车辆计税价格的10%。车辆购置税税率的调整，由国务院决定并公布。

本章小结

税收制度	税收概述	税收是政府支出最基本的补偿方式。税收是一种强制、无偿、数额确定的征收，显然必须以政府的政治权力为凭借。为了使这种政治权力的行使有章可循，也为了保证纳积人的合法权益不受侵犯，总要通过立法程序确定税法，将征纳双方的权利、义务法律化、制度化。由税法所制约的，由一系列具体规定所构成的整套课税办法，就是税收制度。 税收按课税客体可分为商品及劳务税、所得税、财产税及其他税
	商品及劳务税	商品及劳务税是所有以商品及劳务为征收对象的税种的总称，主要包括增值税、消费税。 劳务税的特征包括课税对象广泛、税源充足、税负易于转嫁、税收分配的累退性、易于征收管理
	所得税	所得税是以个人和法人的所得为征税对象的一种税制体系。 所得税相对其他税种具有不同的特点，包括税负不易转嫁、征税的公开性、税务成本较高、征收管理复杂、具有收入弹性和自动稳定器的功能
	财产税	财产税是以纳税人拥有或支配的应税财产为课税对象征收的一种税。 财产税的特点包括：财产税是对社会财富的存量课税，财产税具有直接税性质，财产税是一种经常税和财产税征管比较复杂
	其他税	我国其他税种主要有资源税、土地增值税和城镇土地使用税

核心概念

商品和劳务课税　所得课税　财产课税

思考题

一、名词解释

税收　纳税人　课税对象　税率　全额累进税率　超额累进税率　超率累进税率　增值税　销项税额　进项税额　居民企业　应纳税所得额　个人所得税

二、简答题

1. 税收的特征和职能是什么？
2. 如何理解增值税和增值额的概念？
3. 增值税有哪几种类型？
4. 现行消费税的纳税人、征税范围是如何确定的？
5. 企业所得税的纳税人和其纳税义务是怎样规定的？
6. 企业所得税的特点是什么？
7. 个人所得税的特点是什么？

8. 什么是土地增值税？土地增值税有哪些特点？

9. 什么是资源税？资源税有哪些特点？如何确定资源税的计税依据？

10. 什么是印花税？印花税有哪些特点？印花税的具体征税范围有哪些？

11. 车船税的征税范围、纳税人和扣缴义务人是如何规定的？

12. 如何确定车辆购置税的计税依据？

13. 契税的征税范围有哪些？

三、计算题

1. 本市某金属公司（一般纳税人），主要从事工业金属材料的采购和供应业务。2011年某月各类金属材料的销售收入额为6 200 000元，本月外购货物情况如下：

外购螺纹钢1 200吨，单价每吨4 300元，价款5 160 000元，发票注明进项税额877 200元；

外购镀锌板120吨，单价每吨4 900元，价款588 000元，发票注明进项税额99 960元；

外购铲车一部，价款142 000元，发票注明进项税额24 140元，交仓库使用；

将本月购进的螺纹钢200吨，转为本单位基本建设使用，价款860 000元。

根据上述资料，计算本公司本月应纳增值税。

2. 某卷烟厂2009年6月生产并通过交易市场销售甲级香烟1 500箱，每标准箱国家调拨价18 000元，当月移送到本市非独立核算门市部250箱，实际销售了135箱，每箱销售价19 000元；另外，该卷烟厂将75箱卷烟作为礼品赠送给协作单位。计算该厂当月应纳消费税。

3. 某保险公司2010年10月份取得以下收入：财产保险保费收入56万元；机动车保险保费收入80万元，已扣除支付给投保人的无赔款优待4万元。计算该保险公司当月应纳增值税额。

4. 某公司2010年度实现会计利润总额86.66万元。经注册税务师审核，“财务费用”账户中列支有两笔利息费用：向银行借入生产用资金400万元，借用期限6个月，支付借款利息10万元；经过批准向本企业职工借入生产用资金120万元，借用期限10个月，支付借款利息6.8万元。问该公司2010年度的应纳税所得额为多少？

5. 某公司员工王平2011年12月份工资为25 000元，该职工不适用附加减除费用标准，则王平当月应纳个人所得税为多少？

6. 李某于2011年2月转让给本市某企业一台印刷机，取得转让收入140 000元。此印刷机购进时的原价为110 000元，转让时支付有关费用500元。计算李某转让这台印刷机应缴纳的个人所得税。

7. 金某购买社会福利有奖募捐彩票中得一等奖，取得奖金150万元。则其应纳的个人所得税为多少？

第十三章 公债与公债管理

第一节 公债概述

2011年8月2日,美国正式通过了《提高债务上限议案》,避免债务违约冲击本已疲软的美国经济。法案的通过虽然暂时解除了美国主权债务违约的风险,但是美国巨额债务问题并没有得到根本解决。如何合理使用公债,控制公债规模,避免出现公债危机不仅仅是美国政府需要面对的难题,也是每一个国家需要考虑的问题。

一、公债的定义

公共债务简称公债,是指政府为筹措财政资金,凭其信誉按照一定程序向投资者出具的,承诺在一定时期支付利息和到期偿还本金的一种格式化的债权债务凭证。公债是各级政府借债的统称。中央政府的债务称为中央债,又称国债;地方政府的债务称为地方债,又称市政债。公债是政府信用的体现,政府以自身信用和未来财政收入为担保,以债务人的身份按照市场借贷规则向民众筹集资金,进行相关经济活动。与此同时,公债也是各级政府调控经济的重要手段。

需要特别指出的是,在我国,人们通常把公债和国债等同看待,但从学术的角度来说,两者的概念是不一致的。国债仅指中央政府(或联邦政府)以自己名义发行的债券,而公债涵盖了各级政府以自己名义发行的债券,因此国债只是公债的一个组成部分。之所以在我国会出现两者混同的情况,是我国特殊的预算制度造成的。依据《中华人民共和国预算法》第二十八条的规定,地方各级预算按照量入为出、收支平衡的原则编制,不列赤字;除法律和国务院另有规定外,地方政府不得发行地方政府债券。所以长期以来,从实际操作上来说,我国的公债仅指国债,国债也是唯一的公债。

但这一局面已经有所改变,2011年10月17日,经国务院批准,财政部下发《2011年地方政府自行发债试点办法》,上海市、浙江省、广东省、深圳市成为首批四个开展地方政府自行发债的试点省市。2014年财政部印发了《2014年地方政府债券自发自还试点办法》,2014年适当扩大自行发债试点范围。现确定,2014年上海市、浙江省、广东省、深圳市、江苏省、山东省、北京市、青岛市、宁夏回族自治区和江西省开展自行发债试点。我国2004—2014年中央财政国债历年余额变动情况见图13-1。

二、公债的特点

从政府的角度出发,公债作为政府筹集资金的一种重要途径,与税收相比,具有如下特点。

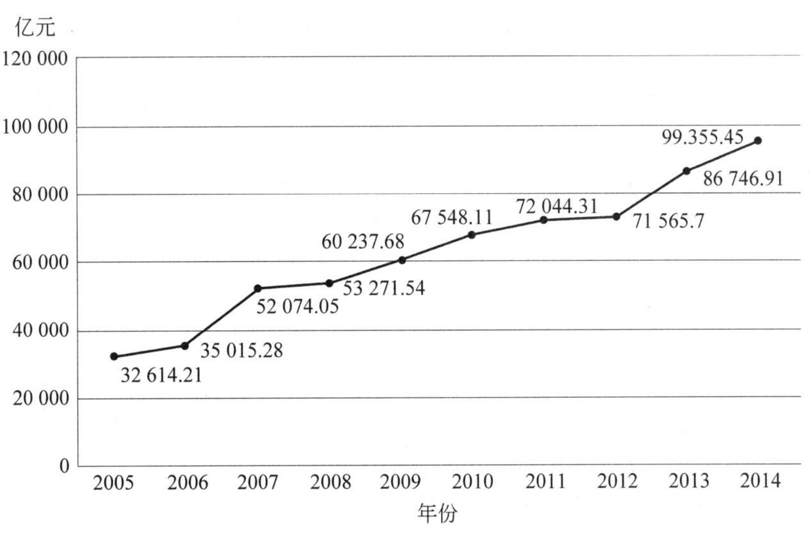

图 13-1　2005—2014 年国债历年累计余额

资料来源：《中国统计年鉴(2015)》

(1) 公债具有灵活性。税收作为一种行政行为，其征收对象、征收比例、征收程序甚至税收在各级政府的分配均需要国家从立法的层次予以规范，需要大量的调查工作、民意咨询和立法机关表决，程序复杂耗时，而且为适应不断变化的经济情况，需要不断地修订现有税收法律，耗时耗力。政府发行债券，是一种市场行为。作为一个特殊的市场参与者，政府可以根据市场情况，灵活决定发行债券的规模、种类、期限和利率水平，具有很大的自由决断权。

(2) 公债具有有偿性。税收是国家为实现其职能，凭借政治权力，按照法律规定，通过税收工具强制地、无偿地参与国民收入和社会产品的分配和再分配取得财政收入的一种形式。无偿性是税收最大的特点，也是相对于公债最大的优势。公债作为一种市场行为必须符合商业社会借贷付息的规则。公债到期，政府必须依照约定还本付息，因此公债同样存在违约风险。2009 年年末开始，始于希腊的欧洲政府债务危机就是最好的案例，截至 2011 年 9 月，希腊、葡萄牙、西班牙、爱尔兰、意大利等国均出现了不同程度的债务困局。

同时，从投资者的角度出发，公债作为一种投资品种，与其他债券或其他有价证券相比，具有以下特点。

(1) 公债具有安全性。公债的债务人是各级政府，它们以政府信用为基础，相对于企业和私人债务人具有最高的信用级别。同时政府掌握征税的权力(当然，在现实中这种权力是有限度的)，可以通过增加税收来偿还债务，因此政府债券违约的风险是非常低的。很多经济学家将国债作为无风险债券的代表，并称之为“金边债券”。

(2) 公债具有流通性。公债在所有债券中发行规模最大，信用等级最高，市场接受度最强，这些也决定了各国的公债市场都是交易量最大、最成熟的债券市场。二级市场的发达带给了公债良好的流动性。这也是公债区别于其他投资品种的一个重大优势。

(3) 公债具有自愿性。公债的购买是民众的自发行为，民众可以依据自己的投资偏好和资产状况自主决定是否购买、购买数量、购买种类以及持有时间。公债与税收的另一个重大区别就是不具有税收的强制性特点。但现实中，在计划经济的特殊时期，我国也出现了强迫民众购买公债，将公债作为政治指标下发各企事业单位的现象。随着市场经济体制的建立，这种情况已不复存在。

(4) 公债具有收益性。公债具有略高于同期定期存款的收益率，是风险厌恶者和各种社会保障基金的首选。同时各国政府为鼓励民众购买国债，一般都规定国债的收益是免税的。但基于公债低风险的特点，公债的期望收益率也较其他债券要低一些。

三、公债的种类

公债按照不同的划分标准，可以划分为不同类别的公债，以下是几种常见的分类方式。

（一）按照发行地域分类

按照发行地域来划分，公债可分为国内公债和国外公债。

国内公债，又称为政府内债。国内公债是以本国投资者为对象，通过发行本国货币计价的债券证书，或以缔结特定契约为手段所形成的债务。政府国内债务的主要目的是弥补财政赤字或国库资金的暂时不足，它已日益成为政府调节经济的重要手段。国外公债，又称政府外债，是指一国政府（通常为中央政府）向外国国民或政府的借债。债券的发行对象为外国国民，通常以主要国际货币为计价单位，如美元、欧元、日元等，如若本国货币具有国际接受能力，也可以以本国货币计价。

（二）按照发行主体分类

按照发行主体来划分，公债可分为中央公债和地方公债。

中央公债，是指一国中央政府以国家信用为基础发行的公债，也称为国债，是信用级别最高的公债。地方公债是各级地方政府作为发行主体，由本级政府负责还本付息的公债，也称为市政债券。各国中央公债和地方公债的关系，主要由一国的政治制度所决定。在中央集权的国家，如我国，地方政府的财政缺乏独立性，主要依附于中央财政，因此地方政府很难作为独立主体成为公债的发行人，所谓的地方政府公债往往最终仍然是以国家信用为担保，而非本级政府的财政收入；同时中央政府出于对地方政府控制的目的，也往往从法律上限制地方政府发债的权力。在联邦制国家，如美国，各级政府（州政府与联邦政府、市政府与州政府）之间，权力界定清晰，财政和预算独立，因而可以严格地分为联邦债券和市政债券。

（三）按照发行方式分类

按照发行方式划分，公债可分为附息公债和贴现公债。

附息公债是指在债券券面上附有息票的债券，或是按照债券票面载明的利率及支付方式支付利息的债券。息票上标有利息额、支付利息的期限和债券号码等内容。持有人可从债券上剪下息票，并据此领取利息。附息债券的利息支付方式一般会在偿还期内按期付息，如每半年或一年付息一次。长期公债一般是附息债券。贴现公债是期限比较短的折现债券，是指债券券面上不附有息票，在票面上不规定利率，发行时按规定的折扣率，以低于债券面值的价格发行，到期按面值支付本息的债券。从利息支付方式来看，贴现公债以低于面额的价格发行，可以看作利息预付，因而又可称为利息预付债券、贴水债券。

（四）按照发行期限分类

按照发行期限划分，公债可分为短期公债、中期公债和长期公债。

短期、中期和长期并没有统一和严格的界定。一般而言，1 年以下的公债为短期公债，1～10 年的公债为中期公债，10 年以上甚至无到期日的公债为长期公债。政府发行短期公债多是为了平衡预算开支。如美国政府发行的短期国债分为 3 个月、6 个月、9 个月和 12 个月四种；我国政府发行的短期债券较少。政府发行中长期债券的目的是获得长期稳定的资金。我国政府发行的债券主要是中期债券，集中在 3～5 年这段期限。1996 年，我国政府开始发行期限为 10 年的长期债券。

我国发行的国债可分为凭证式国债、无记名（实物）国债和记账式国债三种。凭证式国债是一种国家储蓄债，可记名、挂失，以“凭证式国债收款凭证”记录债权，不能上市流通，从购买之日起计息。在持有期内，持券人如遇特殊情况需要提取现金，可以到购买网点提前兑取。提前兑取时，除偿还本金外，利息按实际持有天数及相应的利率档次计算，经办机构按兑付本金的 2‰收取手续费。无记名（实物）国债是一种实物债券，以实物券的形式记录债权，面值不等，不记名，不挂失，可上市流通。发行期内，投资者可直接在销售国债机构的柜台购买。在证券交易所设立账户的投资者，可委托证券公司通过交易系统申购。发行期结束后，实物券持有者可在柜台卖出，也可将实物券交证券交易所托管，再通过交易系统卖出。记账式国债以记账形式记录债权，通过证券交易所的交易系统发行和交易，可记名、挂失。投资者进行记账式证券买卖，必须在证券交易所设立账户。由于记账式国债的发行和交易均无纸化，因此效率高，成本低，交易安全。

第二节　公债的经济效应与政策功能

各国发行公债的目的不尽相同，无论政府发行何种形式的公债，其基本目的就在于筹集资金。这些资金主要用于弥补财政赤字、进行国家大型建设等用途。但通过发行公债来进行经济干预是否有效，学术界仍然存在一定分歧，这个分歧的根源就在于是否承认李嘉图等价原理。

一、李嘉图等价原理

公债和税收一样，是政府经济政策中最重要的举措之一。因此，政府发行公债究竟会给国民经济带来何种影响，一直是经济学家争论不休的焦点。讨论公债的经济效应，就不得不提到李嘉图等价原理，因为实质上，对公债经济效应的研究最后都可以归结到支持还是反对李嘉图等价原理上来。

大卫·李嘉图(David Ricardo)在《政治经济学及赋税原理》一书的第 17 章中表述了这样的论点：政府无论选用一次性总付税，还是发行公债，来为政府筹措资金，均不会影响消费和投资。他这样写道：“如果为了一年的战费支出而以发行公债的方式征集 2 000 万英镑，这就是从国家的生产资本中取去了 2 000 万英镑，每年为偿付这种公债利息而征课的100万英镑，只不过由付这100万英镑的人手中转移到收这100万英镑的人手中，也就是由纳税人手中转移到公债债权人手中。实际的开支是那2 000万英镑，而不是为那2 000万英镑必须支付的利息。付不付利息都不会使国家增富或变穷。政府可以通过赋税的方式一次征收2 000万英镑；在这种情形下，就不必每年征课100万英镑。但这样做，并不会改变这一问题的性质。”

其实这段话很好理解，李嘉图认为，公债仅仅是延迟的税收，当前为弥补财政赤字发行的国债，本息在将来必须通过征税偿还，而且税收的现值与当前的财政赤字相等，唯一不同的只是征税的时间而已。如果李嘉图等价原理成立，即所谓发行公债等于未来的税收，那么，以增发公债为手段的扩张性财政政策就不会影响总需求。政府发行公债，但是理性的居民知道这些国债将由他们未来缴纳的税收来偿还，因此他们会减少当前的消费，把这部分收入储存起来，以备支付未来与国债等价的税收，这样政府由发债而增加的支出与消费者减少的消费正好相等，总需求不变，扩张性的财政政策是无效的。

二、公债的挤出效应

公债的挤出效应，是指在货币供给一定的前提下，发行公债会减少市场上的货币供应，进而引发非政府部门消费和投资减少的现象。这种现象的出现非常容易理解，由于公债的风险低并且收益稳定，发行公债必然导致部分市场中的闲置资金流向政府部门，在货币供应量不变的前提下，必然导致非政府部门的货币供给减少，加剧货币的稀缺性，提升市场拆借利率，进而最终遏制私人部门的消费和投资。

公债挤出效应

假设当前市场利率为10%，私人储蓄为1 000亿元，私人投资为1 000亿元，市场处于均衡状态。此时，国家成功发行200亿元国债。这就意味着200亿元的私人储蓄流向政府部门，留给私人部门的储蓄只有800亿元，而私人投资需求为1 000亿元，市场在10%的利率水平下失衡。在供求双方的作用下，利率升至12%。由于利率的上升，私人储蓄从1 000亿元增加到1 100亿元，私人投资需求降低到900亿元，国家借用200亿元，市场重新达到均衡。

公债的挤出效应也可以通过IS-LM模型来描述公债，如图13-2所示。

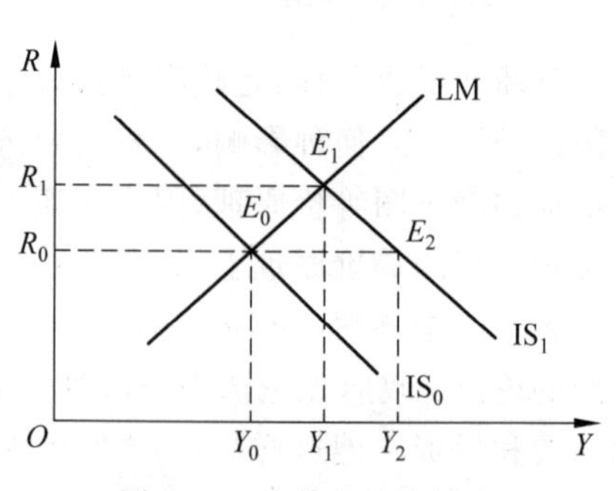

图13-2　公债的挤出效应

图中IS曲线表示实物市场的均衡，LM表示货币市场的均衡。E_0为初始均衡点，在此时实物市场和货币市场同时达到了均衡。政府发行公债、扩大财政支出的结果就是IS曲线从原来的IS_0位置移动到了IS_1位置。如果市场利率不变（LM水平，事实上是不可能的），国民收入水平从

Y_0 上升到 Y_2，不存在任何挤出效应。但发行国债必然会推高市场利率，利率从原来的 R_0 上升到 R_1，均衡点也从 E_0 变为 E_1，同时国民收入水平从 Y_0 增长至 Y_1，低于理想中的 Y_2。Y_2 和 Y_1 之间的差额就是被挤出的国民收入损失。

从图中可以看出，IS 曲线越陡峭，LM 曲线越平缓，挤出效应就越小，财政扩张政策的效果就越好；IS 曲线越平缓，LM 曲线陡峭，挤出效应就越明显，财政扩张政策的效果越差。

三、公债的政策职能

公债的政策职能主要包括弥补财政赤字、筹集建设资金和调节经济三个方面。

（一）弥补财政赤字

弥补财政赤字是公债产生的最根本动力，也是公债最基本的功能。一国之所以会出现财政赤字，有许多原因。有的是由于刺激经济发展而降低税率或增加政府支出，如 2008 年，我国为应对全球经济危机而推出的"4 万亿计划"就属于此类；有的则因为政府管理不当，政府开支浪费，如我国长期存在的政府"三公"支出天量的问题；还有的是因为社会结构问题，如因为人口结构变化，导致社会保险支出不断攀升，而相关征税计划迟迟得不到批准，导致入不敷出，如希腊债务危机就属于此类情况。

当一个国家财政赤字累积过高时，对国家的长期经济发展而言，并不是一件好事。平衡预算是各国理想的财政状态，但现实中，各国普遍存在赤字预算的情况，而且很多国家的负债比例非常之高，甚至超过了本国 GDP。弥补财政赤字的方法并非只有公债一种，政府还可以通过税收和向中央银行透支的方式来达到弥补财政赤字的目的，但相比而言，公债是最佳的途径。

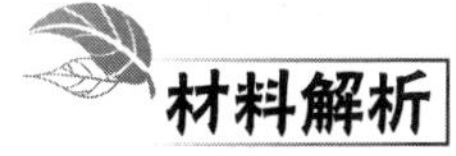

《中华人民共和国中国人民银行法》

我国《中国人民银行法》（修正）第二十九条规定："财政部门不得向人民银行透支，人民银行不得直接认购、包销国债和其他政府债券。"但长期以来，我国存在通过国有商业银行购买国债，然后由中央银行以公开市场操作的方式回购国债，变相为政府融资的问题。

通过国债弥补财政赤字对经济的影响相对要小得多。因为公债聚集的是社会闲置资金，相当于提高了社会资金的利用率。同时购买公债是自愿行为，并非强制性行为，因此购买公债者心甘情愿，不购买者也认为与自己无关，不会产生抵触情绪。此外，国债灵活性的特点也使得国债操作简单及时。

但是我们必须意识到，发行公债并不能彻底解决财政赤字的问题，因为公债到期之后是需要偿付的。其本质是通过未来的赤字换取今天的预算平衡。如果不能通过实体经济的增长，削减政府开支的根本措施解决赤字问题，到期之后只能采取发新债换旧债的方式不断增大赤字漏洞，形成恶性循环。因此，国家必须控制公债规模；否则政府信用崩溃，国民经济也会随之瓦解。

（二）筹集建设资金

完全市场经济中，政府只是守夜人、管理者，但市场失灵是难以避免的，我们现实的生活并非理论中的那样。政府在作为管理者的同时还必须扮演更多的角色，如公共品的提供者、经济危机中的拯救者等。政府为了经济的持续增长，必须投资基础设施建设，如建造高速公路；为了国民生活水平提高，必须进行必要的大型工程建设，如兴修水利工程；为了抵制经济危机，必须加大政府投资，如建造高速铁路。这些建设项目均需要大量的资金投入，同时，这些项目在建成之后是有现金流回收的。换句话说，通过发行公债的方式建设这些工程不但能够促进经济增长，而且能够依赖或部分依赖这些项目最终还本付息。

公债最终是需要政府偿付的，而政府的一切收入均来自纳税人。因此利用公债筹集资金进行大型工程的建设必须考虑效益性，应当认真研究和详细规划，综合考虑环境效益、社会效益和经济效益，将募集的资金用在对经济发展和人民生活水平提高有益的方面。

（三）调节经济

公债（主要是国债）作为一种交投活跃的投资品种，同时也是中央银行使用最普遍的公开市场操作媒介工具，不仅具备弥补财政赤字和筹集建设资金的功能，在调节国民经济运行中还扮演着非常重要的角色。

(1) 调节资金流向。资金本身没有任何道德属性，资本的逐利性是天然的。这就导致很多经济发达地区资金充裕，而一些边远地区资金匮乏，缺乏投资。因此可以通过在资金充裕地区发行公债，引导资金向欠发达地区流动，优化资源配置。我国长期以来，经济发展不均衡，东西部差距大，通过公债募集资金支援西部建设利国利民。

(2) 调节货币供给。国家可以通过增加公债发行量和减少回购量，从经济体中回笼资金；也可以通过减少公债发行和增加公债回购向经济体注入流动性。国债是中央银行市场公开操作最主要的媒介之一。

欧洲央行抑制危机措施——大规模购债

2011年8月15日，欧洲中央银行在法兰克福宣布，为抑制欧洲债务危机扩大，欧洲央行上周大规模购买欧元区重债国国债，总额达220亿欧元（约合320亿美元）。这是自2011年2月份以来欧洲央行再次购买重债国国债。从2010年5月欧洲央行第一次购买欧元区国债，以稳定债券市场稳定以来，截至2011年9月，欧洲央行斥资购买欧元区重债国国债累计达960亿欧元（约合1 396亿美元），其中包括希腊、葡萄牙、爱尔兰、西班牙和意大利等国的国债。

（资料来源：新华社.［2011-08-16］. http://news.xinhuanet.com.）

第三节　公债规模

公债作为一种融资方式，并不是取之不尽、用之不竭的。一国公债的发行规模一定要依据本国经济条件来决定，否则就必然会酿成类似于希腊等国债务危机的苦果。

一、公债规模指标

公债规模是指公债的发行量。公债的发行并不能任意而为，受到国家财政状况的多重制约，公债规模的大小是关系到国家宏观经济状况的重大问题。

衡量公债规模的指标有很多，主要包括绝对指标，如公债余额、公债发行额等；相对指标，如公债依存度、公债偿债率和公债负担率等。与绝对指标相比，相对指标综合考虑了一国的经济规模，因而对公债风险的刻画更加充分，但公债余额等绝对指标也不容忽视。以下介绍几个常见的公债指标。

（一）公债余额

公债余额是指一国政府历年累计未偿还的公债余额，包括往年公债余额和当年公债净增加额。依据《中国统计年鉴(2015)》的数据，2005—2014 年，中央财政债务由 32 614.21 亿元上升到 95 655.45 亿元，增幅高达 293.29%，年平均增幅 29.33%。具体数据见表 13-1。

表 13-1　2005—2014 我国中央财政债务余额　　单位：亿元

年　份	余额合计	国内债务	国外债务
2005	32 614.21	31 848.59	765.52
2006	35 015.28	34 380.24	635.02
2007	52 074.65	51 467.39	607.26
2008	53 271.54	52 799.32	472.22
2009	60 237.68	59 736.95	500.73
2010	67 548.11	66 987.97	560.14
2011	72 044.51	71 410.80	633.71
2012	77 565.70	76 747.91	817.79
2013	86 746.91	85 836.05	910.86
2014	95 655.45	94 676.31	979.14

资料来源：《中国统计年鉴 2015》。

（二）公债依存度

公债依存度是当年的公债发行额与财政支出之比，其计算公式如下：

$$公债依存度 = (当年公债发行额 \div 当年财政支出额) \times 100\%$$

公债依存度是一个重要的指标。公债收入与财政的经常性收入不同，它是有成本并且需要偿还的。因此，公债依存度过高，表明财政支出的很大一部分要靠发行公债来维持，即意味着国家财政的基础是比较脆弱的。公债依存度应当控制在一个适度的界限以内，这个适度界限在不同国家和同一国家的不同时期因经济和财政实力的不同而有所不同。有资料表明，美国1982—1990年公债依存度为18.1%，日本1982—1989年公债依存度为21.7%。国际上普遍认为国家财政依存度应当控制在15%～20%，中央财政依存度应当控制在25%～30%。1990—2014年我国公债依存度见表13-2。

表13-2　1990—2014年我国公债依存度①

年份	当年国债发行量/亿元	当年国家财政支出/亿元	当年中央财政支出/亿元	国家财政债务依存度/%	中央财政债务依存度/%
1990	197.23	3 083.59	1 004.47	6.40	19.64
1991	281.25	3 386.62	1 090.81	8.30	25.78
1992	460.78	3 742.2	1 170.44	12.31	39.37
1993	381.31	4 642.3	1 312.06	8.21	29.06
1994	1 137.55	5 792.62	1 754.43	19.64	64.84
1995	1 510.86	6 823.72	1 995.39	22.14	75.72
1996	1 847.77	7 937.55	2 151.27	23.28	85.89
1997	2 411.79	9 233.56	2 532.5	26.12	95.23
1998	3 808.77	10 798.18	3 125.6	35.27	121.86
1999	4 015	13 187.67	4 152.33	30.45	96.69
2000	4 657	15 886.5	5 519.85	29.31	84.37
2001	4 884	18 902.58	5 768.02	25.84	84.67
2002	5 934.3	22 053.15	6 771.7	26.91	87.63
2003	6 280.1	24 649.95	7 420.1	25.48	84.64
2004	6 923.9	28 486.89	7 894.08	24.31	87.71
2005	7 042	33 930.28	8 775.97	20.75	80.24
2006	8 883.3	40 422.73	9 991.4	21.98	88.91
2007	23 139.1	49 781.35	11 442.06	46.48	202.23
2008	8 558.2	62 592.66	13 344.17	13.67	64.13
2009	17 927.24	76 299.93	15 255.79	23.50	117.51
2010	17 849.94	89 874.16	15 989.73	19.86	111.63
2011	17 100.00	109 247.79	16 514.11	15.65	103.55
2012	16 154.20	125 952.97	18 764.63	12.83	86.09
2013	20 230.00	140 212.10	20 471.76	14.43	98.82
2014	21 120.60	151 785.56	22 570.07	13.91	93.58

资料来源：中华人民共和国国家统计局．http://data.stats.gov.cn/index.htm.

① 本表"当年国债发行额"1990－2009年数据源于《中国证券期货统计年鉴2010》，2010年数据源于《2010年全国财政决算》，2011－2014年数据源于中华人民共和国国家统计局。

显然，我国无论是国家财政债务依存度还是中央财政债务依存度都远远高于理想指标。尤其是中央财政债务依存度多次出现100%以上的高值。

（三）公债偿债率

公债偿债率是当年还本付息额与该年财政收入额之比，其计算公式如下：

$$公债偿债率=（当年还本付息额\div当年财政收入额）\times 100\%$$

公债偿债率反映了中央财政的债务清偿能力，由于公债的有偿性决定了公债规模必然受到国家财政资金状况的制约，必须把公债规模控制在与财政收入相当的水平。国际通行的公债偿债率的警戒线是10%左右。我国1992—2014年公债偿债率见表13-3。

表 13-3　1992—2014 年我国公债偿债率①

年份	当年国债兑现额/亿元	当年国家财政收入/亿元	国债偿债率/%
1992	238.05	3 483.37	6.83
1993	123.29	4 348.95	2.83
1994	391.89	5 218.1	7.51
1995	496.96	6 242.2	7.96
1996	786.64	7 407.99	10.62
1997	1 264.29	8 651.14	14.61
1998	1 550.84	9 875.95	15.70
1999	1 238.7	11 444.08	10.82
2000	2 179	13 395.23	16.27
2001	2 286	16 386.04	13.95
2002	2 216.2	18 903.64	11.72
2003	2 755.8	21 715.25	12.69
2004	3 749.9	26 396.47	14.21
2005	1 045.5	31 649.29	3.30
2006	6 208.61	38 760.2	16.02
2007	5 846.8	51 321.78	11.39
2008	7 531.4	61 330.35	12.28
2009	9 745.06	68 518.3	14.22
2010	10 517.72	83 101.51	12.66
2011	11 076.19	103 874.43	10.66
2012	9 008.71	117 253.52	7.68
2013	7 761.38	129 209.64	6.01
2014	8 957.65	140 370.03	6.38

数据来源：《中国统计年鉴 2015》。

① 本表"当年国债发行额"1992—2009年数据源于《中国证券期货统计年鉴 2010》，2010年数据源于《2010年全国财政决算》，2011—2014年数据源于中华人民共和国国家统计局。

从表13-3可以看出，我国近年来公债偿债率均高于10%，这说明我国财政的偿债负担较重，进入一个偿债高峰期。

（四）公债负担率

公债负担率是指一定时期的公债累计余额占同时期国内生产总值的比例，即公债余额与GDP的比值。其计算公式如下：

公债负担率 =（累计公债余额 ÷ 当年GDP）× 100%

公债负担率又称国民经济承受能力，这一指标着眼于公债存量，反映了整个国民经济对公债的承受能力。国际公认的公债负担率的警戒线为发达国家不超过60%，发展中国家不超过45%。1991年《马斯特里赫条约》规定，欧盟各成员国的公债负担率的最高限额为GDP的60%。但遗憾的是，世界主要经济大国的公债负担率都远远高于这一最优指标：2010年德国公债总额占GDP高达76.9%，远超欧盟标准；美国2011年联邦公债比例已与美国GDP持平；日本2009年的公债负担率更是高达217%。我国2005—2014年公债负担率见表13-4。

表13-4　2005—2014年我国公债负担率①

年份	累计公债余额合计/亿元	当年GDP/亿元	国债负担率/%
2005	32 614.21	184 937.37	17.64
2006	35 015.28	216 314.43	16.19
2007	52 074.65	265 810.31	19.59
2008	53 271.54	314 045.43	16.96
2009	60 237.68	340 506.87	17.69
2010	67 548.11	403 260.00	16.75
2011	72 044.51	484 123.5	14.88
2012	72 565.70	534 123.0	13.59
2013	86 746.91	588 018.8	14.75
2014	95 655.45	635 910.2	15.04

资料来源：《中国统计年鉴2015》。

从表13-4中可以看出，我国近年来的公债负担率始终维持在20%，远低于发达国家水平。但是这一数据有着极强的迷惑性，因为这一数据只反映了中央财政的债务负担，地方财政虽然不能够发行债券，但往往通过地方融资平台（如城投公司等）这一方式使得真实的政府债务被隐藏起来，带来更大的风险。2013年12月30日，国家审计署发布全国地方政府性债务审计结果。报告显示，截至2012年年底，全国政府负有偿还责任的债务余额与当年GDP(518 942亿元)的比率为36.74%。政府负有担保责任的债务和可能承担一定救助责任的债务大多有相应的经营收入为偿债来源，只有在被担保人和债务人自身偿债出现困难时，政府才需承担一定的偿还或救助责任。审计结果显示，2007年以来，各年度全国政府负有担保责任的债务和可能承担一定救助责任的债务当年偿还本金中，

① 本表“当年国债兑换额”2005—2009年数据源于《中国证券期货统计年鉴2010》，2010—2014年数据源于《全国财政决算》。

由财政资金实际偿还的比率最高分别为19.13%和14.64%。考虑以上因素后，2012年年底全国政府性债务的总负债率为39.43%，低于国际通常使用的60%的负债率控制标准参考值。政府外债与GDP的比率。截至2012年年底，全国政府外债余额为4 733.58亿元，占GDP的比率为0.91%，低于国际通常使用的20%的控制标准参考值①。

二、影响公债规模的因素

影响公债规模的因素有很多，其主要受到国家经济实力和政府定位的影响。细分来看，主要受以下几个因素的影响。

（一）经济发展水平

经济发展水平是决定公债规模的最根本因素。公众之所以愿意持有公债，首先是对该国经济的信任，相信该国的经济状况能够还本付息。一方面，经济越繁荣，社会财富就越多，税收基础也就越广泛，政府的财政收入也就越高，政府的支付能力也就越强，债券的违约风险就越低；另一方面，经济发展水平越高，金融市场就越发达，居民投资观念越强，同时得益于成熟的二级市场，公债的流动性也大大增强，使得更多的投资者愿意持有该国公债。正是基于这个原因，美国、日本等经济强国的国债不仅吸引了大量本国居民、投资基金来认购，也受到各国投资者，包括大量主权基金的青睐。截至2010年年底，中国政府共持有1.16万亿美元的美国政府债券。

（二）政府职能范围

一国政府发行公债筹集资金的目的是行使政府职能的需要，因此一国政府职能的大小，直接关系到公债规模。大政府的国家，由于国家不仅需要承担社会管理的费用，还需要支付国有投资的费用。当政府的支付无法通过税收来弥补时，发行公债就不可避免。例如，中国铁道部多次发行铁路公债，筹集高铁建设资金。而在一些小政府国家，政府往往很少主动进行经济建设，这方面的支出也就比较少，发债的需求也就降低了。

（三）经济运行状态

正如在前文中论述到的，公债已经成为政府调节经济的一个重要媒介。因此经济的运行情况也直接影响到了公债的规模。当国家需要扩张型的财政政策时，往往需要发行公债，筹集资金，增加政府开支。当政府需要扩张型的货币政策时，往往需要回购公债，向资本市场注入货币。当然，财政政策和货币政策等政府干预行为，应当配合使用，以达到最佳干预效果。

第四节　公债制度及其管理

公债制度是对一个国家对其公债的发行、偿还以及流通规定的总称。本节将从公债发行市场和公债流通市场两个层次，结合我国实情对公债制度进行介绍，并在此基础上对公债管理做简要论述。

---

① 2013年第32号公告：全国政府性债务审计结果。

一、公债发行市场

公债的发行，是指投资者从政府认购公债的过程。公债的发行市场也称为公债的一级市场，主要内容包括公债发行价格、公债利率和公债发行方式等。

（一）公债发行价格

公债的发行价格，是指公债实际被出售的价格，并非公债的面额。根据公债发行价格和公债面额的关系，可分为溢价发行、平价发行和折价发行。

(1) 溢价发行。溢价发行是指以高于票面金额的价格发行公债。由于其价格高于票面金额，其持有至到期收益率低于票面利率。溢价发行的方式主要在股票发行中使用。债券发行中很少使用。因为发行价格高于票面金额，就意味着只有票面利率高于市场利率时，投资者才愿意购买此类债券。

(2) 平价发行。平价发行是指直接按照票面名义金额发行。这种发行方式所筹集的资金就等于发行面额。由于面值和价格等同，因此其持有至到期收益率就完全等同于票面利率。平价发行是一种常见的债券发行方式。

(3) 折价发行。折价发行是指以低于票面金额的价格发行公债。由于发行价格低于票面金额，其实际到期收益率将高于票面利息率。这也是一种常见的公债发行方式。现实中短期公债往往通过折价发行的方式出售，不计算利息，这部分即为持有至到期利息。这种不附息的折价发行方式也被称为贴现发行。

无论债券以何种方式发行，票面金额和发行价格均不是投资者所关心的因素，实际投资收益率才是他们所看重的，因此看待债券真正价值，不应被它的价格或面额所迷惑。

（二）公债利率

公债利息的支付有两种方式，即附息支付和贴现支付。附息支付，即公债约定了具体的票面利息和支付频率，投资者可以如期获得票面利息现金流(半年或一年)，到期之后获得票面金额现金流。贴现支付，即公债本身不约定利息，选择折价发行的方式，到期后一次性支付票面金额现金流，折价部分即为利息。在此公债作为一种债券类别，其发行利率主要受下列因素影响。

(1) 公债受到市场利率水平的影响。公债作为一种投资品，存在众多替代品，因此它的价格受市场利率的影响，而且是根本性影响。公债利率水平与市场平均利率水平呈现正相关关系。当市场繁荣，市场利率较高时，公债的利率也水涨船高，否则根本无人问津；同时当市场疲软，利率较低之时，公债利率也随之下降，因为只要较低的利息就能筹集到需要的资金，无须支付高息。

(2) 公债受到政府信誉的影响。政府作为公债的债务人，其信誉直接关系到公债的风险，也就直接关系到公债的利率。健康稳定的政府一般不会出现违约现象，因此公债的风险溢价就低，公债利率就等于无风险收益率；而陷入财政危机的政府有可能出现债务违约，投资者需要在无风险收益率的基础上加上一个风险溢价；处于战争状态的政府，有被推翻的风险，其债券有可能根本无法到期兑付，其利率就要更高，甚至再高的利率都无法吸引投资者认购。

(3) 公债本身特点的影响。公债的种类很多，不同种类的公债即使在同样的市场条件下，由同一个政府发行，也会有不同的风险，因此也对应不同的利率水平。如长期公债的利率要高于短期公债，附息债权因为前期存在现金流，其票面利率也低于到期一次还本付息债券的票面利率。

(三) 公债发行方式

公债的发行方式有很多，各国不尽相同。有些发行方式已经被市场所淘汰，没有必要做过多论述，目前世界主要国家一般都采取招投标方式发行公债。以下主要介绍我国国债的发行方式。

改革开放以来，我国国债发行方式经历了从 20 世纪 80 年代的行政分配、90 年代初的承购包销，到目前的定向发售、承购包销和招标发行并存的发展过程，总的变化趋势是不断趋向低成本、高效率的发行方式，逐步走向规范化与市场化。

1. 定向发售

定向发售方式是指向养老保险基金、失业保险基金、金融机构等特定机构发行国债的方式，主要用于国家重点建设债券、财政债券、特种国债等品种。

2. 承购包销

承购包销方式始于 1991 年，主要用于不可流通的凭证式国债。它是由各地的国债承销机构组成承销团，通过与财政部签订承销协议来决定发行条件、承销费用和承销商的义务，因而是带有一定市场因素的国债发行方式。

3. 招标发行

招标发行是指通过招标的方式来确定国债的承销机构和发行条件。根据发行对象的不同，招标发行又可分为缴款期招标、价格招标和收益率招标三种形式。

缴款期招标，是指在国债的票面利率和发行价格已经确定的条件下，按照承销机构向财政部缴款的先后顺序获得中标权利，直至满足预定发行额为止。

价格招标主要用于贴现国债的发行，按照投标人听报买价自高向低的顺序中标，直至满足预定发行额为止。如果中标规则为"荷兰式"，那么中标的承销机构都以相同价格(所有中标价格中的最低价格)来认购中标的国债数额；如果中标规则为"美国式"，那么承销机构分别以其各自出价来认购中标数额。

收益率招标主要用于付息国债的发行，它同样可分为"荷兰式"招标和"美国式"招标两种形式，原理与上述价格招标相似。

招标发行将市场竞争机制引入国债发行过程，从而能反映出承销商对利率走势的预期和社会资金的供求状况，推动了国债发行利率及整个利率体系的市场化进程。此外，招标发行还有利于缩短发行时间，促进国债一、二级市场之间的衔接。基于这些优点，招标发行已成为我国国债发行体制改革的主要方向。

二、公债流通市场

公债流通市场是指转让买卖已发行公债的市场，也称为公债的二级市场，是投资者之间相互交易的市场。健康活跃的二级市场为公债提供了充沛的流动性，是公债一级市场成功的保证。

(一)公债流通市场的组织结构

公债流通市场作为整个证券市场的一部分,可以分为场内市场和场外市场两个部分。

场内市场主要指证券交易所,这是公债流通市场的中心,是公债流通最基本、最规范的形式。证券交易所提供了一个公债买卖者集中交易的场所,以保证公债交易的顺利进行。交易所作为公债集中交易的市场,具有以下五个特征:①有集中、固定的交易场所和时间;②公众投资者进行公债交易必须委托经纪商;③交易所价格形成采取竞价机制;④交易所有特定的交易制度和规则;⑤有完善的交易设施和较高的交易效率。

场外市场又称柜台市场,是公债经纪商之间、公债经纪商与客户之间进行公债买卖的市场。柜台市场是无形的、分散的市场组织形式。在我国,国债场外交易又分为银行间国债交易市场和国债柜台交易市场。

全国银行间国债市场是指依托于全国银行间同业拆借中心(简称同业中心)和中央国债登记结算公司(简称中央登记公司)的,包括商业银行、农村信用联社、保险公司、证券公司等金融机构进行国债买卖和回购的市场。大部分记账式国债都在该市场发行并上市交易。在我国,银行间国债市场的规模远远大于交易所市场,并且发展非常迅速。2006年银行间国债市场全年的交易规模为382 053亿元,而2001年才40 940亿元。5年的时间,交易量增长了近8倍。

国债柜台交易,主要是柜台记账式国债交易,是指银行通过营业网点(含电子银行系统)与投资人进行债券买卖,并办理相关托管与结算等业务的行为。此业务于2002年6月3日在我国推出。

(二)公债流通的主要方式

公债交易的主要方式包括四种:现货交易、回购交易、期货交易和期权交易。

(1) 公债现货交易。公债现货交易是指投资者根据合同商定的付款方式买卖公债,在一定时期内进行券款的交割,实现债券所有权的转让。公债现货交易是公债二级市场上最基本的交易方式,公债流通市场的发展,也是从现货交易开始的。我国国债现货交易以"手"为单位,一手等于1 000元面值,每笔申报以一手为最小单位,每笔申报以不得超过10 000手为最大单位,国债现货计价单位为每百元面额。国债现货交易实行"$T+1$"资金清算,投资者与所指定的证券商在成交后的第二个营业日办理交割手续。

(2) 公债回购交易。公债回购交易是指公债持有人在卖出一笔公债的同时,与买方签订协议,承诺在约定期限后以约定价格购回同笔国债的交易活动。如果交易程序相反,则称公债逆回购(买入后,签订协议在将来卖出)。我国上海证券交易所国债回购交易品种有8个,分别为1、3、4、7、14、28、91和182天,其交易代码依次为201008、201000、201010、201001、201002、201003、201004、201005。全部采取连续竞价的竞价方式撮合成交。国债回购交易以"手"为单位,一手等于1 000元面值。每笔申报最小100手或其整数倍,最大不得超过10 000手。

(3) 公债期货交易。公债期货交易是指通过有组织的交易场所预先确定买卖价格并于未来特定时间内进行钱券交割的公债派生交易方式。公债期货属于金融期货的一种,是一种高级的金融衍生工具。

世界上第一张国债期货合约是美国芝加哥商业交易所(CME)于1976年1月推出的90天期的短期国库券期货合约。目前在芝加哥期货交易所(CBOT)交易的国债期货包括2年期、5年期、10年期、30年期及迷你10年期、迷你30年期6个品种,其中10年期国债期货是CBOT最重要的国债期货合约。

"327"国债

我国也曾经试点过国债期货交易,但在两年半之后戛然而止,史称"327国债期货事件"。"327"国债是指1992年发行的三年期国债1992,1995年6月到期兑换。1992—1994年中国面临高通胀压力,银行储蓄存款利率不断调高,国家为了保证国债的顺利发行,对已经发行的国债实行保值贴补。保值贴补率由财政部根据通胀指数每月公布,因此,对通胀率及保值贴补率的不同预期,成了"327"国债期货品种的主要多空分歧。以上海万国证券为首的机构在"327"国债期货上做空,而以中经开为首的机构在此国债期货品种上作多。1995年2月23日,上海万国证券公司违规交易"327"合约,最后8分钟内砸出1 056万口卖单,面值达2 112亿元国债,万国获利42亿元人民币。但当晚证监会宣布23日16时22分13秒之后的所有"327"品种的交易异常,是无效的,万国亏16亿元。

(资料来源:腾讯财经. http://finance.qq.com.2005-12-08.)

(4) 公债期权交易。公债期权交易是指公债期权购买者能有权利而非义务地以一预定价格买入或卖出特定数量的公债。若期权被执行,期权的卖方有义务交付公债实物交付。目前我国还没有开通此类业务。

三、公债管理

公债管理贯穿公债的方方面面,从公债的发行市场管理,到公债的流通市场管理;大到公债规模的控制,小到公债品种的交易规则,全部都构成国家对公债的管理制度。本章上述章节在介绍公债的同时,都贯穿了国家的相关法律制度和交易规则,都是公债管理的各个部分,在此就不再赘述。下面主要介绍目前我国公债管理上的问题,以及相关的改革方向。

1. 公债品种单一,应当适时推进国债期货

目前我国的公债主要包括国债和由财政部代发的地方债,其中以国债为绝对主体。虽然我国国债规模很大,但品种较为单一,种类少。目前,国债品种主要有记账式国债、凭证式国债、无记名(实物)国债、定向债券、特别国债以及专项国债等品种,每年国债交易品种大致维持在5种。而发达国家的国债交易品种通常多达几十种,甚至上百种。有关资料表明,澳大利亚国债品种达31种,加拿大为20种,英国则有100多种。我国国债品种单一的状况,十分不适应投资者不同类型的投资要求,造成国债交易难以满足投资者流动性的需要,制约了我国国债市场的发展。

与此同时,我国公债衍生品发展缓慢,经过"327国债期货事件",我国国债衍生品创新完全处于停滞状态。国债期货作为高级形态的金融衍生工具，具有套期保值和价格发现的功能，并有助于提高现货市场的流动性，对于完善国债运作机制、健全国债市场架构是不可或缺的。国债期货市场的欠缺，不利于现货市场的发展及其流动性的提高。

学术界认为20世纪90年代初，中国由于利率市场化程度不高、国债现货市场规模过小、相关法律法规不健全以及市场风险监管体系不完善等因素，市场投机和价格操纵现象较为严重，国债期货经过两年多的试点后被叫停。但经过20多年的发展，目前重启国债期货的各项条件基本具备。首先，国债现货市场快速发展为恢复国债期货提供了坚实基础；其次，国债市场已形成较为完整的收益率曲线，为国债期货提供了依据；最后，利率市场化进程加快也为重启国债期货提供了有效支撑。据报道，有关方面已就重启国债期货进行相关制度的准备工作。

2. 公债市场分割，应当建立统一公债市场

我国目前的公债市场呈现交易所公债市场、银行间公债市场、柜台公债交易市场三足鼎立的格局。在国外交易所是公债最主要的交易平台，而我国交易所的公债市场却不断被边缘化。

边缘化的交易所公债市场

1999年，现在“风光一时”的银行间公债市场年成交量不过区区150.5亿元，而交易所的现券成交量则高达5 000亿元。然而2006年1—5月，银行间公债市场国债现券成交量为4.06万亿元，上海证券交易所的国债现货交易量为833.34亿元，两者相差50倍。

（资料来源：国际金融报．2011-3-29．）

造成这个现象的原因有很多。根据规定，银行不得进入交易所公债市场，与此同时个人投资者和券商等机构投资者也无法进入银行间市场，而银行却是最大的公债持有人。这就导致了交易所公债市场交易量少，人气低迷，进而证券上市的融资效果不理想，政府就更少关注交易所市场，导致恶性循环。公债市场的割裂和流动性不足是困扰公债市场发展的一大顽石，也不利于国家宏观调控政策的发挥和相关监管。

交易所拥有明显的定价优势，应当大力发展。事实上，近年来，财政部和证监会一直在为打通两个市场进行渐进的工作。据报道，证监会市场监管部表示，首先要打通市场主体，让商业银行重回交易所市场，并让证券公司更多地进入银行间市场。此后，要实现市场间顺畅地转托管，目前这项工作已经有了实质性的推进。最后是要整合债券品种，使两个市场的债券都能相互挂牌。

3. 隐形公债规模巨大，应当完善公债规模管理，合理开放地方公债

按照统计数据，我国中央政府公债余额始终控制在GDP的20%左右，远低于公认的60%的警戒线，与美国、日本超过GDP的100%的状况相比，我国中央政府的公债规模控制可以说是相当成功的。

但地方政府公债规模的情况就远没有这么乐观了，部分地方政府甚至到了岌岌可危的地步。由于我国长期不允许地方政府发债，直到近年来才逐步开始试点，因此我国地方政府长期通过城投公司等地方融资平台，长期将政府公债伪装成企业债务，并且数量巨大。

对于解决存在巨大风险的地方债务问题，要尽快要求地方政府提高债务透明度，将预算和直接债务之外的财政信息公布于众。还要通过立法的形式，对地方债务水平进行量化约束，避免地方政府过度举债转嫁给下届政府或将债务风险向上级部门转嫁，最终将风险转嫁给民众。

然而更重要的是为地方政府融资寻找正确合理的途径，即改堵为疏：允许地方政府发债。先从省级政府试点，经国务院同意后，可以在批准额度内由省级政府发行地方债。与此同时，必须加大地方政府信息公开水平，要求地方政府如实、详尽地披露财政信息。此外，发行地方债后，地方政府的行为要受到严格控制，资金按照既定用途使用，国家定期审计。

本章小结

公债与公债管理	公债概述	公共债务是指政府为筹措财政资金，凭其信誉按照一定程序向投资者出具的，承诺在一定时期支付利息和到期偿还本金的一种格式化的债权债务凭证。公债具有安全性、流通性、自愿性和收益性等特点。公债根据不同划分标准可以划分为很多类别
	公债的经济效应与政策功能	李嘉图认为：发行公债等于未来的税收，那么，以增发公债为手段的扩张性财政政策就不会影响总需求。但很多其他经济学家认为公债具有显著的挤出效应。公债的政策职能主要包括弥补财政赤字、筹集建设资金和调节经济
	公债规模	衡量公债规模的指标有很多，主要包括绝对指标，如公债余额，以及相对指标，如公债依存度、公债偿债率和公债负担率等。影响公债规模的因素主要有经济发展水平、政府职能范围和经济运行状态
	公债制度及其管理	公债制度指一个国家对其公债的发行、偿还以及流通规定的总称。包括公债发行市场和公债流通市场两个层次

核心概念

公债　公债政策职能　公债规模　公债制度

思考题

1. 公债的政策职能包括哪些内容？
2. 在投资者眼里，公债具有哪些特点？
3. 影响公债规模的因素有哪些？
4. 简述荷兰式招标与美国式招标的区别。

第十四章 政府预算与管理

第一节 政府预算概述

政府预算作为现代政府公共管理的重要工具，绝不仅仅是政府的事情，它与现实生活中的每个人息息相关。政府预算的每一个数字都有一定的经济内涵。政府预算是动态的，每个时期的政府预算都是不同的。新中国成立以来，政府预算制度进行了一系列重大改革，尤其是20世纪90年代末，随着公共财政基本目标框架的确立，政府预算改革逐渐成为我国财政体制改革的重心。在这种宏观背景下，了解政府预算的概念与功能，以及政府预算制度的起源与演进等内容对于理解我国现阶段的政府预算体系、各种财政政策的功效等具有重要意义。

一、政府预算的概念

（一）政府预算的概念

政府预算是一种治理工具，是任何国家进行财政治理所必需的。政府预算一般包括三方面的内容：第一，收入和支出的种类、数量，以及这些种类和数量所表现出来的收支的性质和作用；第二，相关国家机关和部门在处理这些收支问题上的关系，及其所处的地位和承担的责任；第三，在收入和支出的实现上所必须经过的编制、批准、执行、管理和监督等预算过程。

就国家财政而言，政府预算就是指经法定程序审核批准后的具有法律效力的政府年度收支计划，是政府筹集、分配和管理财政资金的重要工具。狭义的预算是指预算书或预算文件；广义的预算是指编制、批准、执行、决算等与预算有关的所有环节，实际上就是整个预算制度。

（二）政府预算的内涵

就性质而言，政府预算是具有法律效力的文件。政府预算不仅仅是计划或市场经济体制下的政府预算，本质上是法律，是纳税人和市场通过立法机构对政府行政权力的约束和限制，是政府必须接受的立法机构对其做出的授权和委托，其整个活动过程要受到法律及立法机构的严格制约。政府预算的形成过程实际上是国家立法机关审定预算内容和赋予政府预算执行权的过程。各国宪法一般规定，政府预算经立法机关批准公布后便成为法律，政府必须不折不扣地贯彻执行，不允许有任何不受预算约束的财政行为。即使在预算执行中由于客观环境的变化必须对预算做出修改，也必须经过一定的法律程序。

就内容来看，政府预算反映了政府集中分配财力的过程。从预算收支的内容上看，政府预算的各项收入来源和支出用途体现了政府的职能范围，全面反映了公共财政的分配活动。从预算的收入方面看，政府通过预算的安排，采用税收、利润、国债、收费等手段参与国民收入的分配，把各地区、各部门、各企业及个人创造的分散的一部分国民收入集中起来；从预算的支出方面看，政府通过预算安排，把集中的财政资金在全社会范围内进行分配，以确保政府能够行使其公共管理职能。因此，政府预算收支体现着政府集中掌握的财政资金的来源、规模和流向，预算规模和结构又直接反映了公共财政参与国民收入分配及再分配的规模和结构。

从形式上说，政府预算就是年度收支计划，它是以收支计划的形式存在的。政府预算是政府对年度财政收支的规模和结构做出的预测、计量和安排，是按国家相关的政策意图和制度标准将预算年度的财政收支分门别类地列入各种计划表格，通过这些表格反映一定时期政府财政收支的具体来源和使用方向。

材料解析

欧债、美债危机

2008 年 12 月全球三大评级公司下调希腊主权评级，希腊的债务危机随即愈演愈烈，但金融界认为希腊经济体系小，发生债务危机影响不会扩大。然而，随着 2009 年 12 月 8 日惠誉将希腊信贷评级由 A^- 下调至 BBB^+，前景展望为负面，欧洲其他国家也开始陷入危机，包括比利时这些外界认为较稳健的国家，及欧元区内经济实力较强的西班牙，都预报未来三年预算赤字居高不下，希腊已非危机主角，整个欧盟都受到债务危机的困扰。从此欧债危机开始成为人们日常的话题。2011 年 5 月 16 日，美国债务达到法定的 14.29 万亿美元上限，此后美国政府为提高债务上限而积极奔走。为何会出现欧债危机、美债上限，很重要的一个原因在于欧洲、美国没有做好政府预算。

二、政府预算的分类

政府预算的分类，是政府预算制度发展的结果。任何事物的发展路径都是从低级到高级演进，预算制度也不例外。最初的政府预算十分简单，一般仅仅将政府的收支数字填入一个特定预算表格，因此很难谈得上对政府预算进行分类。但是，随着社会经济生活和财政活动逐步复杂化，政府预算逐步形成了包括多种形式和内容的复杂系统。因此，对政府预算进行科学、合理的分类，以便进一步认识政府预算，就成为一种必要。基于不同角度和目的，研究者将政府预算分成多种形式。

1. 根据预算编制主体的不同，可将政府预算分为中央预算和地方预算

一般来讲，有一级政府就应该有相应的一级政府预算。现代社会大多数国家都实行多级预算。从总体上来说，人们一般将这种多级的政府预算分为中央预算和地方预算两种形式。中央预算是中央政府为了实现其职能而编制的财政收支计划，它由中央各单位的部门预算组成，包括地方上缴的收入数额和中央向地方的支出数额。地方预算由地方各级政府预算组成，包括本级各部门（含直属单位）的预算及下级政府向上级政府上缴的收入、上级政府对下级政府的返还或给予补助的数额。

2. 根据政府预算编制形式的不同，可将政府预算分为单式预算和复式预算

单式预算是一种传统的预算组织形式，它是指在一个预算年度内，将全部的财政收入与支出汇集编入单一的总预算内，用一张预算表来反映政府的全部财政收入和支出，使人们能够清楚地了解政府的财政收支情况。与单式预算不同，复式预算是指在一个预算年度内政府将全部的财政收支计划通过两个或以上的预算表格来反映，典型的做法是把政府预算分成经常预算和资本预算。经常预算主要包括政府一般行政费支出，如政府日常活动的经费支出以及一般性的拨款等。资本预算主要包括政府的各项资本性支出，如政府对国有企业的投资、对公共工程项目的投资、战略物资储备、政府贷款以及偿还国债等支出。复式预算的优点在于为人们进行预算安排和预算分析提供了便捷，但它的缺点也是显而易见的，编制和实施这种预算比较复杂。

3. 根据政府预算安排财政收入的依据不同，政府预算可分为增量预算和零基预算

增量预算是指财政收支计划指标在制定时考虑到以前财政年度的基础，并结合新的财政年度的经济发展情况加以调整后确定。零基预算是在编制当年的财政收支计划时，只以当年的社会经济发展的预测为依据，不考虑以前的财政收支状况。

三、政府预算的功能与特点

财政收支活动是预算的执行过程，因此，预算的职责功能是就预算与财政的关系而言的，是预算对财政以及经济的影响和作用。政府预算的功能包括宏观调控、反映和监督控制以及财政分配。

（一）政府预算的功能

1. 政府预算的宏观调控功能

政府预算之所以是政府进行财政宏观调控的重要手段，是因为政府预算作为财政分配的中心环节，在对财政资金的筹集、分配和使用过程中，不仅仅是一般的财政收支活动。如果通过收支活动有意识地为财政的调控功能服务，那么收支手段就成为对经济进行宏观调控的重要工具。虽然分配是调控的前提，但调控也是财政分配对经济能动作用的具体表现。政府预算的调控功能主要有以下三项。

(1) 政府预算的资源配置功能，即社会可利用的经济资源在公共部门和民间部门之间以及在它们各自的内部各领域之间的分配。其中民间部门资源的最优配置是通过市场价格机制实现的，公共部门和民间部门之间的资源配置和公共部门内部的资源配置是通过政治程序编制预算实现的。政府预算首先决定整个资源在公共部门和民间部门之间分配的比例，即各自的规模，然后决定被分配在公共部门的资源规模的内部配置，即配置结构。

(2) 政府预算的社会分配功能。改革开放以来，由于多种原因的影响，我国出现了地区之间贫富不均、收入分配不公的问题，这种状况将影响经济的持续、均衡发展及社会的稳定。因此，可以充分利用政府预算在财政分配中的中心地位，采取税收、财政转移支付及财政补贴等手段，调节社会分配，调节中央与地方之间、地区之间、行业之间以及公民个人之间的收入分配。

(3) 政府预算调节总供给与总需求的功能。预算收入代表可供政府集中支配的商品资源总量，是社会供给总量的一部分；预算支出代表通过预算分配形成的社会购买力，是社会需求总量的一部分。具体机制为：当社会总需求大于社会总供给时，可采取缩减支出和增加税收的办法，采取收大于支的盈余政策进行调节，以减少社会总需求，使供求之间的矛盾得以缓解；当社会总需求不足时，可以适当扩大预算支出和减少税收，采取赤字政策进行调节，以增加社会总需求；当社会供求总量基本平衡时，可实行收支平衡的中性政策与之相配合。

2. 政府预算的反映和监督控制功能

政府预算能够综合反映国民经济和社会发展状况。政府预算综合性强，联系面广，是各项收支的枢纽，是财政收支系统的主要部分。预算的一收一支涉及一系列的财政分配关系。政府预算可通过其收支活动和收支指标，利用价值形式，反映政府活动的范围和方向以及政府各部门的情况，反映国家经济和社会发展各方面的活动。

政府预算监督各方依法理财。预算监督是预算对财政活动的规范和控制，是对预算履行其职责的状况及其结果的检验，是预算的最终目的。内涵于预算之中的法律控制职责始终支配着预算：一方面，预算本身具有法律效力；另一方面，预算是在法令规章的网络中形成和执行的。检验预算的优劣，不仅在于预算本身形式或内容如何完善，更重要的是在于它能否起到对财政活动的控制作用。预算作为财政的控制系统，本身是制度体系。预算的监督控制效力乃是制度效力问题。美国的预算管理者进行预算改革的理论观点认为，腐败现象的根源不是出在人品上，而是出在制度上。以此来看，预算实际上是一种对政府及政府官员实施的制度控制方法。因此，应通过一系列的制度建设来保证预算监督效力的发挥，我国近年来借鉴国外的先进做法，进行部门预算制度、政府采购制度、国库集中收付制度等预算制度改革，其目标就是要把“看不见的政府”变成“看得见的政府”。只有看得见，公民才能进行有效的监督。

3. 政府预算的财政分配功能

政府预算是财政分配资金的主要手段。财政分配是指财政参与国民收入的分配和再分配，集中必要的资金，用以满足社会的公共需要。财政分配职能需要由财政部门运用预算、税收、财政投资、财政补贴、国有企业上缴利润等一系列分配工具来实现，其中主要是通过预算进行的。这是因为，政府预算集中了我国财政的主要财力。政府总预算直接集中了相当数量的以货币表现的社会资源，国家通过税收、国债、上缴利润等分配工具把分散在各地区、各部门、各企业单位和个人手中的一部分国民收入集中上来，形成政府预算收入。

（二）政府预算的特点

政府预算具有以下几个特点。

1. 政府预算不仅仅是一个经济学问题，还更多地涉及政治学与行政学层面上的集体选择问题

长期以来，我国政府预算问题的研究，始终是由经济学家垄断，对于国内政治学和公共行政学界而言，公共预算都是一个很少有人问津的领域。将政府预算视为政府财政收支计划，仍旧是当今政府预算研究中的主流观点，然而现代政府预算作为公共选择或集体选择的一个重要内容，其本质上无疑具有较为浓厚的政治色彩。预算权力是各种政治权力中非常重要的一种，预算政治也是政治活动中非常重要的内容，各种预算制度也构成了政治制度的重要组成部分。随着民主政治的发展与政府职能的扩张，现代政府预算主要着眼于其“政治含义”，它反映了行政部门流行的政治哲学。其基本关系架构是，政府的支出被置于公民（投票者）、代议机关的监督和制约之下，通过这一监督和制约，实际形成了对公共支出规模的有效控制。

2. 现代政府预算作为一种管理工具，既有经济学的特征，又有管理学的特征

政府预算管理构成了现代公共管理的核心和关键。没有良好的预算管理，就不可能有良好的公共管理；没有雄厚财力的支持，公共管理也将难以为继。对政府公共管理而言，预算无疑是一种极其重要的管理工具。近几年来，东西方各国的公共管理改革，都将政府预算管理改革作为重点之一，这反映了政府公共预算在公共管理中的战略地位。因此现代政府预算的学科范畴已然超出传统的经济学领域，管理学（特别是新公共管理）中的研究方法与思路对现代政府预算管理的影响将日益显著。

3. 政府预算管理中的经验与教训作为全人类创造的共同精神财富，其意识形态色彩无疑应相对弱化

就世界范围而言，政府预算管理作为一种管理手段和行政工具，在管理理念和运行模式层面上具有许多公共性的规律。市场经济国家预算管理的经验与教训，对于我国社会主义市场经济条件下政府预算管理改革具有重要的借鉴意义。中国政府预算管理研究也应该具有一种开放的胸襟，将国际上较为成熟的或流行的预算管理理念、制度、技术和方法加以借鉴，以增进对现实世界中政府预算管理问题的理解，加快推进中国预算管理改革的进程。

第二节　政府预算管理流程

常言道：“凡事预则立，不预则废。”全面预算管理已经成为现代政府预算管理不可或缺的重要管理模式。它通过对各种资源的整合、明确适度地分权授权、清晰明了的预算管理流程等，来实现国家资源的合理配置并真实地反映出国家的实际需要，进而对财政收支等方面的最终决策提供支持。全面预算管理是为数不多的几个能把政府预算的所有关键问题融合于一个体系之中的管理控制方法之一。全面预算管理的关键在于它具有清晰明了的预算管理流程。

一、政府预算的编制

（一）预算编制的准备工作

编制政府预算是一项系统工程，因此在预算编制前要做好各项准备工作，以使预算能够正确反映当年经济的发展情况和政府所要达到的政策目标。具体要做如下准备。

(1) 宏观经济规划。政府预算反映的是规定年度的财政收支计划，因此编制政府预算时首先要考虑的是计划年度的宏观经济规划，对未来的经济形势进行预测和分析，只有这样才能客观地反映当年的经济发展情况。

(2) 中期支出框架。根据计划年度的宏观经济规划，财政部门要拟定下年度的收支指标，作为各级政府部门编制预算草案的依据。

(3) 年度预算限额。依据下年度的经济发展形势预测和历年收支规律，按照国务院颁发的编制下年度预算草案的指示，确定计划年度的预算收支限额。

(4) 预算收支分类。国家预算收支科目由财政部统一制定，预算科目分为收入科目和支出科目“两列”，各列按包括范围的大小及管理的需要又分为“五级”，由大到小依次划分为“类”“款”“项”“目”“节”；类下分设若干款，依次类推。

(5) 人员培训与技术服务。在编制年度预算时，要对各级、各部门的编制人员，按照当年的要求进行相关内容的培训。

（二）部门预算

部门预算是中央政府从2000年开始实行的预算制度，是指与财政部门直接发生缴、拨关系的一级预算单位的预算，它由本部门所属各单位的预算组成。部门预算反映一个部门的收支状况，即“一个部门，一本预算，一个账户”。部门预算是预算改革的结果，它使预算制度真正走向了“以财控政”。目前，中央部门都编制了部门预算，地方部门预算改革稳步推进，全国36个省级财政都已经实行部门预算，市级财政也正在积极推进部门预算改革。

政府预算的编制采用“自上而下，自下而上，上下结合，逐级汇总”的程序，具体如图14-1所示。

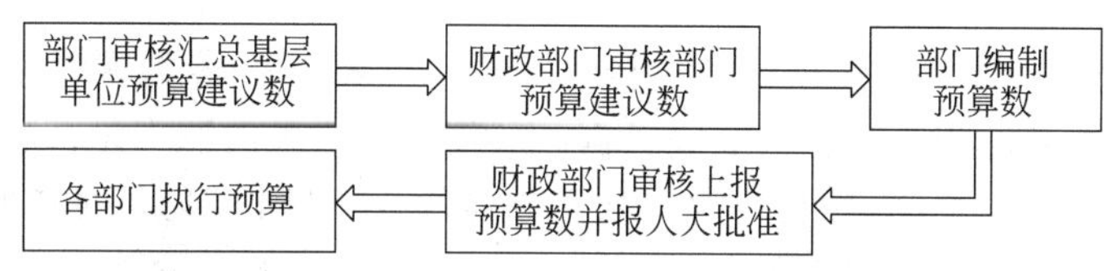

图14-1 “两上两下”的部门预算编审程序

“一上”，即由部门编制预算建议数上报财政部。单位提出概算，行政单位根据预算年度工作计划、工作任务和收支增减因素，提出包括财政预算拨款收入、预算外资金收入、其他收入和各项支出组成的收支概算，逐级汇总后由主管部门报送同级财政部门。

“一下”，即财政部门与有预算分配权的部门审核部门预算建议数后下达预算控制数或预算指标。财政部门根据本级人民代表大会批准的财政预算及本级政府批准的财政预算外资金收支计划，参照行政单位编报的收支概算，按照预算编报审批的原则测算、分配下达单位预算指标，包括财政预算拨款指标和预算外资金核拨数额。行政单位按照规定程序逐级报送主管预算单位或者财政部门审批。

“二上”，即部门根据预算控制数编制本部门预算报送财政部。行政单位根据财政分配的预算指标，核实调整单位各项收支，按照预算编报的要求，正式编制年度收入和支出预算，经主管预算单位审核汇总后报送同级财政部门。

“二下”，即财政部门根据本级人民代表大会批准的预算草案批复部门预算。财政部门对上报的行政单位预算，进行认真审核，在规定期限内批复下达的部门预算；主管部门再在部门预算的范围内批复单位预算。单位预算经财政部门、主管预算单位批准后作为预算执行的依据。

二、政府预算的执行

（一）预算执行的机构和任务

1. 国务院及地方各级人民政府是国家预算执行的组织领导机构

国务院的职责为：执行国家预算法律、法令，制定预算管理方针、政策；核定国家预算、决算草案；组织、领导国家预算的执行；颁发全国性的、重要的财政预算规章制度；审查、批准中央总预备费的动支。各级地方政府的职责为：颁发本级预算执行的规定、法令；批准本级预备费、机动财力的收支；按规定执行预算调剂权；按规定安排使用本级预算结余；审查本级预算的执行和决算。

2. 各级政府财政部门是国家预算执行的管理机构

在预算收入执行中，各级政府财政部门既是预算收入执行的统一负责部门，根据国家预算收入执行工作的需要，制定组织收入的各种制度和方法，监督各经管收入的部门、各预算缴款单位努力完成预算收入任务，检查预算收入执行情况等；又是国家预算收入的主管机关，主要负责农业税（已取消）、牧业税及其他收入，如行政规费收入、罚没收入、公产收入和杂项收入，国有企业缴纳的预算收入，如企业利润、资金占用等。财政部门负责组织和监督管理预算支出，主管预算资金的分配。

3. 税务机关、海关、政策性银行、中国人民银行（国家金库）是国家预算的执行机构

各级税务机关和海关是收入的征收机构。各级税务机关的职责是征收除关税之外的各类税收（主要包括各项工商税收和国有企业所得税）以及国家交办的其他预算收入，其中国家税务局主要负责征收中央固定税和中央地方共享税，地方税务局主要负责征收地方税。

中国人民银行（简称国库）是国家预算资金的出纳机构。我国由中国人民银行经理国库业务，不设人民银行地方机构的地方，其国库业务委托当地的专业银行办理。我国国库机构按级次从上往下分设中央总库、省份库、市中心支库和县支库，国家金库业务工作实行垂直领导，各级国库分支机构既是中央国库的分支机构，也是地方金库。

（二）预算收入的缴库方式

预算收入组织入库的方式称为缴库方式。在我国预算收入的缴库方式分为就地缴库、集中缴库和自收汇缴三种方式。就地缴库是指缴款人通过其开户银行，以转账方式直接向当地国库办理缴库；集中缴库是指基层缴款单位将应缴预算收入通过银行汇到上级主管部门，主管部门再汇总向国库缴纳；自收汇缴是指由征收机关直接向缴款人和缴款单位征收税款后，汇总缴入国库。

（三）预算收入的缴款程序

国库收纳各项预算收入一律凭统一规定的缴款书办理。缴款书是办理预算收入缴库的唯一凭证，缴款书应由缴款单位或征收机关按国家预算收入科目一税一票按款填制。没有按规定正确填制缴款书的，各级金库都不能办理预算收入的收纳入库。

（四）预算收入的划分和报解程序

国库对每天收纳入库的预算收入，首先分清预算级次，按照中央、省（自治区、直辖市)、市(自治州)、县(市)四个级次,及时办理预算收入和库款的划分报解工作。

国库凭预算收入"缴款书",经审核无误后,按照预算收入科目分"款"进行统计,编制预算收入日报表,同时根据预算收入日报表中属于分成收入项目的会计数,按确定的分成比例编制分成收入日报表,作为分成收入报解的依据。

按照《预算法》的规定,国家预算收入分为中央预算固定收入、地方预算固定收入、中央预算与地方预算共享收入三种。凡属中央预算固定收入,按照中央预算收入统计表的数额逐级全部报解到中央总金库,增加中央财政国库存款;属于地方预算规定收入按地方预算收入统计表的数额,全部报解同级地方国库,增加同级地方国库存款;中央预算和地方预算的分成收入,根据分成收入统计表的数额,按照财政部规定的收入留解比例,分别报解中央总金库和地方各级金库,相应增加中央财政国库款和地方各级财政国库存款。

(五)预算收入的退库

预算收入退库是指在预算收入执行过程中,将已入库的预算收入退还给原缴款单位或个人。预算收入的退库必须遵守《中华人民共和国金库条例》及《中华人民共和国金库条例实施细则》规定的退库范围和审批程序。

(六)预算调整与检查

预算调整是指经过批准的各级预算,在执行中因特殊情况需要增加支出或者减少收入,使原批准的收支平衡预算的总支出超过总收入,或者使原批准的预算中举借债务的数额增加的部分变更。预算调整实际上是通过改变预算收支规模或改变收入来源或支出用途,组织预算新的平衡的重要方法。预算调整的措施有动用预备费、预算的追加减、经费流用和预算划拨。

预算检查是国家各级预算执行机关通过采取多种形式和方法,对国家预算资金的筹集、分配和使用的活动情况进行的检查与分析,是保证实现预算收支任务、加强预算管理、促进国民经济协调发展的一个重要环节。检查方式主要有定期检查分析、专题检查分析和典型调查分析。

三、政府决算

(一)政府决算的概念和组成

政策决算是指经法定程序批准的年度政府预算执行结果的会计报告,是各级政府在年度内预算的收入和支出的最终结果,是预算管理中一个必不可少的、十分重要的阶段。政府决算由决算报表和文字说明两部分构成,通常按照我国统一的决算体系汇编而成。根据《中华人民共和国预算法》(以下简称《预算法》)规定,各级政府、各部门、各单位在每一预算年度后,应按国务院规定的时间编制预算,以便及时对预算执行情况进行总结。

我国的政府决算由中央决算和地方各级政府决算组成。中央级决算由中央部门汇总所属行政事业单位和企业财务决算、基本建设财务决算等组成;地方总决算由省(自治区、直辖市)总决算汇总组成。

(二)政府决算的准备

首先,政府决算要进行年终清理。年终清理是指各级财政部门和行政事业单位、企业单位、基本建设单位，在年终对预算收支、会计科目、财产物资进行的全面核对和清查。它是搞好年度决算编制工作的重要条件。

其次，政府拟定和下达政府决算的编报办法。为了提高决算的质量，每个预算年度终了前（一般在第四季度），财政部要在认真总结上年决算编制工作经验的基础上，根据本年度预算执行的情况，财政经济政策，政府预算管理体制、制度，企业财务管理体制以及当年预算执行中的问题，提出本年度编制预算的基本要求和具体办法，一般包括编制决算草案的原则、要求、方法和报送期限，制发中央各部门决算、地方决算及其他有关决算的报表格式。

最后，制定和颁发办法决算表格。每年第四季度，财政部在下达决算编审办法时，还应制定和颁发各省（自治区、直辖市）财政决算统一表格及中央各部门与其他财务决算同意表格。

（三）政府决算编制的程序

我国《预算法》规定，决算草案由各级政府、各部门、各单位在每一年度终了后按照国务院规定的时间编制。编制决算草案的具体事项，由国务院财政部门部署。我国政府决算的编制程序是从执行预算的基层单位开始，自下而上，层层汇编，由各级财政部门汇编成本级决算。

财政部在收到中央主管部门报送的汇总单位决算和各省（自治区、直辖市）报送的总决算后，首先进行全面的检查，然后根据中央各主管部门报来的汇总单位决算，汇编为中央总决算；其次，根据各省（自治区、直辖市）报来的总决算，汇编为地方总决算；最后，根据中央总决算和地方总决算汇编成国家总决算。

第三节　政府预算管理原则

管理原则是组织活动一般规律的体现，是人们在管理活动中为达到组织的基本目标而在处理人、财、物、信息等管理基本要素及其相互关系时所遵循和依据的准绳。一方面，管理原则是对管理活动的科学抽象，是对管理规律的总结和概括，是管理理论的重要组成部分；另一方面，管理原则是以客观事实为依据并在管理实践中逐步产生和发展起来的。一定的预算管理原则是保证预算不偏不倚所不可或缺的。

一、古典预算管理原则

资产阶级在革命过程中，为了限制封建皇室的财政权，提出了一系列通过立法机关控制政府财政活动的方法与原则，后来的学者将其概括为古典预算原则。古典预算原则的中心是强调“明确”与“约束”原则。

（一）尼奇预算原则

所谓“尼奇预算原则”，是由意大利财政学者尼奇（Nicky）提出的政府预算管理原则，是古典预算原则的重要代表之一。其主要内容包括以下六个方面。

1. 分类性原则

所谓分类性原则，是指预算收支应根据其性质分门别类，一目了然，以便于社会大众和审议机构了解政府财政资金活动的来龙去脉。

2. 年度性原则

所谓年度性原则，是指预算必须按照规定的预算年度编制和执行，预算不能逾越预算年度。这一原则在今天的市场经济国家公共财政管理中，仍旧得到了体现。例如，在当代德国预算法体系的基本管理原则中，就有施行年度预算的规定。

材料解析

各国的预算年度

预算年度是指国家预算收支起止的有效期限，通常为一年。预算年度可以采用历年制，也可以采用跨历年制。我国《预算法》第十条规定：中国预算年度实行历年制，即从公历1月1日起至同年12月31日止。世界上多数国家，包括中国、朝鲜、南斯拉夫、匈牙利、波兰、德国、奥地利、法国等，财政年度均采用历年制，即自公历1月1日起至12月31日止；有些国家的财政年度采取跨历年制，如英国、加拿大、日本、印度等，从当年4月1日至下年3月31日止；瑞典、孟加拉国、巴基斯坦、苏丹等，从当年7月1日起至下年6月30日止；美国、尼日尔、泰国从当年10月1日起至下年9月30日止。

（资料来源：MBA智库百科. http://wiki.mbalib.com.）

3. 统一性原则

所谓统一性原则，是指同一预算收支体系内部，各项收支的编列与测算标准应该力求逻辑上的一致性，同时所有政府收支均应纳入同一预算。

4. 总括性原则

所谓总括性原则，也称归一性原则，是政府预算完整性思想的集中体现，它要求所有财政收支都应纳入预算，避免预算外开支。该原则与前述统一性原则相近，其区别在于：统一性原则主张预算收支标准的一致，并强调编制单式预算；而总括性原则反映了预算完整性的思想，即所有的政府收支都应该通过预算过程的批准才能进行，所有的政府收支均应编列于预算收支表格之中，不得以任何预算外财政资金的形式存在。

5. 公开性原则

所谓公开性原则，是指预算的内容应该力求详尽通俗，以便于立法机构和公众了解政府收支活动的全部情况。全部预算收支必须经过议会审查批准，成为公开性的文件。

6. 确定性原则

所谓确定性原则，是指预算编制时，应该认真收集各种相关资料，依据社会经济发展的趋势，做出准确切实的预测，以防止预算的虚假，谋求预算的稳定确实。

（二）诺马克预算原则

诺马克预算原则是古典预算原则强调政府预算民主政治监督功能和财政收支规划功能的又一重要体现，是由德国财政学者诺马克（Nuo Make）提出的，其内容主要包括以下几个方面。

1. 事前决定原则

所谓事前决定原则，是指政府预算应在财政年度开始之前，就经由立法监督机构审议通过。政府预算是公共财政体系运行的基本制度载体与运行平台，也是立法机构制衡政府行政部门行为的重要工具。因此，通常市场经济国家规定政府预算必须在预算年度开始前完成立法审议程序。即使因为特殊情况，不能完成上述法定预算程序，法律也规定了相应的补救途径。

2. 严密原则

所谓严密原则，是指政府预算应对各收支项目产生严格的约束力，力求与未来财政决算保持尽可能的一致性。这里的严密具有特殊的含义。就预算收入而言，预算预计的收入应与实际可能筹集的收入基本相符，如果低估收入，会导致预算的不平衡；而高估则会不必要地加重公众的宏观税负水平。就预算支出而言，也是这样。总之，预算应与决算保持尽可能的一致性。在我国政府预算的编制与执行中，连续多年存在大量预算超收现象，已然严重背离了预算的严密性原则。

3. 公开原则

所谓公开原则，是指政府预算内容应该公开，以使所有国民都能充分了解政府的收支状况、财务计划及施政纲领的运行成本。预算公开包括程序和结果公开两个层面。程序公开是指政府预算的编制流程和批准程序应该公开透明，置于立法监督机构的全程控制之下。结果公开是指政府预算的执行结果（决算）的公开，以便于公众对政府预算执行结果有全面的了解，并据以提出批评和建议。

4. 明确原则

所谓明确原则，是指政府预算的收入来源渠道及支出用途、项目构成与分类方法，都应加以明确列示、清晰一致。在现实预算管理时，为了保证政府预算明确原则的实现，既需要编制总揽政府收支全局的总预算，也需要就每一部门的收入和支出情况，分门别类地加以详细列示，以体现公共收支部门的预算资金配置情况。

二、现代预算管理原则

政府预算在市场经济国家的兴起历程中，体现了政府预算各利益相关主体管理权转移的斗争妥协与谈判交易过程。在政府预算的早期阶段，往往更为强调古典预算原则所倡导的“明确”与“约束”原则，注重通过控制预算收支，实现立法机关对行政机关的有效控制。然而随着政府职能与规模的不断扩张，国家干预经济逐渐成为一种社会思潮，传统的古典预算原则单纯强调立法监控已不适应经济环境的变化，客观上要求政府行政机构在预算问题上拥有更多的主动性。20 世纪 50 年代前后，出现了以加强政府财政权为主导思想的现代预算原则。对现代预算原则具有代表性的描述，是时任美国联邦政府预算局局长的史密斯于 1945 年提出的预算管理八项原则。其主要内容包括：责任原则，即预算必须加强行政责任，成立后的预算执行则属于行政部门的职责；以政府预算报告为依据的原则，即预算的编制、批准与执行应以政府各部门的财政与业务报告为依据；灵活性原则，即预算收支在时间上要保证灵活性；程序多样化原则，即预算程序必须依政府活动的种类而多样化；自由裁量原则，即预算要有适度的行政自主权，对于已经批准的支出项目不应过分限定，应保持行政机构具有一定的自由选择空间；执行中的弹性原则，即预算要有一定的弹性，预算中应包括随经济形势的变化而适当调整的内容；预算机构协调原则，即预算机构必须在预算的编制及执行上相互联系与协调，以保证预算能够顺利付诸实现；计划原则，即预算必须反映国家元首的行政计划。

即使我们不就现代预算原则的具体内容加以更多地展开，单纯从其原则表述中反复出现的“灵活性”“多样化”“自由裁量”“弹性”等的字面含义，也可以大体看出现代预算原则所主张的，赋予政府行政机构更多的预算管理权与灵活性的基本取向。

三、我国政府预算的管理原则

我国政府预算有如下几个管理原则。

（一）统一性原则

政府预算是实施宏观调控的重要杠杆，保证政府预算的统一性是增强政府宏观调控能力的必要条件。政府预算的统一性原则，就是要求政府预算收支按照统一的口径、程序和方法来测算和编列。同时，任何机构的收支都要以总额列入政府预算，而不能只列入收支相抵后的净额。这一原则实际上也是要求各级政府都只能有一个预算，而不能以临时预算或特种基金的名义另立预算。

（二）可靠性原则

政府预算的可靠性原则，就是要求对预算收支的数字必须正确估算，不能过高或过低，更不能造假。而且，各种预算收支的性质必须明确地区分，不能掺杂混同。

（三）完整性原则

政府预算的完整性原则，就是要求政府预算必须包括政府的全部财政收支项目，反映以政府为主体的全部财政收支活动，不允许在政府预算规定范围之外存在任何以政府为主体的资金收支活动。完整性原则是建立规范化、法治化政府预算的前提条件。只有完整的政府预算才能保证政府控制、调节各类财政性资金流向和流量的顺利进行，充分发挥财政的分配与调节作用。同时，政府预算的完整性也有利于立法机关的审议批准和社会公众对政府活动的了解，便于其监督政府预算的执行。

（四）年度性原则

政府预算的年度性原则，就是要求政府预算按照一定的预算年度编制，列出全年的预算收支，对年度预算收支进行比较，不应对该年度之后的财政收支做出任何事先的安排。

（五）公开性原则

政府预算的公开性原则，就是要求全部预算收支必须经过立法机关的审议，而且要采取一定形式向社会公布，接受监督。

（六）“先有预算，后有支出”的管理原则

1999 年 12 月 25 日，九届全国人大常委会第十三次会议通过的《全国人民代表大会常委会关于加强中央预算审查监督的决定》提出，“要坚持先有预算，后有支出，严格按预算支出的原则”。这一原则要求，各部门、各单位应当按照《预算法》的要求，编好部门预算和单位预算，在每个财政年度开始前将中央预算草案全部编制完毕，有关部门要按照批复拨付预算资金。预算执行中，国务院有关部门应及时向全国人大财政经济委员会、全国人

大常委会预算工作委员会提交落实全国人民代表大会关于预算决议的情况，对部门、单位批复的预算，预算收支执行情况，政府债务、社会保障基金等重点资金和预算外资金收支执行情况，有关经济、财政、金融、审计、税务、海关等综合性统计报告、规章制度及有关资料。中央预算执行过程中，需要动用超收收入追加支出时，应当编制超收收入适用方案，由国务院财政部门及时向全国人大财政经济委员会和全国人大常委会预算工作委员会通报情况，国务院应向全国人民代表大会常委会做预计超收收入安排使用情况的报告。

第四节　政府预算管理体制

管理体制是指管理系统的结构和组成方式，即采用怎样的组织形式以及如何将这些组织形式结合成为一个合理的有机系统，并以怎样的手段、方法来实现管理的任务和目的。具体为：管理的体制是规定中央、地方、部门、企业在各自方面的管理范围、权限职责、利益及其相互关系的准则，它的核心是管理机构的设置。各管理机构职权的分配以及各机构间的相互协调，它的强弱直接影响到管理的效率和效能，在中央、地方、部门、企业整个管理中起着决定性作用。政府预算管理体制的合理与否，直接影响着政府预算功能的发挥。

一、政府预算管理体制的概念

政府预算管理体制是指国家在中央政府和地方政府以及地方各级政府之间划分财政收支范围、确定财政资金管理权限的根本制度。政府预算管理体制是财政管理体制的重要组成部分。财政管理体制有广义和狭义之分。广义的财政管理体制一般由预算管理体制、税收管理体制、公共部门财务管理体制、国有企业财务管理体制、基本建设财务管理体制等组成，其中预算管理体制是财政管理体制的主导环节。因此，狭义的财政管理体制就是指政府预算管理体制。这是因为预算管理体制与其他管理体制之间的一个重要区别在于，它与政治体制及经济管理体制有密切关系。在预算管理中划分级次与政府体制中的分级管理是一致的。

世界各国，绝大多数国家的政府都实行分级管理制度，即政府体系由中央政府和地方政府组成，其中地方政府还可进一步划分级次。政府实行分级管理有助于提高公共产品的配置效率，实现国家的有效管理和正常运转。政府预算是为实现国家职能服务的，因而政府预算管理体制与政府体系也有密切联系。如在计划经济体制下，政府预算管理体制具有明显的集权管理的特征，即财政管理和资金分配权主要集中于中央，地方的权力受很大限制，并且对中央的依附性较强。在市场经济体制下，政府预算划分具有明显的"公共性"，预算管理体制遵循公共资金公平分配和有效配置的原则，合理划分各级政府间收支范围和管理职权。尽管各国因政治和文化传统的差异在集权与分权关系的处理上存在较大的区别，但均体现出较强的层次性，并实行规范化和法制化的预算管理体制。

二、政府预算管理体制的主要内容

（一）政府预算组织管理体系及其职权划分

政府预算组织管理体系与一国的政权结构和行政区划有着密切的联系。通行的原则是：有一级政权就要建立一级预算。在我国按现行的政权结构，政府预算划分为五级预算进行管理，即中央预算、省（自治区、直辖市）预算、设区的市（自治州）预算、县（自治县、不设区的市、直辖区、旗）预算、乡（民族乡、镇）预算五个级次，其中中央预算以下的属地方预算范畴，它们之间的关系如图 14-2 所示。

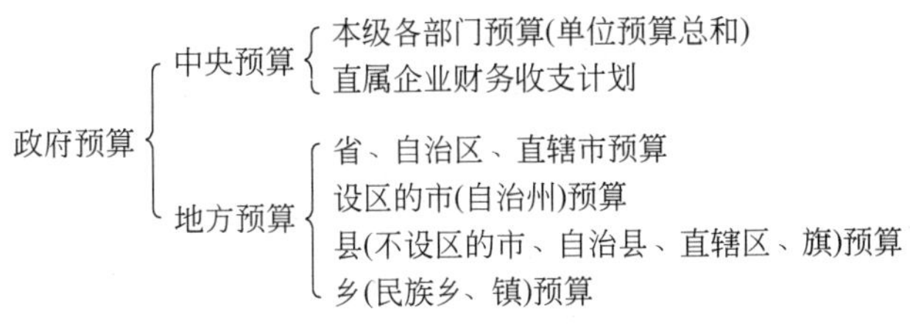

图 14-2　政府预算组织体系

预算管理权是指国家预算方针政策、预算管理法律法规的制定权、解释权和修订权，国家预决算的编制和审批权，预算执行、调整和监督权等。在我国，凡是全国性的财政方针政策、法律法令都由中央统一制定并享有解释权、修订权。各地方有权制定地方性的财政预算管理制度，但不能违反全国的统一规定，并应注意对毗邻地区的影响。为有效实施预算管理，《预算法》等法律、法规对立法机构、各级政府、政府财政主管部门和预算执行部门、单位的职权做了明确规定，构成预算管理的法律依据。

各级人民代表大会行使预算和预算执行情况的审批权、预算和决算不适当决定的撤销权。各级人民代表大会常委会主要行使预算执行监督权及调整权、预算执行情况及决算的审批权、预算和决算不适当决定的撤销权等。各级人民政府是预算管理的国家行政机关。各级政府财政部门是预算管理的职能部门。

（二）政府预算收支划分

政府预算收支划分是指政府预算的全部收入和支出在中央与地方政府之间划定收支范围以及划分收支的方法等问题的总称。预算收支的划分反映了各级预算活动范围和财力分配的大小，是正确处理中央与地方之间分配关系的重要方面。我国收支划分的方法主要有统收统支法、收入分类分成法以及总额分成法。

三、我国分税制改革的主要内容

20 世纪 90 年代，虽然前期的预算体制改革取得了一些成绩，但也付出了很大的代价。如前文所述，中央财政保障能力迅速下降，到 1992 年，中央财政收入占全部财政收入的比重已经下降到 28.12%，中央财政对地方财政的支持能力、对公共服务的保障能力也大大下降。这显然与财政体制改革的初衷不符，更违背了我国政治体制改革与发展的方向，预算体制改革势在必行。1994 年，国家适时地推出了分税制改革。

（一）中央与地方的事权和支出划分

根据中央与地方政府事权的划分，中央财政主要承担国家安全、外交和中央国家机关运转所需经费，调整国民经济结构、协调地区发展、实施宏观调控所必需的支出，以及由中央直接管理的事业发展支出。具体包括：中央统管的基础建设投资，中央直属企业的技术改造和新产品试制费、地质勘探费，由中央财政安排的支农支出，国防费，武警经费，外交和援外支出，中央级行政管理费，由中央负担的国内外债务的还本付息支出，以及中央本级负担的公检法支出和文化、教育、卫生、科学等的事业费支出。地方财政主要承担本地区政权机关运转所需支出以及本地区经济、事业发展所需支出，包括地方统筹的基本建设投资，地方企业的技术改造和新产品试制经费，支农支出，城市维护建设经费，地方文化、教育、卫生等各项事业费和行政管理费，公检法支出，部分武警经费，民兵事业费，价格补贴支出以及其他支出。

（二）中央与地方的收入划分

根据事权的划分，将税种分为中央收入税、地方收入税和中央地方共享税。将维护国家权益，实施宏观调控所必需的税种划分为中央税；将同经济发展直接相关的主要税种划分为中央和地方共享税；将适合地方征管的税种划分为地方税，并充实地方税税种，增加地方税收入。

根据国务院关于分税制财政管理体制的规定，中国的税收收入分为中央政府固定收入、地方政府固定收入和中央政府与地方政府共享收入。中央政府固定收入包括消费税、车辆购置税、关税和船舶吨税；地方政府固定收入包括房产税、城市房地产税、城镇土地使用税、耕地占用税、契税、土地增值税、车船税、烟叶税和固定资产投资方向调节税（已停止征收）；中央政府与地方政府共享收入，包括七项。①增值税：所有行业企业缴纳的增值税均纳入中央和地方共享范围，中央分享增值税的50%，地方按税收缴纳地分享增值税的50%；②企业所得税：铁路运输业、国有邮政企业、四大行、政策银行、中央汇金投资有限责任公司、中国建银投资有限责任公司、中石油、中石化、天然气企业缴纳的部分归中央政府；其余部分中央政府分享60%，地方政府分享40%。③个人所得税：中央政府分享60%，地方政府分享40%。④资源税：海洋石油企业缴纳的部分归中央政府，其余部分归地方政府。⑤印花税：股票交易印花税收入的97%归中央政府，其余的3%和其他印花税收入归地方政府。⑥城市建设维护税：铁道部、各银行总行、各保险公司总公司集中缴纳的部分归中央政府，其余部分归地方政府。

（三）中央财政对地方的转移支付制度

转移支付制度是分级预算体制的重要组成部分。在分级预算管理体制下，预算主体间的收支规模经常会出现不对称的情况，转移支付制度就是均衡各级预算主体间收支规模不对称的预算调节制度。转移支付的模式主要有三种：一是以中央政府向地方拨款为主的纵向转移，二是地区间的横向转移，三是纵向与横向转移的混合。其中，以纵向转移支付为主。

实行分税制后，中央财政收入增加，占全国财政收入的比重有了一定程度的提高。同时，由于重新划分了中央与地方的收入方式，如原来属于地方支柱收入的消费税的全部和增值税的绝大部分被划归中央，如果不采取相应的补救措施，就会增加改革的阻力，同时也必定加大原本就不平衡的区域经济发展趋势。为此，中央采取“维持存量、调整增量”的方针，制定了中央对地方税收的返还制度，加上原有的中央补助、地方上缴及有关结算事项的规定，结合在一起，形成了中央对地方的转移支付制度。由于我国人口众多，面积大，地区发展不平衡，采取规范化的统一转移支付制度在实际操作上难以实施，因此，在这项制度的改革之初就设计了一条渐进的、符合中国国情的思路，具体就是先期实行过渡办法，再逐渐走向正轨。

案例点击

2016年中央财政主要收入项目和支出项目安排情况

一、中央财政主要收入项目安排情况

中央一般公共预算收入70 570亿元，比2015年执行数同口径增长2.2%。从中央预算稳定调节基金调入1 000亿元，从中央政府性基金预算、中央国有资本经营预算调入315亿元，合计收入总量为71 885亿元。中央一般公共预算支出85 885亿元，增长6.3%(加上使用以前年度结转资金1 725亿元，同口径增长6.7%)。收支总量相抵，中央财政赤字14 000亿元，比2015年增加2 800亿元。中央财政国债余额限额125 908.35亿元。中央预算稳定调节基金余额156.37亿元。

二、中央财政主要支出安排情况

中央一般公共预算支出，分中央本级支出、对地方税收返还、对地方一般性转移支付、对地方专项转移支付、中央预备费反映。中央本级支出27 355亿元，增长7%。其中：科学技术支出2 706.43亿元，增长9.1%；外交支出519.71亿元，增长8.6%；国防支出9 543.54亿元，增长7.6%；公共安全支出1 668.15亿元，增长5.3%；一般公共服务支出1 201.38亿元，增长13.7%；债务付息支出3 299.29亿元，增长15.1%。中央本级“三公”经费按零增长安排。对地方税收返还5 088.57亿元，与2015年执行数基本持平。对地方一般性转移支付32 017.82亿元，增长12.2%。其中：均衡性转移支付20 392.25亿元，增长10.2%，主要用于缓解地方减收增支压力；老少边穷地区转移支付1 537.91亿元，增长22.4%；基本养老金转移支付5 042.76亿元，增长14.5%；城乡居民医疗保险转移支付2 426.27亿元，增长14.3%。对地方专项转移支付20 923.61亿元，下降3.2%。从严控制专项转移支付项目数量，切实压减项目金额，特别是对涉及竞争性领域或补助企业经营项目的支出，加大压缩力度；较大幅度压减成品油价格补贴等不符合政策调控方向、效益不高的支出；取消开发区公共基础设施贷款贴息等实际情况已经发生变化的支出；进一步压减和取消其他零散重复的专项转移支付。同时，基本民生方面的专项转移支付资金总体增长，其中：现代职业教育质量提升计划专项资金176.63亿元，增长19.4%；困难群众基本生活救助补助资金1 370.13亿元，增长5.7%；优抚对象补助经费409.33亿元，增长19.8%；公共卫生服务补助资金541.21亿元，增长8.8%；医疗救助补助资金

141.13亿元，增长9.2%；农业资源及生态保护补助资金232.86亿元，增长16.5%；中央补助城镇保障性安居工程专项资金1 218亿元，增长0.8%；农村危房改造补助资金263.35亿元，增长1.4%；退役安置补助经费397.71亿元，增长12.7%。中央预备费500亿元。

汇总中央和地方预算，全国一般公共预算收入157 200亿元，增长3%。加上调入资金1 715亿元，可安排的收入总量为158 915亿元。全国一般公共预算支出180 715亿元，剔除地方上年使用结转结余及调入资金后同口径增长6.7%。赤字21 800亿元，比2015年增加5 600亿元。

上述2016年收支数已含政府性基金预算部分项目转列一般公共预算的收支数。即从2016年1月1日起，将水土保持补偿费等5个项目收支由政府性基金预算转列一般公共预算，在减少政府性基金预算收支的同时，相应调增一般公共预算2016年收支数和2015年收支基数。

（资料来源：人民网，关于2016中央和地方预算草案的报告(摘要)，2016年3月19日）

本章小结

政府预算与管理	政府预算概述	政府预算就是指经法定程序审核批准的具有法律效力的政府年度收支计划，是政府筹集、分配和管理财政资金的重要工具。政府预算是比税收、公债等都要年轻的一个财政范畴。预算在财政学上成为一个公认的名词，大约是在18世纪初期的英国。政府预算的分类，是政府预算制度发展的结果。基于不同角度和目的，历来研究者将政府预算分成多种形式。政府预算功能包括财政分配、宏观调控以及监督控制
	政府预算管理流程	政府预算的编制 政府预算的执行 政府决算
	政府预算管理原则	古典政府预算管理原则 现代政府预算管理原则 我国政府预算管理原则
	政府预算管理体制	政府预算管理体制的概念 政府预算管理体制的主要内容 政府预算管理体制的历史演变 我国分税制改革的主要内容

核心概念

政府预算　政府决算　分税制改革　政府转移支付制度　增量预算　零基预算　单式预算　复式预算

思考题

1. 简述公共预算法治化与公共财政法治化的关系。
2. 阐述我国分税制改革,并运用所学知识加以评价。
3. 简述现代预算制度产生的原因及意义。

第十五章 多级政府间的财政关系

第一节 多级政府财政制度产生的原因

当今世界，除了少数小国之外，多数国家都是采用多级政府的政治架构来行使各级政府的经济职能。一个国家，即使处在计划经济体制下，中央政府也不能完全取代地方政府的职能；即使处在市场经济体制下，地方政府也要接受中央政府的统一领导。因此，集权和分权就是中央和地方政府关系的核心，在此基础上产生的多级政府财政制度也是财政制度的重要内容。多级财政制度的核心在于确定哪些事情应该由中央政府去做，哪些事情应该由地方政府去做，同时明确各级政府的职能和分工，解决各级政府收入的划分问题。

一、各级政府供给的公共物品

导致多级政府财政制度产生的主要原因是各级政府提供的公共物品不同。政府的公共支出是政府支出的重要部分，主要以公共物品的形式表现出来。公共物品最大的特点就是非排他性和非竞争性，也就是说它不会将一些人排斥在受益对象之外，各受益对象之间也不存在利益上的冲突。但是不同公共物品的受益范围却有一定的区域性。也就是说，有些公共物品是在一个比较大的范围内被享用，而另外一些公共物品是在一个比较小的范围内被享用。在小范围内被享用的公共物品，只能在一个较小的范围内表现出非排他性和非竞争性，在此范围以外的人则无法享受到这种公共物品带来的便利。例如市内公共建筑、学校、医院、地方消防和公安等，只有当地居民才是受益者。而某些公共物品，如国防、铁路、中央立法和司法等则是为全国人民服务的。

（一）地方政府提供的公共物品

由于地域上的区别和文化习俗上的差异，不同地区的居民对公共物品的偏好是不同的。中央政府不能像地方政府那样了解一个地区的公共偏好，如果由中央政府提供地方性的公共物品，则意味着由某一地区居民受益的公共物品的成本要由全国居民来买单，而其带来的效益中央政府则无法有效衡量。由于不是按照边际效益等于边际成本的原则来提供公共物品，中央政府越俎代庖的行为很可能使公共物品的提供不符合居民利益最大化的原则。

（二）中央政府提供的公共物品

全国性公共服务、全国性基础设施以及参与提供的国际性公共物品服务属于中央政府的责任，有些准公共物品的供给是各级政府的重要责任。中央政府的事权范围应该涵盖五个方面：一是涉及国家整体利益的全国性公共物品和服务，包括外交、国防、对外援助、海关、空间开发、海洋开发、社会保障、教育、卫生防疫、交通运输干线、全国性通信基础设施等；二是对自然垄断和金融业等特殊行业的政府管制以及对安全、卫生等方面的强制性标准的制定等社会性管制；三是制定反垄断政策；四是进行宏观经济管理，包括国民经济总量调节、经济结构调整和产业政策制定等；五是进行再分配，包括收入分配政策的制定和实施，以及建立全国性的社会保障体系等。在以上五项职能中，提供全国性和区域性外溢效应比较强的公共物品是首要和基本的职能。

二、各级政府财政职能的区别

政府的公共支出是政府支出的重要组成部分，也是政府实现职能的重要手段。政府职能的实施主要通过公共物品的形式来表现。由于各级政府提供的公共物品不同，因此中央政府和地方政府的职能也有很大的区别。

（一）稳定经济增长

稳定经济增长主要以中央政府的调控为主，地方政府的配合起辅助作用。在以追逐利润最大化为目标的市场经济运行中，投资的不稳定性与信息的不全面性会给经济发展带来周期性波动的风险。特别是在横向经济发展、资金市场作用日益明显的情况下，企业间资金流动频繁、相互参股、相互投资情况普遍，经济不稳定风险就更容易出现。财政经济稳定职能要通过实行财政政策、变动收支水平及结构对经济运行施加影响，熨平经济波动。地方政府无法成功地实现这一职能，稳定的职能只能由中央政府来担任，并由地方政府在实施过程中进行辅助和配合。

首先，国内市场是一个统一市场，生产要素可以在各地区之间自由流动。局部的经济波动一旦出现，会通过生产要素的流进与流出而迅速传导给其他地区。一般经济波动都是全国性的，在这种情况下，地方政府财政如果承担起稳定经济的职能，它们之间就必须协同干预，其干预成本必然会因为各地区间的协调难度而大大高于由中央政府统一干预的成本。而且由于各地都有本地的自身利益，其干预的有效性也会大大低于中央政府。所以，无论从干预成本来看还是从有效性来看，经济稳定职能都不宜交由地方政府来承担。

其次，即使出现了局部的波动，地方政府采取的稳定政策的作用也相对有限。例如，当某地政府想扩大本地区需求、刺激经济发展而采取扩张性财政政策时，由于该地区的经济过度开放，必然导致大量外地产品进入，结果本地产品需求增加甚微，而外地产品需求倒是增加了不少，扩张性财政政策的乘数效应越近于零，刺激本地区经济发展的期望也会落空。而且，其他地区由于不需干预便可坐享需求增加的好处，“搭便车”之风便会兴起。久而久之，就没有地区会为本地区的经济波动而主动采取稳定措施了。

最后，稳定经济除了财政政策外，还需货币政策的配合。只靠财政政策而不考虑货币政策的配合，宏观经济是不可能稳定的。而货币政策只能由中央政府来运用，不可能由地方政府来运用。所以，从货币政策与财政政策必须配合来看，财政的经济稳定职能也应主要由中央政府担任。

（二）资源配置功能

资源配置职能的实现主要以地方政府调控为主，中央政府进行辅助和补充。在社会主义市场经济条件下，市场在资源配置中起着基础作用，财政的资源配置职能严格界定在市场配置资源失灵的领域。这一领域主要是"公共物品"领域。公共物品的特征，决定了公共物品的提供者不能禁止不付费消费者的消费，或者禁止的成本太高以致提供者得不偿失。因此这些"公共物品"不能由企业提供，因为市场经济下企业追求利润最大化的。这就需要财政对"公共物品"资源进行配置。

但是各级政府在发挥财政的资源配置职能时，所起的作用是不同的。地方政府起着主要作用。这主要是因为大部分公共物品的受益面都局限于一定的地区，属于地方性"公共物品"。如某城市的交通设施、绿化和治安条例，某地区的基础教育设施、供电、供水状况等，只有居住在这个区域的居民才可受益，不居住在这个区域内的居民不能受益。对这类"公共物品"进行配置，必须考虑到各地区居民对公共物品的偏好及需求。因此，这类公共物品由地方政府来提供更有效率。一方面，地方政府比较接近本地区的消费者，更了解本地区消费者的偏好，可以更好地满足当地居民需求；另一方面，考虑到地方公共物品的生产成本是由该地区居民缴纳的地方税来承担的，由地方政府来配置会形成符合市场效率的地方"公共物品"的规模经济。

（三）缩小贫富差距

缩小贫富差距职能主要依靠中央政府的调控实现。由于人们占有（或继承）的财产情况以及非继承的劳动能力存在着差别，完全由市场来决定收入分配必然导致收入分配不公。收入分配不公会导致很多后果，如贫困、富裕阶层的浪费、社会冲突等，因此需要由财政来进行收入再分配，平衡个人之间、地区之间不平衡的收入差别。虽然各级地方政府相对于中央政府更了解自己辖区人均收入状况，但是如果将收入分配职能交由地方政府承担，将会产生新的不公平并导致效率损失。

由于一国各地区之间存在不可避免的贫富差距，各地区的财政需求与财政供给能力是不对等的。一般说来，富裕地区的财政需求小而财政供给能力大，贫困地区则财政需求大而财政供给能力弱。如果由各地的地方财政来满足对收入进行再分配的需求，则可以肯定，为了达到全国统一的最低收入水平和公共物品的最低供给标准，富裕地区的人均税收负担要低于贫困地区的人均税收负担。这不但违反了公平税负原则，而且将加剧地区间的收入差距。而如果坚持公平税负原则，就会出现有些地方难以筹措到用于收入再分配和提供最低标准的公共物品的必要资金，收入再分配即会成为一句空话。

第二节　多级政府间财权的划分

一、各级政府间税收划分的原因

由于税收具有无偿性、强制性和固定性，因此税收是政府提供公共服务和产品的资金保证，同时也是政府调节经济的重要手段之一。各级政府提供的公共物品种类不同，收益范围也不同，因此需要对政府的收入来源——税收进行适当的划分，使包括中央政府在内的各级政府的收入和支出相匹配。

所谓税权，是指国家（包括中央和地方）所拥有的征税的权力，包括税收立法权、税收政策制定权和税收征管权三个部分。其内容包括两方面：一方面，国家机构与国家机构间的税权关系，即税收的立法权、执法权、司法权在国家机构间的配置；另一方面，国家与居民间的税权关系。所谓合理分权主要指的是税权内容的第一个方面，即税收的立法权、执法权、司法权在国家机构间的合理划分，它包括纵向分权与横向分权。本章主要研究的是税收在各级政府之间的划分，也就是纵向分权问题。纵向分权是指在中央政府和地方政府之间，分别就税收的决策权、立法权、司法权、执法权、事业管理权等在各级政府间进行的适当划分。之所以在中央政府和地方政府之间进行税收的划分主要原因如下。

（1）中央与地方政府的经济职能分工不同。现代国家政府具有稳定经济发展、合理分配收入、有效配置资源的职能。按照上文对各级政府职能的划分，由于稳定经济发展和维护社会稳定、实现收入公平分配涉及国家利益，受益范围普遍，从而其涉及的事权应主要划归为中央政府，因此与此相匹配的财政收支权限应主要划归中央政府。由于配置资源这一职能区域受益比较显著，因此与此事权相关的财政收支权限应主要划归地方政府。如果某一地方性公共物品外溢性非常显著，那么应尽可能由低一级政府负责此公共物品的供应并将外部效应内部化。只有地方各级政府都无法实现这个目标时，才由中央政府承担该项职能。这种职能划分适合中央政府有能力把握全局和地方政府有条件因地制宜的环境。由于各级政府应将各自职能与财权相匹配，因此事权和财力职能的划分必然伴随着税收财权的划分，从而引起税权在中央与地方政府间的纵向划分。

（2）公共物品和服务的受益范围不同。根据上一节对中央政府提供的公共物品和地方政府提供的公共物品的划分可以发现，不同层次的公共物品应当由不同级别的政府提供，这是由经济效率原则决定的。在中央政府和地方政府之间存在着信息不对称，地方政府较中央政府更为接近当地居民，在对地方性公共物品需求的了解上远甚于中央政府。如果由中央政府在全国范围内规定一个相同的公共物品提供量，那么不同地区的人们对公共物品的需求差异将被忽视，从而导致效率损失。因此，只有中央政府和地方政府作为不同的公共物品提供主体，才能适应公共物品的多层次性、差异性需要，达到公共物品配置的帕累托最优。而要保证各级政府合理、稳定、有效地提供公共物品，各级政府除了要有稳定的财政收入来源外，还必须有相应的税权做保证，这种需求同样引起了税权在中央和地方政府之间的划分。

二、税收划分方式

由于经济是不断发展的，因此税收制度应该不断演进和变化。税收划分作为协调中央政府和地方政府财政关系的重要组成部分也是要相应变化的。目前各国的分税方式大概有五种，分别是划分税额、划分税率、划分税种、划分税制和混合型。

（一）划分税额

划分税额的分税方式是对税收的最简单的划分。一般各个国家对此的操作方式是先统一征税，然后再将税收收入的数额按照一定比例在各级政府之间划分，即“先税后分”。我国曾经长期实行“总额分成”的财政体制，实际上就属于这种方式。

（二）划分税率

划分税率实际上是按照税源同源课税，但是分率计征的一种征税方式。此类方式通常有两种做法。一是在上级政府对某一税基按照既定税率征税，并将税收留归本级财政之后，由下级政府再按照自己的税率，对相同的税基征税并将征税收入留归本级财政。二是采用“税收寄征”的方式，即上级政府在对某一税基按照自己的税率征收本级税时，按照下级政府的税率代替下级政府并对同一税基征税，然后将下级政府应得的税收予以拨付。

（三）划分税种

划分税种的内涵是各级政府按照税种划分收入范围，同时对某些税种的收入也实行共享。虽然税收立法权、税目增减权和税率调整权乃至税种的开征和停征等税收权限仍主要集中于中央政府，但是考虑到各级政府行使职责的需要，以及主体税和辅助税中各个税种的特征及收入量等因素，不同税种的收入理应分割给各级地方政府。这种方式使各级地方政府有长期获取某些税种收入的权限，但是一般享受不到这些税收的立法权。在这种分税方式下，税收的立法权限一般都掌握在中央政府手中。

（四）划分税制

在划分税制的分税制方式下，中央政府和地方政府往往分别设立多级相互独立的税收制度和税收管理体系，各级政府均享有相应的、独立的税目的增减权、调整权、税收立法权、税种的开征和停征权，同时有权管理和运用本级财政收入。值得一提的是，尽管中央政府和各级地方政府的税收体系是相互独立的，但是它们之间不可能截然分开，而是相互衔接和补充的。

（五）混合型

混合型的模式是在税收划分中综合地运用以上两种或两种以上的方法而形成的一种各级政府间的税收划分方式。现如今实行分税制的国家，所采取的分税方式往往并不是单一地划分税额、划分税种、划分税率或划分税制的方式，而通常是采取混合型的分税方式，从而发挥多种税收划分方法形成的综合效应。

三、世界上主要国家的税收划分方式

各国因政治、经济、法律以及历史等诸多原因的影响，税权划分方法不尽相同，甚至存在很大的差别。目前国际上主要通行三种税权划分模式。

（一）以美国为代表的税权分散模式

由于美国是一个联邦制国家，政府机构分为联邦、州、地方三个层次。联邦、州、地方均各自享有相对独立完整的税收体系，即享有各自相对独立的税收立法权和征管权。各级政府均实行分税制，这种分税制度以分别立法、财源共享、自上而下的政府间转移支付为特征。个人所得税是联邦政府的主体税种，销售税是州政府的主体税种，财产税是地方政府的主体税种。虽然美国的联邦、州、地方三级政府享有相对独立的税收立法权和征收管理权，但实际上是受到上级法律的监督和制约的。也就是说这种分税体制既可以控制下级政府税收权限的范围，又可以使下级政府在一定幅度内较为灵活地行使必要的职责。

（二）以日本为代表的适度分权模式

日本是单一制国家，其税收权限分为中央、都道府县和市町村三级。日本税制中的一个突出特征便是税收立法权、征收权相对集中，但是税收管理权和使用权相对分散。原则上，日本的中央税和地方税均由国会统一立法。各级地方政府只能根据国会颁布的法律制定地方税种条例，并拥有决定开征和停征一些法定外普通税种的权力。日本税权划分的另一个特点是中央对地方实行较严格的管理，即“课税否决制度”。该制度可以在一定程度上限制地方政府擅自开征税种，同时对地方税率给予适当限制。在税收收入划分方面，中央政府征收国税，地方政府分别征收各自的地方税收，各级政府均有自己的固定收入。

（三）以法国为代表的高度集权模式

法国实行的是较为明显的集权式分税制，税收权限主要集中于中央，一般税权则分散于地方。中央对全国税收拥有立法权，并对中央税行使征收权；地方在中央立法的范围内只能对属于本级政府的地方税行使征收权，并对其拥有一定的税率调整权和税收减免权。这种分税制的中央集权程度较高，地方政府的税收管理权限也十分有限。虽然在中央授权的范围内，各级政府也可以开征某些零星的税种，但是各级地方政府的收入份额仍旧很小。由于各级政府财政支出的规模主要取决于中央政府的补助规模，因此地方对中央政府的依赖性很强。

四、我国各级政府间征税税种和征税收入的划分

通过世界上多种多样的分税制模式不难看出，各个国家财政的主体最为关切的问题便是中央与地方政府之间的财权划分问题，这也是所有财政管理体制有效运行必须解决的问题。分税制之所以是一种比较规范的行政管理体制，最主要的原因就在于它要求各级政府的事权与财权统一。首先要合理划分各级政府的事权，然后按照财权服从事权的原则来划分各级政府的财政收入范围。财政收入范围的划分问题是处理中央与地方财政的关键所在。

（一）我国分税制的特点及划分原则

1. 我国分税制的特点

目前，我国的分税制度主要具有以下三个特点。

（1）主要按照税源大小划分税权，主要将一些税源分散、收入零星、涉及面广的税种划归地方，将税源大而集中的税种划归中央。

（2）部分税种的征收管理权归地方。地方税的主要特点是地方政府对地方税可以因地制宜、因时制宜地决定开征、停征某些税，或者对某些税进行减免，并确定税率和征收范围。

（3）部分税款收入归地方。在我国当前的社会主义市场经济条件下，税收完全集中于中央政府或者过多地分散于地方政府，都不能适应经济发展的需要。事实证明，只有给地方一定规模的财力和适当的支配权限，才能调动地方政府发展经济的积极性和主动性。

2. 我国分税制的划分原则

实行分税制，建立中央与地方相对独立的多级财政体系，才能为地方政府发展经济和文化提供资金后盾，这也成为我国税收管理体制改革的必然方向。既然税收划分如此重

要，在分税制改革过程中就要遵循一定的原则。

(1) 效率原则，即以征税工作的效率高低作为划分标准。某种税收收入是由中央统一征收还是由地方政府分别征收，其效率是不一样的。如果中央政府征收效率高，则应该将此税种划归中央政府；反之，则应该将此税种划归地方政府。

(2) 稳定原则。由于某些税种（如所得税）对整个国民经济的运行有重大影响，因此这种税应该由中央政府征收管理。所得税的征收和管理会对人口与资源的自由流动产生影响，如果由地方政府进行征收，可能会造成各地政府为了招揽投资进行恶性竞争，从而有碍市场竞争的平等性，造成市场的混乱和扭曲，最终影响经济的正常运行与发展。

(3) 均等原则。由于各个地区经济的发展是极不平衡的，这就会带来社会财富在分配上的不平衡。以所得税为例，它的税基在各地区之间的分布差异较大，这就要求中央政府通过所得税的征收与转移支付，对国民收入进行二次分配。所以，所得税的征收应划归中央财政。

(4) 适当性原则。以流转税为例，由于其税基分布广泛且流动性很大，由中央统一征收比较合适。与其相反，由于土地、房产所在的地区具有固定性，因此以其为对象课征的土地税、房产税应由地方政府就近核查、征收。

总而言之，税种在中央政府和地方政府之间的划分是一个十分复杂的问题，实践操作的技术困难更大。这也是我国在实施分税制财政管理体制中面临的突出问题之一。

（二）我国中央政府和地方政府的固定税收收入及共享税收收入

目前，中国政府间收入划分还没有以法律的形式固定下来，省级以下的收入分配关系也不规范。现阶段提起中国政府间收入划分或中央与地方关系，往往指的是中国的中央政府与省级地方政府之间的税收划分关系。

根据1993年国务院分税制管理体制的规定，将我国的税收收入划分为中央政府的固定收入、中央政府与省级地方政府共享收入和地方政府固定收入三部分。

(1) 中央政府的固定收入。中央政府的固定收入包括关税、消费税、船舶吨税、海关代征的增值税、车辆购置税和对储蓄存款利息征收的个人所得税等。

(2) 中央政府与省级地方政府共享税收收入。中央政府与省级地方政府共享收入包括增值税、印花税、营业税、企业所得税、个人所得税、外商投资企业和外国企业所得税、城市维护建设税等。

(3) 地方政府固定收入。地方政府固定收入包括房产税（城市房地产税）、城镇土地使用税、土地增值税、车船使用税（车船使用牌照税）、城市维护建设税（附加）（不含铁道、银行总行、保险总公司集中交纳的部分）、房产税、印花税、屠宰税、农业特产税、耕地占用税、契税等。

我国税种的具体划分情况及划分原因见表15-1。

从我国税种划分方案来看，我国现阶段实行的还是初步的分税制。这种初步的分税制与规范的、彻底的分税制还有很大的距离。它有两个最明显的特征：一方面，它在某种程度上具有现代分税制的基本内容，如按分税制的要求界定事权、财权、划分税种，中央财政集中了必要的财力，分设中央税和地方税征收机构等；另一方面，它较多地保留着“包干”体制的胎记，如部分税种实行税收收入分成，按基数法核定收支基数，按企业隶属关系征收所得税，保留原有分税制的税种划分原则和补贴办法等。因此，这种初步的分税制实际上仍是新旧体制的“双轨制”。

表 15-1 我国税种的具体划分情况及划分原因

税种归属	具体税种	划分原因
中央税	关税	维护国家权益、实施宏观调控所必需
	海关代征消费税和增值税	
	中央企业所得税	
	地方银行和外资银行及非银行金融企业所得税	
	铁道、银行总行、保险总公司等集中交纳的收入	
中央与地方共享税	增值税	与经济发展直接相关
	资源税	
	证券交易税	
地方税	地方企业所得税	适合地方征管，有利于调动地方积极性
	个人所得税	
	城镇土地使用税	
	固定投资方向调节税	

第三节 多级政府间的财政转移支付

一、产生政府间转移支付的原因

政府间转移支付制度，是分级财政管理体制的重要组成部分。它是指一级政府向另一级政府进行的单方面无偿支出，是构成政府间财政关系制度构架的三大支柱之一(另外两大支柱是政府间职责划分和课税权划分)。根据分级财政管理体制，上下级预算主体间、同级预算主体间的收支是不对称的。转移支付制度就是均衡各级预算主体间收支规模不对称的预算调节制度。它是处理中央政府与地方政府及地方政府之间的财政分配关系，实现财力均衡的基本手段。任何一个国家建立政府间转移支付制度都不外乎三个原因。

(1) 弥补公共物品外部性的缺点。外部性是指对他人产生有利的或不利的影响，但不需要他人对此支付报酬或进行补偿的活动。由于公共物品存在的外部性，会导致公共物品的供给不足，比如教育、医疗等，因此中央政府必须通过转移支付方式来寻求扩大公共物品供给的途径。

(2) 解决地区间收入差距的问题。部分地方政府的财政收入非常低，某些地方政府获得的收入甚至不足以满足最基本的公共支出需要。虽然地方政府财力不尽相同，但是中央政府作为一个国家统一的协调者，应该保证所有地区的公民都能享受到最基本的公共服务。正是为了缓解各地方政府之间收入的差距，才需要由中央政府实施转移支付来使各地方政府都能达到基本的公共服务水平。

(3) 解决地方偏好不同带来的问题。中央政府往往从全国范围内通盘考虑投资的侧重点，而地方各政府出于地方政绩和地方经济环境的考虑，在财政支出和投资中对投资项目的筛选有其优先和侧重，这可能会和中央政府的政策有所矛盾。在这种情况下，中央政府可以通过转移支付方式来保证当二者存在矛盾时，能以国家整体的利益为重。

通过对转移支付制度产生的原因分析，我们可以认识到，转移支付体系的建立必须与政府的总体目标相一致。但是世界上还没有完美的转移支付制度，它在实际操作中或多或少地存在一些缺陷。此外，转移支付制度中多包含各种精确复杂的核算方法，因此需要为此付出高昂的管理成本。

二、各级政府间转移支付的类型

转移支付的类型是按照转移支付的资金在转移者与接受者之间的支付方向划分的。各个国家根据其要实现的财政经济目标及各级政府财政资源状况的不同，确定不同的转移支付方式。目前，世界上通行的转移支付方式主要有以下三种。

（一）纵向转移支付方式

纵向转移支付，是指上下级政府之间的转移支付，它是单一的、自上而下的，因此也被称为“父子资助式”。它的具体操作方式是，先由中央政府把地方财政收入的一部分集中起来，再根据财政经济目标及各级政府财政资源状况的不同把集中起来的这部分收入再分配给各地方，以达到缓解地区财力差距、均衡地方财力的目的。目前，我国的转移支付方式即为纵向的转移支付方式。

（二）横向转移支付方式

横向转移支付，是指同级的各地方政府之间的财政平衡，由于它是横向的，因此也被称为“兄弟互助式”。它的具体操作方式是，由同级的财力富裕地区的地方政府向财力不足地区的地方政府进行转移，以达到缩小地区差距、均衡各地财力的目的。横向转移支付方式一般只是纵向转移支付方式的补充，目前还没有国家单独采用这种方式。

（三）纵横交叉转移支付方式

纵横交叉转移支付，是指以纵向转移支付为主、横向转移支付为辅，既纵横交叉，又相互配合的转移支付方式。它的具体做法是，首先按照财力均等化原则由中央政府进行纵向的转移支付，然后中央政府组织各地方政府间进行横向的转移支付。其中，纵向的转移支付以配合国家宏观调控为目标，侧重于贯彻国家经济政策；横向的转移支付主要用来弥补经济落后地区的财政不足，实现财力均等化。

三、其他国家政府间转移支付的模式

政府间财政转移支付是构成政府间财政关系制度构架的重要内容，目前世界上许多市场经济国家已将政府间转移支付作为处理政府间财政关系的基本方式。美国、德国和日本作为世界上主要的市场经济国家,研究它们对财政转移支付方式的选择和基本做法将会对我国政府间转移支付模式的选择和完善产生积极的作用。

(一)美国模式

美国实行的是有条件拨款为主导的转移支付模式。它最显著的一个特点就是有条件拨款规模很大且用途明确。在美国的政府间转移支付中,有条件拨款占总拨款数的比重可达98%以上,它要求接受拨款的政府须按拨款政府指定的用途和方式使用这笔款项。有条件拨款又分为专项拨款和分类拨款,其中专项拨款对拨款的用途和方式做了严格的限制,相比之下,分类拨款的限制程度要小得多,一般只对资金的用途范围有所限制。专项拨款有公式拨款和项目拨款两种。公式拨款是指补助对象和补助标准是联邦政府依据有关法律规定的公式算出的,只有符合条件的对象才能自动获得拨款。项目拨款是联邦政府依据项目确定补助对象和补助数量。

材料解析

美国的项目拨款和无条件拨款

一般地,项目拨款中所涉及的项目多反映联邦的意愿,因此从一定意义上说,那些知道联邦政府意图,具有较高"申请"技能的地方获得拨款的机会大一些。尽管如此,项目拨款对拨款对象和拨款数量的规定还是明确透明的。

美国的无条件拨款几乎也都是根据公式进行的,最著名的要数根据《1972年对州和地方的财政援助法》而实行的收入分享拨款,公式中的因素包括人口、人均收入、税收努力程度等。

有条件拨款的最后一个特征就是其中的分类拨款规模和数量日益增长。分类拨款是介于无条件拨款和专项拨款之间的一种有条件拨款,它一方面可以避免专项拨款中存在的项目重复与烦琐的公事程序,另一方面又可避免无条件拨款中的拨款政府对拨款资金的使用完全失去控制。

(二)德国模式

德国实行的是财政横向平衡的转移支付模式。德国公共财政收入主要来自税收,包括个人所得税、企业所得税和增值税。对于所得税在不同层级政府间的分配比例,德国宪法做了明确的规定,不能随意变动。增值税的分配比例宪法没有做出规定,分配比例比较灵活,具体通过联邦和州协商,由联邦法律来规定并提交联邦国会、参议院通过。

德国之所以实行财政横向平衡,主要目的之一是保证全国生活水平的一致。尽管德国在尽量避免这种模式造成的各州财政资源完全平均化,但是它不可避免地会形成这样一种现象:即使一个州有盈余它也很难从中获益,因为盈余的很大一部分要拿出来与别的州分享。

(三)日本模式

日本实行的是无条件拨款和有条件拨款相结合的转移支付模式。日本中央政府征收的税收占全部政府收入的2/3；而在支出方面，地方政府支出占了非常大的部分，约为70%。因此，地方政府在提供公共服务时，对中央政府的财政拨款有很强的依赖性。

日本中央政府对地方政府的转移支付有两种基本形式：一种是无条件拨款，采用地方交付税的形式；另一种是有条件拨款，采用国库支出金的形式。两种拨款各约占地方政府收入的1/5。

四、我国多级政府间的财政转移支付制度

在我国过去的财政管理体制中，中央政府和地方政府及地方政府之间的财政关系，都是基于中央政府对地方政府的“补助”，并且一直没有建立起具体的转移支付制度。我国在1994年实施分税制财政管理体制后，虽然在形式上建立了转移支付制度，但却是通过中央政府对地方政府的“税收返还”来实现的，这种做法既不科学也不规范。这种中央对地方的“税收返还”，实质上是中央政府对地方政府的纵向转移支付。因此，可以认为纵向转移支付方式在我国已经存在了一段时间。但是由于我国幅员辽阔，国情复杂，地区间财力分配不均，仅仅依靠中央政府的补助和“税收返还”，已经明显不适应分税制财政管理体制的需要，也降低了转移支付制度的效率，不利于我国市场经济的发展。因此，应当根据我国国情，重新选择适合我国的转移支付方式，实行以纵向转移支付为主、横向转移支付为辅的纵横交叉的转移支付方式。

多级政府间财政转移支付制度是国家财政管理体制的重要组成部分，因此要受到经济体制和生产力发展的制约。同时，它也是一项技术要求很高的操作手段，因此要受到技术条件的限制。我国现阶段正处于社会主义初级阶段，生产力发展水平不高，分级分税制财政管理体制刚建立不久且尚未规范。在这种情况下，科学规范的转移支付制度的建立与发展应与我国社会生产力发展水平相适应，与我国社会主义市场经济体制的建立速度相一致，与我国分级分税制财政管理体制的逐步完善相配合。

第四节　我国多级政府间财政关系的沿革和分税制度

一、我国多级政府财政关系的演进历史

新中国成立60多年来，为了适应经济的发展，我国的财政体制经历了统收统支型、财政包干型和分税制三种类型的变革。财政体制的管理主体、原则、权限的变化，深刻体现了我国政府职能的转变和政府间财政关系的调整。

（一）国民经济恢复时期的统收统支体制（1949—1950年）

新中国成立初期，我国刚刚实现全国统一，国民经济亟待恢复，因此建立新的政治经济秩序是新政权最为急迫实现的任务，新的财政体制也必须与此相适应。在这样一个大环境下，政权组织只能运用所掌握的垄断性政治资源来完成这个目标。因此，国家在1950年做出了统一国家预算、建立统收统支预算管理体制的决定。这种财政体制将财政权限和财力都集中到中央政府，地方政府的财力和事权都极为有限，预算管理主体和级次也都比较单一。虽然在当时，这种财政管理体制对国民经济恢复和政治环境的稳定有非

常重要的意义，但是随着经济的发展，新中国迫切需要一种新型的财政管理体制来充分发挥地方政府的积极性。

（二）计划经济体制下的统一领导、分级管理体制（1951—1978年）

1951—1978年，政府的工作重心进行了多次调整，财政管理体制的收支划分、管理权限等方面也必须与此相适应。因此，从此时到改革开放，我国的财政管理体制由统收统支向中央统一领导、各地分级管理的模式进行了转变。

（三）逐步分权的财政包干型体制（1978—1993年）

1979—1992年，是一个包干的时代——农村搞联产承包，企业搞承包经营。与此相对应的是政府之间也是实行财政包干。财政包干型预算管理体制的具体形式是多种多样的，但本质却一样：逐步确认地方政府的利益。这种体制使地方政府有了自己的财政收支范围和稳定的税收及相应的预算管理权。这样，地方政府在“分级管理”中的预算主体地位就形成了。

（四）分税制预算管理体制的建立与完善（1994年至今）

随着社会主义市场经济改革的进行，我国宏观经济管理体制也要进行深度改革，财政管理体制必须也要与此相适应。因此，1994年的财政管理体制改革就显得至关重要。这次改革主要集中在财政收入方面，使税收制度较好地与国际接轨，但财政支出方面仍保留着大量的计划经济色彩。虽然这次改革为了不触动地方既得利益，暂时没有改革中央财政对地方的转移支付制度，但这次改革中建立了中央税收和地方税收体系，分设了中央与地方两套税务机构，并建立了适应分税制的国库体系和税收返还制度。1994年的分税制改革不仅调整了中央与地方的分配关系，还初步建立了规范的分级财政管理制度。

二、我国分税制的现状

我国在1994年起实施的分税制财政管理体制改革以原包干制为基础，按照“存量不动，增量调整，逐步提高中央的宏观调控能力，建立合理的财政分配机制”的原则设计，采取了“三分一返一转移”的形式，即划分收入、划分支出、分设税务机构、实行税收返还和转移支付制度。

我国分税制的主要特点有三点：首先，中央财政与地方财政对共享税不是按不同税率分享，而是按隶属关系或比例分享的。例如，资源税中从陆地资源征收的税收归地方政府，而海洋石油资源税归中央；增值税则是按50%归中央财政、50%归地方财政的比例分享的。其次，充分考虑地方政府既得利益。分税制改革以1993年为基期年来核定中央对地方的税收返还基数；在支出划分上，仍按原定事权范围不做调整，保证了各地区原有的支出规模。最后，实行分税制不仅没有影响地方财力，还加快了地方经济发展的速度。虽然实行分税制后，消费税和增值税的50%划归中央，但中央政府在基期年将这部分收入全部返还给地方。因此，我国实行的分税制不仅对地方财力没有影响，还对地方经济发展有促进作用。

三、现行分税制存在的问题

虽然1994年的分税制改革是我国税制建设史上的一个重要里程碑，其改革也取得了明显成效，但是由于政治、经济和历史等诸多因素的影响，中国的分税制已经出现一些问题，具体如下。

(1) 分税不彻底。现行分税制不是真正意义上的分税制，并没有完全脱离旧的体制。例如对地方既得利益部分的基数返还和增值税按比例分成，虽然从表面看这是按税种划分收入，但实质上并没有真正实现"分税"。

(2) 税种划分未充分考虑税收职能作用的发挥。现行分税制主要考虑的是税收收入在各级财政之间的归属与分配，对税收调节经济的作用考虑不够。例如，将固定资产投资方向调节税划为地方税。这个税种关系到引导投资方向与产业结构调整，如果划为地方税将产生强化地方利益、加剧地方利益不平衡等许多问题。

(3) 两级分税制难以处理好中央与地方的关系。由于省地税局主管领导多数由省级财政厅主管领导兼任，因此在政策的执行、征管范围的划分、地方各有关部门的工作配合上，地税局明显优于国税局。

(4) 转移支付制度不健全。转移支付制度不仅能起到调节中央与地方之间的分配关系、调节各地区间的分配关系的作用，还可以加强中央宏观调控能力。我国现行分税制采取的基数返还等一系列做法，还没有完全摆脱过去的财政补贴办法。

四、完善政府间财政关系

为了加强宏观调控，正确处理中央政府与地方政府的财政分配关系，完全有必要在我国现有财政环境下借鉴发达国家的成熟经验来对我国现行分税制模式进行改进和完善。

(1) 确立科学的分税制模式。从长远来看，实行完全分税制才是有利于我国财税体系和经济发展的。也就是说，中央与地方都应该拥有各自的主体税种，并按税种划分各自的固定收入。同时，中央与地方都有完善的税收征管体系和完善的转移支付制度。要做到这些需要一个时间过程，可以分两步进行。第一步，实施非完全分税的分率制，即仍保留部分共享税，但可改原来的分成制为分率制，中央与地方同源课税，各自分率计征。第二步，分率制实施成熟后，即可过渡到分权程度较高的完全分税的分级财税管理体制。

(2) 正确界定与划分中央与地方的事权。事权的正确界定不仅是实施科学分税制模式的条件，也是确定中央与地方财政支出与收入的依据。根据事权与财权相统一的原则，在事权界定的基础上相应划分财权，在原则上做到中央应办的事由中央财政负担，地方应办的事由地方财政负担。

(3) 合理配置税种。配置税种的原则为：将维护国家权益、涉及全国范围、实施宏观调控所必需的税种划归中央；将只涉及地方范围、适合地方征管的税种划归地方，并进一步加强地方税种的建设。

(4) 建立规范的财政转移支付制度。要使财政转移支付制度规范化，必须做到：一方面，优先考虑经济效益高的地区，转移支付要向“高效益”地区倾斜；另一方面，充分考虑缩小地区间差异和人均收入差异，达不到平均基础标准就要实施重点转移支付。

本章小结

多级政府间的财政关系	多级政府财政制度产生的原因	由于地区经济、文化和习俗的差异，中央政府和地方政府提供的公共物品不同，不同的公共物品对应不同的政府职能及政府支出，因此应该有各自的财政作为支撑。中央政府和地方政府职能的不同是产生多级财政的另一原因
	多级政府间财权的划分	税收划分的主要依据包括：将各税种的功能与各级政府职责相结合；方便各级政府间的协调；体现税收的便利性；有助于经济的发展。财政税收的划分主要有划分税额、划分税率、划分税种、划分税制和混合型五种方式
	多级政府间的财政转移支付	政府间转移支付的方式包括横向转移支付、纵向转移支付、纵横交叉的转移支付。根据地方政府使用补助自主权的大小可以分为一般补助和有条件补助。根据附带条件的不同，有条件补助又可分为专项补助和配套补助
	中国多级政府间财政关系的沿革和分税制度	1994 年实行的分税制改革是新中国成立以来改革力度最大、范围最广、影响最为深远的一次税制改革。通过这次改革，基本建立起了适应中国经济发展的财政体系。但是随着经济的发展，财政体制中暴露出的一些与形势发展不一致的矛盾和问题亟待解决

核心概念

全国性公共物品　地方性公共物品　财政失衡　纵横交叉的转移支付模式　专项补助

思考题

1. 如何理解公共物品的收益范围？
2. 政府间税收划分的依据是什么？
3. 为什么在政府间实施转移支付制度？
4. 简述政府间转移支付的基本模式。

参考文献

[1] 缪勒. 公共选择[M]. 张军,译. 上海: 上海三联书店,1983.

[2] 萨缪尔森,诺德豪斯. 经济学(上)[M]. 12 版. 高鸿业,译. 北京: 中国发展出版社,1992.

[3] R. 罗森. 财政学[M]. 4 版. 北京: 中国人民大学出版社,2000.

[4] 科恩. 论民主[M]. 北京: 商务印书馆,2007.

[5] 约翰·密尔. 论自由[M]. 北京: 商务印书馆,1959.

[6] 安瓦·沙. 公共支出分析[M]. 北京: 清华大学出版社,2009.

[7] C. V. 布朗,P. M. 杰克逊. 公共部门经济学[M]. 北京: 中国人民大学出版社,2000.

[8] 马志强,刁云薇. 公共支出管理[M]. 天津: 南开大学出版社,2005.

[9] 阎坤,王进杰. 公共支出理论前沿[M]. 北京: 中国人民大学出版社,2004.

[10] 丁忠明,黄华继. 证券投资学[M]. 长春: 吉林大学出版社,2005.

[11] 张建松. 国家税收[M]. 北京: 中国财政经济出版社,2008.

[12] 李十梅. 公债经济学[M]. 北京: 经济科学出版社,2006.

[13] 中国在香港发行 200 亿人民币债券引国际关注[N]. 人民日报,2011-08-11.

[14] 葛正良. 证券市场学[M]. 上海: 立信会计出版社,2011.

[15] 李凝. 债券投资一点通[M]. 北京: 清华大学出版社,2008.

[16] 李嘉图. 政治经济学及赋税原理[M]. 北京: 商务出版社,1962.

[17] 陈共. 财政学[M]. 北京: 中国人民大学出版社,1998.

[18] 孙文基,魏晓峰. 财政与金融概论[M]. 北京: 经济管理出版社,2009.

[19] 匡小平,肖建华. 财政学[M]. 北京: 清华大学出版社,北京交通大学出版社,2008.

[20] 邓晓兰. 财政学[M]. 西安: 西安交通大学出版社,2007.

[21] 杨建明. 美国国债期货市场的发展和概况[J]. 当代金融家,2006.

[22] 陈六一. 论我国国债市场的流动性[J]. 企业经济,2008.

[23] 莫菲. 交易所银行间债市谋合并,两市品种有望打通[N]. 21 世纪经济报道,2007-01-03(010).

[24] 需要以制度规范地方债务管理体系[N]. 21 世纪经济报道,2010-06-02(001).

[25] 李兰英. 政府预算管理[M]. 西安: 西安交通大学出版社,2007.

[26] 马蔡琛. 政府预算[M]. 大连: 东北财经大学出版社,2007.

[27] 安秀梅. 财政学[M]. 北京: 中国人民大学出版社,2008.

[28] 崔志坤. 完善地方政府财政收入分配机制的思考[J]. 经济纵横,2010(4).

[29] 王卫星. 中国分税制财政体制及其运行情况[J]. 中国经贸导刊,2000(12).

[30] 平新乔. 财政原理与比较财政制度[M]. 上海: 上海三联书店,上海人民出版社,1995.

[31] 赵越,施洪发. 西方发达国家分税制的比较[J]. 辽宁财税,1999(7).

[32] 陈杰. 完善我国分税制模式之思考[J]. 当代经理人,2006(21).

[33] 周开君. 划分税权和完善分税制的比较与借鉴[J]. 税务研究,2001(3).

[34] 关晓光. 财政学[M]. 北京: 中国铁道出版社,2010.

[35] 布坎南. 公共财政[M]. 北京: 中国财经出版社,1991.

[36] 哈维·S. 罗森. 财政学[M]. 北京：中国人民大学出版社，2006.
[37] 亚当·斯密. 国富论[M]. 北京：商务印书馆，1996.
[38] 洪银兴，尚长风. 公共财政学[M]. 南京：南京大学出版社，2006.
[39] 杨斌. 财政学[M]. 大连：东北财经大学出版社，2007.
[41] 郝书辰，曲顺兰. 财政学[M]. 北京：经济科学出版社，2007.
[42] 袁崇坚. 财政学[M]. 上海：上海财经大学出版社，2009.

教师服务

感谢您选用清华大学出版社的教材！为了更好地服务教学，我们为授课教师提供本书的教学辅助资源，以及本学科重点教材信息。请您扫码获取。

教辅获取

本书教辅资源，授课教师扫码获取

样书赠送

财政与金融类重点教材，教师扫码获取样书

清华大学出版社

E-mail: tupfuwu@163.com
电话：010-83470332 / 83470142
地址：北京市海淀区双清路学研大厦 B 座 509

网址：http://www.tup.com.cn/
传真：8610-83470107
邮编：100084